PRÜFE DEIN WISSEN

Rechtsfälle in Frage und Antwort
Band 15

D1640347

Freiwillige Gerichtsbarkeit

von

DR. HELMUT KOLLHOSSER
o. Professor an der
Universität Münster
Richter am OLG a. D.

DR. REINHARD BORK
o. Professor an der
Universität Hamburg

und

DR. FLORIAN JACOBY
Wissenschaftlicher Assistent an der
Universität Hamburg

2., wesentlich überarbeitete Auflage

VERLAG C. H. BECK MÜNCHEN 2002

Die Deutsche Bibliothek – CIP-Einheitsaufnahme

Kollhosser, Helmut:
Freiwillige Gerichtsbarkeit / von Helmut Kollhosser ;
Reinhard Bork. – 2. Aufl. – München : Beck, 2002
(Prüfe dein Wissen ; Bd. 15)
ISBN 3 406 48955 9

ISBN 3 406 48955 9

© 2002 Verlag C. H. Beck oHG
Wilhelmstraße 9, 80801 München
Satz und Druck: Druckerei C. H. Beck
(Adresse wie Verlag)

Gedruckt auf säurefreiem, alterungsbeständigem Papier
(hergestellt aus chlorfrei gebleichtem Zellstoff)

Vorwort

Zehn Jahre nach Erscheinen der ersten Auflage haben sich Verlag und Autoren zu einer Neubearbeitung entschlossen. Sie war nicht zuletzt aufgrund umfangreicher Rechtsprechung und zahlreicher Gesetzesänderungen notwendig geworden. Auch die in der 1. Auflage noch berücksichtigten Besonderheiten für die neuen Bundesländer bestehen nicht mehr. Der Text befindet sich jetzt auf dem Stand vom 15. Oktober 2001. Das Zivilprozessreformgesetz, das Zustellungsreformgesetz und das Schuldrechtsmodernisierungsgesetz sind bereits berücksichtigt.

Nach der Emeritierung von Helmut Kollhosser hat sich Florian Jacoby bereit erklärt, das 1. Kapitel (Allgemeiner Teil) zu bearbeiten. Die Fälle 1 bis 111 stehen daher in seiner alleinigen wissenschaftlichen Verantwortung, die Fälle 112 bis 233 in der von Reinhard Bork. Die Verfasser danken den wissenschaftlichen Mitarbeitern Helge Hirschberger und Kay Teichmann für ihre Mithilfe bei der Aktualisierung des Manuskripts.

Münster/Hamburg, im Oktober 2001

Helmut Kollhosser   Reinhard Bork   Florian Jacoby

Inhaltsverzeichnis

1. Kapitel: Allgemeiner Teil

A. Einführung und Grundlagen

B. Amtsträger der fG und ihre Stellung

C. Zuständigkeiten und Zuständigkeitsmängel

I. Rechtsweg

F. Die Ausgestaltung des Verfahrens

I. Verfahrenseinleitung

II. Die Bestimmung des Verfahrensgegenstandes

III. Stillstand des Verfahrens

IV. Die Tatsachenfeststellung

H. Rechtsmittel und Rechtsbehelfe

I. Überblick

II. Die Beschwerde und die weitere Beschwerde

III. Rechtsschutz gegen Maßnahmen von Rechtspfleger und UdG

J. Vollstreckung

2. Kapitel: Besonderer Teil

A. Familienrechtliche Angelegenheiten der fG

B. Nachlaßsachen

I. Aufgaben des Nachlaßgerichts; Zuständigkeiten

II. Das Erbscheinsverfahren

III. Die sonstigen Nachlaßverfahren

C. Grundbuchsachen

I. Grundlagen

II. Veränderungen im Grundstücksbestand

VI. Das Vereinsregister

VII. Das Güterrechtsregister

VIII. Das Musterregister

Abkürzungsverzeichnis

a. A. .... anderer Ansicht
a. a. O. .... am angegebenen Orte
Abs. .... Absatz
Abschn. .... Abschnitt
AcP .... Archiv für die civilistische Praxis
a. E. .... am Ende
a. F. .... alter Fassung
AG .... Amtsgericht; Aktiengesellschaft
AGB .... Allgemeine Geschäftsbedingungen
AktenO .... Aktenordnung
AktG .... Aktiengesetz
Anh. .... Anhang
Anl. .... Anlage
Anm. .... Anmerkung
arg. .... argumentum
Art. .... Artikel
AT .... Allgemeiner Teil
Aufl. .... Auflage
AuslG .... Ausländergesetz
Ausn. .... Ausnahme(n)

BauGB .... Baugesetzbuch
BayObLG .... Bayerisches Oberstes Landesgericht
BayObLGZ .... Entscheidungen des Bayerischen Obersten Landes-
                              gerichts in Zivilsachen
BB .... Betriebs-Berater
Begr. .... Begründung
BeurkG .... Beurkundungsgesetz
BfA .... Bundesversicherungsanstalt für Angestellte
BGB .... Bürgerliches Gesetzbuch
BGBl. .... Bundesgesetzblatt
BGH .... Bundesgerichtshof
BGHZ .... Entscheidungen des Bundesgerichtshofs in Zivilsa-
                              chen
BNotO .... Bundesnotarordnung
BRAGO .... Bundesgebührenordnung für Rechtsanwälte
BRAO .... Bundesrechtsanwaltsordnung
BT .... Besonderer Teil
BTDrucks. .... Drucksachen des Deutschen Bundestages
BtG .... Betreuungsgesetz
BVB .... Ballspielverein Borussia 09 Dortmund

BVerfG .... Bundesverfassungsgericht
BVerfGE .... Entscheidungen des Bundesverfassungsgerichts
BVerwGE .... Entscheidungen des Bundesverwaltungsgerichts
BW .... Baden-Württemberg
bzw. .... beziehungsweise

DAVorm. .... Der Amtsvormund
DB .... Der Betrieb
d. h. .... das heißt
DNotZ .... Deutsche Notar-Zeitschrift
DPA .... Deutsches Patentamt
DRiG .... Deutsches Richtergesetz
DtZ .... Deutsch-Deutsche Rechtszeitschrift
DVO .... Durchführungsverordnung

e. G. .... eingetragene Genossenschaft
EGBGB .... Einführungsgesetz zum Bürgerlichen Gesetzbuch
EGGVG .... Einführungsgesetz zum Gerichtsverfassungsgesetz
EGHGB .... Einführungsgesetz zum Handelsgesetzbuch
EheRG .... Erstes Gesetz zur Reform des Ehe- und Familien-
                                rechts
Einl .... Einleitung
entspr. .... entsprechend
ErbbauV .... Verordnung über das Erbbaurecht
ErbStDV .... Erbschaftsteuer-Durchführungsverordnung
etc. .... et cetera
e. V. .... eingetragener Verein
EVertr. .... Vertrag zwischen der Bundesrepublik Deutschland
                                und der Deutschen Demokratischen Republik über
                                die Herstellung der Einheit Deutschlands – Eini-
                                gungsvertrag –
evtl. .... eventuell
EWiR .... Entscheidungen zum Wirtschaftsrecht

f.; ff. .... folgende(r)
FamG .... Familiengericht
FamRZ .... Zeitschrift für das gesamte Familienrecht
FamS .... Familiensenat
FEVG .... Gesetz über das gerichtliche Verfahren bei Freiheits-
                                entziehungen
fG .... freiwillige Gerichtsbarkeit
FGG .... Gesetz über die Angelegenheiten der freiwilligen
                                Gerichtsbarkeit
FGO .... Finanzgerichtsordnung
FGPrax .... Praxis der Freiwilligen Gerichtsbarkeit, vereint mit
                                OLGZ
Fn. .... Fußnote

FrGO	Entwurf einer Verfahrensordnung für die freiwillige Gerichtsbarkeit
FuR	Familie und Recht
GBA	Grundbuchamt
GBO	Grundbuchordnung
GbR	Gesellschaft bürgerlichen Rechts
GBV	Verordnung zur Durchführung der Grundbuchordnung (Grundbuchverfügung – GBV)
GBVO/BW	Verordnung des baden-württembergischen Justizministeriums zur Ausführung des Landesgesetzes über die freiwillige Gerichtsbarkeit im Bereich des Grundbuchwesens
gem.	gemäß
GenG	Gesetz betreffend die Erwerbs- und Wirtschaftsgenossenschaften
GenRegVO	Verordnung über das Genossenschaftsregister
GeschmMG	Geschmacksmustergesetz
GG	Grundgesetz
ggf.	gegebenenfalls
GGV	Verordnung über die Anlegung und Führung von Gebäudegrundbüchern (Gebäudegrundbuchverfügung – GGV)
GmbH	Gesellschaft mit beschränkter Haftung
GmbHG	Gesetz betreffend die Gesellschaften mit beschränkter Haftung
GmbH-Rdsch.	GmbH-Rundschau
GmSOBG	Gemeinsamer Senat der Obersten Bundesgerichte
GrEStG	Grunderwerbsteuergesetz
GVG	Gerichtsverfassungsgesetz
Halbs.	Halbsatz
HausratV	Verordnung über die Behandlung der Ehewohnung und des Hausrats
HGB	Handelsgesetzbuch
h. M.	herrschende Meinung
HöfeO	Höfeordnung
HRV	Handelsregisterverfügung
Hs.	Halbsatz
i. d. F.	in der Fassung
i. d. R.	in der Regel
i. e. S.	im engeren Sinn
i. F. d.	in Form des/der
IHK	Industrie- und Handelskammer
i. H. v.	in Höhe von
insb.	insbesondere

InsO	Insolvenzordnung
IPR	Internationales Privatrecht
i. S. d.	im Sinne des/der
i. S. e.	im Sinne eines/einer
i. S. v.	im Sinne von
i. V. m.	in Verbindung mit
i. w. S.	im weiteren Sinn
IZPrR	Internationales Zivilprozeßrecht
JA	Juristische Arbeitsblätter
JFG	Jahrbuch für Entscheidungen in Angelegenheiten der freiwilligen Gerichtsbarkeit und des Grundbuchrechts
JMBl. NW	Justizministerialblatt Nordrhein-Westfalen
JR	Juristische Rundschau
JurBüro	Das juristische Büro
JuS	Juristische Schulung
Kap.	Kapitel
KG	Kammergericht; Kommanditgesellschaft
KGaA	Kommanditgesellschaft auf Aktien
KGJ	Jahrbuch für Entscheidungen des Kammergerichts in Sachen der freiwilligen Gerichtsbarkeit, in Kosten-, Stempel- und Strafsachen
KKW	Keidel/Kuntze/Winkler
KonsG	Konsulargesetz
KostO	Kostenordnung
KWG	Gesetz über das Kreditwesen
LFGG/BW	Landesgesetz über die freiwillige Gerichtsbarkeit/ Baden-Württemberg
LG	Landgericht
Lit.	Literatur
LuftRG	Gesetz über Rechte an Luftfahrzeugen
LwVG	Gesetz über das gerichtliche Verfahren in Landwirtschaftssachen
M/D/H	Maunz/Dürig/Herzog
MDR	Monatsschrift für Deutsches Recht
MK	Münchener Kommentar
MRK	Konvention zum Schutze der Menschenrechte und Grundfreiheiten
MusterAnmVO	Musteranmeldungsverordnung
MusterRegVO	Musterregisterverordnung
m. w. N.	mit weiteren Nachweisen
NachlG	Nachlaßgericht

n. F. ....neue Fassung
NJW ....Neue Juristische Wochenschrift
NJW-RR ....Neue Juristische Wochenschrift – Rechtsprechungs-
Report
NotVO ....Verordnung über die Tätigkeit von Notaren in eige-
ner Praxis
Nr.; Nrn. ....Nummer; Nummern
NW ....Nordrhein-Westfalen

o.g. ....oben genannt
OGH.............................Oberster Gerichtshof für die Britische Zone
OHG ....Offene Handelsgesellschaft
OLG.............................Oberlandesgericht
OLGZ ....Entscheidungen der Oberlandesgerichte in Zivilsa-
chen einschließlich der freiwilligen Gerichtsbarkeit
örtl. ....örtlich/e

PStG ....Personenstandsgesetz
PsychKG ....Gesetz für Psychisch Kranke
pVV ....positive Vertragsverletzung

RegE ....Regierungsentwurf
RegG ....Registergericht
RG ....Reichsgericht
RGBl. ....Reichsgesetzblatt
RGZ ....Entscheidungen des Reichsgerichts in Zivilsachen
Rn. ....Randnummer
RPfleger ....Der Deutsche Rechtspfleger
RPflG ....Rechtspflegergesetz
Rspr. ....Rechtsprechung

S. ....Seite; Satz
s. ....siehe
Sachgeb. ....Sachgebiet
SchiffsG ....Gesetz über Rechte an eingetragenen Schiffen und
Schiffsbauwerken
SchRegO ....Schiffsregisterordnung
SGB ....Sozialgesetzbuch
SGG ....Sozialgerichtsgesetz
s. o. ....siehe oben
sog. ....sogenannt
StGB ....Strafgesetzbuch
StPO ....Strafprozeßordnung
str. ....streitig

TSG ....Transsexuellengesetz

u. a.	unter anderem; und andere
UdG	Urkundsbeamter der Geschäftsstelle
u. E.	unseres Erachtens
Überbl.	Überblick
UmwG	Umwandlungsgesetz
unstr.	unstreitig
u. U.	unter Umständen
u. v. m.	und viele mehr
VAG	Gesetz über die Beaufsichtigung der Versicherungs- unternehmen
VereinigungsG	Vereinigungsgesetz
VerschG	Verschollenheitsgesetz
VG	Verwaltungsgericht
vgl.	vergleiche
VHS	Volkshochschule
VO	Verordnung
Vorbem; Vorb	Vorbemerkung
VormG	Vormundschaftsgericht
VVaG	Versicherungsverein auf Gegenseitigkeit
VVG	Gesetz über den Versicherungsvertrag
VwGO	Verwaltungsgerichtsordnung
WarnRspr.	Rechtsprechung des Reichsgerichts, hrsg. v. Warn- eyer
WE	Wohnungseigentum
WEG	Wohnungseigentumsgesetz
WM	Wertpapier-Mitteilungen
WoBindG	Gesetz zur Sicherung der Zweckbestimmung von Sozialwohnungen
z. B.	zum Beispiel
ZIP	Zeitschrift für Wirtschaftsrecht
ZMR	Zeitschrift für Miet- und Raumrecht
ZPO	Zivilprozeßordnung
ZPO-RG	Zivilprozeßreformgesetz vom 27. 7. 2001 (BGBl. I 1887)
z. T.	zum Teil
ZustErgG	Zuständigkeitsergänzungsgesetz
ZVG	Zwangsversteigerungsgesetz
ZZP	Zeitschrift für Zivilprozeß

Literaturverzeichnis

Algermissen, Recht und Realität der privatrechtlichen Streitverfahren in Wohnungseigentumssachen
Köln/Berlin/Bonn/München 2000

Arnold/Meyer-Stolte, Rechtspflegergesetz
5. Aufl. Bielefeld 1999
zit.: Arnold/Meyer-Stolte/Bearbeiter

Bärmann, Freiwillige Gerichtsbarkeit und Notarrecht
Berlin/Heidelberg/New York 1968

Bärmann/Pick/Merle, Wohnungseigentumsgesetz
8. Aufl. München 1999

Bassenge, Antragsrücknahme zwischen den Instanzen im Verfahren der freiwilligen Gerichtsbarkeit
JR 1974, 142 ff.

Bassenge, Tatsachenermittlung, Rechtsprüfung und Ermessensausübung in den registerrechtlichen Verfahren nach §§ 132 bis 144 FGG
RPfleger 1974, 173 ff.

Bassenge/Herbst, FGG/RPflG, Kommentar
8. Aufl. Heidelberg 1999

Baumbach/Hopt, Handelsgesetzbuch
30. Aufl. München 2000

Baumbach/Hefermehl, Wettbewerbsrecht
22. Aufl. München 2001

Baur, Freiwillige Gerichtsbarkeit
1. Buch: Allgemeines Verfahrensrecht
Tübingen 1955

Beck, Zur „verdeckten Nachverpfändung" von Grundstücken
NJW 1970, 1781 ff.

Böhringer, Informationelles Selbstbestimmungsrecht kontra Publizitätsprinzip bei § 12 GBO
RPfleger 1987, 181 ff.

Bötticher, Regelungsstreitigkeiten
Festschrift für Lent, S. 89 ff.
München/Berlin 1957

Bork, Der Vergleich
Berlin 1988

Brehm, Freiwillige Gerichtsbarkeit
2. Aufl. Stuttgart/München/Hannover/Berlin/Weimar 1993

Brox, Erbrecht
18. Aufl. Köln/Berlin/Bonn/München 1999

Brox, Handelsrecht und Wertpapierrecht
14. Aufl. München 1999
zit.: Handelsrecht

Bumiller/Winkler, Freiwillige Gerichtsbarkeit
7. Aufl. München 1999

Coeppicus, Durchführung und Inhalt der Anhörung in Betreuungs- und Unterbringungssachen
FamRZ 1991, 892

Dassler/Schiffhauer/Gerhardt/Muth, Gesetz über die Zwangsversteigerung und die Zwangsverwaltung
12. Aufl. Stuttgart/Berlin/Köln/Mainz 1991

Demharter, Grundbuchordnung
23. Aufl. München 2000

Demharter, Die Erledigung der Hauptsache in Wohnungseigentumssachen
ZMR 1987, 201 ff.

Ebenroth/Boujong/Joost, HGB-Kommentar
Band 1 München 2001

Eickmann, Grundbuchverfahrensrecht
3. Aufl. Bielefeld 1994
zit.: Eickmann, Grundbuchverfahrensrecht

Eickmann, Grundstücksrecht in den neuen Bundesländern
3. Aufl. Köln 1996
zit.: Eickmann, Grundstücksrecht in den neuen Bundesländern

Firsching/Graf, Nachlaßrecht
8. Aufl. München 2000

Gernhuber/Coester-Waltjen, Lehrbuch des Familienrechts
4. Aufl. München 1994

Groß, Ordnungsmäßigkeit der Satzung der GmbH
RPfleger 1983, 213 ff.

Habscheid, Freiwillige Gerichtsbarkeit
7. Aufl. München 1983

Heitmann, Justiz – elektronisch?
BB 1999, 1720 f.

Heck, Grundriß des Sachenrechts
Tübingen 1930

Heymann, HGB
Erstes Buch: 2. Aufl. Berlin/New York 1995
zit.: Heymann/Bearbeiter

Hofmann, Das Handelsregister und seine Publizität
JA 1980, 264 ff.

Hübner, Handelsrecht
4. Aufl. Köln 2000

Jansen, FGG
Erster Band. 2. Aufl. Berlin 1969
Zweiter Band. 2. Aufl. Berlin 1970

Jarass/Pieroth, Grundgesetz
5. Aufl. München 2000

Jauernig, Die „formelle" Anknüpfung und ihre Folgen
FamRZ 1989, 1 ff.

Jauernig, Zivilprozeßrecht
26. Aufl. München 2000

Keidel/Kuntze/Winkler, Freiwillige Gerichtsbarkeit
14. Aufl. München 1999
zit.: KKW

Keidel/Schmatz/Stöber, Registerrecht
5. Aufl. München 1991

Keidel/Winkler, Beurkundungsgesetz
14. Aufl. München 1999

Kirberger, Registeranmeldung bei mehrgliedrigem Vereinsvorstand
ZIP 1986, 346 ff.

Klüsener, Freiwillige Gerichtsbarkeit
Köln/Berlin/Bonn/München 1987

Kollhosser, Das Grundbuch – Funktion, Aufbau und Inhalt
JA 1984, 558 ff.

Kollhosser, Grundprobleme des Grundbuchverfahrens
JA 1984, 714 ff.

Kollhosser, Handelsregister und private Datenbanken
NJW 1988, 2409 ff.

Kollhosser, Zur Problematik eines „Allgemeinen Teils" in einer Verfahrensordnung für die Freiwillige Gerichtsbarkeit
ZZP 93 (1980), 265 ff.

Kollhosser, Zur Stellung und zum Begriff der Verfahrensbeteiligten im Erkenntnisverfahren der freiwilligen Gerichtsbarkeit
München 1970
zit.: Kollhosser, Verfahrensbeteiligte

Lindacher, Verfahrensgrundsätze in der Freiwilligen Gerichtsbarkeit
JuS 1978, 577 ff.

Lübbesmeyer, Das Verfahren zur Bestellung eines Betreuers nach den Diskussions-Teilentwürfen eines Gesetzes über die Betreuung Volljähriger
München 1991

Lüke, Registereinsicht und Datenschutz
NJW 1983, 1407 ff.

Maunz/Dürig/Herzog, Grundgesetz
Stand: 38. Lieferung München 2001
zit.: M/D/H/Bearbeiter

Meikel, Grundbuchrecht
Band 2 (§§ 17–44) 8. Aufl. Frankfurt/München 1998
zit.: Meikel/Bearbeiter

Münchener Kommentar zum Bürgerlichen Gesetzbuch
3./4. Aufl. München seit 1992/2000
zit.: MK/Bearbeiter

Münchener Kommentar zur Zivilprozeßordnung
2. Aufl. München seit 2000
zit.: MK-ZPO/Bearbeiter

Nirk/Kurtze, Geschmacksmustergesetz
2. Aufl. Köln/Berlin/Bonn/München 1997

Palandt, Bürgerliches Gesetzbuch
60. Aufl. München 2001
zit.: Palandt/Bearbeiter

Pawlowski/Smid, Freiwillige Gerichtsbarkeit
Köln/Berlin/Bonn/München 1993

Pohlmann, Streng- und Freibeweis in der Freiwilligen Gerichtsbarkeit
ZZP 106 (1993), 181 ff.

Prütting, Anm. zu BGH Urt. v. 29. 1. 2001 – II ZR 331/00
EWiR 2001, 241 f.

Roth, Die FGG-Klausur
2. Aufl. München 2000

Sauter/Schweyer, Der eingetragene Verein
16. Aufl. München 1997

G. Schmidt, Handbuch der Freiwilligen Gerichtsbarkeit
München 1991

K. Schmidt, Gesellschaftsrecht
3. Aufl. Köln/Berlin/Bonn/München 1997

K. Schmidt, Handelsrecht
4. Aufl. Köln/Berlin/Bonn/München 1993
zit.: Handelsrecht

K. Schmidt, Sein – Schein – Handelsregister
JuS 1977, 209 ff.

K. Schmidt, Die BGB-Außengesellschaft: rechts- und parteifähig
NJW 2001, 993 ff.

Schöner/Stöber, Grundbuchrecht
12. Aufl. München 2001

Smid, Rechtsprechung – Zur Unterscheidung von Rechtsfürsorge und Prozeß –
Köln/Berlin/Bonn/München 1990

Soergel, Bürgerliches Gesetzbuch
12/13. Aufl. Stuttgart/Berlin/Köln seit 1988/1999
zit.: Soergel/Bearbeiter

Stangier/Bork, Das Informationserzwingungsverfahren nach dem neuen
GmbH-Gesetz
GmbH-Rdsch. 1982, 169 ff.

Staub, Großkommentar zum HGB
Erster Band (§§ 1–104)
4. Aufl. Berlin/New York 1995
zit.: Staub/Bearbeiter

Staudinger, Kommentar zum Bürgerlichen Gesetzbuch
13. Bearb. Berlin seit 1993
zit.: Staudinger/Bearbeiter

Stein/Jonas, Kommentar zur Zivilprozeßordnung
21. Aufl. Tübingen seit 1993
zit.: Stein/Jonas/Bearbeiter

Stöber, Anmeldung zum Vereinsregister durch den „Vorstand"
RPfleger 1980, 369 ff.

Thomas/Putzo, Kommentar zur Zivilprozessordnung
23. Aufl. München 2001

v. Gamm, Geschmacksmustergesetz
2. Aufl. München 1989

v. Olshausen, Neuerungen im System der handelsrechtlichen Rechtsscheins-
grundsätze
BB 1970, 137 ff.

G. Walter, Der Prozeß in Familiensachen
Bielefeld 1985

U. Walter, Betreuung und elterliche Sorge
FamRZ 1991, 765

Weirich, Freiwillige Gerichtsbarkeit
Stuttgart/Berlin/Köln/Mainz 1981

Weitnauer, Wohnungseigentumsgesetz
8. Aufl. München 1995

M. Wolf, Gerichtsverfassungsrecht
6. Aufl. München 1987

M. Wolf, Richter und Rechtspfleger im Zivilverfahren
ZZP 99 (1986), 361 ff.

Zöller, Zivilprozeßordnung
22. Aufl. Köln 2001
zit.: Zöller/Bearbeiter

1. Kapitel: Allgemeiner Teil

A. Einführung und Grundlagen

1. Rechtsquellen

Geben Sie einen kurzen Überblick über die Rechtsquellen der fG.

Es gibt Bundes- und Landesrecht.

I. Das wichtigste **Bundesgesetz** ist das FGG mit einem AT (§§ 1–34) und einem ursprünglich in zehn Abschnitte gegliederten BT (§§ 35–200). Einige dieser Unterabschnitte sind jedoch aufgehoben und durch Spezialgesetze ersetzt (PStG, SchRegO, BeurkG). Der AT wird teils modifiziert, teils ergänzt durch das ZustErgG, das RPflG, die KostO und die BRAGO. Das gesamte FGG wird ergänzt und überlagert durch zahlreiche verfahrensrechtliche Einzelbestimmungen im materiellen Recht (BGB, HGB, AktG, GmbHG, GenG, UmwG, WEG, HausratV u.a.) sowie durch neben das FGG tretende besondere Kodifikationen für spezielle Bereiche (z.B. GBO, LwVG u.a.).

II. Daneben treten **landesrechtliche** Bestimmungen, die nach Maßgabe der Art. 72, 74 Abs. 1 Nr. 1 u. 2 GG zulässig sind, da die fG Gegenstand konkurrierender Gesetzgebungskompetenz ist.

1. Nach dem allgemeinen Vorbehalt des § 200 Abs. 1 FGG kann der Landesgesetzgeber Ergänzungs- und Ausführungsbestimmungen erlassen.

2. Gem. dem speziellen Vorbehalt der §§ 193, 194 FGG, Art. 147, 148 EGBGB,

§§ 61 ff. BeurkG kann der Landesgesetzgeber Zuständigkeiten abweichend vom
Bundesrecht festlegen (z. B. Notarformen
in Baden-Württemberg).
3. Nach dem ganz speziellen Vorbehalt
des § 189 FGG sind auch das Verfahren
betreffende Landesvorschriften abweichend vom Bundesrecht zulässig. Da das
FGG keine geschlossene Kodifikation ist,
bleiben Lücken, die der Landesgesetzgeber füllen kann. Die meisten Bundesländer haben von dieser Möglichkeit durch
Erlaß eines Landes-FGG Gebrauch gemacht (s. die Übersicht über das Landesrecht bei KKW Einl Rn. 51 ff.).

2. Vorläufige Einordnung der fG

Versuchen Sie eine knappe
vorläufige Einordnung der
fG.

FG ist staatliches Verfahrensrecht zu
einem Konglomerat materiell-rechtlicher
Angelegenheiten im Grenzgebiet vornehmlich zwischen Zivil- und Ver-
waltungsrecht. Der materiell-rechtliche
Schwerpunkt liegt beim Zivilrecht. Das
fG-Verfahrensrecht steht daher zwischen
ZPO und VwGO und enthält Bezüge zu
beiden Verfahrensordnungen. Der Ver-
such einer inhaltlichen und präzisen Definition des fG-Verfahrens scheitert an
den großen Unterschieden der der fG
zugewiesenen Rechtsmaterien. Eine Definition kann immer nur Teilaspekte ab-
decken. Auch der Name „freiwillige Gerichtsbarkeit" hilft nicht weiter. Denn ein
Teil der fG, insbesondere das Beurkun-
dungswesen, ist schon gar nicht „Gerichtsbarkeit", und bei der Gerichtsbarkeit ist die „Freiwilligkeit" kein inhaltli-
ches Merkmal, weder auf der Seite des
Gerichts noch auf der Seite der Beteilig-

ten. Die Vielzahl der Bestimmungsversuche hat ihren kleinsten gemeinsamen Nenner in der rein formalen Begriffsbestimmung: „FG ist ein staatlich geordnetes Verfahren zur Erledigung rechtlicher Angelegenheiten durch einen unabhängigen Richter oder unabhängige Rechtspflegeorgane" (Bärmann § 5 II, S. 30 m. w. N.). Diese Definition trifft aber auch auf andere gerichtliche Verfahrensordnungen zu.

3. Arten der fG-Sachen

Welche Gruppen der fG lassen sich unterscheiden und wie sind sie gekennzeichnet?

Man unterscheidet drei große Gruppen typischer fG-Angelegenheiten:
I. Die „klassischen" fG-Angelegenheiten. Zu ihnen zählen vor allem die Familienrechtssachen i. w. S. (zu denen die Vormundschafts-, Betreuungs-, Unterbringungs- und sonstigen Familienrechtssachen i. e. S. gehören), die Nachlaß- und Grundbuchsachen, außerdem die sonstigen Register- und Beurkundungssachen; ferner einige weniger bedeutsame Angelegenheiten, wie z. B. Abnahme der eidesstattlichen Versicherung, Untersuchung und Verwahrung von Sachen, Pfandverkauf (§§ 163–166 FGG).
In diesen Angelegenheiten geht es nicht (jedenfalls nicht essentiell, sondern höchstens akzidentiell) um Streitentscheidung, sondern um allgemeine oder konkrete Rechtsfürsorge für einzelne Beteiligte und/oder den Rechtsverkehr. Sie hätte z. T. auch den Verwaltungsbehörden anvertraut werden können. Wegen der Bedeutung der Materie und des besonderen öffentlichen Interesses an ihr ist die Fürsorge aber gerade den Gerichten oder an-

deren unabhängigen Rechtspflegeorganen anvertraut worden. Man spricht daher von „Rechtsfürsorge" oder von „justizförmiger Gewährung von Daseinsvorsorge".

Diese Rechtsfürsorge wird je nach der Stärke des öffentlichen Interesses teils nur auf Antrag (z. B. Erbscheinserteilung, Grundbucheintragung), teilweise aber sogar von Amts wegen geleistet (z. B. in vielen Vormundschaftsangelegenheiten).

II. **Privatrechtliche Streitsachen.** Bei ihnen geht es um die Durchsetzung subjektiver privater Rechte. Meistens handelt es sich dabei nicht um einen speziellen Anspruch auf Leistung einzelner Gegenstände, sondern um den Anspruch auf Ordnung eines ganzen Lebenskomplexes (sog. „Regelungsstreitigkeiten"; s. Nr. 55). Die Beteiligten stehen sich wie im Zivilprozeß in Parteistellung gegenüber. Daher hätten diese Angelegenheiten auch der ZPO zur Erledigung zugeordnet werden können. Der Gesetzgeber hat aber das fG-Verfahren vorgezogen, weil es elastischer ist.

Der Bereich der privatrechtlichen fG-Streitsachen ist immer weiter angewachsen. Hierzu gehören z. B. die Wohnungseigentumssachen nach §§ 43 ff. WEG, aus dem Gesellschaftsrecht die Spruchstellenverfahren nach §§ 306 AktG, 305 ff. UmwG sowie aus dem Familienrecht etwa die Angelegenheiten des Zugewinnausgleichs nach §§ 1382 f. BGB, 53 a FGG, des Versorgungsausgleichs nach §§ 1587 ff. BGB, 53 b FGG und der Hausratsverteilung nach §§ 1 ff. HausratV (näheres: KKW § 12 Rn. 196 m. w. N.).

III. **Öffentlich-rechtliche Streitigkeiten.** Bei ihnen geht es um die Durchsetzung subjektiver öffentlicher Rechte von Privatpersonen gegen Hoheitsträger, manchmal auch um Streitigkeiten zwischen Hoheitsträgern über öffentlich-rechtliche Rechtsverhältnisse. Diese Angelegenheiten hätten auch der VwGO zur Erledigung zugeordnet werden können. Die Zuweisung an die ordentlichen Gerichte in das fG-Verfahren rechtfertigt sich häufig aus Gründen des Sachzusammenhangs mit der Zivilgerichtsbarkeit oder den bei den Zivilgerichten angesiedelten Standesgerichten. In diesen Bereich fällt insbesondere die Anfechtung von Justizverwaltungsakten nach §§ 23 ff. EGGVG sowie von Verwaltungsakten nach § 111 BNotO und nach §§ 11, 16, 21, 28, 29, 35, 223 BRAO.

4. Geschichte der fG

Was wissen Sie über die Geschichte der fG?

I. Bis zum Ende des 18. Jahrhunderts gab es keine einheitliche Geschichte der fG, da ein so zu bezeichnendes, geschlossenes Rechtsgebiet nicht existierte. Es muß insoweit auf die Geschichte der heute im fG-Verfahren erfaßten einzelnen Materien verwiesen werden. Das römische Recht kannte z. B. den – in den Digesten allerdings nur an einer Stelle erwähnten – Begriff der „iurisdictio voluntaria" im Vormundschaftsrecht (Freilassung von Sklaven und Hauskindern, Adoption) sowie andere prozessuale Besonderheiten wie etwa das Verfahren der „in iure cessio" vor dem Praetor (Scheinprozeß zur Erlangung eines Rechtstitels durch Unterwerfung), die heute dem fG-Verfahren zuzuordnen wären (Einzelheiten bei Bärmann § 1 I, S. 1 ff.).

II. Die eigentliche fG-Geschichte beginnt erst mit den umfangreichen Landesgesetzgebungen ab dem Ende des 18. Jahrhunderts (Zeit des aufgeklärten Absolutismus), vor allem in Preußen. Hier enthielt die 1793 inkraftgetretene „Allgemeine Gerichtsordnung für die preußischen Staaten" erstmals einen besonderen (2.) Teil für das „Verfahren bei den Handlungen der fG". Schon vorher war 1783 die Hypothekenordnung geschaffen worden, die 1872 durch eine umfassende Grundbuchordnung abgelöst wurde. Außerdem wurden 1875 die Vormundschaftsordnung sowie 1880 und 1890 die Notariatsgesetze geschaffen.

Im (1871) neugegründeten Deutschen Reich strebte man nach der Reichseinheit auch die Rechtseinheit an und schuf zahlreiche, bis heute gültige Gesetze (insb. BGB, HGB, StGB und die zugehörigen „Reichsjustizgesetze": GVG, ZPO, StPO). 1897 entstand als selbständige Teilregelung der fG die GBO. Im übrigen wurde das fG-Verfahrensrecht im FGG mit Rücksicht auf landesrechtliche Zuständigkeiten nur insoweit reichseinheitlich geregelt, als es zur Wahrung der Einheit des zugehörigen materiellen Rechts unbedingt erforderlich erschien. Das geschah zudem nicht mit großer Sorgfalt. Von daher erklärt sich, daß der „Allgemeine Teil" dieses unvollständigen „Rahmengesetzes" nur 34 Paragraphen enthält. Daneben findet sich fG-Verfahrensrecht an vielen Stellen des materiellen Rechts (z. B. §§ 2354 ff. BGB) oder in Sonderge-

setzen, die z. T. erst nach Inkrafttreten des
FGG geschaffen wurden (z. B. LwVG).

III. Die außerordentliche Zersplitterung
des fG-Verfahrensrechts und sein rechtsstaatlicher Rückstand im Vergleich mit
anderen gerichtlichen Verfahrensordnungen führten 1964 in den alten Bundesländern zur Einsetzung einer Reformkom-
mission durch den Bundesjustizminister.
Der 1977 von ihr vorgelegte Entwurf
einer Verfahrensordnung für die fG
(FrGO, dazu Kollhosser ZZP 93 (1980),
265 ff.) ist vom Gesetzgeber nicht übernommen worden. Der Gesetzgeber geht
statt dessen den Weg, durch Einfügung
spezieller Bestimmungen, insbesondere
zahlreicher Anhörungsbestimmungen, bei
den einzelnen Materien des Besonderen
Teils des FGG den Anforderungen an ein
rechtsstaatliches Verfahren Rechnung zu
tragen. Zu nennen sind insbesondere die
Änderungen im 2. Abschnitt des FGG
(„Vormundschafts-, Familien-, Betreu-
ungs- und Unterbringungssachen") durch
das Betreuungsgesetz vom 12. 9. 1990
(BGBl. I 2002), das Kindschaftsrechtsreformgesetz vom 16. 12. 1997 (BGBl. I
2942) und das Betreuungsrechtsänderungsgesetz vom 25. 6. 1998 (BGBl. 1580). Die
Rechtszersplitterung wird dadurch nicht
geringer, sondern größer.

IV. Auch die Reform der ZPO durch
das ZPO-RG hat der Gesetzgeber nicht
zum Anlaß für grundsätzliche Reformen
des FGG genommen, sondern sich auf
notwendige Folgeänderungen beschränkt.
Eine Reform des FGG müsse einem ge-
sonderten Gesetzgebungsvorhaben vorbehalten bleiben (BTDrucks. 14/4722,
S. 69).

5. Entwicklung in der ehemaligen DDR

Wie verlief die Entwicklung der fG auf dem Gebiet der ehemaligen DDR?

Mit Abschaffung der alten Gerichtsorganisation im Jahre 1952 übertrug man dort zahlreiche Angelegenheiten der fG (z. B. Beurkundungen, Testaments- und Erbschaftsangelegenheiten, Vormundschaften und Pflegschaften für Volljährige) auf Verwaltungsbehörden (VO über die Übertragung der Angelegenheiten der fG v. 15. 10. 1952). Insbesondere waren hier die staatlichen Notariate zuständig, in denen Notare als abhängige Angestellte des Staates tätig wurden. Verfahren und Rechtsmittel wurden erst durch das Notariatsgesetz von 1976 näher geregelt. Gem. Anl. I, Kap. III, Sachgebiet A, Abschnitt III Maßgabe Nr. 13 des EVertr. gilt in den neuen Bundesländern seit dem 3. 10. 1990 das FGG. ÜbertragungsVO und Notariatsgesetz sind damit abgeschafft, Art. 9 EVertr. Inzwischen ist auf allen Gebieten der fG Rechtseinheit hergestellt (zum Ganzen s. KKW Einl Rn. 20 ff.).

6. Vorzüge des fG-Verfahrens

Was kann den Gesetzgeber veranlassen, einen Sachbereich dem fG-Verfahren zuzuweisen?

Für die Zuweisung sind verschiedene, i. d. R. aber nicht dogmatische Gründe ausschlaggebend.
I. Zuweisungsgrund ist einmal der Sachzusammenhang mit bereits anerkannten fG-Materien (beispielsweise Zuweisung des Transsexuellengesetzes als Annex zum PStG, § 4 Abs. 1 TSG).
II. Daneben bestimmt vor allem das Bedürfnis nach einem beweglichen Verfahren die Zuweisung in die fG. Die elasti-

sche und freie Stellung des fG-Richters, insbesondere die recht große Unabhängigkeit von den Beteiligten bei der Wahrheitsfindung und Verfahrensführung, erscheint einmal als das geeignete Instrument, dem Rechtsfürsorgegedanken in den klassischen fG-Angelegenheiten zur Geltung zu verhelfen (beispielsweise Zuweisung des gesamten Betreuungsrechts zur fG). Aber auch in den echten Streitsachen geht es im materiellen Recht häufig um die Gestaltung komplexer Rechtsverhältnisse, die weniger nach starren, in Tatbestände geformten Entscheidungsmustern (Aktionensystem) vorgenommen wird als vielmehr nach generalklauselartigem Billigkeitsrecht (ius aequum), dessen Verwirklichung im fG-Verfahren eher möglich ist (s. z. B. § 2 HausratV). Wo es z. B. um die Konfliktregelung in Gemeinschaftsverhältnissen, um richterliche Einigungshilfe nach Billigkeitsgrundsätzen geht, erweist sich das fG-Verfahren als das dazu passende Verfahrensrecht (s. Bärmann § 1 IV 3, S. 6, § 5 III, S. 30 ff. und Baur Vorbem., S. 1 f.).

III. Aus den gleichen Gründen bevorzugt der Gesetzgeber das fG-Verfahren, wenn sich eine hinreichend konkrete Gesetzgebung als schwierig erweist, weil Zukunftsprognosen über die Entwicklung der Rechtswirklichkeit nicht sicher aufzustellen sind. Auch in diesen Bereichen, in denen die Rechtsetzungskompetenz stillschweigend auf den Richter übertragen wird, kann das elastische fG-Verfahren ein geeignetes Hilfsmittel sein.

IV. Erfaßt werden schließlich Sachgebiete, die ihrer Natur nach Verwaltung sind (Nr. 13), ihrer besonderen Bedeutung wegen aber dem Richter anvertraut werden sollen.

7. Anwendbarkeit anderer Verfahrensvorschriften

Inwieweit können im fG-Verfahren ergänzend allgemeine Verfahrensgrundsätze oder Normen anderer Verfahrensordnungen herangezogen werden?

I. Wie schon dargetan (Nr. 4), hat der Gesetzgeber im AT des FGG (§§ 1–34) das Verfahren nur in Grundzügen und unvollkommen geregelt. Teilweise hat er allerdings dort selbst schon punktuell Vorschriften der ZPO (§§ 3 Abs. 1, 13 a Abs. 3, 14, 15 Abs. 1, 16 Abs. 2, 33 Abs. 2 S. 6 FGG) und des GVG (§§ 2, 8, 30 Abs. 2 FGG) für entsprechend anwendbar erklärt. Zusätzlich hat er in neuerer Zeit in besonders brisanten Bereichen des BT insbesondere durch Einfügung zahlreicher spezieller Anhörungsbestimmungen versucht, den notwendigen rechtsstaatlichen Anforderungen Rechnung zu tragen (s. insb. im 2. Abschnitt des FGG).

II. Darüber hinaus verbleibende Regelungslücken werden u. U. durch direkte Anwendung von Verfassungsrecht (Art. 103 Abs. 1 GG) oder analoge Anwendung einzelner Vorschriften der ZPO oder (für öffentlich-rechtliche Streitigkeiten) der VwGO geschlossen. Dabei ist die Zielsetzung des FGG zu beachten, dem Gericht bei der Sachverhaltsermittlung und Verfahrensgestaltung möglichst ein weites Ermessen einzuräumen. Der Vorteil der großen Elastizität des fG-Verfahrens darf nicht durch vorschnelle, schematische Heranziehung starrer Regeln aus anderen Verfahrensordnungen aufgehoben werden. Der Grundsatz für die Ausgestaltung des fG-Verfahrens lautet: so elastisch wie möglich, so rechtsstaatlich und rechtssicher wie nötig.

Dies gilt in besonderem Maße für die klassischen fG-Angelegenheiten, bei denen der Gedanke der Rechtsfürsorge im Vordergrund steht. Die privatrechtlichen Streitsachen zeichnen sich durch ihre Verwandtschaft zum Zivilprozeß aus (s. Nr. 3). Dies kann es rechtfertigen, in stärkerem Maße ZPO-Regeln analog heranzuziehen, soweit dem nicht Verfahrensgrundsätze des fG-Verfahrens (insb. der Amtsermittlungsgrundsatz des § 12 FGG) entgegenstehen (s. Baur § 1 III 3 b, S. 17; KKW § 12 Rn. 198 f. mit Beispielen). Aus gleichen Gründen kommt in den öffentlich-rechtlichen Streitsachen eine stärkere Heranziehung von VwGO-Bestimmungen in Betracht (Beispiele bei KKW § 12 Rn. 202 f.).

B. Amtsträger der fG und ihre Stellung

8. Die wichtigsten Amtsträger

Welche Amtsträger können im fG-Verfahren tätig werden?

Der Vielfalt der geregelten Sachgebiete entspricht die Vielfalt der Organe der fG. Im einzelnen sind zu unterscheiden:

I. **Gerichte** und **Gerichtspersonen**. FG-Gerichte sind Teil der ordentlichen Gerichtsbarkeit i.S.d. GVG (s. Nr. 15). Grundsätzlich sind folgende Spruchkörper zuständig:

In **1. Instanz** eine Abteilung des AG, der ein Einzelrichter (§ 22 GVG) oder Rechtspfleger (§§ 1, 3 RPflG) vorsteht, z.B. unter der traditionellen Bezeichnung als Vormundschaftsgericht (§ 35 FGG), Nachlaßgericht (§ 72 FGG), Registergericht (§ 125a FGG) oder Grundbuchamt (§ 1 GBO); als **Beschwerde**gericht eine Kammer des LG, besetzt mit drei Richtern (§§ 19, 30 FGG, 75 GVG), die das Verfahren allerdings gem. §§ 526 ZPO, 30 Abs. 1 S. 3 FGG einem ihrer Mitglieder als Einzelrichter übertragen kann; als Gericht der **weiteren Beschwerde** ein Senat des OLG, besetzt mit drei Richtern (§§ 28 Abs. 1 FGG, 122 Abs. 1 GVG) oder als Vorlagegericht ein Senat des BGH, besetzt mit fünf Richtern (§§ 28 Abs. 3 FGG, 139 Abs. 1 GVG). Zum Instanzenzug s. auch Nr. 92. Daneben werden Urkundsbeamte der Geschäftsstelle und Gerichtsvollzieher tätig.

II. Einen eigenen Zuständigkeitsbereich haben die **Notare,** die überwiegend im Urkundswesen als Organe der fG berufen sind (s. §§ 20–24 BNotO).

III. Daneben gibt es eine Vielzahl von Einzelzuständigkeiten für **besondere Amtsträger,** etwa die Bürgermeister (§ 2249 BGB), die Standesbeamten (PStG), die Jugendämter (SGB VIII), die Konsuln (KonsG) sowie andere Amtsträger nach Bundes- und Landesrecht (s. Bärmann § 3 III, S. 16 f.).

9. Richter und Rechtspfleger

Wodurch unterscheiden sich Richter und Rechtspfleger?

I. Richter und Rechtspfleger treffen ihre Entscheidungen zwar beide als Gericht (zur Verteilung der funktionellen Zuständigkeit zwischen Richter und Rechtspfleger s. Nrn. 27, 28). Ihre Funktion unterscheidet sich aber im Hinblick auf die Gewaltenteilung erheblich, weil allein den Richtern nach Art. 92 GG die rechtsprechende Gewalt anvertraut ist. Das hat folgende Auswirkungen (vgl. dazu insbesondere BVerfGE 101, 397 ff.):

1. Diese betreffen zunächst die Rechtsweggarantie nach Art. 19 Abs. 4 GG. Akte des Rechtspflegers gehören zur öffentlichen Gewalt im Sinne dieser Regelung, gegen die Rechtsschutz gewährt werden muß. Die Entscheidungen des Richters gewähren hingegen den Rechtsschutz.

2. Die Unabhängigkeit des Richters ergibt sich aus Art. 97 GG. Der Richter ist sachlich unabhängig (Art. 97 Abs. 1 GG, § 25 DRiG); der hauptberufliche außerdem persönlich unabhängig, d. h. er kann nur unter ganz bestimmten Voraussetzungen abgesetzt oder versetzt werden (Art. 97 Abs. 2 GG, §§ 30 ff. DRiG). Der Rechtspfleger ist kraft einfachen Rechts (§ 9 RPflG) sachlich, aber nicht persönlich unabhängig.

3. Nach Art 100 Abs. 1 GG sind nur die Richter, nicht hingegen Rechtspfleger befugt, eine Entscheidung des Verfassungsgerichts über die Verfassungsmäßigkeit eines nachkonstitutionellen Gesetzes einzuholen (vgl. § 5 Abs. 1 Nr. 1 RPflG).

4. Der Richter hat, wenn er in seinem Zuständigkeitsbereich Maßnahmen trifft, gem. Art. 103 Abs. 1 GG rechtliches Gehör zu gewähren (s. Nrn. 69–73). Dieses gilt auch dann, wenn es sich bei den dem Richter zugewiesenen Aufgaben – gerade im klassischen Bereich der fG – nicht um Rechtsprechung i.S.v. Art. 92 GG (s. Nr. 13) handelt, sondern die Aufgaben ihm wegen seiner besonderen verfassungsrechtlichen Stellung anvertraut sind (vgl. BVerfGE 9, 89, 97 f.). Ein Anspruch auf rechtliches Gehör vor dem Rechtspfleger aus Art. 103 Abs. 1 GG besteht nach Ansicht des Bundesverfassungsgericht (BVerfGE 101, 397, 405) hingegen nicht, sondern ein inhaltlich gleiches Verfahrensrecht aufgrund des durch Art. 2 Abs. 1 GG in Verbindung mit dem Rechtsstaatsprinzip (Art. 20 Abs. 3 GG) gewährleisteten Rechts auf ein rechtsstaatliches, faires Verfahren.

II. Unterschiede bestehen auch in Ausbildung und dienstrechtlicher Stellung.

1. Der Richter ist nicht Beamter und grundsätzlich Volljurist (§ 5 Abs. 1 DRiG; Ausnahme: ehrenamtliche Richter, §§ 44 ff. DRiG).

2. Der Rechtspfleger ist Beamter des gehobenen Dienstes (§ 2 Abs. 1 S. 1 RPflG i. V. m. den Landesbeamtengesetzen) mit besonderer, praxisintegrierter Fachhochschulausbildung (§ 2 Abs. 1 S. 2–4 RPflG).

10. Notare und Notariate

Welche Formen des Notariats kennen Sie?

I. Die BNotO kennt – historisch bedingt – verschiedene Formen des Notariats.

1. § 3 Abs. 1 BNotO regelt die Stellung des **Nurnotars.** Er ist kein Beamter, aber unabhängiger Träger eines öffentlichen Amtes und wird von der Landesjustizverwaltung (§ 12 BNotO) an einem bestimmten Sitz (§ 10 BNotO) hauptberuflich auf Lebenszeit bestellt. Nurnotariate gibt es in Bayern, Württemberg, Rheinland-Pfalz, Saarland, Hamburg, im linksrheinischen Teil Nordrhein-Westfalens und den neuen Bundesländern mit Ausnahme von Berlin.

2. Im Unterschied zum Nurnotar übt der **Anwaltsnotar** (§§ 3 Abs. 2, 116 BNotO) das Notariat nebenberuflich zu seiner Tätigkeit als Rechtsanwalt aus. Zum Gebiet des Anwaltsnotariats gehören heute ganz Berlin, Bremen, Hessen, Niedersachsen, Schleswig-Holstein, der rechtsrheinische Teil Nordrhein-Westfalens und Württemberg.

3. Ausnahmsweise können Nurnotare nach § 3 Abs. 3 BNotO bei dem für ihren Amtssitz zuständigen Amtsgericht auch als Anwalt zugelassen werden, wenn dies im Interesse einer geordneten Rechtspflege erforderlich ist (sog. Notaranwälte).

II. Sonderregelungen bestehen in **Baden-Württemberg.** Für dieses Land ist nach §§ 114, 115 BNotO i.V.m. dem LFGG/BW im wesentlichen der alte Rechtszustand der Länder Baden (OLG-Bezirk Karlsruhe) und Württemberg (OLG-Bezirk Stuttgart) aufrechterhalten. In jedem

Amtsgerichtsbezirk bestehen als landesrechtlich besondere Gerichte der fG die sog. Amtsnotariate, § 13 LFGG/BW (in Württemberg „Bezirksnotariat" genannt). Die Amtsnotare sind beamtet und führen die einheitliche Bezeichnung „Notar im Landesdienst" (§ 17 Abs. 1 LFGG/BW). Sie sind nicht nur Urkundspersonen (§ 3 LFGG/BW) sondern auch Nachlaßrichter (§§ 1, 38 LFGG/BW) sowie Grundbuchbeamte der auf Gemeindeebene eingerichteten Grundbuchämter (§§ 1, 29 LFGG/BW). Der württembergische Bezirksnotar ist darüber hinaus noch Vormundschaftsrichter (§§ 1, 36, 37 LFGG/BW). Im württembergischen Landesteil können nach Maßgabe des § 3 Abs. 2 LFGG/BW neben den Amtsnotaren (Bezirksnotaren) zusätzlich Nurnotare und Anwaltsnotare bestellt werden.

III. Anders als bei der Zulassung zur Rechtsanwaltschaft (§§ 6, 7 BRAO) hat **niemand** einen **Rechtsanspruch** auf Übertragung eines Notaramtes. Nach § 4 BNotO werden nur so viele Notare bestellt, wie es den Erfordernissen einer geordneten Rechtspflege entspricht. Die Regelung ist mit Art. 12 GG vereinbar. Da der Notar ähnlich einem Beamten ein öffentliches Amt ausübt, kann seine Tätigkeit in Anlehnung an Art. 33 GG aus sachlichen Gründen beschränkenden Sonderregeln unterworfen werden (BVerfGE 17, 371, 376 ff.).

11. Das Amt des Notars

A möchte sein Grundstück an B veräußern. Er ruft bei Notar N in Dortmund an

I. Indem N auf die telefonische Bitte des A zugesagt hat, „die Angelegenheit zu regeln", könnten N und A einen Werk-

und bittet um einen Beurkundungstermin. N erklärt, das gehe in Ordnung, er werde die Angelegenheit regeln. Einige Tage später übergibt A dem N zur Vorbereitung des Beurkundungstermins einen selbst ausgearbeiteten Vertragsentwurf. Erst jetzt stellt N fest, daß es sich bei dem in Aussicht genommenen Käufer B um einen seiner zahlreichen Neffen handelt. Daraufhin lehnt er die Beurkundung ab. A ist erbost und vertritt die Ansicht, N könne sich von seiner ursprünglichen Zusage nicht so einfach lösen. Die Verwandtschaft zwischen N und B störe ihn nicht. Ist N verpflichtet, den Vertrag zu beurkunden?

vertrag geschlossen haben (§ 631 BGB). Dann wäre N vertraglich zur Beurkundung verpflichtet.

Indessen vollzieht der Notar seine Aufgaben als **unabhängiger Träger eines öffentlichen Amtes** (§ 1 BNotO). Die persönliche Unabhängigkeit ist einerseits gegenüber dem Staat, andererseits aber auch gegenüber den am notariellen Rechtsgeschäft beteiligten Personen gewährleistet. Obwohl die Parteien den Gegenstand der notariellen Tätigkeit bestimmen, bleibt der Notar ihnen gegenüber in seiner rechtlichen Entscheidung unabhängig. Er ist nicht ihr Vertreter, sondern unparteiischer Betreuer der Beteiligten (§ 14 Abs. 1 S. 2 BNotO) und Organ der vorsorgenden Rechtspflege. Für seine Tätigkeit er-hält er gem. §§ 17 BNotO, 140 ff. KostO Gebühren. Bei Pflichtverletzungen können Amtshaftungsansprüche gem. § 19 BNotO entstehen.

Die öffentlich-rechtliche Ausgestaltung des Amtes, die persönliche Unabhängigkeit sowie die Pflicht zur Unparteilichkeit schließen es aus, daß sich ein Notar in dieser Funktion durch privatrechtliche Verträge bindet. Demnach kann die telefonische Zusage des N, die Grundstücksveräußerung beurkunden zu wollen, nicht zum Abschluß eines Werkvertrages mit A geführt haben (BGH DNotZ 1960, 265, 267).

II. 1. Das Rechtsverhältnis zwischen dem Notar und den Beteiligten ist vielmehr in allen Auswirkungen öffentlich-rechtlicher Art. Das Beurkundungsverfahren nach dem BeurkG ist ein **Verfahren der fG.** Das Ersuchen um Vornahme einer Beurkundung ist ein verfahrensrechtlicher

Antrag auf Vornahme einer Amtshand-
lung, vergleichbar einem Antrag an ein
Gericht der fG (Keidel/Winkler Einl
Rn. 30).

Der Kreis der Amtsgeschäfte des Notars
ist in den §§ 20–24 BNotO geregelt.
Neben der Beurkundungstätigkeit (§ 20
BNotO i. V. m. dem BeurkG) liegt ein
weiterer Aufgabenschwerpunkt in der
Betreuung und Beratung der Beteiligten
(§ 24 BNotO). Gem. § 15 Abs. 1 BNotO
ist der Notar grundsätzlich nicht berechtigt, eine beantragte Beurkundung abzulehnen.

2. A kann daher von N gem. §§ 20 Abs. 1,
15 Abs. 1 BNotO, 1 ff. BeurkG die Beurkundung des Kaufvertrages verlangen,
wenn N keinen rechtlichen Grund hat,
die Amtstätigkeit abzulehnen. In den typischen Befangenheitssituationen des § 14
Abs. 2 BNotO und der §§ 3, 4 BeurkG
„soll" sich der Notar der Amtsausübung
enthalten. Die Formulierung als Sollvor-
schrift soll sicherstellen, daß trotzdem
vorgenommene Beurkundungen wirksam
sind, sofern das Gesetz nicht speziell
etwas anderes sagt, wie in den §§ 6, 7
BeurkG. Der Notar hat aber kein Ermessen, sondern muß sich unbedingt in
diesen Fällen der Amtsausübung enthalten, selbst wenn alle Beteiligten die Beurkundung wünschen (Keidel/Winkler § 3
Rn. 10).

Hier ist es dem N gem. § 3 Abs. 1 Nr. 3
BeurkG versagt, tätig zu werden, weil
die beantragte Beurkundung die Angelegenheit eines Verwandten 2. Grades des
N betrifft, nämlich die seines Neffen B.
N hat die Beurkundung zu Recht abgelehnt.

12. Rechtsschutz bei Untätigkeit des Notars

Wie Nr. 11. In welchem Verfahren kann A seinen behaupteten Anspruch auf Beurkundung geltend machen und welche Stellung hat darin der Notar N?

I. Gegen die Ablehnung der Urkundstätigkeit steht A die unbefristete Beschwerde zu dem LG zu, in dessen Bezirk Notar N seinen Amtssitz hat (§ 15 Abs. 2 S. 1 BNotO). Das Verfahren richtet sich nach dem FGG (§ 15 Abs. 2 S. 2 BNotO). Soweit die Beschwerde begründet ist, weist das LG den Notar an, die beantragte Amtshandlung vorzunehmen. Vorliegend wird das LG die Beschwerde allerdings als unbegründet zurückweisen, weil N gem. § 3 BeurkG an der Beurkundung gehindert ist.

II. Der Notar nimmt in dem Verfahren nicht die Stellung eines Beschwerdegegners ein, sondern die Stellung einer ersten Instanz. Der Art nach (s. Nr. 3) ist das Verfahren kein Streitverfahren, sondern ein Antragsverfahren im Bereich der „klassischen" fG-Angelegenheiten (BGH NJW 2001, 2181)

13. Rechtsnatur der fG

Ist die richterliche Tätigkeit in fG-Sachen ihrer Natur nach Rechtsprechung oder Verwaltung?

I. Ausgehend davon, daß nach Art. 92 GG die rechtsprechende Gewalt den Richtern anvertraut ist, hat die Ausgangsfrage im wesentlichen Bedeutung für folgende Fragen:

1. Inwieweit kann der Gesetzgeber durch einfaches Gesetz fG-Sachen auf Verwaltungsbehörden oder Rechtspfleger übertragen?

2. Müssen im fG-Verfahren vor dem Richter stets alle rechtsstaatlichen Regeln beachtet werden, die für materielle Rechtsprechung wesentlich sind?

II. Für die Beantwortung der Ausgangsfrage ist zwischen einem materiellen und einem formellen Rechtsprechungsbegriff zu unterscheiden.

1. Zur **Rechtsprechung im formellen Sinne** sind alle Materien zu zählen, die durch Verfassung oder Gesetz dem Richter zur Entscheidung zugewiesen sind. Die richterliche Tätigkeit ist also stets Rechtsprechung im formellen Sinne.

2. Der **materielle Rechtsprechungsbegriff** ist enger. Er beschreibt, welche Materien nach Art. 92 GG zwingend durch Richter zu entscheiden sind. Dazu gehört jedenfalls die materiell rechtskräftige Streitentscheidung. Jedoch gehört kraft ausdrücklicher Bestimmung des Art. 104 Abs. 2 GG auch die Freiheitsentziehung dazu. Auf welcher Grundlage ferner abzugrenzen ist, ist höchst umstritten. Das Bundesverfassungsgericht verwendet einen historisch-teleologischen Rechtsprechungsbegriff (BVerfGE 22, 49, 76 ff.; 64, 175, 179; a. A. Wolf ZZP 99 (1986), 366 ff.). Danach sind neben der Freiheitsentziehung alle vergleichbar schweren Eingriffe in andere grundgesetzlich geschützte Rechtsgüter (insb. Persönlichkeitsrecht: Art. 2 GG; Elternrecht: Art. 6 GG; Eigentums- und Erbrecht: Art. 14 GG) als materielle Rechtsprechung anzusehen. Demgemäß sind alle privat- und öffentlich-rechtlichen Streitsachen auch materielle Rechtsprechung. Die klassischen fG-Angelegenheiten sind materiell teils Rechtsprechung, teils Verwaltung. Die Einordnung bedarf der Bewertung des Einzelfalles.

III. Die zu I. aufgeworfenen Fragen lassen sich wie folgt beantworten:

es auch an diesen auf. X wird alsbald als Eigentümer ins Grundbuch eingetragen. K klagt daraufhin gegen das Land gem. § 839 BGB i. V. m. Art. 34 S. 1 GG auf Ersatz des ihm bei dem Geschäft entgangenen Gewinns.

I. Hat R Amtspflichten i. S. d. § 839 Abs. 1 S. 1 BGB verletzt?

II. Greift zugunsten des R das „Richterprivileg" des § 839 Abs. 2 BGB ein?

III. Wie wird das Gericht über die Klage entscheiden?

den Amtsgerichten geführt (zu den Besonderheiten in einigen Bundesländern s. Nr. 171). Danach war auch das AG für die Zurückweisung zuständig. Allerdings hat es nicht durch einen (gem. Art. 97, 98 GG i. V. m. dem DRiG sachlich und persönlich unabhängigen) Richter, sondern durch den (gem. § 9 RPflG nur sachlich unabhängigen) **Rechtspfleger** entschieden. Aus Sinn und Zweck des § 839 Abs. 2 BGB ergibt sich jedoch, daß auch Rechtspfleger dieses Privileg genießen können. Denn § 839 Abs. 2 BGB soll unstr. nicht etwa die verfassungsrechtlich garantierte richterliche Unabhängigkeit schützen, sondern die Rechtskraft: Sachverhalte, über die rechtskräftig entschieden ist, sollen nur dann auf dem Wege einer Amtshaftungsklage erneut zur Überprüfung gestellt werden können, wenn strafbares Handeln des „Beamten" behauptet wird (zum ganzen: BGHZ 50, 14, 20 f.).

2. § 839 Abs. 2 S. 1 BGB setzt nach seinem Wortlaut ferner ein **Urteil** voraus. In der fG wird in der Form eines **Beschlusses** entschieden, so auch hier bei Zurückweisung eines unbegründeten Eintragungsantrages. Die Beschlußform schließt aber nicht notwendig die Anwendung des § 839 Abs. 2 BGB aus. Denn dieser setzt kein Urteil im prozeßtechnischen Sinne voraus. Nach seinem Sinn und Zweck (Schutz der Rechtskraft) greift er vielmehr stets (aber auch nur dann) ein, wenn ein sachlich unabhängiges Organ eine instanzbeendende, der materiellen Rechtskraft fähige Entscheidung fällt, gleich in welcher Form (BGHZ 51, 326, 329). Diese Voraussetzungen erfüllen Beschlüs-

se in der fG nur in echten Streitsachen. Hier gilt für streitentscheidende, die Instanz abschließende Entscheidungen das Richterspruchprivileg des § 839 Abs. 2 BGB (Bärmann § 3 IV 1, S. 17). In den Fürsorgeverfahren, zu denen auch das Grundbuchverfahren zählt (s. Nr. 3), gilt § 839 Abs. 2 BGB dagegen nicht (Palandt/Thomas § 839 Rn. 70), da dort keine der materiellen Rechtskraft fähigen Entscheidungen ergehen (s. Nr. 89).

III. Gleichwohl wird die Klage des K als unbegründet zurückgewiesen, da er schuldhaft unterlassen hat, seinen Schaden durch Einlegung der Beschwerde gem. § 71 Abs. 1 GBO **abzuwenden (§ 839 Abs. 3 BGB).**

C. Zuständigkeiten und Zuständigkeitsmängel

I. Rechtsweg

15. Rechtsweg zum Zivil- oder Verwaltungsgericht?

Ausländer A sollte am 1. 7. gem. § 49 AuslG auf dem Luftweg nach L abgeschoben werden. Am Morgen des 1. 7. ließ die zuständige Ausländerbehörde A festnehmen und zum Flughafen Frankfurt bringen. Erst hier stellte sich heraus, daß der Flug nach L wegen eines Streiks des Bodenpersonals ausfallen mußte. Darauf wurde A auf Anordnung der Ausländerbehörde bis zum 4. 7. in einen Haftraum gesperrt, ehe er mit einem Ersatzflug nach L gebracht wurde. A meint, er habe nicht ohne richterliche Anordnung eingesperrt werden dürfen, und möchte deshalb gegen die Ausländerbehörde auf Feststellung klagen, daß die Freiheitsentziehung rechtswidrig gewesen sei.

Soll er sich an ein Gericht der Verwaltungs- oder der ordentlichen Gerichtsbarkeit wenden?

I. Die Frage betrifft die Rechtswegzuständigkeit. Sie ist nach §§ 13 GVG, 40 VwGO zu entscheiden. Soweit nicht eine gesetzliche Spezialzuweisung etwas anderes bestimmt, gehören nach § 40 VwGO alle öffentlich-rechtlichen Streitigkeiten nichtverfassungsrechtlicher Art vor die Verwaltungsgerichte und nach § 13 GVG alle bürgerlichrechtlichen Streitigkeiten vor die ordentlichen Zivilgerichte. Über den Wortlaut des § 13 GVG hinaus gehören auch die fG-Sachen vor die ordentlichen Zivilgerichte. Dies ist im GVG nur deshalb nicht zum Ausdruck gekommen, weil das FGG erst nach dem GVG geschaffen und eine Anpassung teilweise versäumt worden ist (Bärmann § 6 II 1, S. 39, § 3 I 1, S. 13).

II. Streitigkeiten nach dem AuslG sind öffentlich-rechtliche Streitigkeiten nichtverfassungsrechtlicher Art und gehören damit grundsätzlich vor die Verwaltungsgerichte (§ 40 VwGO). Nach der Sonderzuweisung des § 13 Abs. 2 FEVG entscheiden jedoch die ordentlichen Gerichte im fG-Verfahren (§ 3 FEVG) über Maßnahmen von Behörden, die sich als Freiheitsentziehung (Art. 104 Abs. 2 GG, § 2 FEVG) darstellen. Das gilt auch dann, wenn sich der Betroffene bereits wieder in

Freiheit befindet und sich nunmehr erstmals gegen die (erledigte) Maßnahme der Behörde wendet (BVerwGE 62, 317, 321). Die Ingewahrsamnahme eines Ausländers zum Zwecke der Abschiebung (§ 49 AuslG) stellt nur dann keine Freiheitsentziehung i.S. v. § 2 FEVG, Art. 104 Abs. 2 GG dar, wenn er unmittelbar nach Ergreifung abgeschoben wird, ohne daß er zuvor in einem Raum eingesperrt war (BVerwGE 62, 317, 318). Wird er eingesperrt und der Abschiebevorgang – wenn auch nur kurzfristig – unterbrochen, so liegt eine Freiheitsentziehung vor, über die der Amtsrichter im fG-Verfahren zu entscheiden hat (§§ 103 Abs. 2, 57 AuslG, 13, 3, 2 FEVG).

Da die Ausländerbehörde A bis zum Start des Ersatzfluges am 4. 7. ohne richterliche Anordnung in Haft behielt, greift die Sonderzuweisung des § 13 Abs. 2 FEVG ein.

16. Entscheidung bei Rechtswegsunzuständigkeit

Angenommen, A hat in Nr. 15 irrig vor einem Verwaltungsgericht geklagt, was wird dies jetzt tun?

Es hat von Amts wegen seine Rechtswegzuständigkeit zu prüfen. Das war früher in §§ 41 Abs. 1 a.F. VwGO, 17 Abs. 1 a.F. GVG ausdrücklich bestimmt, erschien dem Gesetzgeber dann aber so selbstverständlich, daß er die Vorschriften 1990 in die Neufassung der Gesetze nicht übernommen hat (BTDrucks. 11/7030, S. 37). Hält das Gericht sich für unzuständig, gibt es die Sache von Amts wegen an das nach seiner Ansicht zuständige Gericht des zulässigen Rechtsweges ab (§§ 173 VwGO, 17a Abs. 2 GVG). Das ist hier das AG. Der Verweisungsbeschluß ist für das Gericht, an das verwiesen wird, bindend (§ 17a Abs. 1 S. 3 GVG). Auch wenn es ihn für falsch hält, kann es weder zurück-, noch an ein drittes Gericht weiterverweisen (BTDrucks. 11/7030, S. 37). Das gilt allerdings allein hinsichtlich des Verweisungsgrundes, also der Rechtswegzuständigkeit. Eine Bindung etwa in Bezug auf die örtliche oder sachliche Zuständigkeit des angerufenen Gerichts tritt nicht ein.

II. Verfahrenszuständigkeit

17. Streitige oder freiwillige Gerichtsbarkeit?

Die Ehe des wohlhabenden M und der F ist geschieden. F lebt weiter in dem früher gemeinsam bewohnten Haus in Oppenheim. Das Haus ist mit wertvollen antiken Möbelstücken und Bildern eingerichtet, die im Eigentum des M stehen. M klagt kurz nach der Scheidung vor dem LG Mainz gegen F auf Herausgabe dieser Gegenstände. Ist das LG Mainz zuständig?

Nein. Nach §§ 1 Abs. 1, 11 Abs. 1 HausratV ist das AG – FamG – zuständig. Es entscheidet gem. §§ 621a Abs. 1 S. 1, 621 Abs. 1 Nr. 7 ZPO, 1 Abs. 2 HausratV auf Antrag im Verfahren der fG, wenn sich Ehegatten anläßlich der Scheidung nicht darüber einigen können, wer die Wohnungseinrichtung und den sonstigen Hausrat erhalten soll.

Der Streit zwischen M und F ist nach der Scheidung und damit gem. § 1 Abs. 1 HausratV „anläßlich der Scheidung" entstanden (vgl. MK/Müller-Gindullis § 1 HausratV Rn. 3). In Verfahren nach der HausratV müssen auch auf § 985 BGB gestützte Herausgabeklagen geltend gemacht werden, wenn sie Hausrat betreffen (BGHZ 67, 217, 219f.). Hausrat sind – unabhängig von den Eigentumsverhältnissen – alle beweglichen Sachen, die nach den Vermögens- und Eigentumsverhältnissen der Eheleute für die Wohnung, die Hauswirtschaft und das Zusammenleben der Familie bestimmt sind. Der Begriff erfaßt nicht nur einfache, sondern auch wertvolle Gegenstände, wenn sie ihrer Art nach als Hausrat geeignet sind und nach dem Lebensstandard der Ehegatten als solcher dienen (BGH NJW 1984, 1758 f.). Das trifft vorliegend auf die antiken Möbel und Bilder zu. Also ist nicht das LG als Prozeßgericht im Verfahren der ZPO, sondern das AG – FamG – im Verfahren der fG zuständig.

18. Entscheidung bei Verfahrensunzuständigkeit

Was wird das LG Mainz tun?

I. Es hat von Amts wegen seine Verfahrenszuständigkeit zu prüfen. Die Abgrenzung der fG von der streitigen Zivilgerichtsbarkeit ist weder eine Frage des Rechtsweges (so früher BGHZ 19, 185, 194) noch der sachlichen Zuständigkeit (so früher BGHZ 13, 324, 326 f.), sondern der Verfahrenszuständigkeit (BGHZ 78, 57, 63). Beide Gerichte gehören zwar der ordentlichen Gerichtsbarkeit an, entscheiden aber nach unterschiedlichen Verfahrensordnungen.

II. Wie ein ordentliches Gericht bei Verfahrensunzuständigkeit zu entscheiden hat, ist nur unzulänglich geregelt. In Betracht kommen eine Abgabe von Amts wegen (vgl. § 17 a GVG), eine Verweisung auf Antrag (vgl. § 281 ZPO) oder eine Abweisung des Antrages als unzulässig.

1. Nur in einigen Sondergesetzen ist eine Abgabe von Amts wegen vom Prozeßgericht an das fG-Gericht oder umgekehrt vorgesehen (§§ 18 Abs. 1 HausratV, 46 Abs. 1 WEG, 12 Abs. 1, 2 LwVG). In diesen Vorschriften kommt jedoch ein allgemeiner Rechtsgedanke zum Aus-

druck. Das angerufene Gericht hat die Sache bei Unzuständigkeit von Amts wegen an das zuständige Gericht abzugeben, weil dies verfahrensökonomisch ist. Diesem Gedanken ist auch der Gesetzgeber mit der Änderung des § 17 GVG im Jahre 1990 gefolgt. Eine abweichende Regelung enthält allein noch § 281 ZPO, dessen Änderung der Gesetzgeber schlichtweg vergessen hat. Dieses „Fossil" hindert aber nicht, in allen gesetzlich nicht ausdrücklich geregelten Fällen der Unzuständigkeit eine Abgabe von Amts wegen vorzunehmen. Das führt zu einer begrüßenswerten Vereinheitlichung im Prozeßrecht. Der Gedanke gilt daher nicht nur für die Verfahrensunzuständigkeit, sondern ebenso für die sachliche und örtliche Unzuständigkeit in der fG.

2. Folglich hat das Gericht bei Verfahrensunzuständigkeit, wenn keine Spezialregelung eingreift, in analoger Anwendung des § 17a Abs. 2 GVG das beschrittene Verfahren für unzulässig zu erklären und die Sache von Amts wegen an das zuständige Gericht abzugeben. Dies gilt nicht nur für die echten Streitverfahren, sondern auch für Antragsverfahren in den klassischen fG-Verfahren (BGH NJW 2001, 2181). In Amtsverfahren muß hingegen eine analoge Anwendung ausscheiden, weil die Beteiligten nicht über die Einleitung des Verfahrens disponieren können. Der Antrag ist als unzulässig zurückzuweisen.

III. Vorliegend muß das LG die Sache schon nach der Spezialbestimmung des § 18 Abs. 1 S. 1 HausratV von Amts wegen an das AG FamG abgeben.

19. Verbindung von streitigen und fG-Verfahren

Nach der Abgabe der Hausratssache an das AG Oppenheim in Nr. 17 klagt M gegen F nunmehr vor dem AG Oppenheim auch noch auf Herausgabe eines Spezialrennrades im Werte von 4000,– €, das er sich für die Teilnahme an Amateur-Radrennen gekauft hat und das noch im Keller des Hauses in Oppenheim steht. Kann der Richter am AG Oppenheim, der nach dem Geschäftsverteilungsplan (§ 21 e GVG) für beide Sachen zuständig ist, sie analog § 147 ZPO zu gemeinsamer Verhandlung und Entscheidung miteinander verbinden?

Nein. Der Richter am AG ist zwar für beide Sachen zuständig, aber in unterschiedlichen Verfahren. Denn das Rennrad dient ausschließlich dem persönlichen Gebrauch des M und ist deshalb kein Hausrat i. S. d. § 1 Abs. 1 HausratV. Über die Klage auf Herausgabe des Rades ist im Verfahren der ZPO zu entscheiden. Verfahren der ZPO und der fG können aber nur miteinander verbunden werden, wenn das Gesetz dies ausdrücklich vorsieht, wie in § 623 ZPO (Verbund von Scheidungs- und Folgesachen, s. Nr. 127).

Zusatz: Es wird nicht nur in unterschiedlichen Verfahren, sondern auch nach unterschiedlichem materiellem Recht entschieden: im ZPO-Verfahren über Herausgabeansprüche nach BGB, z.B. § 985 BGB; im Hausratsverfahren nach § 2 HausratV: Rechtsgestaltung nach billigem Ermessen des Richters (dazu Brehm Rn. 102).

III. Sachliche Zuständigkeit

20. Entscheidung bei sachlicher Unzuständigkeit

Die X-AG aus Osnabrück wird gem. §§ 228 ff. UmwG in eine OHG umgewandelt. Dabei wird für die ausscheidenden Aktionäre im Umwandlungsbeschluß eine Barabfindung gem. § 207 Abs. 1 S. 2 UmwG festgesetzt. Die ausscheidenden Aktionäre A und B halten

I. Das AG wird seine Zuständigkeit prüfen. Das gerichtliche Verfahren über die Höhe der angemessenen Abfindung (§§ 305 ff., 212 UmwG) ist eine Angelegenheit der fG (§ 307 Abs. 1 UmwG), so daß die Verfahrenszuständigkeit zu bejahen ist. Bedenken bestehen gegen die sachliche Zuständigkeit des AG, die wieder eine zwingende, von Amts wegen zu beachtende Verfahrensvoraussetzung ist.

diese für zu niedrig bemessen. Sie beantragen beim AG die Festsetzung einer angemessenen Abfindung. Wie wird das AG entscheiden?

Die sachliche Zuständigkeit betrifft die Frage nach dem Gericht der 1. Instanz. Üblicherweise ist im fG-Verfahren das AG in 1. Instanz zuständig (s. §§ 35, 64, 72, 125, 145 FGG, 21, 1558 BGB, 43 WEG u.a.). Ausnahmsweise können aber auch das LG (z.B. §§ 143, 144, 147, 159, 161 FGG, 132 AktG, 51b GmbHG), das OLG (z.B. §§ 23 ff. EGGVG, 7 Abs. 2 LwVG, 40, 91, 100 BRAO, 111 BNotO) und sogar der BGH (z.B. §§ 7 Abs. 2 LwVG, 191 BRAO) erstinstanzlich zur Entscheidung berufen sein. Aus § 306 UmwG ergibt sich, daß für den vorliegenden Streit das LG sachlich zuständig ist.

II. Wie bei sachlicher Unzuständigkeit zu entscheiden ist, ist im fG-Verfahren nicht geregelt. Die h.M. nimmt zutreffend (s. Nr. 18) an, daß analog § 12 Abs. 1 LwVG ohne Antrag eine Abgabe an das zuständige fG-Gericht vorzunehmen sei (Brehm Rn. 141 m.w.N.). Das AG wird daher die Sache von Amts wegen an das LG abgeben.

IV. Örtliche Zuständigkeit

21. Anknüpfungspunkte für die örtliche Zuständigkeit

Die Erblasserin E hatte die norwegische Staatsangehörigkeit besessen und in Oslo gelebt. Sie hinterließ u.a. den Kommanditanteil an einer in Berlin-Charlottenburg ansässigen KG und Wertpapiere im Depot der

Die örtliche Zuständigkeit, die festlegt, welches unter mehreren sachlich zuständigen Gerichten zur Entscheidung berufen ist, ist im FGG – anders als in §§ 12–37 ZPO – nicht allgemein geregelt. Sie ist vielmehr in jedem Fall nach Spezialvorschriften zu ermitteln. **Anknüpfungspunkte** für die Regelung der ört-

D-Bank in Hamburg. In ihrem Testament hatte sie ihren minderjährigen Sohn S zum Alleinerben und den T zum Testamentsvollstrecker bestimmt. T beantragt beim AG Charlottenburg einen gegenständlich beschränkten Erbschein hinsichtlich des Kommanditanteils. Ist das AG Charlottenburg örtlich zuständig?

lichen Zuständigkeit sind: der Wohnsitz eines Beteiligten, die Handelsniederlassung, der Aufenthalt, der Erfüllungsort, der Ort der belegenen Sache oder das Fürsorgebedürfnis im Gerichtsbezirk. Als **zwingende Verfahrensvoraussetzung** ist die örtliche Zuständigkeit von Amts wegen zu prüfen. Hier ist das AG Charlottenburg gem. § 73 Abs. 3 S. 1 FGG zuständig, wenn sich in seinem Bezirk Nachlaßgegenstände befinden (belegene Sache; s. auch Nr. 136). Da der Kommanditanteil vererblich ist, fällt er in den Nachlaß. Das AG Charlottenburg ist mithin örtlich zuständig.

22. Qualifizierte Verfahrensvoraussetzung

Könnte das AG Charlottenburg in Nr. 21 den Antrag mit der Begründung zurückweisen, es sei örtlich unzuständig, weil E gar nicht Inhaberin des KG-Anteils gewesen und dieser somit nicht Nachlaßgegenstand sei?

Nein. Die Nachlaßzugehörigkeit des KG-Anteils ist zwar nach dem Wortlaut des § 73 Abs. 3 FGG Voraussetzung für die örtliche Zuständigkeit des AG Charlottenburg; sie ist aber zugleich materielle Voraussetzung der Erteilung des gegenständlich beschränkten Erbscheins (§ 2369 BGB) und damit der Begründetheit des Antrags (vgl. allerdings BayObLGZ 1995, 47, 50 zu den geringen Anforderungen an den Nachweis der Nachlaßzugehörigkeit). Es handelt sich um eine „**qualifizierte Verfahrensvoraussetzung**". Für diese gilt: Fallen Tatsachen, welche die örtliche Zuständigkeit begründen, mit den für die Sachentscheidung maßgeblichen Tatsachen zusammen, so ist jedes Gericht zuständig, das nach den verschiedenen Möglichkeiten der Sachentscheidung in Betracht kommen kann (BayObLG NJW 1966, 356, 357; Bärmann § 6 IV 2 a, S. 47). Dies ist Ausprägung des allgemeinen Grundsatzes für „**doppelrelevante Tatsachen**" (Stein/Jonas/Schumann § 1 Rn. 20 ff.): Das Vorliegen von Tatsachen, die sowohl für die Zulässigkeit als auch für die Begründetheit gegeben sein müssen, wird für die Zulässigkeitsprüfung unterstellt. Das AG Charlottenburg ist daher zuständig.

23. Vorgriffszuständigkeit

K ist das Kind von F und M, denen zwar die elterliche Sorge gemeinsam zusteht, die aber getrennte Wohnsitze in Mainz (F) und Wiesbaden (M) haben. Das FamG Mainz leitet von Amts wegen am 2. 5. ein Verfahren nach §§ 1666, 1666a BGB ein, ebenso am 12. 5. das FamG in Wiesbaden. Durch Schriftsätze von M und F erfahren beide Gerichte von der Tätigkeit des jeweils anderen Gerichts. Was ist zu tun?

Zu prüfen ist, welche Auswirkungen es hat, daß beiden Verfahren derselbe Verfahrensgegenstand zugrunde liegt. Wie in allen Verfahren vor dem hier nach §§ 621 Abs. 1 Nr. 1 ZPO, 1666 BGB zuständigen FamG ist zu beachten, daß gem. §§ 621a Abs. 1 ZPO, 64 Abs. 3 FGG sowohl Regelungen des FGG als auch der ZPO anwendbar sein können.

I. Nach § 4 FGG müßte das von zwei zuständigen Gerichten später in der Sache tätig gewordene Gericht das Verfahren einstellen und die Sache an das zunächst tätig gewordene Gericht abgeben. Ein solcher Fall liegt hier vor. Örtlich zuständig sind gem. §§ 36, 43, 64 Abs. 3 FGG, 621 Abs. 2 S. 2 ZPO das FamG in Mainz wie in Wiesbaden, weil K nach §§ 11, 7 BGB an beiden Orten einen Wohnsitz hat (vgl. BGH NJW-RR 1990, 1282; 1994, 322). Zuerst tätig geworden in der Sache war das FamG Mainz, da es das Verfahren zuerst eingeleitet hat. Nicht ausreichend für ein Tätigwerden i. S. v. § 4 FGG ist es, wenn das Gericht mit einer Sache lediglich aufgrund ihres Eingangs – etwa zur Weiterleitung an ein anderes Gericht – befaßt ist (BayObLG RPfleger 1981, 112, 113).

II. Nach § 621 a Abs. 1 ZPO ist aber nicht § 4 FGG, sondern die Regelung der ZPO anzuwenden.

1. Als diese wird teilweise § 35 ZPO verstanden, der einem Kläger aufgibt, von mehreren zuständigen Gerichten eines auszuwählen. Diese Bestimmung ist freilich in Amtsverfahren nicht anwendbar, so daß dann doch die Anwendung von § 4 FGG befürwortet wird (KKW § 64 Rn. 33; im Ergebnis wohl auch BGH NJW-RR 1994, 258; 1994, 1154 a. E.).

2. Damit wird aber der Charakter des § 4 FGG verkannt. Sein Zweck ist es, eine doppelte Verhandlung derselben Sache zu verhindern. Diesen erfüllt in der ZPO die Rechtshängigkeitssperre des § 261 Abs. 3 Nr. 1 ZPO. Diese Norm ist in der vorliegenden Familiensache anzuwenden, so daß das erst später eingeleitete Verfahren in Wiesbaden gegen diese Bestimmung verstößt (vgl. Zöller/Philippi § 621 a Rn. 9).

3. Das dortige FamG hat seine Tätigkeit einzustellen und das Verfahren von Amts wegen an das FamG in Mainz abzugeben, die gleiche Rechtsfolge wie nach § 4 FGG (KKW § 4 Rn. 11).

III. Zusatz: Erklären sich beide Gerichte für unzuständig, so ist der Konflikt durch das gemeinsame Obergericht gem. §§ 36 Nr. 6, 37 ZPO, die § 5 FGG verdrängen (§ 621 a Abs. 1 ZPO) zu entscheiden. Hier wäre das OLG Koblenz zuständig gem. § 36 Abs. 2 ZPO, weil AG Mainz (Hessen) und AG Wiesbaden (Rheinland-Pfalz) kein gemeinsames Obergericht außer dem BGH haben. Der Streit über die Zuständigkeit äußert sich regelmäßig in gegenseitigen Verweisungsbeschlüssen.

Diese haben bei Anwendung von §§ 36f. ZPO grundsätzlich eine (die Zuständigkeitsordnung verdrängende) Bindungswirkung nach § 281 Abs. 2 S. 5 ZPO (BGHZ 71, 15ff.; BGH NJW-RR 1998, 1219f.). Diese tritt aber dann nicht ein, wenn den Beteiligten vor der Verweisung kein rechtliches Gehör gewährt wurde (BGHZ 71, 69, 72ff.; BGH FamRZ 1997, 171f.).

24. Perpetuatio fori

Der in Aachen wohnende V ist Vormund für den minderjährigen M. Aus beruflichen Gründen wechselt V seinen Wohnort und zieht nach Bonn. Er nimmt M mit. In Bonn will V namens des M eine diesem zugefallene Erbschaft ausschlagen. Dafür beantragt V beim VormG in Aachen die Genehmigung gem. § 1822 Nr. 2 BGB. Zugleich beantragt er die Verweisung der Sache an das VormG Bonn. Kann das Gericht in Aachen dem Verweisungsantrag folgen?

I. Für die Vormundschaft und alle damit verbundenen gerichtlichen Tätigkeiten ist nach §§ 35, 36 FGG das VormG örtlich zuständig, in dessen Bezirk der Mündel zur Zeit der Anordnung der Vormundschaft seinen Wohnsitz hat. Diese Zuständigkeit wird durch spätere Änderung der Umstände nicht berührt: Es gilt der Grundsatz der perpetuatio fori (§ 261 Abs. 3 Nr. 2 ZPO analog). V hat daher die Genehmigung richtig in Aachen beantragt.

II. Das Gericht ist aber in § 46 FGG ermächtigt, die Vormundschaft aus wichtigen Gründen an ein anderes Gericht abzugeben. Der Aufenthaltswechsel des Mündels ist solch ein wichtiger Grund (BayObLGZ 1994, 7ff.). Eines Antrages bedarf es nicht; die Abgabe erfolgt von Amts wegen. Ist das angesprochene Gericht nicht zur Übernahme bereit, so muß gem. § 46 Abs. 2 FGG das gemeinsame Obergericht den Zuständigkeitsstreit entscheiden (s. 23; ferner BayObLG a.a.O.). § 46 FGG enthält wie § 75 FGG einen allgemeinen Grundsatz, der auch sonst in nicht streitigen fG-Angelegenheiten gilt: Der Grundsatz der „perpetuatio fori" wird durchbrochen durch die Abgabe aus Zweckmäßigkeitsgründen, wenn das angesprochene Gericht zur Übernahme bereit ist.

Das VormG in Aachen wird der Anregung des V folgen und die Sache von Amts wegen an das VormG in Bonn abgeben.

25. Erklärung gegenüber unzuständigem Gericht

Wie Nr. 24. Der Erblasser ist in Münster am 1. 1. verstorben. V erfährt dies noch am selben Tag. Er erhält die beantragte Genehmigung nach § 1822 Nr. 2 BGB und erklärt am 30. 1. die Ausschlagung zur Niederschrift des Rechtspflegers beim AG Bonn, ohne daß dieser auf seine Unzuständigkeit hinweist. Der Rechtspfleger leitet die Ausschlagungserklärung an das AG Münster weiter, wo sie erst am 25. 2. eingeht. Ist die Ausschlagung wirksam?

I. Die Wirksamkeit der Ausschlagung der Erbschaft richtet sich nach §§ 1943 ff. BGB. Die Ausschlagung muß binnen sechs Wochen (§ 1944 Abs. 1 BGB) gegenüber dem örtlich zuständigen AG (§ 73 Abs. 1 FGG) als NachlG (§ 72 FGG) in der Form des § 1945 BGB erfolgen. Funktionell ist der Rechtspfleger zuständig (§ 3 Nr. 1 f RPflG). Da der Erblasser seinen Wohnsitz in Münster hatte, mußte gem. § 73 Abs. 1 FGG die Ausschlagung gegenüber dem AG Münster, nicht aber gegenüber dem AG Bonn erklärt werden.

II. Indessen bestimmt § 7 FGG, daß gerichtliche Handlungen nicht deshalb unwirksam sind, weil sie von einem örtlich unzuständigen Gericht vorgenommen sind. Nach h. M. wird § 7 FGG entweder direkt (Bärmann § 6 IV 4 b, S. 50 ff.) oder analog (Brehm Rn. 159) auf die Entgegennahme von Erklärungen durch ein örtlich unzuständiges Gericht angewandt. Dies gilt im Fall der Ausschlagung einer Erbschaft jedenfalls dann, wenn auf Veranlassung des örtlich unzuständigen Gerichts die Ausschlagungserklärung rechtzeitig (§ 1944 Abs. 1 BGB) beim zuständigen Gericht eingeht.

III. Streit herrscht aber für den Fall, daß die Erklärung erst nach Fristablauf beim zuständigen Gericht eingeht (zum Streitstand MK/Leipold, § 1945 Rn. 8).

1. Teilweise wird dann die Wirksamkeit der Ausschlagung verneint: Die §§ 1944 ff. BGB bezweckten, aus Gründen der Rechtssicherheit in bestimmter Frist beim zuständigen NachlG Klarheit über die Ausschlagung zu schaffen. Vom Ausschlagungsberechtigten könne daher grundsätzlich erwartet werden, selbst das zuständige Gericht ausfindig zu machen.

2. Demgegenüber wendet die h.M. auch in diesem Fall § 7 FGG an und stellt für die Fristwahrung auf den Zeitpunkt der Erklärung vor dem örtlich unzuständigen Gericht ab.

3. Für dieses Ergebnis spricht, daß es für den Beteiligten oft schwierig ist, das örtlich zuständige Gericht ausfindig zu machen. Nimmt das unzuständige Gericht die Ausschlagungserklärung entgegen, ohne den Beteiligten auf die Unzuständigkeit hinzuweisen, so ist dieser schutzwürdig (BayObLG NJW-RR 1994, 967, 969).

4. Demnach hat V für M die Erbschaft wirksam ausgeschlagen.

26. Erklärungen zu Protokoll des UdG

Wie Nr. 25. V weiß, daß die Ausschlagung beim AG Münster erklärt werden muß. Trotzdem möchte er sich die Fahrt dorthin sparen. Er wendet sich nicht an den Rechtspfleger, sondern an den UdG beim AG

Gem. § 11 FGG können Anträge und Erklärungen zu Protokoll der Geschäftsstelle eines jeden AG abgegeben werden. Die Vorschrift begründet keine weitere örtliche Zuständigkeit, sondern dient der Erleichterung des Verkehrs der Beteiligten mit dem zuständigen Gericht. Der UdG wird – anders als in Nr. 25 der

Bonn und bittet um Protokollierung der Ausschlagung. Wie wird dieser sich verhalten?

Rechtspfleger – nicht „als Nachlaßgericht" tätig. Vielmehr handelt er nur als „Schreibhilfe" zur Unterstützung des Beteiligten. Ist wie hier eine Frist zu wahren, so wirkt das Protokoll indes nur dann fristwahrend, wenn es innerhalb der Frist dem zuständigen Gericht zugeht (KKW § 11 Rn. 12). Darauf muß der UdG den V hinweisen, bevor er auf dessen Bitte die Ausschlagung protokolliert und an das AG Münster weiterleitet.

V. Funktionelle Zuständigkeit

27. Richter und Rechtspfleger

Erblasser E aus Wetter/Ruhr hat in seinem Testament seine einzige Tochter A zur Alleinerbin eingesetzt. A beantragt beim AG Wetter/Ruhr die Erteilung eines Erbscheins. Wer im AG Wetter/Ruhr ist dafür zuständig?

Die Frage betrifft **die funktionelle Zuständigkeit,** also die Aufgabenverteilung innerhalb des sachlich und örtlich zuständigen Gerichts. Sie hat besondere Bedeutung im Verhältnis Richter/Rechtspfleger. Ursprünglich war in der fG für die gerichtlichen Entscheidungen allein der Richter zuständig. Durch das RPflG sind die typischerweise einfacheren Entscheidungen dem Rechtspfleger übertragen. Demgemäß findet sich im RPflG für einige Gebiete in § 3 Nr. 1 die **„Vollübertragung",** für andere in § 3 Nr. 2 die **„Vorbehaltsübertragung"** (unter Vorbehalt besonders schwieriger Entscheidungen für den Richter) und für einen dritten Bereich in § 3 Nr. 3 und 4 die **„Einzelübertragung"** auf den Rechtspfleger. (Für das Verhältnis Rechtspfleger/UdG gilt § 26 RPflG).
Die Erteilung von Erbscheinen ist dem Rechtspfleger gem. § 3 Nr. 2 c RPflG

unter dem Vorbehalt übertragen worden,
daß der **Richter** zuständig bleibt, wenn
eine **Verfügung von Todes wegen** vorliegt (§ 16 Abs. 1 Nr. 6 RPflG; Einzelheiten s. Nr. 132). Demnach ist hier der
Richter zuständig.

28. Folgen funktioneller Unzuständigkeit

Angenommen, in Nr. 27 hat irrtümlich der Rechtspfleger die Erteilung des Erbscheins angeordnet. Ist die Entscheidung wirksam?

Nein. Nach § 8 Abs. 4 S. 1 RPflG ist die Entscheidung unwirksam, wenn der Rechtspfleger ein Geschäft des Richters wahrgenommen hat, das ihm weder übertragen ist noch übertragen werden kann. Nimmt hingegen der Richter ein Geschäft des Rechtspflegers wahr, so ist dies wirksam (§ 8 Abs. 1 RPflG). Gleiches gilt im Verhältnis Rechtspfleger/UdG (§ 8 Abs. 5 RPflG; dazu Bassenge/Herbst § 8 RPflG Rn. 5).

29. Funktionelle Unzuständigkeit bei Erbscheinserteilung

Angenommen, in Nr. 28 ist aufgrund der irrtümlichen Anordnung des Rechtspflegers der Erbschein erteilt worden. Welche Wirkung hat er?

Im Erbscheinerteilungsverfahren wird zwischen der Wirksamkeit des Erbscheins und der der anordnenden Verfügung unterschieden (s. Nrn. 83, 143). Obwohl die Anordnung hier unwirksam ist, genießt der auf ihrer Grundlage erteilte Erbschein bis zu seiner Einziehung den öffentlichen Glauben des § 2366 BGB (Bassenge/Herbst § 8 RPflG Rn. 4; Jansen § 84 Anm. 8 ff.). Gleiches gilt, wenn aufgrund unwirksamer Anordnungen die funktionell zuständigen Beamten (§ 44 Abs. 1 S. 2 u. 3 GBO) Grundbucheintragungen vornehmen (OLG Frankfurt RPfleger 1961, 397; Meikel/Ebeling § 44 Rn. 5): Diese Eintragungen sind wirksam.

VI. Prorogation

30. Prorogation bei örtlicher Unzuständigkeit

Die kinderlosen Eheleute A und B aus Kassel wollen die dreijährige Vollwaise K als Kind annehmen. K wohnt derzeit in Nürnberg bei ihrem Vormund V. A und B beantragen beim AG – VormG – in Nürnberg durch notariell beurkundete Erklärung den nach § 1752 BGB erforderlichen Beschluß. Das Gericht weist darauf hin, daß es Bedenken gegen seine Zuständigkeit hat. A, B und V erklären übereinstimmend, sie seien gleichwohl mit einer Verhandlung und Entscheidung in Nürnberg einverstanden. Hilfsweise beantragen sie die Verweisung an das AG – VormG – in Kassel. Wie wird das AG Nürnberg entscheiden?

Es wird auf den Hilfsantrag den Rechtsstreit verweisen, da es örtlich unzuständig ist (§ 43 b Abs. 2 FGG). Das Einverständnis der Beteiligten mit einer Entscheidung in Nürnberg ist demgegenüber unerheblich. Eine Gerichtsstandsvereinbarung (Prorogation analog §§ 38 ff. ZPO) ist unzulässig. So liegt es ganz überwiegend in fG-Verfahren, weil sachliche, örtliche und funktionelle Zuständigkeit regelmäßig ausschließlich sind und daher nicht der Disposition der Parteien unterliegen (OLG Hamm FamRZ 1997, 1295). Ausnahmen bedürfen der ausdrücklichen gesetzlichen Regelung (s. §§ 164 Abs. 1 S. 2 FGG, 64 Abs. 2, 184 Abs. 2 VVG, 2258 a Abs. 3 BGB). Das Prorogationsverbot ergibt sich in manchen fG-Angelegeheiten von selbst (z. B. Registerwesen), im übrigen – auch in echten Streitsachen – häufig daraus, daß durch die zwingende Zuweisung zu einem bestimmten Gericht dort das Fachwissen in einer Spezialmaterie sowie die Sachkunde in den örtlichen und persönlichen Verhältnissen konzentriert werden sollen.

D. Ausschluß und Ablehnung von Gerichtspersonal

31. Ausschluß kraft Gesetzes

In einer Personenstandssache hatte Amtsrichter A in Flensburg über eine Vorlage des Standesbeamten (§ 45 Abs. 2 PStG) zu entscheiden. Gegen seinen Beschluß wurde Beschwerde eingelegt, über die eine Kammer des LG, besetzt mit den Richtern B, C und D, entschied. Die weitere Beschwerde zum OLG führte zur Vorlage zum BGH (§ 28 Abs. 2 FGG), der die Sache an das LG zur erneuten Verhandlung und Entscheidung zurückverwies. Die zuständige Kammer war aufgrund einer Änderung des Geschäftsverteilungsplanes nunmehr mit den Richtern D, E und dem inzwischen zum LG versetzten A besetzt. Der Beteiligte P meint, A und D dürften an der neuen Verhandlung und Entscheidung nicht mitwirken. Zu Recht?

I. Nach § 6 Abs. 1 FGG ist ein Richter in bestimmten Fällen von der Ausübung des Richteramtes ausgeschlossen (iudex inhabilis). Die Vorschrift soll jeglichem Interessenkonflikt des Entscheidungsträgers vorbeugen. Vor allem soll verhindert werden, daß ein formell oder materiell Beteiligter Richter in eigener Sache ist (§ 6 Abs. 1 Nr. 1 FGG). Einer der in § 6 Abs. 1 Nrn. 1–4 FGG enthaltenen Gründe liegt hier nicht vor.

II. Nach h. M. ist der Katalog des § 6 Abs. 1 FGG jedoch zu eng. Er muß aus rechtsstaatlichen Gründen (dazu Nr. 32) in Analogie zu § 41 Nrn. 5 u. 6 ZPO erweitert werden (s. auch § 11 LwVG). Danach ist A analog § 41 Nr. 6 ZPO von der Mitwirkung ausgeschlossen, nicht aber D. Durch die Zurückverweisung an dieselbe Kammer werden dieselben Richter zur Entscheidung berufen, die die aufgehobene Beschwerdeentscheidung gefällt haben. Sie sollen nun erneut über die Entscheidung des AG, nicht über ihre eigene, aufgehobene entscheiden. Wenn der Kammer inzwischen ein neuer Richter angehört, der bisher überhaupt nicht mit der Sache befaßt war, wie hier E, ist er natürlich erst recht nicht von der Ausübung des Richteramtes ausgeschlossen.

32. Ablehnung wegen Befangenheit

A hält in seiner Eigentumswohnung drei Hunde, die

Er kann R wegen Besorgnis der Befangenheit ablehnen.

nachts ständig bellen. Der benachbarte Wohnungseigentümer B fühlt sich dadurch gestört und beantragt beim zuständigen AG (§ 43 Abs. 1 WEG), dem A die Hundehaltung in der Wohnung zu untersagen. Die nach dem Geschäftsverteilungsplan (§ 21 e GVG) zuständige Richterin R lebt mit A in nichtehelicher Lebensgemeinschaft. B fürchtet, sie werde deshalb nicht objektiv und gerecht urteilen. Was kann er tun?

I. Das steht allerdings nicht im FGG. § 6 Abs. 1 FGG bestimmt nur für einige Fälle, in denen ein Richter wegen besonders naher Beziehung zur Sache oder zu einem Beteiligten besonders auffällig befangen erscheint, daß er kraft Gesetzes von der Ausübung des Richteramtes ausgeschlossen ist (iudex inhabilis). Zusätzlich sieht § 6 Abs. 2 S. 1 FGG vor, daß ein Richter sich in anderen Fällen wegen Befangenheit der Ausübung seines Amtes enthalten kann. Darüber hinaus bestimmte aber § 6 Abs. 2 S. 2 FGG ausdrücklich: „Die Ablehnung eines Richters ist ausgeschlossen."

Diese Regelung war kennzeichnend für die ursprüngliche Konzeption des FGG als eines Verfahrens, in dem obrigkeitliche Rechtsfürsorge gewährt wurde, in dem aber die Beteiligten grundsätzlich keine Verfahrensrechte hatten. Dadurch vor allem unterschied sich das FGG von allen anderen gerichtlichen Verfahrensordnungen. Diese sehen z. B. alle ein Recht der Verfahrensbeteiligten vor, einen Richter wegen Besorgnis der Befangenheit abzulehnen (s. nur §§ 42 ff. ZPO, 22 ff. StPO, 54 VwGO).

II. Im Laufe der Zeit ist das FGG an den rechtsstaatlichen Mindeststandard der anderen gerichtlichen Verfahrensordnungen herangeführt worden, u. a. dadurch, daß das BVerfG den § 6 Abs. 2 S. 2 FGG für verfassungswidrig erklärt hat (BVerfGE 21, 139 ff.). Der Anspruch auf den gesetzlichen Richter in Art. 101 Abs. 1 S. 2 GG umfaßt nach der großzügigen Interpretation des BVerfG auch das Leitbild eines unparteilichen und sogar unparteilich erscheinenden Richters. Darum gebietet

Art. 101 Abs. 1 S. 2 GG nicht nur, daß der zur Entscheidung berufene Richter (zur Vermeidung von Zuständigkeitsmanipulationen) im vorhinein durch objektive Zuständigkeitsregeln (Gesetz und Geschäftsverteilungspläne) bestimmt ist. Er gebietet dem Gesetzgeber auch, den Beteiligten ein subjektives Verfahrensrecht zur Ablehnung eines Richters wegen Besorgnis der Befangenheit einzuräumen (BVerfGE 21, 139, 146).

III. Da der Gesetzgeber diesem Verfassungsauftrag für das FGG bis heute nicht nachgekommen ist, werden die Lücken des FGG durch analoge Anwendung der einschlägigen ZPO-Regeln gefüllt (s. Nr. 31). Analog § 42 Abs. 2 ZPO kann R durch B wegen Besorgnis der Befangenheit abgelehnt werden, wenn ein Grund vorliegt, der geeignet ist, Mißtrauen gegen ihre Unparteilichkeit zu rechtfertigen. Dafür ist einerseits unerheblich, ob der Richter objektiv wirklich befangen ist. Unerheblich ist es andererseits auch, wenn der Ablehnende nur rein subjektive, unvernünftige Vorstellungen über die Befangenheit des Richters hat. Maßgebend ist vielmehr, ob vom Standpunkt des Ablehnenden bei besonnener und vernünftiger Betrachtungsweise ein objektiver Grund für die Befürchtung gegeben ist, der Richter stehe der Sache nicht unvoreingenommen und damit nicht unparteiisch gegenüber.

Solche Befürchtungen sind hier begründet, weil R mit A in nichtehelicher Lebensgemeinschaft lebt. Diese ist typischerweise geeignet, beim Richter gleiche Interessenkollisionen hervorzurufen wie eine Ehe (§ 6 Abs. 1 Nr. 2 FGG) und meist stärkere als Verwandtschaft oder Schwägerschaft zweiten Grades (§ 6 Abs. 1 Nr. 3 FGG).

33. Selbstablehnung

Wie Nr. 32. Aber B weiß nicht, daß Richterin R mit A in nichtehelicher Lebensgemeinschaft lebt, da er ihr im Treppenhaus noch nie begegnet ist. Wie muß sich R verhalten?

I. 1. Die Beziehung der R zu A begründet die Besorgnis der Befangenheit. Nach § 6 Abs. 2 FGG „kann" sich ein Richter der Ausübung seines Amtes wegen Befangenheit enthalten. Der Wortlaut der Vorschrift scheint die Entscheidung über die Amtsausübung in das Ermessen des Richters zu stellen.

2. Dem steht jedoch Art. 101 Abs. 1 S. 2 GG entgegen. Es widerspricht dem Gebot der Bestimmtheit des gesetzlichen Richters, wenn dem insgeheim wirklich befangenen Richter die Entscheidung übertragen wird, ob er sein Amt ausübt oder nicht und wie sich infolgedessen die Richterbank zusammensetzt. Umgekehrt wäre der Rechtsuchende bei unberechtigter Selbstablehnung ebenfalls seinem gesetzlichen Richter entzogen, wenn es allein dem einzelnen Richter überlassen bliebe, ob er sich der Ausübung seines Amtes wegen Befangenheit enthalten will (BayObLGZ 1979, 295 ff. m. w. N.). § 6 Abs. 2 FGG ist daher verfassungskonform dahin auszulegen, daß der Richter das Vorliegen eines Befangenheitsgrundes anzeigen muß.

II. Da das FGG ein dem Gebot des Art. 101 Abs. 1 S. 2 GG genügendes Selbstablehnungsverfahren nicht enthält, wird die Regelungslücke durch analoge Anwendung der §§ 45, 48 ZPO geschlossen (BayObLGZ 1979, 295 ff.). Analog § 48 Abs. 1 ZPO ist R von Amts wegen verpflichtet, über ihre nichteheliche Lebensgemeinschaft mit A Anzeige zu erstatten. Über die „Selbstablehnung" entscheidet dann analog § 45 Abs. 2 S. 1 ZPO das übergeordnete LG.

34. Ausschluß und Ablehnung des Rechtspflegers

Wie werden die Beteiligten gegen Befangenheit des Rechtspflegers geschützt?

Nach § 10 RPflG sind für die Ausschließung und Ablehnung des Rechtspflegers die für den Richter geltenden Vorschriften entsprechend anzuwenden, und zwar in der Gestalt, die sie durch die Entscheidung des BVerfG (BVerfGE 21, 139 ff.) erhalten haben. Über die Ablehnung des Rechtspflegers entscheidet der Richter am AG.

E. Die Beteiligten

35. Formelle und materielle Beteiligung

Was ist der Unterschied zwischen materiell Beteiligten (materieller Partei) und formell Beteiligten (formeller Partei) in der fG und in der ZPO? Welche Bedeutung haben diese Begriffe in der fG und in der ZPO?

I. **Materiell** Beteiligte sind die am Verfahrensgegenstand (der Sache) beteiligten Personen. Das sind nach h.M. alle Personen, deren Rechte oder Pflichten durch das Verfahren unmittelbar beeinflußt werden können. **Formell** Beteiligte sind alle Personen, die als Verfahrenssubjekte im Verfahren mitwirken und Verfahrensrechte und -lasten haben.

II. Im **Zivilprozeß** konnte ursprünglich nur Partei werden, wer materiell Beteiligter war. Aber schon seit der Mitte des 19. Jahrhunderts werden die Verfahrenssubjekte allein nach formalen Gesichtspunkten bestimmt (formeller Parteibegriff). Kläger ist, wer Klage erhebt, Beklagter ist der, gegen den Klage erhoben wird (§ 253 ZPO). Der materielle Parteibegriff ist noch von Bedeutung entweder für die Frage der Prozeßführungsbefugnis (Zulässigkeit der Klage) oder für die Frage der Sachlegitimation (Begründetheit der Klage) sowie für einige wenige Verfahrensbestimmungen (z.B. § 41 Nr. 1 ZPO: Ausschluß vom Richteramt, wenn der Richter selbst – materielle oder formelle – Partei ist).

III. 1. In der **fG** hatten die formell Beteiligten ursprünglich grundsätzlich keine Mitwirkungsrechte im Verfahren, insbesondere kein Recht auf Gehör. Infolgedessen stand zunächst der materielle Beteiligtenbegriff ganz im Vordergrund.

Als im Laufe der Zeit Mitwirkungsrechte im Verfahren, insbesondere das Recht auf Gehör, anerkannt wurden (s. Nr. 69), entwickelte sich neben dem materiellen ein formeller Beteiligtenbegriff. Formell Beteiligter ist, wer als Verfahrenssubjekt Mitwirkungsrechte und ggf. -lasten hat. Anders als in der ZPO sind die Rechte der formell Beteiligten aber bisher nicht zu einer einheitlichen Verfahrensrechtsstellung für alle Verfahren zusammengefaßt worden. Es ist auch nicht einheitlich förmlich geregelt, wie jemand formell Beteiligter wird.

2. In Antragssachen wird formell Beteiligter jeder, der einen Antrag stellt, mag er materiell beteiligt sein oder nicht. Insoweit besteht eine Parallele zwischen fG-Antragsteller und ZPO-Kläger. Im übrigen gibt es aber keine generellen förmlichen Regeln dafür, wie andere Personen in Antragsverfahren und insbesondere in Amtsverfahren zu formell Beteiligten werden. Außer dem Antragsteller wird grundsätzlich (d.h. von Sonderregeln einmal abgesehen) formell Beteiligter nur derjenige, den das Gericht für einen materiell Beteiligten hält und deshalb zur Mitwirkung im Verfahren hinzuzieht oder zuläßt. Bestimmte Regeln, wie diese Hinzuziehung zu erfolgen hat, bestehen nicht. Das Gericht muß bei der Zuziehung einer Person auch nicht zum Ausdruck bringen, ob es sie als Auskunftsperson anhören oder ihr als formell Beteiligten rechtliches Gehör gewähren will. Nach h.M. ist das Gericht verpflichtet, alle materiell Beteiligten im o.g. Sinne notwendig am Verfahren zu beteiligen, aber auch nur sie. Anträge von Personen,

die das Gericht nicht für materiell Beteiligte hält, kann es im Amtsverfahren (nach
h. M.) als unverbindliche Anregungen be-
trachten, sie führen nicht zur formellen
Beteiligung (s. Nr. 46).

Diese Entwicklung hat dazu geführt,
daß in der fG der Begriff der materiellen Beteiligung weiterhin neben der
formellen Beteiligung große Bedeutung
behalten hat („doppelter Beteiligtenbegriff") und daß über die Frage, wer im
Einzelfall nun formell Beteiligter ist oder
werden soll, Unsicherheiten auftauchen
können.

3. Der Entwurf einer FrGO hat nach
entsprechenden Vorarbeiten (s. Kollhosser, Verfahrensbeteiligte) vorgeschlagen,
die Verfahrensbeteiligung stärker zu for-
malisieren. Er unterscheidet zwischen Beteiligten kraft Gesetzes (§ 10 FrGO), die
notwendig am Verfahren beteiligt werden
müssen, und Beteiligten kraft Hinzuziehung (§ 11 FrGO), die auf Antrag oder im
Einzelfall vom Gericht beteiligt werden
können, und regelt die Form der Hinzuziehung. (Die Unterscheidung zwischen
notwendigen und fakultativen Verfahrensbeteiligten entspricht der Handha-
bung in der Praxis.) In einem besonderen
Teil sind in sog. „Beteiligtenkatalogen"
für die einzelnen fG-Gebiete Gruppen
der Verfahrensbeteiligten aufgezählt (dazu Kollhosser ZZP 93 (1980), 265, 281 ff.).
Der Gesetzgeber hat den Entwurf der
FrGO nicht in Kraft gesetzt. Er ist einen
anderen Weg gegangen, indem er für besonders wichtige fG-Gebiete durch eine
Fülle von Einzelbestimmungen festgelegt
hat, welche Personen in welchen Situatio-
nen anzuhören sind (s. Nr. 69).

36. Verfahrensstandschaft

Die Baugesellschaft B errichtete auf eigenem Grundstück eine Teileigentumsanlage mit Ladenzeile im Erdgeschoß. Das Teileigentum begründete sie durch Teilung (§§ 1 Abs. 3 u. 6, 8 WEG – Vorratsteilung). In der Teilungserklärung gab sie den einzelnen Ladenlokalen eine besondere Zweckbestimmung (§§ 8 Abs. 2, 5 Abs. 4, 1 Abs. 6 WEG): Eines sollte für den Verkauf von Computern, das andere für den Verkauf von Hifi-Geräten benutzt werden dürfen. Damit sollte das Verhältnis der Teileigentümer für die Zukunft geregelt sein.

A erwarb eines der Ladenlokale. Entgegen der Teilungserklärung verkaufte er aber nicht nur Hifi-Geräte, sondern auch Computer-Software. Das Teileigentum an dem anderen Ladenlokal verkaufte B später durch notariellen Vertrag an den Computerhändler C. Noch bevor dieser als Teileigentümer in das Grundbuch eingetragen ist, beantragt er mit Zustimmung der B beim zuständigen AG (§ 43 WEG), dem A in seinem Ladenlokal den Verkauf der

I. Der Antrag des C ist **zulässig**. Näherer Darlegungen bedarf lediglich, daß C auch **beteiligungsbefugt** ist. Für die Beteiligungsbefugnis in fG-Verfahren gelten im wesentlichen die gleichen Grundsätze wie für die Prozeßführungsbefugnis in der ZPO. Grundsätzlich ist jemand nur befugt, sich zur Wahrung (behaupteter) eigener Rechte am Verfahren zu beteiligen. Zur Wahrung (behaupteter) fremder Rechte darf sich jemand ausnahmsweise dann am Verfahren beteiligen, wenn er dafür einen besonderen Rechtfertigungsgrund hat.

1. Dieser Rechtfertigungsgrund kann sich zum einen aus dem Gesetz ergeben (gesetzliche **Verfahrensstandschaft**). Beispiele sind etwa die sog. Parteien (Beteiligten) kraft Amtes (jedenfalls nach h. M.), z. B.: Insolvenzverwalter (§ 80 Abs. 1 InsO) oder Testamentsvollstrecker, wenn er z. B. einen Erbschein für den Erben beantragt (§§ 2205, 2353 BGB), oder auch der Miterbe, der ein der Erbengemeinschaft zustehendes Recht geltend macht (§ 2039 S. 1 BGB). Hierzu gehört auch die Erweiterung der Beschwerdebefugnis in § 57 FGG, denn die dort Genannten sollen die Interessen des Kindes wahrnehmen (Kollhosser, Verfahrensbeteiligte, § 9 III 3 j, S. 338 f.). Sieht man als Verfahrensstandschaft alle Fälle an, in denen jemand ohne eigene materiell-rechtliche Beziehungen zum Verfahrensgegenstand beteiligungsbefugt ist, kann man hierunter auch noch die Fälle einordnen, in denen eine Behörde (z. B. der Standesbeamte, § 1 PStG), eine öffentlich-rechtliche Körper-

Computer-Software zu untersagen. Mit Erfolg?

schaft (z. B. IHK gem. § 126 FGG) oder sogar ein fG-Gericht (z. B. Registergericht, s. BayObLG, NJW-RR 1990, 1510 ff.) zur Wahrnehmung von Allgemeininteressen in einem fG-Verfahren antrags- und beteiligungsbefugt sind.

2. Der Rechtfertigungsgrund kann sich zum anderen auch daraus ergeben, daß der Rechtsträger zustimmt und zusätzlich (jedenfalls nach h. M.) der Verfahrensbeteiligte ein eigenes schutzwürdiges Interesse daran hat, das fremde Recht geltend zu machen (gewillkürte **Verfahrensstandschaft**, BayObLG NJW 1965, 1484 f.).

3. Vorliegend ist C nicht materiell beteiligt, weil er noch nicht als Teileigentümer ins Grundbuch eingetragen ist. Der geltend gemachte Unterlassungsanspruch steht noch der B zu. Als Käufer und zukünftiger Teileigentümer hat C jedoch bereits jetzt ein schützenswertes Interesse an der Geltendmachung des Anspruchs. Da B den C auch entsprechend ermächtigt hat, kann C als Verfahrensstandschafter auftreten.

II. Der Antrag ist auch **begründet.** A ist in der Nutzung des Ladenlokals an die Zweckbestimmung in der Teilungserklärung gebunden (BayObLG NJW 1965, 1484 f.) und darf die Computer-Software dort nicht verkaufen.

37. Beteiligtenfähigkeit

An A, B und C, Gesellschafter bürgerlichen Rechts, die sich „B-Club" nennen, ist ein Grundstück aufgelassen worden. Als A im Namen

Die Beschwerde ist zulässig, aber nicht begründet.

I. Bei der **Zulässigkeit** bedarf die **Beteiligtenfähigkeit** des „B-Club" allerdings näherer Prüfung. Als Beteiligtenfähigkeit

des „B-Club" den Antrag auf Eintragung des „B-Club" in das Grundbuch stellt, erläßt Rechtspfleger R (§ 3 Nr. 1 h RPflG) eine Zwischenverfügung gem. § 18 Abs. 1 GBO (dazu Nr. 177). Der „B-Club" sei unter dieser Bezeichnung nicht grundbuchfähig; der Antrag dürfe nur auf Eintragung aller Gesellschafter unter Hinweis auf ihre gesellschaftliche Verbundenheit (§ 47 GBO), nicht auf Eintragung des „B-Club" gerichtet sein. A, der im 5. Semester Jura studiert, meint, die Ansicht des R sei veraltet. Inzwischen sei die Rechtsfähigkeit der Gesellschaft bürgerlichen Rechts anerkannt. Er legt gegen die Entscheidung des R im Namen des „B-Club" gem. §§ 71 Abs. 1 FGG, 11 Abs. 1 RPflG Beschwerde zum Landgericht ein. Ist die Beschwerde zulässig und begründet?

bezeichnet man die Fähigkeit, Verfahrenssubjekt eines fG-Verfahrens zu sein. Analog § 50 Abs. 1 ZPO („Parteifähigkeit") ist beteiligtenfähig, wer rechtsfähig ist. Rechtsfähig, also fähig, Träger von Rechten und Pflichten zu sein, ist jede natürliche Person (§ 1 BGB) und jede juristische Person (z. B. § 1 AktG). Der Bundesgerichtshof sieht nunmehr auch die GbR als rechts- und parteifähig an (BGHZ 146, 341 ff.; krit. Prütting EWiR 2001, 341, 342).

Um über die Zulässigkeit der Beschwerde zu entscheiden, kann aber die Beteiligtenfähigkeit des „B-Club" dahinstehen. Für die Zulässigkeitsprüfung gilt nämlich, daß im Streit um die Beteiligtenfähigkeit auch ein möglicherweise nicht Beteiligtenfähiger beteiligungsfähig ist (BGHZ 24, 91, 93 f.). Nur so kann der Betreffende nämlich im Rechtsmittelweg eine sachliche Überprüfung des Streits über seine Beteiligtenfähigkeit erreichen. Das ist ein allgemeiner Rechtsgrundsatz, der für den Streit um die Verfahrensfähigkeit (BGHZ 110, 294 ff.; s. Nr. 38) und Vertretungsbefugnis (BGHZ 106, 96, 99, s. Nr. 39) entsprechend gilt (s. Nr. 22 allgemein zu doppelrelevanten Tatsachen).

II. Die Beschwerde ist jedoch **unbegründet.** Die Eintragung des „B-Club" ist zu versagen, weil dieser unter dieser Bezeichnung nicht grundbuchfähig ist. Grundsätzlich folgt die Grundbuchfähigkeit aus der Rechts- und Parteifähigkeit. Für eine GbR muß aber Abweichendes gelten. Denn das Grundbuch soll der Publizität der Grundstücksrechte dienen. Dieser Zweck würde verfehlt werden, wenn im Grundbuch Gesellschaften eintragungsfähig wären, denen es wie der GbR selbst mangels einer öffentlichen Registrierung an der Publizität fehlt (vgl. K. Schmidt NJW 2001, 993, 1002). Gem. § 47 GBO sind eintragungsfähig nur die Gesellschafter A, B und C mit dem Zusatz „in Gesellschaft bürgerlichen Rechts" (vgl. BGH ZIP 2001, 1713 f. zur Eintragung einer GbR als Kommanditisten einer KG in das Handelsregister).

38. Verfahrensfähigkeit

Der 14 jährige S aus Saarbrücken legt gegen seine Nichtversetzung Widerspruch ein und beantragt zugleich beim VG, das Gymnasium im Wege der einstweiligen Anordnung für verpflichtet zu erklären, ihn vorläufig zu versetzen. Die Eltern des S verweigern ihre Genehmigung zu der Widerspruchs- und Antragsschrift des S, da sie meinen, S habe keine Aussicht, auf diese Weise seine Versetzung zu erreichen; seine Leistungen seien zu schlecht gewesen. S regt unter Hinweis auf §§ 1631 a, 1666 BGB beim FamG an, die Zustimmung seiner Eltern insoweit zu ersetzen. Das FamG lehnt eine solche Anordnung aber durch Beschluß ab. Die Eltern des S verzichten in seinem Namen auf Rechtsmittel. S selbst

Auf dieses familiengerichtliche Verfahren sind gem. §§ 621 a Abs. 1, 621 Abs. 1 Nr. 1 ZPO, 1666 BGB überwiegend die Vorschriften des FGG anwendbar (der AT, soweit dies nicht gem. § 621 a Abs. 1 S. 2 ZPO ausgeschlossen ist, aus dem BT §§ 35 b ff., 64 FGG). Näherer Erörterung bedarf auf Grundlage dieser Vorschriften die Verfahrensfähigkeit des S (I) und die Tragweite des Rechtsmittelverzichts der E (II).

I. **Verfahrensfähigkeit** ist die Fähigkeit eines Verfahrensbeteiligten, Verfahrenshandlungen selbst oder durch einen Bevollmächtigten vorzunehmen. Sie ist für die fG nicht generell geregelt. Welche Regeln zur Lückenfüllung analog angewendet werden können, ist streitig.

1. a) Eine Mindermeinung hält grundsätzlich die Vorschriften über Prozeßfähigkeit (§§ 51, 52 ZPO, s. auch §§ 62 VwGO, 58 FGO, 71 SGG) für analog anwendbar (Brehm Rn. 255). Danach ist grundsätzlich nur verfahrensfähig, wer sich selbständig durch Verträge verpflichten kann, also nur eine voll geschäftsfähige Person.

legt trotzdem gegen die ablehnende Verfügung befristete Beschwerde (§ 621 e ZPO) zum OLG (§ 64 Abs. 3 S. 1 FGG) ein. Ist die Beschwerde zulässig?

b) Die h. M. hält grundsätzlich die Vorschriften des BGB über die Geschäftsfähigkeit für analog anwendbar (BGHZ 35, 1, 4; BayObLGZ 1989, 175, 179). Danach wären außer dem Geschäftsfähigen auch beschränkt Geschäftsfähige in begrenztem Umfang verfahrensfähig (§§ 107 ff., 111 BGB).

c) Trotz unterschiedlicher Ausgangspunkte kommen beide Ansichten jedoch zu gleichen Ergebnissen, weil sie in Problemfällen jeweils gewisse Ausnahmen vom Grundsatz zulassen. Dogmatisch überzeugender erscheint es, mit der Mindermeinung den Anschluß an allgemeine Verfahrensgrundsätze zu suchen. Im **Grundsatz** gilt daher auch für die fG, daß nur voll Geschäftsfähige verfahrensfähig, Geschäftsunfähige (§§ 104 ff. BGB) und Geschäftsbeschränkte (§§ 106 ff. BGB) hingegen voll verfahrensunfähig sind.

2. Von diesem Grundsatz gibt es jedoch **Ausnahmen.** Die Achtung vor der Würde des Menschen (Art. 1 GG) gebietet es, in Verfahren, die auf einen besonders intensiven Eingriff in den persönlichen Lebensbereich abzielen, auch den geschäftsbeschränkten oder sogar geschäftsunfähigen Verfahrensbeteiligten in gewissem Umfang die Möglichkeit zu geben, neben und unabhängig von ihren gesetzlichen Vertretern bestimmte Verfahrenshandlungen selbständig vorzunehmen (Bärmann § 9 II 4 vor a, S. 74 f.).

a) So hat schon vor längerem das BVerfG (BVerfGE 10, 302, 306) ausgesprochen, daß Entmündigte und Geisteskranke für Verfahren, in denen es um Maßnahmen wegen ihres Geisteszustandes geht, verfahrensfähig sein müssen (s. auch OLG

Stuttgart NJW-RR 1991, 832). Mittlerweile hat der Gesetzgeber durch §§ 66,
70a FGG die Betroffenen in Betreuungs-
und Unterbringungsverfahren (dort ab
14 Jahren) ohne Rücksicht auf ihre Geschäftsfähigkeit für verfahrensfähig erklärt.
b) In anderen Vorschriften wird Minderjährigen ab dem 14. Lebensjahr ein
eigenes Beschwerderecht und damit Verfahrensfähigkeit für das Beschwerdeverfahren (nicht aber für das Verfahren
erster Instanz, s. Brehm Rn. 261) zuerkannt, so insbesondere in § 59 FGG in
allen die Person betreffenden Angelegenheiten.
3. Eine unter § 59 FGG fallende Angelegenheit ist auch die Entscheidung darüber, ob ein Minderjähriger gegen seine
Nichtversetzung vorgehen kann. Folglich
ist S gem. §§ 59, 64 Abs. 3 S. 2 FGG fähig,
selbständig Beschwerde einzulegen (vgl.
BayObLG FamRZ 1997, 954 ff.).
II. Das eigene Beschwerderecht soll den
Rechtsschutz des Minderjährigen verbes-
sern und tritt daher **selbständig neben**
das Recht des gesetzlichen Vertreters, im
Namen des Minderjährigen Verfahrenshandlungen vorzunehmen. Folglich hindert der Rechtsmittelverzicht, den die gesetzlichen Vertreter im Namen des Kindes erklären, den Minderjährigen nicht
daran, selbständig Beschwerde einzulegen
(Bärmann § 9 II 4 c, S. 77).
III. Die Beschwerde ist also zulässig.

39. Vertretungsbefugnis

Der 17jährige S hat von   I. Die Beschwerde ist zulässig. Insbe-
seinem Großvater G ein   sondere gelten die Eltern im Streit um

großes Vermögen geerbt. G hat Testamentsvollstreckung angeordnet; außerdem hat er bestimmt, daß die Eltern das Vermögen nicht verwalten sollen (§ 1638 Abs. 1 BGB). T ist zum Testamentsvollstrecker bestellt worden. Die Eltern E beantragen im Namen des S, T wegen grober Pflichtverletzung gem. § 2227 BGB zu entlassen. Das AG – NachlG – weist den Antrag als unzulässig zurück, weil die E in dieser Sache nicht vertretungsbefugt seien. Dagegen legen die E namens des S Beschwerde ein. Ist sie zulässig und begründet?

ihre Vertretungsbefugnis als vertretungsberechtigt (BGHZ 106, 96, 99, s. Nrn. 22, 37).

II. Die Beschwerde ist aber nicht begründet. Denn der Antrag auf Entlassung des T war mangels Vertretungsbefugnis der E unzulässig. Grundsätzlich steht den Eltern zwar die Sorge für das Vermögen des Kindes (§ 1626 Abs. 1 BGB) einschließlich eines Erwerbs von Todes wegen zu. Dem folgt auch die gesetzliche Vertretungsmacht für das Kind (§ 1629 Abs. 1 BGB). Eine Ausnahme gilt aber nach § 1638 Abs. 1 BGB, wenn der Erblasser – wie hier – die Vermögenssorge der Eltern für den Nachlaß ausschließt. Hier hätte zur gesetzlichen Vertretung des S ein Ergänzungspfleger bestellt werden müssen (§ 1909 Abs. 1 S. 2 BGB, s. BGHZ 106, 96, 100).

39 a. Verfahrenspfleger

M und F sind die Eltern der neunjährigen T. Ihnen steht die elterliche Sorge gemeinsam zu. Inzwischen leben beide getrennt. Sie begehren mit gegenläufigen Anträgen, jeweils allein die elterliche Sorge gem. § 1671 BGB übertragen zu bekommen. Das zuständige FamG (§§ 621 Abs. 1 Nr. 1, 621 a Abs. 1 ZPO, 1671 BGB, 36, 64 FGG) stellt fest, daß die Spannungen zwischen M und F erheblich sind, sie

I. Der Verfahrenspfleger ist gesetzlicher Vertreter eines Verfahrensunfähigen (§§ 50, 56 f Abs. 2, 67, 75 FGG). Gem. § 50 FGG, eingefügt durch das KindRG v. 16. 12. 1997 (BGBl. I 1942), kann das Gericht einem minderjährigen Kind in Familiensachen, die seine Personensorge betreffen, einen Verfahrenspfleger bestellen. Durch die Anordnung der Pflegschaft sollen die Rechte des Kindes gestärkt und dessen Anspruch auf rechtliches Gehör durchgesetzt werden. Grundsätzlich nehmen die sorgeberechtigten Eltern als gesetzliche Vertreter diese Aufgaben war. § 50 FGG will aber Konstellationen er-

sich einer einvernehmlichen Lösung zum Wohle der T widersetzen, angeordnete Termine versäumen und den Eindruck erwecken, vornehmlich dem anderen Elternteil schaden zu wollen.

Das Gericht bestellt daher P zur Verfahrenspflegerin der T (§ 50 FGG). M ist damit nicht einverstanden. Was ist ein Verfahrenspfleger und hat eine Beschwerde des M gegen die Anordnung der Verfahrenspflegschaft Aussicht auf Erfolg?

fassen, in denen die Eltern aufgrund ihrer eigenen Stellung im Verfahren dazu nicht in der Lage sind (vgl. dazu auch BVerfGE 101, 397, 405 ff.).

II. Die Beschwerde des M hätte Aussicht auf Erfolg, wenn sie zulässig und begründet wäre.

1. Hinsichtlich der Zulässigkeit ist problematisch, ob gegen die Anordnung als bloße Zwischenverfügung überhaupt ein Rechtsmittel statthaft ist. Mangels Endentscheidung kommt eine befristete Beschwerde gem. § 621e Abs. 1 ZPO nicht in Betracht. Nach §§ 19 FGG, 621a Abs. 1 ZPO ist eine Anfechtung von Zwischenverfügungen aber statthaft, wenn die Verfügung bereits in die Rechte eines Beteiligten eingreift (s. Nr. 94).

Eine solche Beeinträchtigung stellt die Anordnung der Verfahrenspflegschaft dar, weil sie in das verfassungsrechtlich verbürgte Sorgerecht der Eltern eingreift (Art. 6 GG, so OLG Hamm FamRZ 1999, 41; OLG Köln NJW-RR 2001, 76, 77, m. w. N.; a. A. OLG Brandenburg NJW-RR 2001, 76; OLG Celle FamRZ 1999, 1589 m. w. N.; vgl. auch BTDrucks. 13/4899, S. 172). Zwar werden die eigenen Beteiligungsrechte des Sorgeberechtigten durch die Anordnung nicht beeinträchtigt, weil er als formell Beteiligter weiterhin alle Verfahrensrechte wahrnehmen kann. Die Anordnung überträgt aber mit der Befugnis, das Kind im Verfahren zu vertreten, einen Bestandteil des Sorgerechts. Die Sorgeberechtigten können nicht mehr über das Ob und Wie der Vertretung des Kindes im Verfahren entscheiden. Also ist die Beschwerde zulässig.

2. Sie ist aber unbegründet. Es war ein Verfahrenspfleger für T gem. § 50 Abs. 2 Nr. 1 FGG zu bestellen. Ein Interessengegensatz besteht, weil M und F sich nicht am Wohl der T orientieren, sondern ihren eigenen, untereinander bestehenden Konflikt austragen (vgl. OLG Hamm FamRZ 1999, 41 f.).

40. Genehmigung von Verfahrenshandlungen

In Nr. 39 wird für S ein Ergänzungspfleger (P) bestellt (§ 1909 Abs. 1 S. 2). Bevor das Gericht über die Beschwerde der E entscheidet, genehmigt P den Antrag der E sowie alle ihre bisherigen Verfahrenshandlungen, um im Namen des S das Verfahren weiterführen zu können. Zulässig?

Ja. Dafür spricht schon allgemein die Verfahrensökonomie. Aus § 27 Abs. 1 S. 2 FGG i. V. m. § 551 Nr. 5 ZPO ergibt sich aber auch, daß das Gesetz es ausdrücklich gestattet, den Mangel der Vertretungsmacht in der Verfahrensführung für einen Beteiligten durch nachträgliche Genehmigung rückwirkend zu heilen, und zwar auch noch in den Beschwerdeinstanzen (BGHZ 106, 96, 100 f.). Das LG wird daher den angefochtenen Beschluß aufheben und die Sache an das AG – NachlG – zur sachlichen Prüfung des Entlassungsantrags zurückverweisen, da bisher in 1. Instanz noch keine Sachprüfung stattgefunden hat (s. Nr. 102).

41. Streitgenossenschaft

Das AG – FamG – hat die Ehe von M und F geschieden und u. a. den Versorgungsausgleich im fG-Verfahren dahin geregelt (§§ 623, 629, 621 Abs. 1 Nr. 6, 621 a Abs. 1 ZPO), daß es gem. § 1587 b Abs. 1 BGB Rentenanwartschaften

I. Die Rechtsbeschwerde (§§ 629 a, 621 e Abs. 2 ZPO) kann nur derjenige einlegen, der vorher von der befristeten Beschwerde (§ 621 e Abs. 1 ZPO) ordnungsgemäß Gebrauch gemacht hat. Anderenfalls ist die Ausgangsentscheidung nach Ablauf der Beschwerdefrist (§§ 621 e Abs. 3, 517 ZPO) für ihn **unanfechtbar** geworden (BGH NJW 1984, 2414). Da die BfA

von monatlich 200,– DM von dem Versicherungskonto des M bei der BfA auf ein ebenfalls bei der BfA für F zu errichtendes Konto übertragen hat. Hiergegen hat sich M mit der form- und fristgerecht eingelegten Beschwerde (§§ 629a Abs. 2, 621 Abs. 1 Nr. 6, 621e Abs. 1 u. 3 ZPO) gewendet und die Ansicht vertreten, die Höhe der auszugleichenden Rentenanwartschaften sei zu seinen Lasten falsch berechnet. Die BfA, die als Trägerin der gesetzlichen Rentenversicherung vom FamG gem. § 53b Abs. 2 FGG ebenfalls formell beteiligt worden ist, hat die Beschwerdefrist (§§ 621e Abs. 3, 517 ZPO) ungenutzt verstreichen lassen. Das OLG hat die Beschwerde des M zurückgewiesen, jedoch gem. § 621e Abs. 2 Nr. 1 ZPO die Rechtsbeschwerde zugelassen. Während M hiervon keinen Gebrauch macht, legt die BfA die Rechtsbeschwerde ein und rügt mit ausführlicher Begründung die Verletzung des § 1587b BGB bei der Entscheidung über den Versorgungsausgleich. Ist ihre Rechtsbeschwerde zulässig?

selbst keine Beschwerde eingelegt hat, kommt es darauf an, ob die von M rechtzeitig eingelegte Beschwerde zugunsten der BfA den Eintritt der formellen Rechtskraft verhindert hat. Das FGG enthält keine entsprechende Anordnung, wohl aber der – freilich ungenau formulierte – § 62 Abs. 1 ZPO. Nach ihm wirkt u. a. die Wahrung einer Frist durch einen notwendigen Streitgenossen auch zugunsten der säumigen Streitgenossen. Danach verhindert die Rechtsmitteleinlegung durch einen Streitgenossen den Eintritt der formellen Rechtskraft für alle Streitgenossen mit der Folge, daß alle die Rechtsmittelentscheidung mit dem weiteren Rechtsmittel noch angreifen können (Stein/Jonas/Bork § 62 ZPO, Rn. 39, 42 m. w. N.).

II. Es gibt zwar in den echten Streitsachen der fG sowohl einfache als auch notwendige Streitgenossenschaften, wenn eine Mehrheit von Antragstellern oder Antragsgegnern vorhanden ist. Für eine analoge Anwendung der einschlägigen ZPO-Regeln für Streitgenossenschaft (§§ 59–63 ZPO) ist aber kein Raum.

1. **Einfache** Streitgenossenschaft liegt vor, wenn mehrere Rechtsstreitigkeiten aus Zweckmäßigkeitsgründen, z. B. zur einheitlichen Durchführung einer Beweisaufnahme, zu einem Verfahren zusammengefaßt werden, mögen die Entscheidungen auch unterschiedlich ausfallen. Eine solche Verfahrenszusammenfassung gestattet die große Elastizität des fG-Verfahrensrechts ohne weiteres, so daß eine Heranziehung der §§ 59–61, 63 ZPO zur Rechtfertigung entbehrlich ist (KKW § 22 Rn. 8).

2. **Notwendige** Streitgenossenschaft liegt vor, wenn die Entscheidung allen Beteiligten gegenüber nur einheitlich ergehen kann. Um die Einheitlichkeit der Entscheidung zu sichern, fingiert § 62 Abs. 1 ZPO, daß ein aktiver Streitgenosse den anderen mitvertritt, wenn dieser einen Termin oder eine Frist versäumt. Aber auch für die analoge Anwendung des § 62 ZPO ist nach h.M. kein Raum, weil das FGG die Einheitlichkeit der Entscheidung durch andere Regelungen sichert (ständige Rspr.: BGH NJW 1982, 224 f.; 1980, 1960 f.; a.A.: Brehm Rn. 236). Wenn z.B. von einem Streitgenossen ein Termin zur mündlichen Verhandlung versäumt wird, bedarf es keiner Vertretungsfiktion, um die Gefahr eines Versäumnisurteils (nur) gegen ihn zu verhindern, weil die fG ein Versäumnisverfahren nicht kennt (s. Nr. 62). Wenn eine Verfügung – abweichend von dem Grundsatz des § 16 Abs 1 FGG (s. Nr. 83) – erst mit der formellen Rechtskraft wirksam werden kann, tritt die Wirksamkeit erst ein, wenn für **alle** Beteiligten die Fristen abgelaufen sind (z.B. § 53g Abs. 1 FGG, dazu KKW § 53g Rn. 2; § 16 Abs. 1 S. 1 HausratV, MK/Müller-Gindullis § 7 HausratV Rn. 8).

3. Der **vorliegende Fall** ist ein Fall einer **notwendigen** Streitgenossenschaft, weil die Entscheidung über den Versorgungsausgleich gegenüber den Ehegatten und dem Versorgungsträger nur einheitlich ergehen kann (BGH NJW 1980, 1960 f.). Aber die Einheitlichkeit der Entscheidung ist für Fälle der vorliegenden Art auch ohne analoge Anwendung des § 62 ZPO gesichert. Wird die Erstentscheidung auf

Beschwerde eines Streitgenossen abgeändert, so wirkt dies auch zugunsten des anderen Streitgenossen, der keine Beschwerde eingelegt hat (Jansen Vorbem § 8 Rn. 88). Wird hingegen – wie geschehen – die Beschwerde des M zurückgewiesen, verbleibt es einheitlich bei der Erstentscheidung. In jedem Fall ist daher die Erstentscheidung für die BfA mit Ablauf ihrer Beschwerdefrist unanfechtbar geworden. Die Rechtsbeschwerde steht ihr nicht zu (BGH NJW 1984, 2414; 1980, 1960f.; KKW § 27 Rn. 10).

42. Nebenintervention

A und V sind Wohnungseigentümer einer Wohnanlage. Die Wohnung des V liegt über der des A. V hat seine Wohnung an den M vermietet. Aufgrund eines Defektes der von M benutzten Waschmaschine war Wasser in der Wohnung des V ausgelaufen, das auch die Wohnung des A beschädigt hatte. Daraufhin nimmt A den V auf Schadensersatz vor dem AG (§ 43 Abs. 1 Nr. 1 WEG) in Anspruch. In dem Verfahren verkündet V dem M den Streit (§§ 72 ff. ZPO). Der M tritt dem Streit zunächst nicht bei. Das AG verurteilt den V antragsgemäß, an A Schadensersatz zu leisten. M legt dagegen

Die Zulässigkeit der von M im Verfahren zwischen A und V eingelegten Beschwerde hängt davon ab, ob M dem Verfahren auf Seiten des V beitreten kann. Das FGG enthält zu dieser Frage keine Regelung. Zu prüfen ist, ob die Regelung der ZPO über den Beitritt in § 66 analog anzuwenden ist.

I. Damit ist die grundsätzliche Frage aufgeworfen, ob die Vorschriften über Streitverkündung und Nebenintervention gem. §§ 66 ff. ZPO in der fG anwendbar sind. Durch diese Vorschriften wird zum einen ein Dritter ermöglicht, auf den Rechtsstreit Einfluß zu nehmen (§ 67 ZPO). Zum anderen äußern die Entscheidung und ihre tragenden Grundlagen Bindungswirkung auch gegenüber dem Dritten (§ 68 ZPO). Zweck dieser Vorschriften ist es, die Beteiligten vor widersprechenden Entscheidungen und die Gerichte vor übermäßiger Inanspruchnahme zu schützen.

in der für V laufenden Frist sofortige Beschwerde ein (§ 45 Abs. 1 WEG). Ist die Beschwerde zulässig?

1. In den Fürsorgeverfahren der fG hat die Entscheidung nicht einmal für die Verfahrensbeteiligten Rechtskraft (s. Nr. 89). Daher wäre es unangemessen, gegenüber Dritten die Bindungswirkung des § 68 ZPO eintreten zu lassen, die z.T. noch über die Rechtskraft hinausgeht.

2. Soweit in echten Streitsachen der fG jemand materiell Beteiligter ist, besteht die Möglichkeit, seine formelle Beteiligung am Verfahren zu beantragen und damit einerseits ihm die Mitwirkung am Verfahren zu ermöglichen, andererseits aber auch die materielle Rechtkraft, die einer Entscheidung in echten Streitsachen zukommt (s. Nr. 89) auf ihn zu erstrecken. Das läßt keinen Raum für eine analoge Anwendung der §§ 66 ff. ZPO (BayObLG NJW 1970, 1550, 1552).

3. Soweit allerdings in echten Streitsachen eine formelle Beteiligung des Dritten mangels materieller Beteiligung oder wegen einer gesetzlichen Beschränkung des Kreises der Beteiligten (z.B. § 7 HausratV) nicht möglich ist, besteht ein Bedürfnis für eine analoge Anwendung der §§ 66 ff. ZPO (BGHZ 38, 110, 111; BayObLG NJW-RR 1987, 1423; OLG Hamm FamRZ 1991, 844 ff.; ferner OLG Hamm FGPrax 1995, 229 ff. zur Interventionswirkung eines Urteils der streitigen Gerichtsbarkeit im fG-Verfahren).

II. Hängt – wie hier – vom Ausgang eines Rechtsstreits ein Regreßprozeß gegen einen Dritten ab, ist der Dritte regelmäßig nicht materiell beteiligt, weil er durch den Vorprozeß nicht unmittelbar in seinen Rechten und Pflichten betroffen werden kann. Da das Verfahren ferner nach

§§ 43 ff. WEG ein privatrechtliches Streitverfahren der fG ist, sind §§ 66 ff. ZPO
analog anwendbar. M konnte dem Rechtsstreit daher analog § 66 Abs. 2 ZPO auch
zur Einlegung des Rechtsmittels beitreten. Folglich ist die Beschwerde zulässig.

43. Beiladung

Gibt es in der fG eine Beiladung entsprechend § 65
VwGO?

I. Die Beiladung in der VwGO ähnelt in
der Funktion Nebenintervention und
Streitverkündung in der ZPO. Sie ermöglicht es, Dritte, die nicht zu den Haupt-
beteiligten des Rechtsstreits gehören, an
dem Verfahren teilnehmen zu lassen (§ 66
VwGO), soweit deren rechtliche Interessen berührt werden (§ 65 Abs. 1 VwGO).
Gem. §§ 121, 63 Nr. 3 VwGO erstreckt
sich die Rechtskraft des Urteils auch auf
sie.

II. Teilweise wird § 65 VwGO in öffentlich-rechtlichen Streitsachen der fG für
entsprechend anwendbar gehalten (Bärmann § 11 IV, S. 87). Allerdings kann ein
Dritter in vielen – wenn nicht sogar den
meisten – Fällen, in denen er ein rechtliches Beteiligungsinteresse i. S. d. § 65
Abs. 1 VwGO hat, durch den Verfah-
rensausgang gleichzeitig „unmittelbar in
seinen Rechten und Pflichten betroffen
werden" und damit „materiell Beteiligter"
sein (s. Nr. 35). Da das Gericht materiell
Beteiligte bereits nach den allgemeinen
Grundsätzen der fG formell beteiligen
kann und auf Antrag formell beteiligen
muß (s. Nr. 35), besteht insoweit für eine
analoge Anwendung des § 65 VwGO kein
Bedürfnis.

44. Handeln Dritter für einen Beteiligten

Wie können Dritte in fG-Verfahren für einen Verfahrensbeteiligten tätig werden?

I. Auch das fG-Verfahren kennt gesetzliche und gewillkürte Vertretung. In beiden Fällen wirkt das Handeln des Vertreters unmittelbar für und gegen die Vertretenen (§ 164 BGB analog).

1. Soweit jemand nicht verfahrensfähig ist (s. Nr. 38), wird er durch seinen gesetzlichen Vertreter vertreten (z. B. das minderjährige Kind durch seine Eltern, § 1629 Abs. 1 BGB). Verwandt hiermit sind die Fälle, in denen einem psychisch Kranken (§ 1896 BGB) – ohne daß dies den Verlust seiner Geschäftsfähigkeit zur Folge hätte – ein Betreuer mit gesetzlicher Vertretungsmacht zur Seite gestellt wird (§ 1902 BGB).

2. Daneben gibt § 13 S. 2 FGG den Beteiligten das Recht, einen Dritten zur Wahrnehmung ihrer Interessen zu bevollmächtigen (gewillkürte Vertretung). Die Erteilung der Vollmacht ist Verfahrenshandlung und setzt daher Verfahrensfähigkeit voraus. Sie kann formlos geschehen, muß aber ggf. in öffentlich beglaubigter Form nachgewiesen werden (§ 13 S. 3 FGG). Ausgeschlossen ist die Stellvertretung nur, soweit eine Erklärung persönlich abzugeben ist (z. B. eidesstattliche Versicherung) oder wenn das Gericht nach § 13 S. 2 FGG das persönliche Erscheinen angeordnet hat (Einzelheiten: KKW § 13 Rn. 6ff.).

Einen **Anwaltszwang** gibt es in der fG nur in wenigen Ausnahmefällen, z. B. gem. § 29 Abs. 1 S. 2 FGG für die weitere Beschwerde sowie § 78 Abs. 2 ZPO für die dort genannten Familiensachen (Einzelheiten: KKW § 13 Rn. 10).

II. Ein Beteiligter kann in einer mündlichen Verhandlung auch mit einer verfahrensfähigen Person als **Beistand** erscheinen (§ 13 S. 1 FGG). Das vom Beistand Vorgetragene gilt als vom Beteiligten selbst vorgebracht, sofern es nicht von diesem sofort widerrufen oder berichtigt wird (§ 90 Abs. 2 ZPO analog).

F. Die Ausgestaltung des Verfahrens

I. Verfahrenseinleitung

45. Antrags- und Amtsverfahren

Wie werden fG-Verfahren eingeleitet?

I. Während jeder Zivil- und Verwaltungsprozeß einen Antrag voraussetzt (vgl. § 253 ZPO), muß das zuständige fG-Organ grundsätzlich von Amts wegen ein Verfahren einleiten, wenn die gesetzlichen Voraussetzungen vorliegen und Anlaß zum Handeln besteht (= Offizialmaxime). Nur wo es im Gesetz ausdrücklich gesagt ist, setzt ein fG-Verfahren einen Antrag voraus. Dann gilt – wie in ZPO und VwGO – die Dispositionsmaxime.

II. Die Ausgestaltung als Amts- oder Antragsverfahren hat der Gesetzgeber von dem Maß des **öffentlichen Interesses** an einer Regelung der betreffenden Angelegenheit abhängig gemacht. Je stärker das öffentliche Interesse an der Regelung ist, umso eher ist der Gesetzgeber geneigt, ein **Amtsverfahren** einzurichten.

1. Deshalb finden sich Beispiele für Amtsverfahren insbesondere in den vom Fürsorgezweck geprägten klassischen fG-Angelegenheiten betreffend das Sorgerecht (§ 1666 BGB), die Vormundschaft (§ 1774, 1837 ff. BGB), die Betreuung (§ 1896 BGB), die Pflegschaft (§§ 1774, 1915 BGB) u. a.

2. Aus dem klassischen Bereich der fG gehören demgegenüber etwa zu den **Antragsverfahren**: die Erteilung des Erb-

scheins, § 2353 BGB, die Eintragung in das Grundbuch, § 13 GBO, die Urkundsgeschäfte und die meisten Registersachen. Darüber hinaus setzen die privat- und öffentlich-rechtlichen Streitsachen stets einen Antrag voraus.

3. Ferner gibt es eine Reihe von Verfahren, die **sowohl** von Amts wegen **als auch** auf Antrag eröffnet werden können (z. B. § 1896 Abs. 1 BGB). Hinter diesen Spezialbestimmungen steht ein allgemeinerer Gedanke, der sich aus dem Rechtsstaatsprinzip ableitet (zum folgenden eingehender: Kollhosser, Verfahrensbeteiligte, § 8 IV 3 e, S. 302 f.): Wo immer ein Verfahren dem Interesse und Schutz eines Beteiligten dienen soll, muß der Beteiligte auch die Möglichkeit haben, den Interessenschutz zu beantragen. Daß der Schutz wegen des besonders großen öffentlichen Interesses sogar von Amts wegen zu gewähren ist, schließt die Antragsbefugnis des Beteiligten nicht aus, sondern unterstreicht sie nur noch. Die h. M. folgt diesem Gedanken bisher aber im Grundsatz nicht (s. Nr. 46).

46. Antrag im Amtsverfahren

Der 16 jährige S hat die Realschule abgeschlossen. Nun möchte er zum Gymnasium wechseln, um das Abitur zu machen. Seine Eltern sind der Ansicht, ihm fehle die erforderliche Begabung, und wünschen, daß S eine Lehre anfängt. S beantragt beim FamG die richterliche Entscheidung

I. In **Antragsverfahren** hat der Antragsteller unstr. einen Anspruch auf Bescheidung seines Antrags. Er hat ein Recht auf ein formelles Verfahren mit abschließender, rechtsmittelfähiger Entscheidung, und zwar ungeachtet dessen, ob der gestellte Antrag zulässig ist und ob ihm der geltend gemachte Anspruch auch materiell zusteht.

II. Das Verfahren zur Entscheidung über Ausbildung und Beruf (§§ 1666, 1631a

(§§ 1666, 1631 a BGB) über seine Ausbildung. Nach Prüfung der Angelegenheit und Anhörung des S (§ 50 b Abs. 2 FGG) ist Amtsrichter R der Ansicht, daß S keine Aussicht habe, das Abitur zu bestehen. Für eine Abänderung der elterlichen Ausbildungsentscheidung gebe es daher keinen Anlaß. Muß R das Begehren des S förmlich zurückweisen oder kann er die Akte formlos schließen und weglegen?

BGB) ist jedoch als **Amtsverfahren** ausgestaltet. Amtsverfahren können nach h. M. grundsätzlich nicht auf Antrag eingeleitet werden.

1. Dem „Antrag", ein Amtsverfahren einzuleiten, soll nur die Bedeutung einer Anregung zukommen, die von Amts wegen zu entfaltende Tätigkeit zu beginnen. Das gilt auch für das Ersuchen des Minderjährigen um vormundschaftsgerichtliche Entscheidung gem. § 1631 a Abs. 2 BGB (Staudinger/Coester § 1666 Rn. 207).

2. Die Einordnung als Anregung bedeutet aber nicht, daß es in das Belieben des Richters gestellt ist, ob er ihr folgt oder nicht. Der Richter ist vielmehr immer zur Einleitung eines Amtsverfahrens verpflichtet, wenn Anlaß zur Prüfung besteht. Ein solcher Anlaß ist aber auch nach h. M. die „Anregung" eines Beteiligten (OLG Hamm FamRZ 1974, 29, 30; s. auch KG NJW-RR 1991, 860, 861).

3. Ergeben die Ermittlungen dann aber, daß kein Anlaß zum Eingreifen besteht, so soll das Amtsverfahren – anders als das Antragsverfahren – nach h. M. grundsätzlich formlos eingestellt werden können (KKW § 12 Rn. 5). Von diesem Grundsatz macht die h. M. jedoch verschiedene Ausnahmen. Wenn der Betroffene bereits angehört worden ist, ist ihm die Einstellungsverfügung bekanntzumachen (KKW § 12 Rn. 5). Dies trifft hier auf S zu (§ 50 b Abs. 2 FGG). Gegen die (seine „Anregung") ablehnende Entscheidung des VormG kann er gem. §§ 20 Abs. 1, 59 FGG Beschwerde einlegen (vgl. Staudinger/Coester § 1666 Rn. 207). Eine sachgerechte Entscheidung darüber, ob er

von dem Rechtsmittel Gebrauch machen soll, kann S nur bei Kenntnis von Zeitpunkt und Inhalt der Einstellungsverfügung treffen. Kommt das FamG seiner Verpflichtung zur Bekanntgabe der Einstellungsverfügung nicht nach, so kann S eine solche Verfügung im Wege der Dienstaufsichtsbeschwerde erzwingen.

III. Die h.M. geht von einem rechtsstaatlich überholten Grundsatz aus und versucht, dessen untragbare Folgen durch Ausnahmen abzumildern (s. zum folgenden: Kollhosser, Verfahrensbeteiligte, § 8 IV 3 d, i, S. 301, 306). Rechtsstaatlich klarer wäre es, wenn auch in der fG – wie in allen anderen Verfahrensordnungen – der Grundsatz anerkannt würde, daß jeder gestellte Antrag in rechtsmittelfähiger Form beschieden werden muß (zustimmend Brehm Rn. 287). Mindestens muß dieser Grundsatz gelten, wenn das Verfahren (auch) dem Individualinteresse des Antragstellers dienen soll. In diesen Verfahren ist für den Betroffenen eine Antragsbefugnis neben der Möglichkeit des Gerichts anzuerkennen, das Verfahren auch von Amts wegen zu eröffnen (s. Nr. 45 a.E.). Da der erstinstanzliche Richter sich irren kann und die Antragsbefugnis möglicherweise irrtümlich verneint, muß weitergehend jeder Antragsteller die Möglichkeit haben, diese Ansicht des erstinstanzlichen Richters im Rechtsmittelverfahren prüfen zu lassen. Das setzt aber voraus, daß grundsätzlich alle – auch für Amtsverfahren – gestellten Anträge rechtsmittelfähig beschieden werden. Die Befürchtung, eine Bescheidungspflicht bei unzulässigen Anträgen könne die Gerichte unziemlich belasten, ist in fG-Verfahren nicht mehr begründet als in anderen Verfahrensordnungen oder in den fG-Verfahren, die kraft Gesetzes sowohl von Amts wegen als auch auf Antrag eröffnet werden können (s. Nr. 45).

47. Form des Antrags

Durch Verfügung vom 4. 5., zugestellt am selben Tag, hat die Landesjustizverwaltung die Zulassung des Rechtsanwalts R aus Oberhausen zur Rechtsanwaltschaft widerrufen (§ 14 Abs. 2 BRAO). Am 2. 6. erstellte R an seinem Computer den Antrag auf gerichtliche Entscheidung (§ 16 Abs. 5 BRAO), versah ihn mit einer eingescannten Unterschrift und übermittelte den Antrag direkt vom Computer zum Faxgerät des Ehrengerichtshofs für Rechtsanwälte, wo er am selben Tag ausgedruckt wurde (sog. Computerfax). Im Termin zur mündlichen Verhandlung (§ 40 Abs. 2 BRAO) im Juli fragt der Vorsitzende Richter seinen Referendar, ob der Antrag ordnungsgemäß gestellt ist. Dieser wiegt sein weises Haupt und antwortet:

I. Über die Anfechtung der Verfügung der Landesjustizverwaltung (§§ 39 Abs. 1, 41 Abs. 3 BRAO) wird im fG-Verfahren entschieden (§ 40 Abs. 4 BRAO). Es handelt sich um ein Antragsverfahren (§ 16 Abs. 5 BRAO).

II. Grundsätzlich können im fG-Verfahren Anträge formfrei gestellt werden, soweit das Gesetz nicht eine bestimmte Form vorschreibt (z. B. §§ 29, 30 GBO). Letzteres ist hier der Fall. Der Antrag auf gerichtliche Entscheidung muß binnen Monatsfrist (§ 16 Abs. 5 BRAO) und schriftlich (§ 37 BRAO) eingereicht werden. Fraglich ist, welche Anforderungen an die Schriftform zu stellen sind.

1. § 126 BGB fordert für die Schriftform im materiellen Recht die **eigen**händige Unterzeichnung der Urkunde durch den Aussteller. Dem genügt schon das normale Telefax nicht, weil lediglich die Vorlage, aber nicht der dem Empfänger zugehende Ausdruck vom Absender unterzeichnet wird. § 126 BGB ist wegen der unterschiedlichen Zwecke des Schriftformerfordernisses aber auf (öffentlich-rechtliche) Prozeßerklärungen nicht analog anwendbar. Zweck der privatrechtlich angeordneten Schriftform ist es i. d. R., den Erklärenden vor der besonderen Gefährlichkeit eines Rechtsgeschäfts zu warnen. Im Prozeßrecht geht es hingegen

lediglich darum, einen sicheren Nachweis über Inhalt und Ernstlichkeit der Erklärung zu erhalten.

2. Für die prozessualen Schriftformerfordernisse wie § 37 BRAO ist daher anerkannt, daß auf eine eigenhändige Unterschrift im Ausnahmefall verzichtet werden kann, insbesondere um dem technischen Fortschritt auf dem Gebiet der Telekommunikation Rechnung zu tragen. Erforderlich ist freilich, daß aus dem Schriftstück der Inhalt der abzugebenden Erklärung und die Person, von der sie ausgeht, bereits im Zeitpunkt des Eingangs der Erklärung hinreichend zuverlässig entnommen werden können. Dieses ist bei einem Computerfax der Fall (s. GmSOBG BGHZ 144, 160ff.).

3. Also ist der Antrag des R ordnungsgemäß nach §§ 16 Abs. 5, 37 BRAO gestellt.

48. Äußerer Verfahrensbetrieb; Zustellungen

A ist Wohnungseigentümer in einer Anlage mit 100 Wohneinheiten. In seiner Wohnung betreibt er ein Anwaltsbüro. Wegen des starken Publikumsverkehrs kommt es zum Streit mit den übrigen Eigentümern. A möchte beim AG (§ 43 WEG) gegen die übrigen 99 Wohnungseigentümer die Feststellung beantragen, daß der Betrieb einer Anwaltskanzlei in seiner Wohnung zulässig ist. Da er Kopierkosten sparen und nicht 99 Abzüge fertigen

Auf den Antrag eines Wohnungseigentümers gem. § 43 Abs. 1 WEG wird § 253 ZPO analog angewendet, da es sich um eine privatrechtliche fG-Streitsache handelt. Nach § 253 Abs. 5 ZPO sind der Antragsschrift so viele Abschriften beizufügen, wie es für die Zustellung erforderlich ist. Zu überlegen ist daher, wie die Zustellung zu erfolgen hat und wie viele Abschriften dafür erforderlich sind.

I. Das Zustellungsrecht der ZPO wurde durch das Zustellungsreformgesetz vom 25. 6. 2001 (BGBl. I 1206; Inkrafttreten: 1. 7. 2002) neugefaßt, um den gewandelten Lebensverhältnissen gerecht zu werden.

will, möchte er wissen, ob die Zustellung nur eines Exemplars der Antragsschrift an den Verwalter (§§ 26, 27 WEG) ausreichend ist.

II. Die Zustellung der Antragsschrift erfolgt von Amts wegen (§ 271 ZPO analog). Diese Regelung ist Ausdruck des im fG-Verfahren herrschenden **Amtsbetriebes**. Das bedeutet, daß die Leitung des äußeren Fortgangs des Verfahrens (Ladungen, Zustellungen, Terminsanberaumung etc.) beim Gericht und nicht bei den Beteiligten liegt. Das entspricht der Regelung im ZPO-Erkenntnisverfahren (§§ 166 ff. ZPO). Der Gegensatz zum Amtsbetrieb liegt im **Parteibetrieb** (§§ 191 ff. ZPO). Beispiele hierfür finden sich insbesondere im ZPO-Vollstreckungsverfahren.

III. Grundsätzlich ist jedem Beteiligten gesondert zuzustellen. Hiervon werden aus Gründen der Verfahrenserleichterung verschiedene Ausnahmen gemacht. So kann gem. § 27 Abs. 2 Nr. 3 WEG eine Zustellung an alle Wohnungseigentümer durch eine Zustellung an den Verwalter ersetzt werden. Mit dieser Feststellung ist aber noch nicht entschieden, ob dem Verwalter für jeden Wohnungseigentümer eine Ausfertigung der Klage zu übergeben ist oder ob der Verwalter ggf. selbst die Kopien für die Eigentümer zu erstellen hat.

1. Das alte Recht unterschied in § 189 ZPO a. F. zwischen der Zustellung an einen Vertreter mehrerer, dem nur eine Ausfertigung auszuhändigen war (Abs. 1), und der Zustellung an einen Zustellungsbevollmächtigten mehrerer Beteiligter, dem für jeden Beteiligten eine Ausfertigung zu übergeben war (Abs. 2). Von der ganz h. M. wurde der Verwalter als Vertreter i. S. v. § 188 Abs. 1 ZPO angesehen, so daß eine Ausfertigung ausreichend war

(BGHZ 78, 166, 172). Das galt auch, soweit im Verfahren nach § 43 WEG die Antragsschrift eines Wohnungseigentümers an den Verwalter als Vertreter der übrigen Wohnungseigentümer erfolgen sollte (BayObLGZ 1989, 342, 344).

2. Im neuen Recht ist § 189 ZPO a. F. ersatzlos gestrichen worden. Aus allgemeinen Grundsätzen läßt sich aber auch für das neue Recht das gleiche Ergebnis gewinnen. Die Unterscheidung im § 189 ZPO a. F. entsprach der Unterscheidung im materiellen Recht zwischen dem Empfangsvertreter und dem Empfangsboten. Für den Empfangsvertreter mehrerer reicht der Zugang einer Ausfertigung, weil gem. § 164 Abs. 3 BGB die Voraussetzungen des Zugangs einer Willenserklärung in seiner Person eintreten müssen. Der Empfangsbote mehrerer benötigt hingegen eine Ausfertigung für jeden Empfänger, da er nur eine in den Übermittlungsvorgang eingeschaltete Hilfsperson ist. Da dem Verwalter durch § 27 Abs. 2 Nr. 3 WEG auch materiell die Stellung eines Vertreters eingeräumt wird, reicht die Zustellung einer Ausfertigung an ihn.

49. Bestimmtheit des Antrags

A hat in seiner Antragsschrift die Verfahrensbeteiligten wie folgt bezeichnet: „Wohnungseigentümer A gegen die übrigen Wohnungseigentümer der Anlage X-Straße 1". Ist der Antrag zur Bezeichnung der Beteiligten hinreichend bestimmt?

Ja. Aus Praktikabilitätsgründen wird § 253 Abs. 2 Nr. 1 ZPO (analog) weit ausgelegt. Die Zusammenfassung der Wohnungseigentümer in der Antragsschrift unter einer Sammelbezeichnung reicht aus, wenn eine Liste der Wohnungseigentümer dem Antrag beigefügt oder später zu den Akten gegeben wird (BGH NJW 1977, 1686 f.; MK-ZPO/Lüke § 253 Rn. 48).

50. Schiedsabrede als Verfahrenshindernis

A und B sind Gesellschafter einer GmbH. In dem Gesellschaftsvertrag ist vereinbart, daß für alle Streitigkeiten, auch für solche zwischen der GmbH und den Gesellschaftern, ein Schiedsgericht zuständig sein soll. A verlangt von dem Geschäftsführer G Auskunft über die Gehälter der leitenden Angestellten. Als G die Auskunft verweigert, wendet sich A an das LG mit der Bitte um Rechtsschutz. G erhebt die Einrede des Schiedsvertrages. Mit Erfolg?

Das Informationserzwingungsverfahren nach §§ 51 a, 51 b GmbHG ist ein fG-Verfahren, für das erstinstanzlich das LG zuständig ist (§§ 51 b GmbHG, 132, 99 AktG). Die Entscheidung hängt davon ab, ob Schiedsvereinbarungen in fG-Angelegenheiten zulässig sind. Analog § 1030 ZPO wird das bejaht in den Angelegenheiten, in denen die Beteiligten über den Verfahrensgegenstand disponieren, insbesondere Vergleiche schließen können (zu Vergleichen in der fG s. Bork, Der Vergleich, § 23, S. 452 ff.). Schiedsverträge sind daher in echten Streitsachen zulässig (h. M. seit BGHZ 6, 248, 253 ff.; OLG Koblenz NJW-RR 1990, 1374). Da es sich bei dem Verfahren nach § 51 b GmbHG um eine echte Streitsache handelt, sind Schiedsvereinbarungen hier möglich (Stangier/Bork GmbH-Rdsch. 1982, 169, 170 f.). G kann daher analog § 1032 ZPO die Einrede des Schiedsvertrages erheben. Das LG muß den Antrag des A als unzulässig verwerfen.

II. Die Bestimmung des Verfahrensgegenstandes

51. Änderung des Verfahrensgegenstandes durch das Gericht

Die 16 jährige T ist nach schweren Auseinandersetzungen mit ihrem Vater aus dem Elternhaus ausgezogen und lebt bei ihren Großeltern. Ihre Eltern wenden sich an das FamG und tragen vor, T unterhalte eine

Ob R dem Verfahren dadurch eine neue Richtung geben kann, daß er anstatt des beantragten Umgangsverbots gegen F (§ 1632 Abs. 2 u. 3 BGB) nunmehr eine Sorgerechtsentscheidung nach §§ 1666, 1666a BGB trifft, hängt davon ab, inwieweit er den Verfahrensgegenstand ändern darf. Für den Bereich der ZPO und der

Liebesbeziehung zu dem 23 jährigen F; dem F müsse durch ein Umgangsverbot der weitere Kontakt zu T verboten werden (§ 1632 Abs. 2 u. 3 BGB). Richter R teilt diese Ansicht unter der Voraussetzung, daß das Vorbringen der Eltern richtig ist. Er leitet entsprechende Ermittlungen ein. Nach Anhörung von F, T, den Großeltern und dem Jugendamt (§ 49 Abs. 1 Nr. 1 e FGG) stellt sich heraus, daß die Beziehung zwischen F und T weit harmloser ist: Die beiden spielen lediglich gemeinsam Squash. Ferner ergeben die Ermittlungen jedoch, daß die Eltern T seit Jahren vernachlässigen. Ihre jetzigen Aktivitäten zielen nur auf eine Schädigung der T. Die Beziehungen zu ihrem Kind sind endgültig zerbrochen. Kann R nunmehr im selben Verfahren statt eines Umgangsverbotes gegen F den Entzug der elterlichen Sorge (§§ 1666 f. BGB) anordnen und das Sorgerecht dem Jugendamt übertragen?

VwGO ist diese Frage in §§ 263 f. ZPO, 91 VwGO geregelt. Im fG-Verfahren fehlen ausdrückliche Regelungen. Insoweit wird unterschieden:

I. In den privat- und öffentlich-rechtlichen Streitsachen werden die o. g. Vorschriften entsprechend angewendet (h. M.: Habscheid § 18 II 3, S. 126, § 19 I 1 d, S. 130; a. A.: Bärmann § 13 II 4 a, S. 94).

II. In den klassischen **Antragssachen** kann der Antragsteller während des ganzen Verfahrens einen Antrag noch ändern, sowohl einschränken als auch ausweiten. Die für eine Klageänderung bestehenden Beschränkungen (§§ 263 f. ZPO, 91 VwGO) sind nicht entsprechend anwendbar.

III. 1. Gleiches gilt im Ausgangspunkt für die **Amtsverfahren.** Das Gericht bestimmt den Verfahrensgegenstand und kann ihn im Laufe des Verfahrens erweitern und auf neue Punkte erstrecken. Hierzu gehört sogar der Fall, daß das Gericht ein amtswegiges Verfahren an ein Antragsverfahren anschließt, sobald ihm ein Sachverhalt bekannt wird, der dazu Veranlassung gibt, wie z. B. in den Verfahren über die Entscheidungen über die elterliche Sorge bei Getrenntleben (vgl. § 1671 Abs. 3 BGB).

2. Die **Grenze** für eine zulässige Veränderung des Verfahrensgegenstandes liegt dort, wo inhaltlich ein völlig neues Verfahren, insbesondere gegen andere Beteiligte, entsteht. In diesem Fall muß das Gericht das alte Verfahren formell einstellen und formell das neue beginnen (zum Ganzen: Bärmann § 13 II, S. 92 ff.). Dies verlangt das Gebot der Rechtssicherheit. Anderenfalls wäre das staatliche

Handeln für die Beteiligten nicht mehr berechenbar.

IV. Das vorliegende Verfahren betreffend das Umgangsverbot (§ 1632 Abs. 2 BGB) ist auf Antrag der Eltern (§ 1632 Abs. 3 BGB) eingeleitet worden. Ungeachtet dessen hätte es auch gem. § 1666 Abs. 4 BGB von Amts wegen in Gang gesetzt werden können (Palandt/Diederichsen § 1666 Rn. 55). Eine Überleitung dieses Verfahrens in ein amtswegiges Sorgerechtsentziehungsverfahren (§§ 1666, 1666 a BGB) kommt trotz der weitgehenden Befugnis des Gerichts, den Verfahrensgegenstand zu ändern, nicht in Betracht. Das Verfahren betreffend das Umgangsverbot war gegen F gerichtet; das Sorgerechtsentziehungsverfahren richtet sich gegen die Eltern. Da sich die Verfahrensbeteiligten ändern, muß das zunächst eingeleitete Verfahren förmlich eingestellt werden und ein neues betreffend das elterliche Sorgerecht eingeleitet werden.

52. Bindung an Anträge

Nachlaßgläubiger G beantragt beim NachlG gem. § 1961 BGB die Anordnung einer Nachlaßpflegschaft. Das Gericht hält nur eine Nachlaßverwaltung gem. § 1981 Abs. 2 BGB für zulässig. Kann gegen den Willen des G so entschieden werden?

Nein. Das Verfahren nach § 1961 BGB ist ein Antragsverfahren, in dem grundsätzlich die Dispositionsmaxime gilt: Der Verfahrensgegenstand wird vom Antragsteller bestimmt. Für das Gericht gilt der Grundsatz „ne ultra petita partium eat iudex" (§ 308 ZPO analog): Gegenüber der im Antrag begehrten darf eine andere oder weitergehende Maßnahme nicht angeordnet werden. Dieser Grundsatz greift hier ein. Denn die Nachlaßverwaltung ist ein aliud gegenüber der Nachlaßpflegschaft, weil sie sich von ihr in Voraussetzung und Rechtsfolge unterscheidet. (Nä-

her zur Nachlaßpflegschaft und Nachlaßverwaltung Nrn. 148, 150).

53. Bindung an Erbscheinsantrag

Erblasser E hat in seinem
Testament seine Tochter T
zur Alleinerbin eingesetzt.
T beantragt beim NachlG
die Erteilung eines Alleinerbscheins. Das Gericht
kommt zu dem Ergebnis,
daß das Testament form-
nichtig ist und deshalb T
und ihr Bruder kraft Gesetzes Miterben zu je ½ sind.
Darf das NachlG der T
einen Teilerbschein erteilen,
der sie als Miterbin zu ½
ausweist?

Nach § 308 ZPO, der grundsätzlich auch
für fG-Antragsverfahren gilt, darf das Gericht zwar nicht mehr und nichts anderes
zusprechen als beantragt ist (Nr. 52).
Wohl aber darf es weniger zusprechen,
wenn der Verfahrensgegenstand teilbar ist
(Zöller/Vollkommer § 308 Rn. 2). Daher
könnte man hier daran denken, daß ein
Teilerbschein erteilt wird. Das wird indessen einhellig abgelehnt (BGH NJW
1962, 42; s. auch unten Nr. 142). Das
Gericht dürfe einem Erbscheinsantrag nur
stattgeben oder ihn ablehnen, es dürfe
aber in keiner Richtung von ihm abweichen. Eine Begründung wird – soweit
ersichtlich – nicht gegeben. Sie könnte im
vorliegenden Fall wohl nur lauten, ein
Teilerbschein sei im Vergleich zum beantragten Vollerbschein nicht ein „weniger",
sondern etwas „anderes".

54. Änderung des Erbscheinsantrags

Was wird das NachlG in
Nr. 53 tun?

Das NachlG ist verpflichtet, der T im
Wege einer **Zwischenverfügung** die Änderung ihres Antrages anheim zu stellen (§ 139 ZPO analog; s. KG DNotZ
1955, 408, 410; Palandt/Edenhofer § 2353
Rn. 14; dazu auch Nr. 80). Aufgrund des
geänderten Antrages kann es dann den
Teilerbschein erteilen. T hätte diese Ver-
zögerung dadurch vermeiden können, daß
sie von vornherein den **Hauptantrag** auf
Erteilung eines Alleinerbscheins verbunden hätte mit dem **Hilfsantrag** auf Ertei-

lung eines Teilerbscheins als Miterbin zu
$1/2$. Wenn sie aber weder ihren Antrag
entsprechend der gerichtlichen Anregung
ändert noch einen entsprechenden Hilfsantrag stellt, wird ihr Antrag als unbegründet zurückgewiesen.

55. Bindung an Antrag bei Regelungsstreitigkeit

M und F haben sich nach ihrer Scheidung über die Verteilung eines Teils des ehelichen Hausrats geeinigt. M stellt beim FamG den Antrag, die noch umstrittenen Hausratsgegenstände wie folgt zuzuweisen: Fernsehapparat, Videorecorder und Stereoanlage an ihn, Bettcouch an F. Darf das Gericht davon abweichend dem M die Bettcouch und der F die Unterhaltungsgeräte zuweisen, wenn es dies für sachgerecht hält?

I. Nach § 308 ZPO, der in fG-Sachen grundsätzlich analog gilt (s. Nr. 52), darf das Gericht das nicht. Von diesem Grundsatz macht die h. M. jedoch eine Ausnahme in sog. Regelungsstreitigkeiten. Als Regelungsstreitigkeiten bezeichnet man im Anschluß an Böttcher (Festschrift für Lent, 1957, 89 ff.) jene echten Streitsachen, in denen das Gesetz dem Gericht die Befugnis einräumt, auf Antrag einen Lebenssachverhalt nach seinem billigen Ermessen zu regeln.

II. Vorliegend handelt es sich um eine solche Regelungsstreitigkeit (weiteres Beispiel: § 43 Abs. 2 WEG). Aus §§ 1, 2, 8 HausratV ergibt sich, daß im Hausratteilungsverfahren nur ein Antrag mit dem Inhalt zulässig ist, das Gericht möge den gesamten (noch) streitigen Hausrat gerecht und zweckmäßig (nach billigem Ermessen) verteilen. Anträge mit bestimmtem Inhalt, also auf Zuweisung bestimmter Gegenstände an bestimmte Personen, sind nach der HausratV grundsätzlich unzulässig.

III. Die h. M. reagiert auf Anträge von der Art, wie er im vorliegenden Fall gestellt ist, im Grundsatz wie folgt: Sie spaltet den Antrag auf in einen Antrag auf Durchführung des Verteilungsverfahrens (reiner „Verfahrensantrag" ohne bestimmten sachlichen Inhalt) und in einen Sachantrag (nämlich auf Zuweisung der genannten Gegenstände). Diesen Sachantrag ordnet sie als eine unverbindliche Anregung („Verteilungsvorschlag") im Rahmen des nach ihrer Ansicht allein maßgebenden „Verfahrensantrags" ein und eröffnet damit dem Gericht die Möglichkeit, nach billigem Ermessen zu entscheiden (OLG Zweibrücken FuR 1998, 432 f.; MK/Müller-Gindullis § 1 HausratV Rn. 25; s. auch BGHZ 18, 143 ff.).

IV. Im Regelfall wird man einen Antrag, wie er hier gestellt ist, in der Tat so auslegen können, wie die h. M. ihn einordnet. Im Zweifel will ein Antragsteller nämlich einen zulässigen Antrag stellen (vgl. BGH NJW 2001, 2094, 2095). Wenn im Hausratsverfahren nur ein Antrag auf gerechte und zweckmäßige Verteilung des Hausrats zulässig ist, wird der weitergehende Teil des Antrags (auf Zuweisung bestimmter Gegenstände) i. d. R. nur als unverbindlicher Vorschlag für die nach billigem Ermessen zu treffende Entscheidung gewollt sein. In Zweifelsfällen ist das durch Ausübung des richterlichen Fragerechts (analog § 139 ZPO) zu klären.

V. Sollte allerdings ein bestimmter Sachantrag ausnahmsweise einmal in dem Sinne ernst gemeint sein, daß der Antragsteller nur **diese** Entscheidung und keine anders geartete Verteilung will und beantragt hat, so verbietet u. E. der Dispositionsgrundsatz, daß das Gericht eine nicht beantragte, andersartige Verteilung des Hausrats vornimmt (vgl. BGH NJW 1987, 1204). Der Antrag muß dann entgegen der h. M. als unzulässig zurückgewiesen werden.

56. Beschränkter Antrag in Regelungsstreitigkeit

Wie Nr. 55, jedoch hat M das Hausratsverfahren mit dem Antrag eingeleitet, eine Entscheidung nur über die Zuweisung der Stereoanlage zu treffen. Eine Entscheidung über den restlichen umstrittenen Hausrat möchte M einem späteren Zeitpunkt vorbehalten.

I. Ist der Antrag zulässig?

II. Darf das Gericht trotz des gegenständlich beschränkten Antrags des M über den gesamten, umstrittenen Hausrat entscheiden?

I. Nach einer Ansicht sind solche beschränkten Anträge zulässig, da dem Antragsteller der Umfang des Verfahrensgegenstandes nicht aufgezwungen werden könne (Lindacher JuS 1978, 577, 578). Das überzeugt nicht. Der Gesetzgeber muß zwar Rechtsschutz gewähren, aber nicht schrankenlos. Er kann als Zulässigkeitsvoraussetzung festlegen, daß nur bestimmte, sachgerechte Anträge statthaft sind. Das Verfahren nach der HausratV dient dazu, die Rechtsverhältnisse an den Hausratsgegenständen gerecht zu regeln. Eine gerechte Lösung setzt aber voraus, daß über die Gesamtheit der umstrittenen Sachen entschieden wird, da nur dies ein vollständiges Bild ergibt. Deshalb folgt aus dem Sinn der HausratV, daß die Beschränkung des Antrages auf einzelne der umstrittenen Gegenstände unzulässig ist (OLG Zweibrücken FamRZ 1983, 1148; MK/Müller-Gindullis § 1 HausratV Rn. 25). Aus dem gleichen Grund ist auch erforderlich, daß die Beteiligten, wenn sie sich über die Verteilung bestimmter Hausratsgegenstände geeinigt haben, den Inhalt dieser Einigung mitteilen (OLG Bamberg MDR 2001, 820; MK/Müller-Gindullis § 1 HausratV Rn. 19). Nur auf dieser Grundlage kann das Gericht eine billige Entscheidung über die übrigen Gegenstände treffen.

II. Nein. Damit würde das Gericht wieder gegen den Grundsatz „ne ultra petita" (§ 308 ZPO analog) verstoßen. Wollen die Beteiligten ausdrücklich keine Entscheidung über den gesamten streitigen Hausrat, so kann das Gericht ihnen nicht mehr zusprechen als sie beantragt haben (anders OLG Hamm JMBl. NW 1961, 124). Es bleibt daher nur die Zurückweisung des Antrags als unzulässig.

III. Stillstand des Verfahrens

57. Ausstehende anderweitige Entscheidung

A und B nehmen beide für sich die Alleinerbfolge nach E in Anspruch. A klagt vor dem LG gegen B auf Feststellung seiner Rechtsstellung als Alleinerbe. Kurz danach beantragt A außerdem beim AG – NachlG – für sich einen Alleinerbschein.

I. Ist ein solcher Antrag trotz des bereits anhängigen landgerichtlichen Klageverfahrens noch zulässig?

II. Was wird das NachlG tun?

I. Ja. Weder § 261 Abs. 3 Nr. 1 ZPO (Einwand der Rechtshängigkeit) noch § 4 FGG (Vorgriffszuständigkeit des erstbefaßten Gerichts) stehen entgegen (s. Nr. 23). Denn die Verfahrensgegenstände sind nicht identisch. Im Zivilprozeß geht es um die materiell rechtskräftige (§§ 322, 325 ZPO) Feststellung eines Rechtsverhältnisses (Alleinerbrecht des A), im Erbscheinsverfahren „nur" um die Erteilung einer mit bestimmten Wirkungen ausgestatteten Bescheinigung (§§ 2365 ff. BGB) über dieses Erbrecht, die nicht in materielle Rechtskraft erwächst (§ 2361 BGB).

II. Grundsätzlich hat das AG – NachlG – selbständig zu prüfen, ob die Voraussetzungen für den beantragten Erbschein vorliegen, hier: ob A Alleinerbe ist. Wenn allerdings über diese Frage ein zivilprozessuales Urteil vorliegt, ist auch das AG – NachlG – im Umfang der materiellen Rechtskraft an das Urteil gebunden (s. Nr. 88). Ein dem Urteil widersprechender Erbschein muß von Amts wegen wieder eingezogen werden (§ 2361 BGB). Um Doppelarbeit und eine evtl. Kollision mit dem demnächst zu erwartenden Urteil des LG zu vermeiden, erscheint es im vorliegenden Fall zweckmäßig, daß das AG – NachlG – das Erbscheinsverfahren bis zum Abschluß des Klageverfahrens von Amts wegen einstweilen aussetzt. Ausdrückliche Bestimmungen für eine Aussetzung im fG-Verfahren finden sich zwar nur in §§ 53c, 56c Abs. 2, 95, 127, 159 Abs. 1 FGG. Im übrigen wird aber § 148 ZPO analog angewendet (KG FamRZ 1968, 219, 220; s. auch OLG Düsseldorf NJW-RR 1995, 832).

58. Tod eines Beteiligten

A betreibt in seiner Eigentumswohnung eine Arztpraxis. Wegen des starken Publikumsverkehrs kommt es zum Streit mit den übrigen Wohnungseigentümern. A beantragt beim AG die Feststellung, daß der Betrieb seiner Arztpraxis in der Wohnung zulässig sei. Noch vor Beendigung des Verfahrens stirbt A. Seine Erben sind bislang nicht bekannt. Welche Auswirkungen ergeben sich für das Verfahren vor dem AG?

Es fragt sich, ob das Verfahren analog § 239 ZPO unterbrochen ist, bis die Erben des A es aufnehmen.
I. Im Zivilprozeß führt der Tod einer Partei stets zur Unterbrechung des Verfahrens kraft Gesetzes, bis der Rechtsnachfolger es aufnimmt (§ 239 Abs. 1 ZPO). Das gilt selbst dann, wenn sich das Verfahren mit dem Tod der Partei in der Hauptsache erledigt, weil Verfahrensgegenstand ein höchstpersönliches, unvererbliches Recht des Verstorbenen war. Denn mit der Erledigung in der Hauptsache ist der Zivilprozeß noch nicht beendet; vielmehr muß noch gem. § 91a ZPO über die Kosten entschieden werden. Dazu bedarf es der Aufnahme des Prozesses durch den Erben der verstorbenen Partei (Stein/Jonas/Roth § 239 Rn. 4).
II. In der fG gibt es keine dem § 239 ZPO vergleichbare Regelung. Hier ist folgendermaßen zu unterscheiden (Brehm Rn. 368; Bassenge/Herbst Einl Rn. 69; KKW § 12 Rn. 79, 82):
1. Wird durch den Tod eines Beteiligten das Verfahren in der Hauptsache erledigt, weil es um eine höchstpersönliche, unvererbliche Rechtsstellung des Verstorbenen

ging, und bedarf es keiner weiteren Entscheidungen, insbesondere keiner Kostenentscheidung mehr in diesem Verfahren, so beendet das Gericht das Verfahren von Amts wegen. (BGHZ 66, 297, 300) Das gilt vor allem in nichtstreitigen Amtsverfahren, etwa in Vormundschaftssachen.

2. Im übrigen wird das Verfahren ohne gesetzliche Unterbrechung vom Gericht fortgesetzt, nachdem der Erbe des Verstorbenen von Amts wegen ermittelt (ggf. für ihn auch ein Nachlaßpfleger gem. § 1961 BGB bestellt ist) und zum Verfahren hinzugezogen worden ist (OLG Frankfurt FamRZ 1998, 772, 773).

3. In Streitsachen sind hingegen aufgrund der Strukturnähe dieser Verfahren zur ZPO und VwGO §§ 239 ZPO, 173 VwGO analog anzuwenden (BayObLGZ 1973, 307 ff.).

III. Letzteres trifft auch auf die vorliegende fG-Streitsache (§ 43 WEG) zu. Da die Beteiligten generell über die Nutzungsmöglichkeit der Eigentumswohnung (§ 14 Nr. 1 WEG) und nicht über ein höchstpersönliches, unvererbliches Recht des A streiten, ist das Verfahren in der Hauptsache noch nicht erledigt, sondern fortzusetzen, sobald der Erbe des A es aufnimmt.

59. Ruhen des Verfahrens

In einem Hausratsverteilungsverfahren beantragen beide Eheleute, das Ruhen des Verfahrens anzuordnen; man stehe in Vergleichsverhandlungen. Bestehen Be-

Nein. Analog § 251 ZPO kann in echten Streitsachen auf Antrag aller Beteiligten das Ruhen des Verfahrens angeordnet werden, wenn dies zweckmäßig ist (Bärmann § 14 IV 3, S. 99 f.). Dies ist im Verfahren nach §§ 1, 8 HausratV der Fall, da

denken gegen die Anordnung?

die angestrebte Einigung die Hauptsache erledigen und damit dem Richter den Verfahrensgegenstand entziehen würde (s. § 1 HausratV).

IV. Die Tatsachenfeststellung

60. Untersuchungs- und Beibringungsgrundsatz

Erblasser E hinterließ seine Ehefrau F, mit der er im Güterstand der Gütertrennung lebte, und seinen Sohn S. Ein Testament hatte er nicht errichtet. S schlug die ihm angefallene Erbschaft zunächst aus. Wenig später erklärte er gegenüber dem NachlG unter Hinweis auf einen „großen Irrtum" die Anfechtung der Ausschlagung. Nähere Angaben zum Inhalt des Irrtums machte er nicht. Zugleich beantragte S einen Erbschein, der ihn als Miterben zu ½ ausweisen sollte. Das Nachlaßgericht forderte ihn auf, sich hinsichtlich des Irrtums und des Zeitpunktes seiner Entdeckung näher zu erklären. S lehnte dies mit der Begründung ab, die Beschaffung der Tatsachen sei gem. § 12 FGG Aufgabe des Gerichts. Wie wird das Gericht entscheiden?

I. Die Erteilung des Erbscheins hängt davon ab, ob S gem. §§ 1924, 1931 BGB Miterbe zu ½ geworden ist. Nachdem er die Erbschaft zunächst gem. §§ 1942, 1944 ff. BGB ausgeschlagen hatte, müßte er anschließend diese Ausschlagung gem. §§ 1957 Abs. 1, 1954 ff. BGB wirksam angefochten haben. Aus dem Schweigen der §§ 1954–1957 BGB über die Voraussetzungen der Anfechtbarkeit folgt, daß insoweit die §§ 119 ff. BGB maßgebend sind. Bislang ist nicht bekannt, aus welchem Lebenssachverhalt sich der „große Irrtum" des S ergeben haben soll. Das gleiche gilt für den Zeitpunkt seiner Entdeckung. Ob ein Anfechtungsgrund nach § 119 BGB vorliegt und die Anfechtung rechtzeitig (§ 1954 Abs. 1 BGB) erklärt worden ist, kann daher noch nicht beantwortet werden.

II. Die Beschaffung der tatsächlichen Entscheidungsgrundlagen ist in den Verfahrensordnungen unterschiedlich geregelt.

1. In der ZPO gilt im Regelfall der Beibringungsgrundsatz (§§ 138, 288 ZPO), auch „Verhandlungsgrundsatz" genannt. Allein die Parteien bestimmen durch ihren Sachvortrag, welche Tatsachen vom Gericht der Entscheidung zugrunde zu legen sind. Sie sind für die Beibringung

der Tatsachen allein verantwortlich. Das Gericht kann durch Hinweise gem. § 139 ZPO lediglich darauf hinwirken, daß die Parteien ihren Tatsachenvortrag vervollständigen.

2. Demgegenüber gilt in den fG-Verfahren – wie in der VwGO (§ 86 Abs. 1 VwGO) – im Regelfall der Untersuchungsgrundsatz (§ 12 FGG; anders vor allem im Grundbuchverfahren s. Nr. 177). Dieser ist für das Erbscheinsverfahren speziell noch einmal in § 2358 Abs. 1 BGB geregelt. Das Gericht hat von Amts wegen die erforderlichen Tatsachen zu ermitteln und die geeignet erscheinenden Beweise zu erheben; die Aufklärung des Sachverhalts liegt in den Händen des Richters, soweit die Beteiligten nichts vortragen.

3. Der Untersuchungsgrundsatz gilt jedoch nicht uneingeschränkt. In Sonderbestimmungen wird den Beteiligten – in unterschiedlichem Umfang – eine echte Darlegungs- und Beibringungslast auferlegt, so z.B. gerade im Erbscheinsverfahren für bestimmte Antragsvoraussetzungen (§§ 2354–2356 BGB; dazu Nr. 139; s. ferner z.B. §§ 87 Abs. 2, 99 Abs. 1, 154 FGG, 12 HGB). Darüber hinaus trifft die Beteiligten auch im Geltungsbereich des Untersuchungsgrundsatzes eine Mitwirkungslast bei der Tatsachenermittlung (BayObLG FamRZ 1993, 366, 367; KKW § 12 Rn. 88f. m.w.N.; kritisch de lege lata Algermissen, Recht und Realität, § 7, S. 181ff.). Soweit sie dazu in der Lage sind, sollen sie durch Angabe von Tatsachen und Beweismitteln eine Aufklärung ermöglichen. Zwar ist diese Mitwirkung durch das Gericht nicht erzwingbar.

Doch braucht es seine Untersuchungen nur auf solche Punkte zu erstrecken, deren Aufklärung möglich erscheint. Um derartige Anknüpfungspunkte für weitere Ermittlungen zu erhalten, ist es auf die Unterstützung durch die Beteiligten angewiesen. Wenn diese eine Mitwirkung verweigern und ansonsten kein Anlaß zu weiteren, erfolgversprechenden Ermittlungen besteht, hat das Gericht seiner Untersuchungspflicht Genüge getan (Brehm Rn. 298; OLG Köln NJW-RR 1991, 1285, 1286) und entscheidet nach den Regeln der „materiellen Beweislast" (dazu Nr. 64). Für den mitwirkungsunwilligen Beteiligten ergeben sich hieraus Nachteile, soweit er materiell beweisbelastet ist.

III. Vorliegend oblag es dem S, durch nähere Angaben zu seinem angeblichen Irrtum (Anfechtungsgrund, § 119 BGB) zur Sachverhaltsaufklärung beizutragen. Da er materiell beweisbelastet ist, trägt er den Nachteil aus dem Umstand, daß das NachlG eine wirksame Anfechtung (§§ 1957, 119 BGB) der Ausschlagung nicht feststellen kann. Sein Erbscheinsantrag wird zurückgewiesen (s. OLG Köln RPfleger 1981, 65).

61. Nichtbestreiten und Geständnis

A ist psychisch krank. Gegen ihn ist gem. §§ 70ff. FGG und dem PsychKG des Landes L ein Verfahren mit dem Ziel seiner Unterbringung in einem psychiatrischen Krankenhaus eingeleitet worden. Nach den

Auch hier stellt sich die Frage nach dem Umfang der Sachaufklärungspflicht des Gerichts.

I. Im Zivilprozeß gelten die Tatsachenbehauptungen einer Partei als wahr, wenn sie von der anderen Partei zugestanden (§ 288 ZPO) oder nicht bestritten werden (§ 138 Abs. 3 ZPO). Daran ist das Gericht

genannten Vorschriften ist die Unterbringung von psychisch Kranken nur zulässig, wenn durch das krankhafte Verhalten eine gegenwärtige Gefahr für die öffentliche Sicherheit oder Ordnung hervorgerufen wird, die nicht anders abwendbar ist. Das Verfahren richtet sich gem. dem PsychKG und § 70 FGG nach dem FGG. Ehefrau F trägt im Laufe des Verfahrens vor (§ 70d Abs. 1 Nr. 1 FGG), ihr Mann randaliere ständig und verwüste die Wohnung. Ferner schlage er die gemeinsamen Kinder und greife auch Gäste tätlich an. Als Richter R dem A die Aussage der F vorhält, erklärt dieser, er wolle sich hierzu nicht äußern; gegen die von seiner Frau aufgehetzte Übermacht des Staates komme er ohnehin nicht an. Auch Betreuer B (§ 70d Abs. 1 Nr. 3 FGG) und der nach dem Psych-KG beigeordnete Rechtsanwalt R nehmen zu den Vorwürfen keine Stellung. Was wird Richter R tun, wenn er Zweifel an der Richtigkeit der Aussage der F hat?

gebunden (Prinzip der formellen Wahrheit). Nur über die Wahrheit streitiger, relevanter Tatsachenbehauptungen hat das Gericht ggf. Beweis zu erheben und anschließend nach freier Überzeugung zu entscheiden (§ 286 ZPO).

II. Demgegenüber verpflichtet § 12 FGG das fG-Gericht, den wirklichen Sachverhalt ohne Bindung an das Beteiligtenvorbringen zu ermitteln (Prinzip der materiellen Wahrheit).

1. Nach h.M. ist die Ermittlungspflicht aus § 12 FGG allerdings insbesondere in den echten Streitverfahren durch die Mitwirkungslast der Beteiligten begrenzt. Daher **könne** der Richter seine Entscheidung auf die glaubhafte Behauptung eines Beteiligten stützen, wenn der andere Beteiligte dieser nicht widerspreche, obwohl Widerspruch für ihn günstig wäre (BGH NJW 2001, 1212, 1214 m.w.N; kritisch Algermissen, Recht und Realität, § 5 C I. 3., S. 122f.; § 7 C, S. 216).

2. Das Gericht wird aber durch Geständnis und Nichtbestreiten jedenfalls **nicht gebunden** (BayObLGZ 1971, 217, 219). Bleiben ihm Zweifel, muß es von Amts wegen die Wahrheit zu ermitteln suchen. Geständnis und Nichtbestreiten können also nur ein Indiz für die Wahrheit der aufgestellten Tatsachenbehauptung sein.

III. Im vorliegenden Fall erscheint schon zweifelhaft, ob A wirklich die Behauptungen nicht bestreiten will (s. den Auslegungshinweis des § 138 Abs. 3 ZPO). In jedem Fall gibt sein Schweigen noch kein hinreichendes Indiz für die Wahrheit der Tatsachenbehauptungen seiner Frau. Das Gericht wird sich daher durch weitere

Ermittlungen (z. B. Vernehmung der angegebenen Opfer des A) ein genaues Bild
vom Gefährlichkeitsgrad des A machen.
Dabei ist hier an die Sorgfalt bei den Ermittlungen ein besonders strenger Maß-
stab anzulegen, weil die Unterbringungsanordnung auf eine Freiheitsentziehung
und damit einen besonders gewichtigen
Grundrechtseingriff abzielt (BVerfG NJW
1984, 1806).

62. Versäumnisentscheidung

Die Antragsteller sind
Wohnungseigentümer einer
Wohnanlage, Antragsgeg-
ner ist der Verwalter. Die
Antragsteller nehmen den
Antragsgegner vor dem AG
(§ 43 Abs. 1 Nr. 2 WEG)
auf Schadensersatz in An-
spruch und behaupten: Der
Antragsgegner habe die im
Laufe des Jahres angefalle-
nen Rechnungsunterlagen
für die Wohnanlage nicht
ordnungsgemäß in einer
Buchführung erfaßt, obwohl
er hierzu unter Nach-
fristsetzung mit Ableh-
nungsandrohung aufgefor-
dert worden sei. Schließlich
seien die Wohnungseigen-
tümer gezwungen gewesen,
einen Wirtschaftsprüfer mit
der Erstellung der Buchführung zu beauftragen. Hierfür hätten sie 1000,– €
zahlen müssen. Der Ver-

Nein. Wie schon dargetan (Nr. 61), sind
die ZPO-Regeln über Geständnis und
Nichtbestreiten (Prinzip der formellen
Wahrheit) mit dem Amtsermittlungsgrundsatz des fG-Verfahrens (Prinzip
der materiellen Wahrheit) unvereinbar.
Eine Versäumnisentscheidung gem. § 331
Abs. 1 ZPO basiert aber gerade auf diesen Regeln, nämlich auf der Fiktion, daß
der säumige Beklagte das Vorbringen des
Klägers zugesteht. Darum ist auch die
analoge Anwendung des § 331 Abs. 1
ZPO mit § 12 FGG nicht vereinbar.
Abgesehen von den Sonderbestimmungen
der §§ 91 Abs. 3, 93 Abs. 2 FGG kennt
das fG-Verfahren kein Versäumnisverfahren, auch nicht in echten Streitsachen
(Bassenge/Herbst Einl Rn. 53; s. auch
BayObLG NJW-RR 1997, 15). Das Gericht muß daher bei seiner Entschei-
dungsfindung das schriftliche Vorbringen
des Antragsgegners mitberücksichtigen,
kann aber u. U. auch aus seinem Fernblei-
ben Schlüsse auf den Wahrheitsgehalt
seiner Behauptungen ziehen. Hält das
Gericht den Rechtsstreit für entschei-

walter bestreitet dieses Vorbringen: Er habe sehr wohl eine ordnungsgemäße Buchführung erstellt; es habe daher keine Veranlassung bestanden, den Wirtschaftsprüfer zu beauftragen. Im Termin zur mündlichen Verhandlung (§ 44 Abs. 1 WEG) erscheint der Verwalter trotz ordnungsgemäßer Ladung nicht. Die Antragsteller beantragen daraufhin den Erlaß einer Versäumnisentscheidung. Mit Erfolg?

dungsreif, so kann es trotz Säumnis des Verwalters für, aber auch gegen A entscheiden.

63. Strengbeweis und Freibeweis

Unter Vorlage eines anscheinend eigenhändigen Testamentes, in dem die Erblasserin E ihre Tochter T zur Alleinerbin eingesetzt hatte, begehrt T einen Alleinerbschein. Dem widerspricht S, der Sohn der E, mit der Behauptung, das Testament sei nichtig, weil E bei der Niederschrift ihres letzten Willens bereits so stark erblindet gewesen sei, daß sie Geschriebenes nicht mehr habe lesen können. T bestreitet dies. Richter R (§ 16 Abs. 1 Nr. 6 RPflG, s. Nr. 27) ruft daraufhin den Leiter L des Altersheimes an, in dem E

Das hängt davon ab, in welcher Form im fG-Verfahren die Feststellung des entscheidungserheblichen Sachverhaltes zu erfolgen hat:

I. 1. Das FGG kennt zwei Wege: den sog. **Strengbeweis** und den sog. **Freibeweis.** Nach § 15 FGG finden die ZPO-Bestimmungen über Augenscheins-, Zeugen- und Sachverständigenbeweis im fG-Verfahren entsprechende Anwendung. Nach ganz h. M. (KKW § 15 Rn. 53, 56 m. w. N.) gilt gleiches auch für die ZPO-Bestimmungen über Beweis durch Urkunden und Partei-(= Beteiligten-)Vernehmung (sog. Strengbeweis = SAPUZ). Aus der Formulierung des § 12 („das Gericht hat ... die geeignet erscheinenden Beweise zu erheben") folgert die h. M., daß das Gericht aber auch ohne Bindung an förmliche Regeln Beweis erheben kann, z. B.

in den letzten Jahren vor ihrem Tod gelebt hat, und fragt ihn, ob er etwas über die Sehkraft der E wisse. Die Auskunft des L, er habe bemerkt, daß die E einen Blindenstock benutzt habe und sich aus der Zeitung habe vorlesen lassen, vermerkt er in den Akten und teilt diesen Aktenvermerk T und S mit. T bestreitet postwendend die Richtigkeit der Auskunft und behauptet, L sei mit S eng befreundet. R, der am Telefon einen guten Eindruck von L gewonnen hatte, hält die Auskunft des L für richtig und gewinnt daraus die Überzeugung, daß E Geschriebenes nicht mehr habe lesen können. Deshalb möchte er, gestützt auf § 2247 Abs. 4 BGB, den Antrag der T zurückweisen. Ist das zulässig?

durch informelle persönliche oder telefonische Anhörung einer Auskunftsperson in Abwesenheit der Beteiligten (sog. Freibeweis).

2. a) Nach h.M. kann das Gericht nach **pflichtgemäßem Ermessen** zwischen den Beweisarten **wählen** (BayObLG NJW-RR 1996, 583, 584; KKW § 12 Rn. 42). Die Kritik in der Literatur (z.B. Kollhosser, Verfahrensbeteiligte, § 6, S. 148 ff., 184 ff.; s. auch Pohlmann ZZP 106 (1993), 181 ff.) hat aber dazu geführt, daß auch in der h.M. eine zunehmende **Tendenz** zum Strengbeweis besteht. Nach einer – freilich recht vagen – Formel ist jedenfalls dann der Strengbeweis erforderlich, wenn dies zur ausreichenden Sachaufklärung oder wegen der Bedeutung der Angelegenheit notwendig ist (KKW § 15 Rn. 3 ff. m.w.N.; OLG Zweibrücken NJW-RR 1988, 1211).

b) Für die Anwendung des Freibeweises wird vor allem in Amtsverfahren ein Bedürfnis empfunden, wenn der Sachverhalt noch weitgehend unbekannt ist und ermittelt werden soll, ob es überhaupt Tatsachen gibt, die Anlaß für gerichtliche Maßnahmen sein können. Der Formen des Strengbeweises bedienen sich die Gerichte hingegen vornehmlich dann, wenn es um die Prüfung der Wahrheit konkreter, streitiger Tatsachenbehauptungen eines Beteiligten geht oder wenn ein Beteiligter die Ergebnisse freibeweislicher Ermittlungen des Gerichts begründet in Zweifel zieht. Dabei besteht eine Tendenz, daß das Gericht die Vorermittlung eines zunächst noch unbekannten Sachverhalts nicht mehr selbst durchführt, sondern den dafür zuständigen Behörden (insb. dem Jugendamt, § 50 SGB VIII, und den Organen des Handelsstandes, § 126 FGG) überläßt, die bei der Ermittlung viel beweglicher agieren können und ihre Ergebnisse anschließend im gerichtlichen Verfahren vortragen, in dem diese dann vom Gericht – wie andere Beteiligtenbehauptungen auch – auf ihre Wahrheit geprüft werden können.

II. Im vorliegenden Fall geht es um die Wahrheit der entscheidungserheblichen, konkreten und streitigen Tatsachenbehauptung des S, E sei bei Testamentserrichtung blind gewesen. Hier wäre es auch nach h. M. wegen der Bedeutung der Angelegenheit von vornherein erforderlich gewesen, den L förmlich gem. §§ 15 FGG, 373 ff. ZPO als Zeugen zu vernehmen. Nachdem S die Wahrheit der freibeweislich eingeholten Auskunft des L begründet bestreitet, ist eine förmliche Vernehmung des L als Zeuge zur Sachaufklärung weiterhin erforderlich. Bei der förmlichen Zeugenvernehmung besteht aus mehreren Gründen eine höhere Wahrscheinlichkeit für die Wahrheitsfindung als bei einer freibeweislichen Auskunft: Nur der Zeuge muß mit seiner Vereidigung (§ 393 ZPO) und den strafrechtlichen Sanktionen wegen Falschaussage (§§ 153 ff. StGB) rechnen. Das Gericht kann sich einen persönlichen Eindruck von der Glaubwürdigkeit des Zeugen machen. Bei der Beweisaufnahme besteht Beteiligtenöffentlichkeit (§ 357 ZPO) zur direkten Kontrolle der Zeugenaussage, und die Beteiligten haben das Recht, durch ergänzende Fragen an den Zeugen (§ 397 ZPO) bei der Wahrheitsfindung mitzuwirken.

64. Beweiswürdigung und Beweislast

Wie vor. R hat den L förmlich als Zeugen vernommen, weitere Zeugen gehört und zwei Sachverständigengutachten eingeholt. Andere Beweismittel stehen nicht zur Verfügung. R kommt zu dem Ergebnis, daß sich kein überzeugender Beweis für die Behauptung des S ergeben habe, die Erblasserin habe zur Zeit der Testamentserrichtung Geschriebenes nicht mehr lesen können. Wie ist nun zu entscheiden?

I. Das FGG selbst enthält keine Regeln für die **richterliche Beweiswürdigung** und **Überzeugungsbildung**. Wie in allen Gerichtsverfahren gilt jedoch auch in der fG der Grundsatz der freien richterlichen Beweiswürdigung und Überzeugungsbildung (Gesamtanalogie zu §§ 286 ZPO, 108 Abs. 1 VwGO, 261 StPO). Das bedeutet, daß der Richter grundsätzlich (s. § 286 Abs. 2 ZPO) nicht an Beweisregeln gebunden ist; eine behauptete oder ermittelte Tatsache ist dann erwiesen, wenn für sie objektiv eine an Sicherheit grenzende Wahrscheinlichkeit vorliegt und der Richter subjektiv von ihrer Wahrscheinlichkeit überzeugt ist (vgl. im einzelnen die ZPO-Lehrbücher).

II. 1. Ist der Richter vom Vorliegen einzelner Tatsachen nicht überzeugt, so stellt sich die Frage, ob die Beteiligten eine (von der Beweisführungslast = formellen Beweislast zu unterscheidende) **materielle Beweislast (= Feststellungslast)** trifft. Das ist schon im Interesse der Funktionsfähigkeit der Gerichte zu bejahen. Wenn nach Ausschöpfung aller Amtsermittlungsmöglichkeiten entscheidungserhebliche Tatsachen nicht sicher feststehen ("non liquet"), so darf das Gericht die Entscheidung nicht offen lassen. Es darf auch nicht einfach nach Billigkeit entscheiden, sondern es muß zu Lasten desjenigen erkennen, den die Feststellungslast, d.h. das Risiko der Nichtfeststellbarkeit trifft. Die Verteilung der Beweislast ergibt sich aus einem Geflecht von Regeln, häufig aus der Formulierung der materiell-rechtlichen Normen nach dem System Grundsatz/Ausnahme. Häufig gilt (wie im Zivilprozeß) folgende Faustformel: In Antragsverfahren trägt jeder Beteiligte die Feststellungslast für die Tatsachen, die das von ihm beanspruchte Recht begründen und erhalten, der Gegner für die Tatsachen, die es hindern, vernichten oder hemmen (KKW § 12 Rn. 191). In Amtsverfahren trägt der Staat die Feststellungslast (Bärmann § 16 I 4c, S. 112). Ausnahmsweise können Tatsachen- oder Rechtsvermutungen die Feststellungslast verkürzen (s. § 8 Abs. 2 HausratV, § 44 Abs. 2 S. 1 VerschG).

2. Hier trägt T die Feststellungslast für die zur Begründung ihres Antrags erforderlichen Tatsachen (§ 2359 BGB). Dazu gehören insbesondere auch die Tatsachen, die die Wirksamkeit des Testamentes begründen (vgl. im einzelnen die Kommentare zu § 2247 Abs. 1 bis 3 BGB). Zu diesem Grundsatz ist § 2247 Abs. 4 BGB aber ersichtlich als Ausnahme formuliert: Wer Geschriebenes nicht (mehr) lesen kann, kann ein handschriftliches Testament nicht (mehr) wirksam errichten. Mit dieser Formulierung hat der Gesetzgeber zum Ausdruck bringen wollen, daß abweichend von dem oben dargestellten Grundsatz ausnahmsweise derjenige die Feststellungslast tragen soll, der geltend macht, ein Testament sei aus diesem Grunde unwirksam (Brehm Rn. 359; s. auch BayObLG FamRZ 1996, 1108, 1109). Mithin trägt S die Feststellungslast für seine Behauptung. R muß den von T beantragten Erbschein erteilen.

65. Unmittelbarkeit der Beweisaufnahme

In einem Erbscheinsverfahren vor dem NachlG Hagen streiten die Beteiligten darüber, ob der Erblasser E das auf den Tag vor seinem Tod datierte Testament selbst geschrieben hat oder ob es sich um eine Fälschung handelt. Die Beteiligte A behauptet, die Pflegerin P, die E in den letzten Tagen vor seinem Tod betreut hatte, sei dabei gewesen, als E das Testament errichtet habe, was die Beteiligte B heftigst bestreitet. Richter K ordnet daraufhin in einem förmlichen Beweisbeschluß die Vernehmung der P als Zeugin über die Behauptung der A an und überträgt die Durchführung der Beweisaufnahme dem Urkundsbeamten der Geschäftsstelle. Zulässig?

I. Für Beweisaufnahmen **im Zivilprozeß** gilt der Grundsatz der **Unmittelbarkeit** (§ 355 Abs. 1 S. 1 ZPO). Das erkennende Gericht soll die Beweisaufnahme selbst durchführen, um sich u. a. einen persönlichen Eindruck von dem Beweismittel (z. B. der Glaubwürdigkeit eines Zeugen) zu verschaffen. Von diesem Grundsatz kann nur in gesetzlich zugelassenen Ausnahmefällen (§§ 372 Abs. 2, 375, 402, 451, 479 ZPO) abgewichen werden (§ 355 Abs. 1 S. 2 ZPO).

Die Unmittelbarkeit der Beweisaufnahme ist von der Frage zu unterscheiden, ob das Gericht verpflichtet ist, stets auch das **unmittelbarste Beweismittel** zu benutzen (z. B. Augenzeugen statt Zeugen vom Hörensagen). Das ist nicht notwendig der Fall. Meist erfordert aber das Gebot der vollen richterlichen Überzeugungsbildung die Erhebung des unmittelbarsten und damit ergiebigsten Beweismittels. Daneben können aber selbstverständlich auch mittelbare Beweismittel benutzt werden.

II. Inwieweit der Grundsatz der **Unmittelbarkeit der Beweisaufnahme** auch im **fG-Verfahren** gilt, ist nicht ausdrücklich geregelt. Anerkannt ist, daß er gilt, wenn das Gericht im Strengbeweisverfahren vorgeht. Die Verweisung des § 15 FGG auf die ZPO-Regeln schließt die Anwendung des § 355 ZPO (mit seinen Ausnahmen) mit ein (BayObLG FGPrax 1997, 220, 221; Bärmann § 14 II 1 c, S. 95). Soweit das Gericht hingegen im Wege des Freibeweises vorgeht, soll es nach

h. M. nicht streng an den Unmittelbarkeitsgrundsatz gebunden sein (BayObLG NJW-RR 1996, 583, 584; KKW § 15 Rn. 10). Dabei hat die h. M. vor allem die Fälle im Auge, in denen das Gericht, statt selbst einen bisher noch nicht näher bekannten Sachverhalt zu ermitteln, eine Behörde um entsprechende Ermittlungen ersucht (s. oben Nr. 63), also insbesondere das Jugendamt in Jugendsachen (§ 50 SGB VIII) und die Organe des Handelsstandes in Handelssachen (§ 126 FGG). Wenn man sich allerdings zu der Einsicht durchringt, daß diese Behörden, weil sie Rechte und Pflichten im fG-Verfahren haben, auch Verfahrensbeteiligte sind, dann liegt insoweit gar keine Ausnahme vom Unmittelbarkeitsgrundsatz vor. Denn wenn diese Behörden das Ergebnis ihrer Ermittlungen im Verfahren vortragen, dann ist das ein normaler Tatsachenvortrag durch einen Beteiligten. Das Gericht hat analog § 286 ZPO nach seiner freien Überzeugung über die Wahrheit des Beteiligtenvortrags zu entscheiden und verbleibende Zweifel nach allgemeinen Regeln durch eigene unmittelbare Beweiserhebungen aufzuklären.

III. Im vorliegenden Fall hat das Gericht eine förmliche Beweisaufnahme angeordnet. Für diese gilt unstreitig der Unmittelbarkeitsgrundsatz analog § 355 Abs. 1 S. 1 ZPO. Eine der analog § 355 Abs. 1 S. 2 ZPO zugelassenen Ausnahmen (insb. etwa beauftragter oder ersuchter Richter analog § 375 ZPO) liegt nicht vor. Die Anordnung einer Beweisaufnahme durch den UdG ist unzulässig.

66. Beweisantragsrecht

Die V-GmbH ist eine 100%ige Tochter der W-GmbH, einer Bauträgerin. V war als Verwalterin (§§ 26 ff. WEG) in einer Wohnungseigentumsanlage tätig, die zuvor von W errichtet worden war. Die Wohnanlage besaß Baumängel. Infolge unzureichender Dehnungsfugen hatten sich im Kellerboden an einigen Stellen Risse gebildet. Dieses ist von V auch sofort bemerkt worden. Nach Ablauf der Mängelgewährleistungsfristen machen die Wohnungseigentümer Schadensersatzansprüche in Höhe der Mängelbeseitigungskosten gegen V geltend. Sie behaupten, V habe sie erst nach Eintritt der Verjährung ihrer Gewährleistungsansprüche gegen W auf die Mängel aufmerksam gemacht. V stecke mit W „unter einer Decke" und habe W zu Lasten der Eigentümer vor berechtigten Ansprüchen schützen wollen. V bestreitet dies und behauptet, sämtliche Wohnungseigentümer rechtzeitig vor Ablauf der Verjährungsfrist in einer Versammlung auf ihre Ansprüche hingewiesen zu haben.

Die zulässige sofortige weitere Beschwerde (§§ 45 Abs. 1 WEG, 27 ff. FGG) ist nur begründet, wenn die Entscheidung des Beschwerdegerichts auf einer Gesetzesverletzung beruht oder beruhen kann (§ 27 Abs. 1 S. 1 FGG).

I. Vorliegend ergab sich aus dem Vorbringen der Wohnungseigentümer ein Schadensersatzanspruch unter dem Gesichtspunkt der pVV. Gem. § 27 Abs. 1 Nr. 2 WEG ist der Verwalter verpflichtet, die für die ordnungsgemäße Instandhaltung und Instandsetzung des gemeinschaftlichen Eigentums erforderlichen Maßnahmen zu treffen. Zur Instandsetzung gehört auch die Behebung von Baumängeln. Weil es aber in erster Linie Sache der Wohnungseigentümer ist, für deren Behebung zu sorgen (§ 21 Abs. 1 u. 5 Nr. 2 WEG), beschränkt sich die Verpflichtung des Verwalters grundsätzlich darauf, Baumängel festzustellen, die Wohnungseigentümer darüber zu unterrichten und eine Entscheidung der Wohnungseigentümer über das weitere Vorgehen herbeizuführen. Verletzt der Verwalter diese Pflicht schuldhaft und hat dies zur Folge, daß Gewährleistungsansprüche der Wohnungseigentümer verloren gehen, haftet der Verwalter für den dadurch den Wohnungseigentümern entstandenen Schaden aus pVV (Bärmann/Pick/Merle § 27 Rn. 60).

II. Ob die Voraussetzungen einer solchen Haftung hier tatsächlich festgestellt werden konnten, hing vom Ergebnis der Beweisaufnahme ab. Denn sollte V – wie sie behauptet hat – die Wohnungseigen-

Das AG (§ 43 WEG) hat den Antrag der Wohnungseigentümer, die V zum Schadensersatz zu verpflichten, zurückgewiesen. Im Beschwerdeverfahren ist das LG nach Vernehmung von fünf Zeugen zu der Überzeugung gelangt, V habe in der genannten Versammlung die Wohnungseigentümer über die Baumängel nicht informiert. Den Antrag der V, auch die Z als weitere Zeugin dafür zu vernehmen, daß sie (V) die Wohnungseigentümer doch informiert habe, hat das LG mit der Begründung zurückgewiesen, Z sei Ehefrau des Geschäftsführers der V und zudem Angestellte der V und deshalb von vornherein nicht glaubwürdig. Gemäß seiner Überzeugung hat das LG auf die Beschwerde der Wohnungseigentümer die AG-Entscheidung abgeändert und die V zum Schadensersatz verpflichtet. Hiergegen wendet sich V mit der sofortigen weiteren Beschwerde (§§ 45 Abs. 1 WEG, 27 Abs. 1, 29 FGG). Sie ist der Ansicht, die Entscheidung sei insbesondere auch deshalb falsch, weil das Gericht die Vernehmung der Z nicht habe

tümer entsprechend informiert haben, entfiele ihre Schadensersatzpflicht.
1. Die Beweiserhebung und die Beweiswürdigung selbst sind Sache der Tatsacheninstanzen. Im Verfahren der weiteren Beschwerde ist das OLG reine Rechtsinstanz (Nr. 104). Mit der sofortigen weiteren Beschwerde können jedoch gem. §§ 559 ZPO, 27 Abs. 1 S. 2 FGG Rechtsfehler bei der Sachaufklärung (§ 12 FGG) und im Beweisverfahren geltend gemacht werden. Vorliegend fragt sich, ob das LG den Antrag der V auf Vernehmung der Z verfahrensfehlerfrei abgelehnt hat.
2. Nach h.M. richten sich in fG-Verfahren Art und Umfang der Ermittlungen (§ 12 FGG) nach der Lage des Einzelfalles. Das Gericht soll hierüber nach freiem Ermessen entscheiden, ohne an Beweisanträge der Beteiligten gebunden zu sein. Die nach § 12 FGG erforderlichen Ermittlungen (dazu Nr. 60) seien abzuschließen, wenn der Sachverhalt so vollständig aufgeklärt sei, daß von einer weiteren Beweisaufnahme ein sachdienliches, die Entscheidung beeinflussendes Ergebnis nicht mehr erwartet werden könne (BGHZ 40, 54, 57; BayObLG NJW-RR 1991, 777, 778). Ob es danach vorliegend ermessensfehlerfrei war, den Beweisantrag der V zurückzuweisen, ist bereits zweifelhaft.
3. Zutreffend erscheint es indessen, bereits im Ausgangspunkt das Ermittlungsermessen des Gerichts durch ein Beweisantragsrecht der Beteiligten mit korrespondierender Beweiserhebungspflicht des Gerichts einzuschränken. Dies ist erforderlich, um eventuelle Ermittlungsfehler des Gerichts zu verhindern (Koll-

ablehnen dürfen. Wie wird das OLG entscheiden?

hosser, Verfahrensbeteiligte, § 7 III 3 a, S. 225 f. u. § 7 IV 1, S. 254 f.). Die Anerkennung eines solchen Beweisantragsrechts entspricht dem heutigen Verständnis vom Beteiligten als Verfahrenssubjekt (zur Entwicklung s. Nr. 35). Ausgehend von der StPO ist ein derartiges Antragsrecht inzwischen in allen anderen deutschen Verfahrensordnungen anerkannt (eingehend: Kollhosser, Verfahrensbeteiligte, § 7 III, S. 220 ff.). Seine Wurzeln sieht das BVerfG (NJW 1984, 1026 m. w. N.; s. außerdem Kollhosser, Verfahrensbeteiligte, § 7 III 2, S. 222 f.) in Art. 103 Abs. 1 GG. Da Art. 103 Abs. 1 GG auch für das fG-Verfahren gilt (s. Nrn. 9, 13), kann hier nichts anderes gelten. Ein Antrag auf Zeugenvernehmung darf daher nur abgelehnt werden, wenn die unter Beweis gestellte Tatsache unerheblich, bereits erwiesen oder offenkundig ist, wenn das Beweismittel unzulässig, unerreichbar oder völlig ungeeignet ist oder wenn die behauptete Tatsache als wahr unterstellt wird. Verboten ist es dagegen, einen Beweisantrag deshalb abzulehnen, weil das Gericht das Gegenteil der behaupteten Tatsache bereits als erwiesen ansieht. Denn dies liefe auf eine vorweggenommene Beweiswürdigung hinaus, die unzulässig ist (BGHZ 53, 245, 259 f. „Anastasia"; OLG Karlsruhe NJW-RR 1995, 1349).

4. Das LG hätte also Z antragsgemäß vernehmen müssen. Wegen dieses Verfahrensfehlers wird die angefochtene Entscheidung aufgehoben und die Sache zur erneuten Verhandlung und Nachholung der Beweisaufnahme an das LG zurückverwiesen.

V. Mündlichkeit und Öffentlichkeit

67. Mündlichkeit

T beantragt beim VormG gem. § 1896 BGB die Bestellung eines Betreuers für ihre Mutter M mit der Begründung, M sei psychisch krank. Das Gericht bestellt einen Betreuer, nachdem es aufgrund eines ärztlichen Gutachtens, einer schriftlichen Stellungnahme der M und der Anhörung des für sie gem. § 67 Abs. 1 Nr. 2 FGG bestellten Verfahrenspflegers zu der Überzeugung gekommen ist, daß M psychisch krank ist. Der von M beauftragte Rechtsanwalt R meint, das Gericht habe auf der Grundlage einer mündlichen Verhandlung entscheiden müssen. Zu Recht?

Nein, allerdings hätte das Gericht M mündlich anhören müssen. Man muß zwischen mündlicher Verhandlung und mündlicher Anhörung unterscheiden.

I. Der Grundsatz der mündlichen Verhandlung gilt in den verschiedenen Verfahrensordnungen in unterschiedlichem Umfang.

1. In der ZPO besagt der Grundsatz der mündlichen Verhandlung (§ 128 Abs. 1 ZPO; Ausnahme in Abs. 2 u. 3), daß das Gericht seiner Entscheidung nur diejenigen Tatsachen zugrunde legen darf, die von den Parteien in der mündlichen Verhandlung vorgetragen worden sind, wobei zur Erleichterung des Verfahrens eine Bezugnahme auf vorbereitende Schriftsätze gem. § 137 Abs. 3 ZPO zulässig und üblich ist.

2. Dieser Grundsatz gilt in der fG nicht. Grundsätzlich kann das fG-Gericht nach pflichtgemäßem Ermessen zwischen schriftlichem und mündlichem Verfahren wählen. Nur für spezielle Bereiche ist überhaupt gesetzlich eine mündliche Verhandlung vorgeschrieben, insbesondere in privatrechtlichen Streitsachen (z. B. §§ 53 b Abs. 1, 134 Abs. 1 FGG, 13 Abs. 2 HausratV, 44 Abs. 1 WEG, 15 Abs. 1 LwVG; zur Bedeutung des Art. 6 Abs. 1 S. 1 MRK in der fG s. unten Nr. 68). Aber auch dort, wo eine mündliche Verhandlung gesetzlich vorgeschrieben oder vom Gericht gewählt wird, hat sie nicht diesel-

be Bedeutung wie in der ZPO. Vielmehr kann das Gericht trotzdem auch solchen Akteninhalt, der nicht in der mündlichen Verhandlung vorgetragen wurde, bei seiner Entscheidung verwerten (BayOb-LG NJW-RR 1990, 1420, 1421; Lindacher JuS 1978, 577, 583). Die mündliche Verhandlung ist in den genannten Fällen i.d.R. angeordnet, um dem Richter das Hinwirken auf eine Einigung zu ermöglichen und die Sachaufklärung zu erleichtern. Mangels einer speziellen gesetzlichen Anordnung braucht das Gericht im vorliegenden Fall keine mündliche Verhandlung durchzuführen.

II. Allerdings hätte das Gericht die M mündlich anhören müssen. Jeder Beteiligte hat Anspruch auf rechtliches Gehör (näheres Nr. 69). Grundsätzlich ist in der fG dem Anspruch allerdings Genüge getan, wenn dem Beteiligten Gelegenheit zur schriftlichen Stellungnahme gewährt wird. Wenn es um besonders schwerwiegende Eingriffe in Persönlichkeitsrechte geht und/oder der Beteiligte zur schriftlichen Äußerung nicht hinreichend in der Lage ist, kann aber eine mündliche Anhörung geboten sein (KKW § 12 Rn. 118 a.E.). Dem versucht der Gesetzgeber dadurch Rechnung zu tragen, daß er neuerdings punktuell für zahlreiche Fälle, insbesondere in Vormundschafts- und Betreuungssachen, die persönliche (d.h. mündliche) Anhörung eines Beteiligten vorschreibt (z.B. §§ 50a, 50b, 68, 70c FGG), so auch für den vorliegenden Fall in § 68 Abs. 1 FGG.

III. Anders als zur mündlichen Verhandlung müssen zur mündlichen Anhörung

des Betroffenen nicht alle Beteiligten ge-
laden werden (str.), wohl aber müssen sie,
soweit sie der Anhörung nicht beige-
wohnt haben, über das Ergebnis unter-
richtet werden (Brehm Rn. 310).

68. Öffentlichkeit

Wie vor. Das VormG hat M persönlich in nicht öffentlicher Sitzung angehört. R meint, der Grundsatz der Öffentlichkeit sei verletzt. Zu Recht?

Nein.

I. § 169 GVG, der die Öffentlichkeit von Gerichtsverhandlungen vorschreibt, gilt in der fG nicht. Das GVG findet, abgesehen von seinen Organisationsnormen, deren Geltung vom FGG vorausgesetzt wird (Bärmann § 3 I 1, S. 13), in der fG nur insoweit Anwendung, als in § 8 FGG auf seine Vorschriften verwiesen wird; § 8 FGG verweist aber nicht auf § 169 GVG.

II. Auch Art. 6 Abs. 1 S. 1 MRK greift für den vorliegenden Fall nicht ein. Die MRK ist zwar nach Veröffentlichung im BGBl. seit 1953 innerstaatliches Recht (BVerfGE 6, 389, 440). Art. 6 Abs. 1 S. 1 MRK gibt jedoch Anspruch auf öffentliches (und das heißt auch: mündliches) Gehör nur für die Verfahren über zivilrechtliche Ansprüche und Verpflichtungen (sowie strafrechtliche Anklagen). Bei weiter Auslegung kann man darunter auch die privatrechtlichen Streitsachen der fG fassen (BayObLGZ 1988, 436, 437 f. für WEG-Sachen; Wolf, Gerichtsverfassungsrecht, § 25 III 1 a, S. 248). Nichtstreitige Angelegenheiten, wie hier die Betreuungssache, fallen aber nicht unter diese Norm, weil nicht über zivilrechtliche Ansprüche oder Verpflichtungen entschieden wird.

VI. Rechtliches Gehör

69. Gelegenheit zur Stellungnahme

M und F sind beide in zweiter Ehe miteinander verheiratet. Aus seiner ersten Ehe hat M noch einen erwachsenen Sohn S. M möchte nunmehr die volljährige T, Tochter der F aus deren erster Ehe, als Kind annehmen (§§ 1767 ff. BGB). Nach Eingang des Adoptionsantrags (§ 1768 BGB) fordert das zuständige VormG den S auf, binnen zwei Wochen mitzuteilen, ob und wenn ja, welche überwiegenden Interessen von seiner Seite (§ 1769 BGB) einer Adoption entgegenstehen können. Noch vor Ablauf der Frist spricht das VormG antragsgemäß die Annahme aus. Kurz darauf, aber noch innerhalb der 2-Wochen-Frist, geht beim VormG ein Schriftsatz des S ein. In diesem wendet er sich gegen die Adoption und trägt vor, hierdurch würden seine vermögensrechtlichen Interessen beeinträchtigt. Insbesondere verkürzten sich durch die Annahme der T seine Erbaussichten und zukünftigen Pflichtteilsan-

Ja. Die Einräumung einer Frist zur Stellungnahme zwingt das Gericht, mit seiner Entscheidung bis zum Ablauf der Frist zu warten. Das folgt aus dem Anspruch der Beteiligten auf rechtliches Gehör.

I. Das FGG kannte ursprünglich ein allgemeines Recht der Beteiligten auf Gehör nicht (Kollhosser, Verfahrensbeteiligte, § 4 I 2 b, S. 82). Soweit in Einzelbestimmungen die Anhörung von Beteiligten vorgeschrieben war (z.B. §§ 1826, 2227, 2360 BGB), dienten diese häufig nur der Sachaufklärung (§ 12 FGG). Die Rechtslage hat sich aber geändert. In zahlreichen neueren Einzelbestimmungen ist die Anhörung bestimmter Beteiligter ausdrücklich vorgeschrieben, um ihnen ein Recht auf Gehör zu geben (z.B. §§ 50a f., 68 ff., 69d, 70c f., 70i FGG, 14 Abs. 2 LwVG). Auch die älteren Anhörungsvorschriften werden heute verfassungskonform dahin ausgelegt, daß sie ein Recht auf Gehör gewähren (Bärmann § 17 III 3 b, S. 124). Über diese Einzelbestimmungen hinaus ist heute allgemein anerkannt, daß in allen fG-Verfahren generell ein Anspruch der Beteiligten auf rechtliches Gehör besteht (etwa BVerfGE 21, 139, 145; s. Nrn. 9, 13). Dieses Recht leitet sich aus Art. 1 GG (Beachtung der Menschenwürde) und Art. 20 GG (Rechtsstaatsprinzip gebietet faires Verfahren) ab und hat für Verfahren vor dem Richter (BVerfGE 101, 397, 405; s. Nr. 9) in

sprüche gegen seinen Vater M. Hätte das VormG das Vorbringen des S noch berücksichtigen müssen?

Art. 103 Abs. 1 GG seinen speziellen Ausdruck gefunden.

II. Das Recht auf Gehör steht allen förmlich am Verfahren Beteiligten sowie – auch ohne förmliche Verfahrensbeteiligung – jedem zu, der durch die gerichtliche Entscheidung unmittelbar in Rechten beeinträchtigt werden kann. Eine solche materielle Beteiligung ist bei demjenigen zu bejahen, demgegenüber die richterliche Entscheidung materiell-rechtlich wirkt (BVerfGE 60, 7, 13; NJW 1995, 316, 317). Die Adoption verändert die materielle Rechtsposition des leiblichen Kindes des Annehmenden insbesondere in unterhaltsrechtlicher und erbrechtlicher Hinsicht. So wird z. B. der volljährige Angenommene neben dem Kind gesetzlicher Erbe der 1. Ordnung des Annehmenden, § 1924 Abs. 1 BGB (Palandt/Edenhofer § 1924 Rn. 20). Mit der Regelung des § 1769 BGB, nach der die Annahme eines Volljährigen nicht ausgesprochen werden darf, wenn ihr überwiegende Interessen der Kinder des Annehmenden entgegenstehen, hat der Gesetzgeber dieser materiellen Betroffenheit Rechnung getragen. Dem entspricht es, daß die Kinder im Adoptionsverfahren zu hören sind (BVerfG NJW 1995, 316, 317; 1988, 1963).

III. Das Recht auf Gehör gebietet dem Gericht u. a., den Beteiligten hinreichende Gelegenheit zu geben, den gesamten Verfahrensstoff zur Kenntnis zu nehmen und dazu eine Stellungnahme abzugeben. Durch die Äußerungsfrist hat das Gericht selbst konkretisiert, wie lange dem S ein Recht auf Stellungnahme zustand. Vor Fristablauf durfte es daher nicht entscheiden.

70. Pflicht zur Kenntnisnahme;
Präklusion

Wie Nr. 69. Das VormG wartet jedoch die dem S nachgelassene 2-Wochen-Frist ab. Da S sich zunächst nicht äußert, formuliert Richter R fünf Wochen später den Text eines Beschlusses, der dem Adoptionsantrag stattgibt. Nachdem die Ausfertigung des Beschlusses geschrieben und von R unterzeichnet ist, geht in der Geschäftsstelle des AG der mit „Eilt" gekennzeichnete Schriftsatz des S ein. Bevor dieser dem R vorgelegt wird, gibt die Geschäftsstelle die Ausfertigung des Beschlusses zum Zwecke der Zustellung zur Post. War das Vorbringen des S durch den Fristablauf präkludiert oder hatte er aus Art. 103 Abs. 1 GG einen Anspruch darauf, daß das VormG seinen Schriftsatz noch berücksichtigte?

Letzteres ist der Fall. Der Ablauf gerichtlicher Wartefristen hat in der fG nicht zur Folge, daß die Beteiligten mit späterem Vorbringen ausgeschlossen sind. Das fG-Gericht ist zwar aus rechtsstaatlichen Gründen verpflichtet, das Verfahren möglichst zügig zum Abschluß zu bringen (Konzentrationsgrundsatz). Dieser Grundsatz ermächtigt das Gericht aber nicht, ohne gesetzliche Grundlage den Beteiligten Ausschlußfristen für ihr Vorbringen zu setzen. Daher sind die Präklusionsvorschriften der ZPO (§§ 296f., 530f. ZPO) in der fG auch nicht analog anwendbar.

Art. 103 Abs. 1 GG gebietet dem fG-Gericht vielmehr, die gesamten Äußerungen der Beteiligten **zur Kenntnis zu nehmen,** die bis zum Erlaß der Entscheidung vorgebracht werden. Im schriftlichen Verfahren ist der Beschluß erst dann erlassen, wenn ihn der UdG der Post zum Zwecke der Zustellung aushändigt (BVerfG NJW 1983, 2017; BayObLGZ 1980, 378, 380f.; s. Nr. 83). Der Schriftsatz des S ist aber vor diesem Zeitpunkt beim VormG eingegangen. Ob der Schriftsatz noch vor der Absendung des Beschlusses von der Geschäftsstelle an den Richter zur Kenntnisnahme weitergeleitet worden ist, ist unerheblich. Denn das Gericht ist insgesamt dafür verantwortlich, daß das rechtliche Gehör eingehalten wird (BVerfG NJW 1988, 1963). Der Betrieb muß entsprechend organisiert sein.

71. Erwägungs- und Begründungspflicht

Wie Nr. 69. S läßt sich durch Rechtsanwalt A vertreten, der den Schriftsatz mit der Stellungnahme zu der geplanten Adoption anfertigt. Dieser Schriftsatz geht fristgerecht bei Gericht ein. Richter R kennt A aus anderen Verfahren und schätzt dessen Schriftsätze nicht sonderlich. Als er A als den Verfasser erkennt, liest er die Ausführungen nur sehr flüchtig. In dem Beschluß weist er das Vorbringen ohne nähere Begründung als „offensichtlich neben der Sache liegend" zurück. Ist der Anspruch auf rechtliches Gehör verletzt?

Ja. Der Grundsatz des rechtlichen Gehörs verpflichtet das Gericht, die Ausführungen und Anträge der Beteiligten zur Kenntnis zu nehmen und in Erwägung zu ziehen, d.h. das Vorbringen in tatsächlicher und rechtlicher Hinsicht zu würdigen. Aus der **Erwägenspflicht** folgt die Pflicht, gerichtliche Entscheidungen auch **zu begründen** (BVerfGE 54, 86, 91 f.; s. auch BGH NJW 1990, 1721 f.). Denn ohne Begründung ist nicht feststellbar, ob und inwieweit das Gericht den Anhörungsanspruch der Beteiligten ernst genommen hat. Der Umfang der erforderlichen Begründung hängt jeweils von dem Gewicht des Beteiligtenvorbringens ab. Das Gericht ist nicht gehalten, immer auf jeden vorgebrachten Punkt einzugehen (BVerfG NJW 1993, 2166, 2167). Erfaßt werden müssen die wesentlichen, der Rechtsverfolgung dienenden Tatsachenbehauptungen. Außerdem muß eine knappe Auseinandersetzung mit diesen Behauptungen erfolgen (s. für das Zivilurteil § 313 Abs. 2 u. 3 und 495a Abs. 2 ZPO).

Diesen Anforderungen genügt der Beschluß des R nicht. Die pauschale Zurückweisung läßt nicht erkennen, daß R das Vorbringen des S bei seiner Entscheidung ernsthaft mitbedacht hat.

72. Ausnahmen vom Recht auf Gehör

In einem Betreuungsverfahren betreffend den manisch-depressiven A möchte das Gericht von der Anhörung

I. Im Betreuungsverfahren ist der Betroffene **grundsätzlich** persönlich anzuhören, § 68 Abs. 1 S. 1 FGG. Diese Regelung ist spezielle Ausprägung des in allen fG-

des A absehen, weil zu erwarten ist, daß sich der gesundheitliche Zustand des A unter dem Eindruck einer richterlichen Anhörung erheblich verschlechtern wird. Ist das mit dem Grundsatz des rechtlichen Gehörs vereinbar?

Verfahren anerkannten Anspruchs der Beteiligten auf rechtliches Gehör (Art. 103 Abs. 1 GG; s. Nr. 69).

II. Von dem Grundsatz des rechtlichen Gehörs gibt es jedoch **Ausnahmen.**

1. Ist die Anhörung zwecklos – etwa weil eine Verständigung mit dem Beteiligten wegen seines Geisteszustandes nicht möglich ist (Habscheid § 20 II 4 b, S. 151) – oder bestehen überwiegende Gegeninteressen, so darf das rechtliche Gehör versagt werden. Überwiegende Gegeninteressen werden in folgenden Fällen bejaht: in eilbedürftigen Verfahren, wenn die Gewährung des Gehörs mit der Eilbedürftigkeit unvereinbar und im Hinblick auf das Überraschungsmoment das Verfahrensziel gefährdet wäre (Bärmann § 17 III 7 a, S. 127 f.); bei entgegenstehendem öffentlichen oder privaten Interesse an der Geheimhaltung bestimmter Tatsachen (KKW § 12 Rn. 119) und wenn die Anhörung des Beteiligten mit erheblichen Nachteilen für seine Gesundheit verbunden wäre (Habscheid § 20 II 4 b, S. 151).

2. Der letztgenannte Fall ist, ebenso wie derjenige der Zwecklosigkeit der Anhörung, für das Betreuungsverfahren speziell in § 68 Abs. 2 FGG normiert. Der Fall der besonderen Eilbedürftigkeit der Entscheidung ist für das Betreuungsverfahren ausdrücklich in den §§ 69 f Abs. 1 S. 3, 70 h Abs. 1 S. 2 FGG geregelt. Vorliegend darf das Gericht gem. § 68 Abs. 2 Nr. 1 FGG von der Anhörung des A absehen.

III. Die genannten Einschränkungen bedeuten allerdings nicht, daß das Recht auf Gehör völlig entfiele.

1. In Eilverfahren muß es (spätestens im Nachverfahren) nachgeholt werden.

2. Bei bestehendem Geheimhaltungsinteresse müssen die geheimzuhaltenden Tatsachen u. U. einem vom Gericht zur Verschwiegenheit verpflichteten Dritten offenbart werden, der für die Partei die tatsächlichen und rechtlichen Schlußfolgerungen aus der Information zieht (praktisch wird dies in Wettbewerbsprozessen der streitigen Gerichtsbarkeit, s. Baumbach/Hefermehl Einl UWG Rn. 404). Ist auch dieses Vorgehen mit dem Geheimhaltungsinteresse nicht vereinbar, so dürfen die geheimen Tatsachen nicht zum Nachteil des Beteiligten verwertet werden (OLG Stuttgart OLGZ 1974, 362, 364; KKW § 12 Rn. 119).

3. In den Fällen der Gesundheitsgefährdung und der Zwecklosigkeit der Gewährung des rechtlichen Gehörs muß das Gehör zwar nicht dem Betroffenen persönlich, wohl aber einem Vertreter gewährt werden. Auch dies ist für das Betreuungsverfahren ausdrücklich geregelt. Gem. § 67 Abs. 1 Nr. 1 FGG muß das Gericht dem Betroffenen einen Verfahrenspfleger (s. Nr. 39 a) bestellen, wenn die Voraussetzungen für die Beschränkung des Rechts auf Gehör gem. § 68 Abs. 2 FGG vorliegen. Das VormG wird daher für A einen Verfahrenspfleger bestellen.

73. Akteneinsichtsrecht

Zum Schutz des minderjährigen S hat das VormG von Amts wegen gem. §§ 1666, 1666 a BGB ein Verfahren zur Entziehung der elterlichen Personensorge eingeleitet. Vater V, der in die-

Nach § 34 FGG **kann** Einsicht der Gerichtsakten jedem insoweit gestattet werden, als er ein berechtigtes Interesse glaubhaft macht. Soweit es um das Akteneinsichtsrecht Beteiligter geht, ist diese Vorschrift dem Wortlaut nach mit dem Anspruch auf rechtliches Gehör unver-

sem Verfahren Beteiligter ist (s. Nr. 35), beantragt Akteneinsicht. Das VormG verweigert diese insoweit, als sie die Auskünfte der im Laufe der Ermittlungen vernommenen Vertreterin J des Jugendamtes (s. § 49 Abs. 1 Nr. 1 f, h FGG) betrifft. Diese habe ein Interesse daran, daß ihre für den V ungünstigen Auskünfte diesem nicht bekannt würden. Das Gericht vermutet, daß V die J wegen ihrer Angaben belästigen könnte; das komme in derartigen Verfahren häufig vor. Ist die gegen den Beschluß des VormG eingelegte Beschwerde des V begründet?

einbar und deshalb zur Vermeidung der Nichtigkeit verfassungskonform zu interpretieren: Da Akteneinsicht Teil des rechtlichen Gehörs ist, **muß** sie wie dieses den Beteiligten grundsätzlich immer gewährt werden (KKW § 34 Rn. 16 a). Einer der Fälle, in denen das rechtliche Gehör ausnahmsweise verweigert werden darf (dazu Nr. 72), liegt hier nicht vor. Insbesondere begründet die allgemeine Vermutung, die Auskunftsperson könne belästigt werden, kein überwiegendes Geheimhaltungsinteresse. Die Beschwerde des V ist daher begründet.

VII. Verfahrensbeendigung

74. Antragsrücknahme

In einem Rechtsstreit unter Wohnungseigentümern hat A beantragt, dem B zu untersagen, in seiner Wohnung Schlangen zu züchten. Nach einer für A ungünstigen Beweisaufnahme erklärt dieser, er nehme den Antrag zurück. B protestiert: Da er sich nun einmal – wenn auch nur schriftlich – auf die Sache eingelassen habe, wolle er sie auch

Eine Entscheidung in der Sache käme nicht mehr in Betracht, wenn das Verfahren durch die Antragsrücknahme des A in analoger Anwendung des § 269 Abs. 3 S. 1 ZPO beendet worden wäre. Dafür ist zu prüfen, ob die Antragsrücknahme mit verfahrensbeendigender Wirkung im vorliegenden Verfahren überhaupt zulässig ist und ob die Voraussetzungen dafür erfüllt sind.

I. Hinsichtlich der Anwendbarkeit des § 269 ZPO in fG-Verfahren ist zu differenzieren:

endgültig gerichtlich geklärt wissen. Hat das Gericht nach der Antragsrücknahme des A noch in der Sache zu entscheiden?

1. Amtsverfahren können nur durch das Gericht und nicht durch Dispositionsakt der Parteien beendet werden. Eine Anwendung des § 269 ZPO scheidet also aus.

2. In Antragsverfahren hingegen kann ein Antragsteller in analoger Anwendung von § 269 Abs. 3 S. 1 ZPO bis zur formellen Rechtskraft der Entscheidung durch Erklärung gegenüber dem Gericht seinen Antrag zurücknehmen (zur Antragsrücknahme nach Erlaß der Entscheidung s. Bassenge JR 1974, 142 ff.). Dann hat das Gericht nur noch gem. § 13 a FGG oder den einschlägigen Spezialvorschriften (s. KKW Vorb § 13 a Rn. 24) über die Kosten zu entscheiden.

3. In Verfahren, die sowohl auf Antrag als auch von Amts wegen eingeleitet werden können (z. B. § 1896 Abs. 1 BGB), führt eine Antragsrücknahme allein nicht zur Beendigung des Verfahrens; diese hängt vielmehr davon ab, ob das Gericht das Verfahren von Amts wegen weiterbetreibt.

4. Also kommt im vorliegenden Antragsverfahren gem. § 43 WEG eine Antragsrücknahme in Betracht.

II. Es ist aber zu überlegen, ob die Antragsrücknahme in analoger Anwendung des § 269 Abs. 1 ZPO von der Einwilligung des Antragsgegners abhängig ist.

1. Die Frage, ob und ggf. ab wann die Antragsrücknahme in fG-Verfahren der Einwilligung des Antragsgegners bedarf, ist sehr umstritten. Einerseits wird eine Antragsrücknahme jederzeit auch ohne Einwilligung des Antragsgegners für möglich gehalten (KG ZMR 1988, 110; BayObLG NJW-RR 1993, 205). Andererseits wird § 269 Abs. 1 ZPO entsprechend angewen-

det (OLG Düsseldorf NJW 1980, 349; Lindacher JuS 1978, 577, 579). Für diese Meinung spricht maßgeblich die sich in streitigen Zivilverfahren und fG-Verfahren entsprechende Interessenlage. Eine Klagerücknahme hindert den Kläger nicht, später die gleiche Klage erneut zu erheben. Das kann für den Beklagten lästig und sogar gefährlich werden, wenn sich z. B. inzwischen seine Beweislage verschlechtert hat. Davor soll § 269 Abs. 1 ZPO den Beklagten schützen: Wenn er sich einmal in mündlicher Verhandlung auf die Sache eingelassen hat, soll er auch die Möglichkeit haben, sie bis zur rechtskräftigen Entscheidung durchzufechten. Darum bedarf von diesem Zeitpunkt an die Klagerücknahme seiner Zustimmung. Die gleiche Gefahr droht dem Antragsgegner in echten Streitsachen. Die Beteiligten stehen sich ebenfalls als Gegner gegenüber und die Entscheidungen erwachsen auch hier in materielle Rechtskraft.

2. Besonderheiten gelten aber bei der Bestimmung des Zeitpunkts, ab dem das Zustimmungserfordernis gilt. Da die mündliche Verhandlung in der fG eine andere Funktion hat als in der ZPO und man sich in der fG – trotz mündlicher Verhandlung – auch schriftlich auf die Sache einlassen kann (s. Nr. 67), greift das Einwilligungserfordernis in analoger Anwendung des § 269 Abs. 1 ZPO schon dann ein, wenn der Antragsgegner sich schriftlich geäußert hat (Lindacher JuS 1978, 577, 579).

III. Mithin ist die Antragsrücknahme des A ohne Zustimmung des B unwirksam. Das Gericht muß in der Sache entscheiden.

75. Verzicht

Wie Nr. 74. A erklärt nunmehr, er verzichte auf den geltend gemachten Anspruch. B beantragt daraufhin eine „Verzichtsentscheidung". Wie wird das Gericht erkennen?

I. Für den Zivilprozeß ist der Verzicht in § 306 ZPO geregelt. Er ist eine reine Prozeßhandlung, die allein gegenüber dem Gericht zu erklären ist und deren Wirksamkeit nur nach dem Prozeßrecht zu beurteilen ist. Demgegenüber kennt das materielle Recht einen einseitigen Verzicht nicht. § 397 BGB verlangt für den Schulderlaß einen Vertrag. Abzugrenzen ist der Verzicht gem. § 306 ZPO auch gegenüber der Klagerücknahme gem. § 269 ZPO. Mit dem Klageverzicht erklärt der Kläger, daß er den geltend gemachten Anspruch aufgebe. Der Prozeß ist damit noch nicht automatisch beendet, auf Antrag des Gegners muß nun ein Verzichtsurteil erlassen werden. Die Rechtskraft dieses abweisenden Urteils hindert den Kläger, den Anspruch nochmals geltend zu machen. Demgegenüber enthält die Klagerücknahme nur den vorläufigen Verzicht auf gerichtlichen Rechtsschutz. Die Rechtshängigkeit des geltend gemachten Anspruchs entfällt ipso iure, doch kann er erneut eingeklagt werden (s. Nr. 74).

Der Verzicht beruht auf der in der ZPO herrschenden Dispositionsmaxime und ist darum nur im Rahmen der Dispositionsmacht der Parteien zulässig. Dabei setzen sich die Schranken der im materiellen Recht geltenden Privatautonomie im Prozeß als Schranken der Dispositionsbefugnis der Parteien fort (Stein/Jonas/Leipold § 307 Rn. 24 m. w. N.).

II. Inwieweit in der fG § 306 ZPO entsprechend angewendet werden kann, ist umstritten. Teilweise wird dies vollkommen abgelehnt (Bassenge/Herbst Einl Rn. 53). Teilweise wird § 306 ZPO nur in Streitsachen für anwendbar gehalten (Brehm Rn. 367; Bärmann § 18 II 2, S. 132). Zutreffend erscheint es, die Zulässigkeit des Verzichts in fG-Verfahren an denselben Grundsätzen zu orientieren, die im Bereich der ZPO gelten. Danach ist ein Verzicht in der fG nur möglich, soweit die Beteiligten über den Verfahrensgegenstand auch nach materiellem Recht disponieren können und die gerichtliche Verzichtsentscheidung der materiellen Rechtskraft fähig ist (Lindacher JuS 1978, 577, 579). Diese Voraussetzungen werden bei Streitsachen regelmäßig gegeben sein (dazu Nr. 89; s. aber OLG Koblenz FamRZ 1986, 273 ff. als Beispiel für die Grenzen der Dispositionsbefugnis bei Vereinbarungen über den Versorgungsausgleich).

III. Damit wird das Gericht in der vorliegenden fG-Streitsache (§ 43 WEG) die beantragte Verzichtsentscheidung treffen.

76. Anerkenntnis

Wie Nr. 74. In der mündlichen Verhandlung legt Richter R dem anwaltlich nicht beratenen B dar, daß für ihn keine Aussicht bestehe, mit seinem Abweisungsantrag durchzudringen. B läßt sich überzeugen und erkennt den Unterlassungsanspruch an. A beantragt daraufhin eine „Anerkenntnisentscheidung".

I. Im Zivilprozeß unterwirft sich der Beklagte mit dem Anerkenntnis (§ 307 ZPO) dem mit der Klage geltend gemachten prozessualen Anspruch. Als Folge gibt das Gericht der Klage statt, ohne das Vorbringen der Parteien in tatsächlicher und rechtlicher Hinsicht zu prüfen. I. d. R. entscheidet sich ein Beklagter dann für ein Anerkenntnis, wenn er seine Position für aussichtslos hält und er sich die höheren Kosten (§ 91 Abs. 1 ZPO, Anl. 1 zum GKG, Nr. 1211 II 1 b)

Wie wird das Gericht entscheiden?

für eine kontradiktorische Verurteilung ersparen will. Vom Anerkenntnis als einseitiger Verfahrenshandlung ist wieder der materiell-rechtliche Schuldanerkenntnisvertrag (§ 781 BGB) zu unterscheiden. Es ist ferner gegen das prozessuale Geständnis (§ 288 ZPO) abzugrenzen. Dieses bezieht sich nicht auf den prozessualen Anspruch, sondern nur auf einzelne Tatsachen, die dann vom Gericht nicht mehr in einem Beweisverfahren auf ihre Wahrheit überprüft werden (zum Beweisverfahren s. Nrn. 63 ff.).

II. Als das prozessuale Gegenstück zum Verzicht ist das Anerkenntnis unter denselben Voraussetzungen wie jener im fG-Verfahren zulässig (dazu Nr. 75). Insbesondere ist auch ein Anerkenntnis nur in den Grenzen der Dispositionsbefugnis des Antragsgegners zulässig, also insbesondere nicht in Amtsverfahren.

III. Im vorliegenden Streitverfahren wird das Gericht die beantragte Anerkenntnisentscheidung erlassen.

77. Vergleich

Wie Nr. 74. Im Laufe des Verfahrens zeichnet sich eine Einigung zwischen A und B dahingehend ab, daß B in seiner Wohnung nur noch ungiftige Schlangen züchten darf und das auch nur noch für eine Restzeit von fünf Monaten. (Bis dahin will er sich das Knowhow für Zierfische verschafft haben, auf die er dann „umsteigen" möchte.)

I. Nach h. M. (BGHZ 79, 71, 74; Zöller/Stöber § 794 Rn. 3) hat ein zulässiger Verfahrensvergleich eine Doppelnatur. Er ist einerseits ein materiell-rechtlicher Vertrag (§ 779 BGB), andererseits eine Verfahrenshandlung, die das Verfahren beendet, wenn der Vergleich vor einem Gericht abgeschlossen wird (s. z.B. §§ 794 Abs. 1 Nr. 1, 160 Abs. 3 Nr. 1 ZPO).

II. Teilweise ist in der fG ein Verfahrensvergleich ausdrücklich vorgesehen (§§ 53 a Abs. 1 u. 4, 53 b Abs. 4 FGG, 13 Abs. 2 u. 3, 16 Abs. 3 HausratV, 16 S. 3, 19, 20

Können die Beteiligten das Verfahren durch einen Vergleich mit entsprechendem Inhalt beenden?

Abs. 2, 31 LwVG, 44 Abs. 2, 45 Abs. 3 WEG). Aber auch wo dies nicht der Fall ist, wird man einen Verfahrensvergleich für zulässig erachten müssen, soweit in der fG die Dispositionsmaxime gilt und sich der Vergleichsinhalt innerhalb des Spektrums der Rechtsfolgen hält, die die Beteiligten durch privatautonome Vertragsgestaltung nach materiellem Recht herbeiführen können. Damit entsprechen die Kriterien für die Zulässigkeit eines Verfahrensvergleichs denen für die Zulässigkeit von Verzicht und Anerkenntnis.

Demnach ist ein Verfahrensvergleich nicht nur in den fG-Streitsachen, sondern unter bestimmten Umständen auch in anderen Antragsverfahren möglich (eingehend: Bork, Der Vergleich § 23 B., S. 453 ff.; KKW Vorb §§ 8–18 Rn. 22 ff.; s. auch Nr. 142). In Amtsverfahren ist er mangels Dispositionsmöglichkeit ausgeschlossen (s. OLG Brandenburg NJW-RR 2001, 1089).

III. Vorliegend ergibt sich die Zulässigkeit des Verfahrensvergleichs bereits aus den §§ 44 Abs. 1, 45 Abs. 3 WEG.

78. Erledigungserklärung

A, B, C und D sind Wohnungseigentümer einer Wohnanlage. In einer Eigentümerversammlung vom 12. 4. beschlossen sie (mit den Stimmen von A, B und D), mögliche Schadensersatzansprüche gegen einen Bauhandwerker H geltend zu machen. Daraufhin beantragte C am 19. 4. beim

Das hängt davon ab, inwieweit das Rechtsinstitut der Erledigungserklärung in fG-Verfahren anwendbar ist.

I. Im ZPO-Verfahren trägt dieses Institut der Entwicklung Rechnung, daß eine Klage während des Verfahrens unzulässig oder unbegründet wird. Dann soll der Kläger die Kostenlast infolge einer Klagerücknahme (§ 269 Abs. 3 S. 2 ZPO) oder eines Klageverzichts (§§ 306, 91 ZPO) durch eine Erledigungserklärung abwen-

AG, diesen Beschluß für ungültig zu erklären (§ 43 Abs. 1 Nr. 4 WEG), wobei er sich auf Verfahrensfehler berief. Am 2. 5. faßten die Wohnungseigentümer unter Meidung der gerügten Verfahrensfehler erneut den Beschluß, die Ansprüche gegen H geltend zu machen. Dieser Beschluß wurde nicht angefochten und nach Ablauf eines Monats (§ 23 Abs. 4 WEG) bestandskräftig.

Wie wirkt es sich auf das Verfahren nach § 43 Abs. 1 Nr. 4 WEG aus, wenn alle Wohnungseigentümer das Verfahren in der Hauptsache übereinstimmend für erledigt erklären oder wenn nur C gegen den Widerspruch der anderen einseitig das Verfahren in der Hauptsache für erledigt erklärt?

den können. Einen entsprechenden Zweck verfolgt für die Erledigung vor Rechtshängigkeit nunmehr § 269 Abs. 3 S. 3 ZPO. Zu unterscheiden sind die Konstellationen, in denen sich der Beklagte der Erledigungserklärung des Klägers anschließt (übereinstimmende Erledigung) oder ihr widerspricht (einseitige Erledigungserklärung):

1. Aufgrund ihrer Dispositionsbefugnisse können die Parteien einen Zivilprozeß statt durch Prozeßvergleich auch dadurch beenden, daß sie **übereinstimmend** die Hauptsache für erledigt erklären. Das Gericht prüft dann nicht, ob sich die Hauptsache wirklich erledigt hat. Es hat nur noch gem. § 91a ZPO über die Kosten nach billigem Ermessen anhand einer Prognose zu entscheiden, wer ohne Erledigungserklärung die Kosten getragen hätte (Stein/Jonas/Bork § 91a Rn. 29).

2. Die **einseitige** Erledigungserklärung hingegen wird mittlerweile ganz überwiegend als Klageänderung (vom ursprünglichen Klageantrag zum Antrag auf Feststellung der Erledigung der Hauptsache) verstanden (Stein/Jonas/Bork § 91a Rn. 39). Über den Feststellungsantrag muß das Gericht in der Sache entscheiden (BGHZ 106, 359, 366f.). Es stellt die Erledigung fest, wenn sich die ursprünglich zulässige und begründete Klage erledigt hat. War die Klage ursprünglich unzulässig oder unbegründet, weist das Gericht die Klage durch entsprechendes Prozeß- oder Sachurteil ab (Stein/Jonas/Bork § 91a Rn. 42). Fehlt es an der Erledigung der ursprünglich zulässigen und begründeten Klage, kann das Gericht der ursprünglichen Klage nur stattgeben,

wenn der Kläger seinen ursprünglichen Antrag hilfsweise aufrecht erhalten hat; ansonsten muß es die Klage abweisen. Die Kosten(neben)entscheidung folgt aus § 91 ZPO.

II. Für fG-Verfahren ist zu differenzieren:

1. Die Regeln über übereinstimmende oder einseitige Erledigungserklärungen sind unstreitig auch in echten Streitsachen der fG anwendbar (BayObLGZ 1989, 75, 77; BayObLG AG 1997, 182; Demharter ZMR 1987, 201 ff.). Dabei ist freilich zu · berücksichtigen, daß die Kostenverteilung nach § 13 a FGG anderen Grundsätzen folgt als im streitigen Zivilverfahren nach §§ 91 ff. ZPO.

2. In sonstigen Antragssachen wird die Anwendung der Regeln über Erledigungserklärungen von der h. M. (z. B. OLG Stuttgart OLGZ 1985, 395, 396) abgelehnt. Die Erledigungserklärung des Antragstellers wird aber i. d. R. dahin ausgelegt, daß er den Antrag zurücknehme. Man kann diesen Standpunkt u. a. damit begründen (vgl. BayOLG FuR 2000, 300 f.), daß für eine Einführung des Instituts der Erledigungserklärung in diesem Bereich der fG – trotz evtl. vorhandener Dispositionsbefugnis der Beteiligten – kein Bedürfnis bestehe, weil das wesentliche Ziel der Erledigungserklärung (Verfahrensbeendigung mit Kostenentscheidung nach billigem Ermessen) schon durch einfache Antragsrücknahme erreicht werden kann (§ 13 a FGG).

3. In Amtsverfahren kommt mangels Dispositionsbefugnis der Beteiligten eine verfahrensbeendigende Erledigungserklärung nicht in Betracht. Das Gericht prüft vielmehr von Amts wegen, ob Erledigung

eingetreten ist und stellt ggf. dann das Verfahren ein (BGH FamRZ 1982, 156, 157).

4. Das gleiche gilt für Verfahren, die sowohl auf Antrag als auch von Amts wegen durchgeführt werden können, weil das Letztentscheidungsrecht des Gerichts hier die Dispositionsbefugnis der Beteiligten überlagert (s. Nr. 74).

III. Im vorliegenden Streitverfahren sind also die Grundsätze über die Erledigung anzuwenden.

1. Auf die übereinstimmende Erledigungserklärung hat das Gericht nur noch über die Kosten zu entscheiden. Die Kostenentscheidung erfolgt in WE-Verfahren allerdings gem. § 47 WEG – ähnlich wie in sonstigen fG-Verfahren (§ 13 a FGG) – immer nach billigem Ermessen. Insbesondere materielle oder wirtschaftliche Überlegungen können hier eine vom Erfolgsprinzip der §§ 91 ff. ZPO abweichende Festsetzung rechtfertigen (Bärmann/Pick/Merle § 47 Rn. 17). Ferner kommt auch eine Differenzierung zwischen der Verteilung der Gerichtskosten und der Erstattung außergerichtlicher Kosten in Betracht (BayObLGZ 1989, 75, 79 f.). Meist wird die Entscheidung in streitigen fG-Verfahren aber am Erfolg auszurichten sein (BayObLG ZMR 1999, 775, 776).

2. Auf die einseitige Erledigungserklärung des C hat das Gericht darüber zu entscheiden, ob sich der Rechtsstreit tatsächlich erledigt hat. Geht man davon aus, daß der Anfechtungsantrag aufgrund der formellen Mängel des ersten Beschlusses ursprünglich zulässig und begründet war, hat das Gericht die Erledigung auszusprechen. Die Hauptsache hat sich hier erle-

digt, weil mit dem bestandskräftigen inhaltsgleichen Zweit-Beschluß das Rechtsschutzbedürfnis für die Anfechtung des
ersten Beschlusses (§ 244 AktG analog)
weggefallen ist (Bärmann/Pick/Merle § 23
Rn. 55 m. w. N.).

G. Die gerichtlichen Entscheidungen

79. Mögliche Entscheidungsinhalte

Wie lassen sich die gerichtlichen Entscheidungen ihrem Inhalt nach einteilen?

I. **Zwischenentscheidungen**
(führen nicht zur Verfahrensbeendigung)
1. Verfahrensleitende Anordnungen (Terminsfestsetzung, Ladung, etc.)
2. Zwischenverfügungen (dazu Nr. 80)
3. Vorbescheide (dazu Nr. 143).
4. Einstweilige Anordnungen (dazu Nr. 81)
5. Zwischenstreitentscheidungen analog §§ 280, 303, 304 ZPO (dazu Nr. 82).

II. **Endentscheidungen**
(jeweils als Teil- oder Vollendentscheidung)
1. Verfahrensendentscheidungen (wenn eine Verfahrensvoraussetzung fehlt: Einstellung eines amtswegigen Verfahrens oder Verwerfung eines Antrags als unzulässig)
2. Sachendentscheidungen (über die Begründetheit eines Antrags oder über den Gegenstand eines Amtsverfahrens).

80. Zwischenverfügungen

V, Vormund des M, beantragt beim VormG die Genehmigung eines außergerichtlichen Vergleichs über 10 000,– €, den er für M mit D mündlich geschlossen hat (§§ 1822 Nr. 12, 1828, 1829 BGB). Das Gericht gibt V auf, binnen vier Wochen ei-

Zu Recht. Zwischenverfügungen sind zulässig, aber nicht in diesem Fall.

I. Zwischenverfügungen mit angemessener Fristsetzung und Ablehnungsandrohung sind ausdrücklich nur geregelt in § 18 Abs. 1 S. 1 GBO (dazu Nrn. 177–180). Diese Spezialnorm ist aber Ausdruck eines allgemeinen Grundgedankens, der insbesondere auch in § 139 ZPO zum

ne schriftliche Fassung des Vergleichs vorzulegen; anderenfalls werde es die Genehmigung versagen. V ist der Ansicht, für eine solche Androhung gebe es keine Rechtsgrundlage.

Ausdruck kommt. Aufgrund der gerichtlichen Fürsorgepflicht i. V. m.˙der gerichtlichen Prozeßförderungspflicht sind Zwischenverfügungen unstreitig in Analogie zu den genannten Vorschriften in allen fG-Verfahren zulässig, wenn dem Begehren des Beteiligten ein Hindernis entgegensteht, das nur er beseitigen kann.

II. An dieser Voraussetzung fehlt es im vorliegenden Fall. Die Schriftform des Vergleichs ist keine gesetzliche Voraussetzung für die vormundschaftsgerichtliche Genehmigung. Mangels einer gesetzlichen Formvorschrift konnte der Vergleich vielmehr wirksam mündlich geschlossen werden. Allerdings kann das Gericht den Vergleich nur genehmigen, wenn es von seinem Abschluß überzeugt ist (§ 286 ZPO analog). Aber zu dieser Überzeugungsbildung ist die Vorlage einer schriftlichen Urkunde durch V nicht der einzig mögliche Weg. Wenn das Gericht nicht bereits den Angaben des V zu glauben vermag, kann es darüber den D auch als Zeugen vernehmen. Dazu ist es durch den Untersuchungsgrundsatz (§ 12 FGG; dazu Nr. 60) auch verpflichtet (OLG Frankfurt RPfleger 1977, 362).

81. Einstweilige Anordnungen

F verließ ihren Ehemann M, um sich für immer von ihm zu trennen. Das gemeinsame Kind K nahm sie mit. Kurze Zeit später nahm M der F das Kind auf offener Straße ab und brachte es in seinen Haushalt. Anschließend beantragte er beim

I. Das FamG wird zunächst die **Zulässigkeit** einer einstweiligen Anordnung prüfen. **Ausdrücklich** sind nur im Rahmen weniger Hauptsacheverfahren der fG einstweilige Anordnungen zugelassen (insb. §§ 24 Abs. 3, 50d, 53a Abs. 3, 69f, 70h FGG, 13 Abs. 4 HausratV, 44 Abs. 3 WEG, 18 LwVG). Darüber hinaus ist aber für alle fG-Angelegenheiten ein un-

FamG, ihm die elterliche Sorge für K gem. § 1671 BGB zu übertragen und schon während dieses Verfahrens im Wege der einstweiligen Anordnung eine dahingehende Entscheidung zu erlassen.

F ihrerseits beantragte im selben Verfahren, durch einstweilige Anordnung ihr das Aufenthaltsbestimmungsrecht für K zu übertragen und zugleich dem M aufzugeben, K an sie herauszugeben. Was wird das FamG prüfen?

geschriebener, **allgemeiner Rechtsgrundsatz** des Inhalts anerkannt, daß einstweilige Anordnungen (meist bezeichnet als „vorläufige" Anordnungen, s. KKW § 19 Rn. 30 Fn. 155) zulässig sind, wenn ein dringendes Bedürfnis für ein sofortiges Einschreiten besteht und ein Abwarten bis zur Entscheidung in der Hauptsache nicht zugemutet werden kann, weil sie zu spät kommen könnte. Anders als Arreste und einstweilige Verfügungen nach §§ 916, 935 ZPO sind vorläufige Anordnungen in fG-Angelegenheiten aber nur im Rahmen eines anhängigen Hauptsacheverfahrens (BGH NJW 2001, 2181, 2182) und nur mit Wirkung bis zum Ende dieses Hauptsacheverfahrens zulässig. Der Unterschied erklärt sich u.a. damit, daß es beim vorläufigen Rechtsschutz nach der ZPO dem natürlichen Gegeninteresse des Antragsgegners überlassen werden kann, eine Überprüfung in einem anschließenden Hauptsacheverfahren zu beantragen (§§ 926, 936 ZPO). Demgegenüber fehlt es in nicht streitigen fG-Angelegenheiten häufig an einem Antragsgegner, so daß hier die Gefahr bestünde, daß Eilentscheidungen auf Dauer ohne Nachprüfung wirksam bleiben, obwohl sie nur aufgrund summarischer Prüfung der Sach- und Rechtslage ergehen.

Da im vorliegenden Fall ein Hauptsacheverfahren nach § 1671 BGB anhängig ist, ist – auch ohne ausdrückliche gesetzliche Vorschrift – eine vorläufige Anordnung zulässig (vgl. OLG Köln FamRZ 1999, 181).

II. Das Gericht wird daher weiter prüfen, ob eine vorläufige Anordnung auch **erforderlich** ist.

In der Tat besteht ein dringendes Bedürfnis für eine vorläufige Anordnung. Denn das Sorgerecht für K steht beiden Eltern noch gemeinsam zu, und sie können sich über seine Ausübung nicht einigen. Vielmehr besteht für das Kindeswohl die unerträgliche Gefahr weiterer wechselseitiger „Entführungen".

Falls erforderlich, kann das Gericht im Verfahren nach § 1671 BGB durch vorläufige Anordnung bereits das ganze Sorgerecht vorläufig einem Elternteil übertragen. Da aber vorläufige Anordnungen nur aufgrund summarischer Prüfung der Sach- und Rechtslage ergehen, sollen sie nicht weiter gehen als erforderlich (Prinzip des mildesten Mittels). In Fällen der vorliegenden Art reicht es zum Schutz des Kindes i. d. R. aus, wenn vorläufig nur ein Teil des Sorgerechts, nämlich das Aufenthaltsbestimmungsrecht (s. § 1632 BGB) übertragen wird (OLG Hamm FamRZ 1999, 393, 394).

Damit verstößt das Gericht auch nicht gegen die Bindung an den Antrag (§ 308 ZPO analog; s. Nrn. 52 ff.). Zwar ist das Verfahren nach § 1671 BGB ein reines Antragsverfahren. Das Gericht darf von Amts wegen nur dann gem. § 1671 Abs. 3 BGB Anordnungen erlassen, wenn die Voraussetzungen von § 1666 BGB gegeben sind. Die Übertragung des Aufenthaltsbestimmungsrechts stellt aber ein minus und kein aliud gegenüber dem Antrag auf Übertragung der gesamten elterlichen Sorge dar (Staudinger/Coester, § 1671 Rn. 102)

III. Der Rechtsnatur einer Eilentscheidung entspricht es, daß das Gericht den Sachverhalt noch nicht vollständig aufklären muß. Es reicht, wenn es sich ein Wahrscheinlichkeitsurteil darüber bilden kann, welchem Elternteil das Aufenthaltsbestimmungsrecht eher zusteht. Sofern der bisherige Akteninhalt dazu nicht hinreicht, wird das Gericht – je nach Zweckmäßigkeit – die Eltern (§ 50a FGG) und das Kind (§ 50b FGG) anhören und ggf. eine Stellungnahme des Jugendamtes (§ 49a Abs. 1 Nr. 9 FGG) anfordern. Auch ist dem Kind regelmäßig eine Verfahrenspfleger nach § 50 FGG zu bestellen (vgl. Staudinger/Coester § 1671 Rn. 291 ff.; s. Nr. 39a)

Wenn das Gericht zum Ergebnis kommen sollte, daß das Aufenthaltsbestimmungsrecht vorläufig der F zu übertragen ist, wird es außerdem im Interesse des Kindeswohls dem M zweckmäßigerweise zugleich aufgeben, demgemäß das Kind an die F herauszugeben (OLG Zweibrücken FamRZ 1983, 1162).

82. Zwischenstreitentscheidungen

M und F streiten im Scheidungsverfahren über die Berechnung des Versorgungsausgleichs. Sie können sich nicht darüber einigen, von welcher Ehedauer (§ 1587 Abs. 2 BGB) bei der Feststellung der auszugleichenden Anwartschaften auf Altersversorgung auszugehen ist. Der Richter setzt durch Beschluß die nach seiner Ansicht maßgebliche Ehezeit auf die

I. Ja. Richtiges Rechtsmittel ist die Beschwerde nach §§ 621a ZPO, 19 FGG, nicht die Beschwerde nach § 621e ZPO. Es handelt sich bei dem Beschluß nicht um eine Endentscheidung in Familiensachen, sondern um eine Zwischenstreitentscheidung, denn über den Versorgungsausgleich wurde nicht abschließend, sondern nur hinsichtlich einer Vorfrage entschieden.

II. Zwischenstreitentscheidungen sind in der fG analog §§ 280, 303, 304 ZPO zulässig. Ihr Sinn und Zweck ist es, die Vorabklärung einzelner Streitpunkte im

Zeit vom 1.10. 1973 bis zum 30. 6. 1997 fest. Ist dieser Beschluß mit Erfolg anfechtbar?

Rechtsmittelweg zu ermöglichen; deshalb sind sie beschwerdefähig. Zwischenstreitentscheidungen können aber nur ergehen über prozessuale Vorfragen (Zulässigkeit eines Antrags, analog § 280 ZPO und sonstige prozessuale Fragen, analog § 303 ZPO) oder über den Grund eines Anspruchs (analog § 304 ZPO). Eine Entscheidung über ein einzelnes materiell-rechtliches Element des Anspruchs, wie etwa die Aktivlegitimation, ist ebenso unzulässig wie eine Entscheidung über eine tatsächliche Voraussetzung eines Anspruchs.

III. Die nach § 1587 Abs. 2 BGB fingierte Ehezeit dient im Versorgungsausgleichsverfahren als Bemessungsgrundlage für die Höhe des Ausgleichs. Sie stellt also lediglich eine einzelne, aufgrund bestimmter Tatsachen und rechtlicher Wertungen zu gewinnende Voraussetzung für die Berechnung des Versorgungsausgleichs dar. Daher kann sie nicht isoliert im Wege einer Zwischenstreitentscheidung festgestellt werden. Also war die Zwischenentscheidung unzulässig, so daß die Beschwerde Erfolg hat (s. zum ganzen: OLG Hamm FamRZ 1980, 897f.; OLG Stuttgart NJW 1978, 1489).

83. Erlaß, Bekanntmachung, Wirksamwerden

Auf Antrag des Erben B verkündet der Richter am NachlG in mündlicher Verhandlung in Anwesenheit aller Beteiligten einen nicht schriftlich abgefaßten Beschluß, wonach der Testa-

I. Mit **Erlaß** bezeichnet man den Zeitpunkt, in dem eine Entscheidung rechtlich existent wird. Dieser Zeitpunkt ist vor allem aus folgenden zwei Gründen bedeutsam: Zum einen muß das Gericht bei seiner Entscheidung alle Umstände berücksichtigen, von denen es bis zu

mentsvollstrecker T wegen Unfähigkeit zur ordnungsgemäßen Geschäftsführung entlassen wird (§ 2227 Abs. 1 BGB). Wann ist dieser Beschluß
I. erlassen?
II. bekanntgemacht?
III. wirksam geworden?

diesem Zeitpunkt Kenntnis erlangt (s. Nr. 70). Zum anderen stellt sich ab diesem Zeitpunkt die Frage, ob das Gericht noch zur Änderung der erlassenen Entscheidung befugt ist, über die nach § 18 FGG zu entscheiden ist (s. Nr. 86). Erlassen ist eine Verfügung, wenn sie aus dem inneren Bereich des Gerichts heraus gelangt. Mündlich ergangene Beschlüsse werden regelmäßig mit der Verkündung erlassen, ausreichend ist aber auch eine fernmündliche Mitteilung an die Beteiligten (BGH NJW-RR 2000, 877 f.). Schriftlich abgefaßte Verfügungen werden in dem Moment erlassen, in dem sie aus der Verfügungsgewalt des Gerichtes – etwa durch Übergabe an die Post – entlassen werden (Nr. 70 m.w.N.). Der vorliegende Beschluß war daher mit der mündlichen Verkündung erlassen.

II. **Bekanntmachung** ist die Mitteilung an den Adressaten, wie sie § 16 Abs. 2 und 3 FGG regelt. Ihre Bedeutung liegt vor allem darin, daß mit ihr die Frist befristeter Rechtsmittel zu laufen beginnt (§§ 22 Abs. 1 S. 2, 29 Abs. 4 FGG). Die Bekanntmachung erfolgt gegenüber Anwesenden gem. § 16 Abs. 3 FGG durch Verkündung zu Protokoll (BayObLG FGPrax 2001, 150 f.), gegenüber Abwesenden durch förmliche Zustellung, wenn mit der Bekanntmachung eine Frist beginnt, sonst durch einfache mündliche oder schriftliche Mitteilung (§ 16 Abs. 2 FGG). Daneben gibt es zahlreiche Sonderbestimmungen (eingehend: KKW § 16 Rn. 21 ff.).

Nach § 16 Abs. 3 FGG war der vorliegende Beschluß mit der mündlichen Verkündung bekannt gemacht.

III. Unter der **Wirksamkeit** versteht man die Fähigkeit eines Beschlusses, die materiell- oder verfahrensrechtliche Wirkung auszulösen, zu deren Herbeiführung er nach seinem Inhalt geeignet und bestimmt ist (Bärmann § 20 III, S. 146). Die Wirksamkeit tritt nach § 16 Abs. 1 FGG i.d.R. mit der Bekanntmachung ein. Davon gibt es aber Ausnahmen (hierzu KKW § 16 Rn. 15 ff.):

1. Bei **mehreren Adressaten** tritt die Wirksamkeit erst mit Zustellung an den letzten Bekanntmachungsadressaten ein, wenn der Beschluß einen einheitlichen, untrennbaren Inhalt hat und das Gesetz nichts anderes bestimmt (wie etwa in § 51 FGG).

2. **Eintragungsverfügungen** werden mit Vollzug, also mit Eintragung in das Register, wirksam. Die (i.d.R. nachfolgende) Mitteilung des Registergerichts an die Beteiligten dient nur der Information.

3. Ähnliches gilt im Verfahren über die **Erteilung von Erbschein** und **Testamentsvollstreckerzeugnis.** Auch hier sind Erteilungsanordnung und deren Vollzug durch Aushändigung der Urkunde zu unterscheiden (s. Nrn. 29, 143). Die Erteilungsanordnung wird erst mit Aushändigung der genannten Urkunden wirksam.

4. Viele Vorschriften knüpfen die Wirksamkeit an den Eintritt der **formellen Rechtskraft** (s. z.B. §§ 26, 53, 53a Abs. 2, 53g, 55b Abs. 2, 56c, 56f Abs. 3, 82 Abs. 2 FGG, 45 Abs. 2 WEG, 16 Abs. 1 HausratV; zur formellen Rechtskraft Nrn. 89, 110).

5. Nach **§ 1829 Abs. 1 S. 2 BGB** ist schließlich die Wirksamkeit einer Verfü-

gung über die vormundschaftsgerichtliche Genehmigung eines Rechtsgeschäftes an die Mitteilung durch den Vormund gegenüber dem Geschäftsgegner gekoppelt.

IV. Im vorliegenden Fall ist der Beschluß folglich mit der Verkündung in der mündlichen Verhandlung erlassen, bekannt gemacht und wirksam geworden.

84. Bekanntmachungsadressat i. S. d. § 16 Abs. 1 FGG

In Nr. 83 wird – ohne mündliche Verhandlung – der Beschluß über die Entlassung des Testamentsvollstreckers schriftlich abgefaßt und nur dem T zugestellt, nicht dem E. Ist die Entlassung des T damit wirksam geworden?

I. Da keine Sonderregeln eingreifen (dazu Nr. 83 unter III.), wird der Beschluß gem. § 16 Abs. 1 FGG mit der Bekanntmachung an denjenigen wirksam, für welchen er seinem Inhalt nach bestimmt ist. Zum Kreis dieser Personen gehören nach h. M. in Antrags- und Beschwerdesachen wenigstens Antragsteller und Beschwerdeführer und in echten Streitsachen auch Antrags- und Beschwerdegegner. Darüber hinaus sollen alle Personen darunter fallen, deren Rechtsstellung durch die Entscheidung unmittelbar betroffen wird (zum Ganzen: Bärmann § 20 II 2, S. 144 f.; KKW § 16 Rn. 10 ff.).

II. Das sind jedoch nur Grobregeln. In Wirklichkeit muß in jedem Einzelfall nach dem Sinn und Zweck des § 16 Abs. 1 FGG geprüft werden, wer Bekanntmachungsadressat ist (Jansen § 16 Rn. 11). § 16 Abs. 1 FGG soll gewährleisten, daß eine Verfügung dann wirksam wird, wenn sie in die Hand dessen gelangt, der sie kennen muß, damit sie ihren Zweck erfüllt.

Der Beschluß über die Entlassung des T muß zur Kenntnis des T gelangen, um seinen Zweck zu erreichen. Er ist daher mit Zustellung an T gem. § 16 Abs. 1 FGG wirksam geworden (BayObLGZ 1969, 138, 142; 1971, 187f.). Eine Bekanntmachung gegenüber dem Antragsteller E ist nach § 16 Abs. 1 FGG nicht erforderlich.

85. Andere Bekanntmachungsadressaten

Muß der Beschluß in Nr. 84 aus anderen Gründen vielleicht doch auch dem E bekannt gemacht werden?

Ja. Von den nach § 16 Abs. 1 FGG für das Wirksamwerden der Entscheidung notwendigen Bekanntmachungsadressaten sind diejenigen zu unterscheiden, an die der Beschluß aus anderen Gründen bekanntzumachen ist. Das sind zum einen alle Beschwerdeberechtigten, da ihr Beschwerderecht nur verwirklicht werden kann, wenn sie von der Entscheidung Kenntnis nehmen können (Habscheid § 24 II 2, S. 181). Dies folgt aus dem Recht auf Gehör (s. Nr. 71). Außerdem ergibt sich aus dem Rechtsstaatsprinzip, daß alle formell Beteiligten erfahren müssen, wie das Verfahren ausgegangen ist (Brehm Rn. 400).

Der Beschluß über die Entlassung des Testamentsvollstreckers ist daher auch dem E als Antragsteller und Erben bekanntzumachen (KKW § 81 Rn. 6). Die unterbliebene Bekanntmachung kann jedoch jederzeit nachgeholt werden, z.B. auch noch in der Beschwerdeinstanz (BayObLGZ 1971, 187, 188f.).

86. Abänderung unrichtiger Entscheidungen

A beantragt unter Vorlage eines Testamentes, das ihn

Das Gericht wird zunächst an eine Änderung seiner Verfügung denken.

als Alleinerben ausweist, einen Erbschein. B widerspricht dem Antrag, jedoch erfolglos. Das Gericht verfügt die Erteilung eines Alleinerbscheins für A, der ebenso wie B auf Rechtsmittel verzichtet. Der Erbschein wird ausgehändigt. Nach drei Monaten schreibt B an das Gericht, er fechte seinen Verzicht und die Entscheidung des Gerichts an, da A ihn arglistig getäuscht habe. Das von A vorgelegte Testament sei gefälscht, wie er, B, aufgrund eines neuerlich gefundenen Testamentes beweisen könne. Was muß das Gericht tun, wenn es sich von der Wahrheit der von B vorgetragenen Tatsachen überzeugt hat?

I. 1. Während in anderen Verfahrensordnungen ein Gericht an seine einmal erlassene Entscheidung grundsätzlich gebunden ist (s. z.B. § 318 ZPO), kann ein erstinstanzliches fG-Gericht nach § 18 Abs. 1 FGG grundsätzlich seine eigene Entscheidung wieder ändern, wenn es sie nachträglich für ungerechtfertigt hält. Ungerechtfertigt ist eine Entscheidung, wenn das Gericht dabei eine Rechtsnorm falsch angewendet hat (Rechtsfehler) und/oder einen falschen Sachverhalt zugrunde gelegt hat (Tatsachenfehler). Diese Voraussetzung liegt hier vor.

2. Auch eine völlig entgegengesetzte Verfügung, z.B. die Aufhebung einer Entscheidung, ist noch eine „Änderung". Sie erfolgt in Fortsetzung des ursprünglichen Verfahrens, nicht in einem neuen Verfahren.

II. 1. Entgegen dem Wortlaut des § 18 Abs. 1 FGG ist das Gericht zur Änderung nicht nur berechtigt („kann"), sondern auch verpflichtet, und zwar grundsätzlich von Amts wegen. Nur wenn in Antragsverfahren ein Antrag zurückgewiesen worden ist, setzt die Änderungsverfügung einen erneuten Antrag voraus (§ 18 Abs. 1, 2. Halbs. FGG). Da vorliegend dem Antrag des A stattgegeben worden ist, kommt eine Änderung von Amts wegen in Betracht.

2. § 18 Abs. 2 FGG verbietet die Änderung solcher Verfügungen, die der sofortigen Beschwerde unterliegen. Da in Erbscheinserteilungsverfahren keine sofortige Beschwerde vorgesehen ist, hindert § 18 Abs. 2 FGG eine Änderung nicht.

3. Nach der zutreffenden h.M. (KKW § 18 Rn. 15; Bärmann § 21 II 3 c, S. 153;

a. A. Brehm Rn. 426; jeweils m. w. N.) ist § 18 Abs. 1 FGG allerdings nicht anwendbar, wenn eine Entscheidung unanfechtbar und damit formell rechtskräftig geworden ist. Denn die formelle Rechtskraft soll aus Gründen der Rechtssicherheit den Bestand der Entscheidung umfassend sichern. Dieser Zweck verbietet eine Anwendung des § 18 FGG.

Da vorliegend beide Beteiligte auf Rechtsmittel verzichtet haben, ist formelle Rechtskraft eingetreten (s. Nr. 110), wenn die Verzichtserklärungen wirksam sind.

B hat jedoch erklärt, er fechte seine Verzichtserklärung an. Nun sind zwar Verzichtserklärungen als Verfahrenshandlungen nicht nach den Regeln über privatrechtliche Willenserklärungen anfechtbar, sondern allenfalls widerrufbar, wenn der Gegner in seinem Vertrauen auf die Verfahrenslage nicht schutzwürdig ist. Da aber A das Testament gefälscht hat und B ein anderes Testament vorlegen kann, liegen Gründe zur Wiederaufnahme des Verfahrens vor (§ 580 Nr. 2, 7b ZPO analog; dazu Nr. 93), die zugleich zum Widerruf des Rechtsmittelverzichts berechtigen. Bei Restitutionsgründen ist der Gegner nicht schutzwürdig, so daß Prozeßhandlungen widerrufbar sind. Die Anfechtungserklärung des B kann daher in einen Widerruf umgedeutet werden. Die Erteilungsverfügung ist deshalb nicht formell rechtskräftig geworden.

4. Dennoch ist eine Änderung der Erbscheinserteilungsanordnung nicht mehr zulässig, nachdem sie einmal durch die Erteilung des Erbscheins vollzogen worden ist. Da im Rechtsverkehr der gute Glaube an einen falschen Erbschein so

lange geschützt wird, wie der Erbschein in der Welt ist (§ 2366 BGB), kann es nur noch darum gehen, den falschen Erbschein (mit Wirkung ex nunc) aus der Welt zu schaffen. Das ist aber durch bloße Änderung der Erbscheinserteilungsanordnung nicht möglich (auch nicht durch ihre Aufhebung).

5. Deshalb sieht die Sonderregel des § 2361 BGB vor, daß das NachlG einen unrichtigen Erbschein in einem neuen Verfahren einzuziehen oder für kraftlos zu erklären hat. Obwohl dies nach § 2361 BGB von Amts wegen zu geschehen hat, wird häufig ein entsprechender Antrag gestellt. Das Begehren des A kann als ein solcher Einziehungsantrag ausgelegt werden. Eine Auslegung als Beschwerde wäre nicht interessengerecht (vgl. dazu Nr. 145).

6. Vergleichbares gilt für vollzogene Grundbuchverfügungen (s. Nrn. 181, 185). § 18 FGG wird außerdem noch durch zahlreiche Sondervorschriften verdrängt, die über eine Vielzahl von Gesetzen verstreut sind (Übersicht bei KKW § 18 Rn. 40 ff.).

87. Abänderung bei nachträglicher Veränderung der Umstände

Der Minderjährige K verliert bei einem Autounfall seine Eltern. Zum Vormund des K wird der angesehene Immobilienmakler V bestellt. Nach eineinhalb Jahren erfährt das VormG, daß V infolge eines Verkehrsunfalls geistig und körper-

I. Eine Aufhebung der Bestellungsverfügung (§ 1789 BGB) im Wege der Abänderung nach § 18 FGG ist ausgeschlossen. § 18 FGG ist nur anwendbar, wenn eine Entscheidung von Anfang an fehlerhaft ist. Im vorliegenden Fall sind aber erst nachträglich Umstände eingetreten (Behinderung des V und Betreuerbestellung), die die ursprünglich berechtigte Entschei-

lich behindert ist und für ihn gem. § 1896 BGB ein Betreuer bestellt worden ist. Kann das VormG dem V die Vormundschaft entziehen?

dung (Bestellung des V zum Vormund) als nunmehr nicht länger gerechtfertigt erscheinen lassen (§ 1781 Nr. 2 BGB).

II. Fälle einer nachträglichen Änderung der tatsächlichen Umstände einer Entscheidung sind jedoch in zahlreichen Einzelbestimmungen der fG geregelt. In manchen Fällen erklärt das Gesetz eine Verfügung mit Wegfall ihrer Voraussetzungen automatisch für gegenstandslos, z. B. in § 1882 BGB (Ende der Vormundschaft bei Erreichen der Volljährigkeit). In den meisten Fällen ist – mit unterschiedlichem Wortlaut – eine Änderungsbefugnis des Gerichts vorgesehen, die bei richtiger Auslegung auch eine Änderungspflicht einschließt (z. B. §§ 1696, 1886, 1908 b, 1908 d, 1919, 1921 BGB, 17 HausratV, 45 Abs. 4 WEG).

III. Diesen Spezialvorschriften liegt ein **allgemeiner Rechtsgedanke** zugrunde, der auch in anderen Verfahrensordnungen gilt (s. insb. § 323 ZPO) und auch dort anwendbar ist, wo Spezialregeln fehlen: Entscheidungen mit Dauerwirkung sind vom Gericht in einem neuen Verfahren einer nachträglichen Veränderung der tatsächlichen Grundlage anzupassen, wobei nur in Antragssachen ein entsprechender Antrag vorausgesetzt wird (Brehm Rn. 442). Dem steht weder die formelle Rechtskraft der alten Entscheidung entgegen, denn sie betrifft nicht das neue Abänderungsverfahren, noch die materielle Rechtskraft der alten Entscheidung, denn sie hat zeitliche Grenzen (s. §§ 323, 767 ZPO).

IV. Vorliegend ist das VormG bereits nach §§ 1886, 1781 Nr. 2 BGB verpflichtet, den Vormund V zu entlassen.

88. Bindung des fG-Gerichts
an materiell rechtskräftige Entscheidungen

A klagt gem. § 256 ZPO gegen B auf Feststellung, daß er Alleinerbe nach E ist. Das Gericht gibt der Klage irrtümlich statt. Tatsächlich sind A, B und C Miterben zu je ⅓. Nachdem das Urteil rechtskräftig geworden ist, beantragen A unter Berufung auf das Urteil einen Alleinerbschein und B und C unter Hinweis auf die wahre Rechtslage je einen Teilerbschein zu ⅓. Wie wird das NachlG über die Anträge entscheiden?

I. FG-Gerichte haben – wie andere Gerichte auch – die Voraussetzungen ihrer Entscheidung selbständig zu prüfen (s. für NachlG oben Nr. 57). Dabei können sie allerdings durch bereits vorliegende, materiell rechtskräftige Entscheidungen gebunden sein (BayObLGZ 1987, 325, 329 ff.; KKW § 1 Rn. 45). Die materielle Rechtskraft spielt eine Rolle bei „Identität", häufiger bei „Präjudizialität" (s. Jauernig, Zivilprozeßrecht, § 62 I, S. 216 f.), und zwar jeweils beschränkt auf die Verfahrensbeteiligten des ersten Verfahrens (s. auch § 325 ZPO).

Bei identischem Verfahrensgegenstand steht einer neuen, mindestens aber abweichenden Sachentscheidung im zweiten Verfahren der Einwand der materiellen Rechtskraft entgegen („Verfahrenshindernis"). Wenn die Verfahrensgegenstände zwar verschieden sind, die materiell rechtskräftige Entscheidung aber eine Vorfrage der Entscheidung im zweiten Verfahren betrifft, dann muß das Gericht des zweiten Verfahrens die in der Erstentscheidung ausgesprochene Rechtsfolge ungeprüft seiner eigenen Entscheidung zugrunde legen (Präjudizialität). In diesem Sinn kann ein Feststellungsurteil gem. § 256 ZPO präjudizielle Rechtskraft in einem Erbscheinsverfahren entfalten.

II. Danach gilt hier folgendes: C ist zu ⅓ Erbe und durch die Rechtskraft des Feststellungsurteils nicht betroffen. Das NachlG muß daher ihm aufgrund eigener Prüfung einen Teilerbschein zu ⅓ ausstellen. Danach ist nur noch zu entscheiden, wie der Erbschein für die restlichen $2/3$ der Erbschaft auszusehen hat. Da aufgrund des Feststellungsurteils zwischen A und B rechtskräftig feststeht, daß B kein Erbe ist, ist sein Antrag zurückzuweisen. Danach verbleibt nur noch die Möglichkeit, dem A einen Teilerbschein zu $2/3$ zu erteilen, wenn er – nach entsprechendem Hinweis des NachlG (§ 139 ZPO analog, s. Nrn. 53, 54) – seinen Antrag entsprechend ändert. Anderenfalls ist sein Antrag zurückzuweisen.

89. Materielle Rechtskraft in der fG

In einem Scheidungsverfahren entschied das FamG durch Verbundurteil vom 1. 3. u. a. über den Versorgungsausgleich. In der Entscheidung wurden Anwartschaften des Ehemannes auf Leistungen aus einer betrieblichen Altersversorgung nicht berücksichtigt. Der Ehemann hatte zwar ihr Bestehen in einem Schriftsatz bejaht; sie waren aber vom Gericht übersehen worden. Am 3. 11. beantragte die Ehefrau beim FamG, ihren Ehemann zur Auskunft über diese Altersversorgung zu verurteilen. Mit Erfolg?

I. Der geltend gemachte Auskunftsanspruch ist ein Hilfsanspruch zur Unterstützung des Hauptanspruchs auf Versorgungsausgleich. Deshalb braucht über Versorgungsanwartschaften nur Auskunft gegeben zu werden, soweit dies zur Feststellung des Versorgungsausgleichs (noch) erforderlich ist (§§ 1587 e Abs. 1, 1580 S. 2, 1605 Abs. 1 S. 1 BGB). Diese Voraussetzung fehlt hier, wenn die Entscheidung über den Versorgungsausgleich materiell rechtskräftig geworden ist. Denn die materielle Rechtskraft schließt eine neue, mindestens eine abweichende gerichtliche Sachentscheidung über denselben Verfahrensgegenstand zwischen denselben Verfahrensbeteiligten aus (Nr. 88).
II. Welche fG-Entscheidungen materiell rechtskräftig werden können, ist umstritten.
1. Zu überlegen ist zunächst, ob die Gestaltungswirkung vieler Entscheidungen in der fG eine Rechtskraftwirkung aus-

schließt. Um eine solche Gestaltungsent-
scheidung handelt es sich auch bei der
Entscheidung über den Versorgungsausgleich, da die Anwartschaften durch sie
neu zugeordnet werden (KG FamRZ
1982, 1091). Teilweise wird die Möglichkeit materieller Rechtskraft neben der
Gestaltungswirkung verneint (Habscheid
§ 28 II 3, S. 205 f.), von der h. M. aber
zu Recht bejaht (KG FamRZ 1982,
1091; Bärmann § 22 II 2, S. 160 m. w. N.).
Die rechtsgestaltende Entscheidung verändert einen Rechtszustand, die materielle
Rechtskraft verhindert dagegen eine erneute Umgestaltung. Also steht die Gestaltungswirkung der Möglichkeit materieller Rechtskraft nicht entgegen.

2. Materielle Rechtskraft setzt allerdings
voraus, daß die Entscheidung des fG-
Gerichts formell rechtskräftig, also mit
Rechtsmitteln nicht mehr anfechtbar ist
(zur formellen Rechtskraft s. Nr. 110) und
auch nach § 18 FGG nicht mehr abgeändert werden kann. Denn die materielle
Rechtskraft verlangt den äußeren Bestand
der Entscheidung. Da Versorgungsaus-
gleichsentscheidungen nur mit der befristeten Beschwerde nach §§ 621 e Abs. 3
i. V. m. 517 ZPO angefochten werden
können und die Monatsfrist hier ungenutzt verstrichen ist, ist die Entscheidung
des FamG formell rechtskräftig (s. BGH
NJW 1982, 1646, 1647).

3. Aber nicht alle formell rechtskräftigen
Entscheidungen werden auch materiell
rechtskräftig. Eine dem § 322 ZPO entsprechende Regelung fehlt in der fG. Es
ist zu unterscheiden:

a) Endentscheidungen in echten Streitsachen erwachsen immer in materielle

Rechtskraft (Brehm Rn. 455 m. w. N.; s. auch §§ 16 Abs. 1 S. 2 HausratV, 45 Abs. 2 S. 2 WEG).

b) Bei Entscheidungen in nicht streitigen Angelegenheiten ist regelmäßig bereits durch den Fürsorgezweck des Verfahrens eine Bestandskraft der Entscheidung ausgeschlossen. Besteht ausnahmsweise ein Bedürfnis für eine Bindung, so greifen vielfach spezifische, rechtskraftfremde Bindungswirkungen ein (vgl. §§ 33 a VerschG, 97 Abs. 1 FGG). Überdies kann einem neuen Verfahren auch das fehlende Rechtsschutzbedürfnis, einen identischen Antrag zu wiederholen, entgegenstehen (OLG Brandenburg FGPrax 1997, 118 f.). Ob daneben noch in bestimmten Verfahren Raum für eine materielle Rechtskraft verbleibt, ist umstritten (ablehnend Brehm Rn. 471; befürwortend KKW § 31 Rn. 19).

III. Die Entscheidung über den Versorgungsausgleich ergeht in einer echten Streitsache, so daß sie der materiellen Rechtskraft fähig ist (BGH NJW 1982, 1646, 1647; 1984, 2364 f.). Mit Ablauf der Beschwerdefrist ist die Entscheidung des FamG deshalb formell und materiell rechtskräftig geworden. Für das Auskunftsbegehren fehlt es mithin an der Erforderlichkeit i. S. v. § 1605 Abs. 1 S. 1 BGB. Der Antrag der Ehefrau ist unbegründet.

90. Bindungswirkung von fG-Entscheidungen

Auf Antrag des Ehepaares E und mit Zustimmung des 15 jährigen Kindes K sowie dessen Eltern beschloß das Eine Adoption, die vom VormG durch Beschluß ausgesprochen wird (§ 1752 BGB), ist im Personenstandsregister durch Randvermerk festzuhalten (§§ 15 Abs. 1

VormG die Adoption des K durch die E. Kann der Standesbeamte die Eintragung der Adoption mit der zutreffenden Begründung verweigern, das VormG sei örtlich unzuständig gewesen?

Nr. 3, 30 Abs. 1 PStG). Ob der Standesbeamte dabei ein Prüfungsrecht hinsichtlich der Rechtmäßigkeit der Adoption hat, ist nach der Bindungswirkung der Entscheidung des VormG zu beurteilen. I. Eine Bindungswirkung geht zunächst von der materiellen Rechtskraft aus. Soweit Entscheidungen der fG in materielle Rechtskraft erwachsen, ist die Rechtskraftwirkung auch von Verwaltungsbehörden und Gerichten anderer Gerichtszweige zu beachten (Einzelheiten Nrn. 88, 89). Gleiches gilt für Entscheidungen, denen Gestaltungswirkung zukommt, und zwar ungeachtet dessen, ob sie auch in materielle Rechtskraft erwachsen (s. Nr. 89). Unterschiede bestehen in der Reichweite der Bindung. Während die Rechtsgestaltung „inter omnes" wirkt, ist die Rechtskraft auf die Beteiligten beschränkt. Für einzelne Verfahren ist durch Sondervorschriften die Bindungswirkung der Entscheidung ausdrücklich hervorgehoben (z.B. §§ 56e S. 3 FGG, 16 Abs. 1 HausratV, 45 Abs. 2 WEG, 311 UmwG). Sonstige Entscheidungen in der fG, also solche ohne Gestaltungswirkung und ohne materielle Rechtskraft, erzeugen i.d.R. keine Bindungswirkung. Im Einzelfall kann ihnen jedoch Tatbestandswirkung zukommen. Darunter versteht man, daß sich an die bloße Existenz der Entscheidung rechtliche Nebenfolgen anknüpfen, weil das Vorliegen einer solchen Entscheidung zum Tatbestand einer (meist materiell-rechtlichen) Norm gehört (Bärmann § 23 4, S. 164). Voraussetzung für eine Bindungswirkung ist natürlich immer, daß die Entscheidung nicht nichtig ist (zur Nichtigkeit Nr. 91).

II. Vorliegend steht dem Standesbeamten ein Prüfungsrecht nicht zu. Der Zuständigkeitsmangel (§ 43 b FGG) führt gem. § 7 FGG nicht zur Nichtigkeit der Entscheidung (hierzu Nr. 25). Der Ausspruch der Kindesannahme durch das VormG (§ 1752 Abs. 1 BGB) ist unanfechtbar und nicht änderbar (§ 56 e S. 3 FGG). Ihm kommt Gestaltungswirkung zu. Aufgrund der Bindungswirkung ist der Standesbeamte verpflichtet, die Eintragung vorzunehmen (vgl. BayObLG FamRZ 1996, 1034; 1985, 201, 202).

91. Rechtsfolgen fehlerhafter Entscheidungen

Der geschäftsunfähige V wird vom VormG zum Vormund des minderjährigen M bestellt. Ist die Ernennung des V wirksam?

I. Gem. § 1780 BGB hätte V nicht zum Vormund bestellt werden dürfen. Wann die Fehlerhaftigkeit einer Entscheidung zur Nichtigkeit und wann nur zur Anfechtbarkeit führt, ist in der fG nur in Einzelfällen (z. B. §§ 7, 32 FGG, 8 Abs. 4 RPflG) ausdrücklich geregelt (zur Nichtigkeitsproblematik bei Zuständigkeitsmängeln s. Nrn. 25, 28, 29).

1. Früher bestanden hinsichtlich der Rechtsfolgen fehlerhafter Entscheidungen Unsicherheiten (Übersicht: KKW § 7 Rn. 23 ff.; so nahm man etwa unter Berufung auf einen Umkehrschluß aus § 7 FGG und einen in § 32 FGG zum Ausdruck kommenden allgemeinen Rechtsgedanken an, Entscheidungen bei sachlicher Unzuständigkeit oder Verfahrensunzuständigkeit seien nichtig). Heute geht man zunehmend davon aus, daß die fG eine Verfahrensordnung ist, die in rechtsstaatlicher Hinsicht den anderen Verfahrensordnungen gleichwertig geworden ist oder (s. BGHZ 78, 57, 60 für echte Streit-

sachen) jedenfalls anzugleichen ist. Daher setzt sich weitgehend die Ansicht durch, daß die Rechtsfolgen fehlerhafter Entscheidungen in der fG denen fehlerhafter Urteile und Beschlüsse in der ZPO und VwGO entsprechen müssen. Dort sind solche Entscheidungen grundsätzlich wirksam, wenn auch i.d.R. mit Rechtsmitteln anfechtbar.

2. Für Entscheidungen in fG-Streitsachen ist demnach Nichtigkeit nur bei besonders schweren Fehlern anzunehmen. Hierher gehören nach h.M. z.B. Fälle, in denen die deutsche Gerichtsbarkeit nicht gegeben ist, in denen ein verfahrenseinleitender Antrag fehlt (u.E. zweifelhaft), in denen es an jeder gesetzlichen Grundlage für die Entscheidung fehlt oder diese eine der Rechtsordnung unbekannte Rechtsfolge anordnet (weitere Beispiele: KKW § 7 Rn. 40ff.; Brehm Rn. 411). In Fürsorgesachen gilt grundsätzlich dasselbe. Nur führt hier das Fehlen eines Verfahrensantrags nicht zur Nichtigkeit. Die Entscheidung ist wirksam, aber i.d.R. anfechtbar (Brehm Rn. 412).

II. Für Fälle der vorliegenden Art entnimmt die h.M. der Formulierung des § 1780 BGB ("... **kann** nicht bestellt werden..."), daß eine entgegen der Vorschrift vorgenommene Vormundbestellung unheilbar nichtig ist (MK/Schwab § 1780 Rn. 1, 6 m.w.N.). Die Ernennung des V ist daher unwirksam. U.E. ist diese formale Begründung sehr zweifelhaft.

H. Rechtsmittel und Rechtsbehelfe

I. Überblick

92. Die Rechtsmittel

I. Welche Rechtsmittel gibt es in der fG?

II. Welche Gerichte sind in den Instanzen zuständig?

III. Wie lange kann man mit der Einlegung eines Rechtsmittels warten?

IV. Welche Wirkungen hat die Einlegung eines Rechtsmittels?

I. Gegen erstinstanzliche Entscheidungen gibt es die **Beschwerde** (§§ 19–26 FGG), gegen Beschwerdeentscheidungen die **weitere Beschwerde** (§§ 27–29 FGG). Die Beschwerde eröffnet eine zweite Tatsacheninstanz (§ 23 FGG; eingeschränkt nur noch die Berufung der ZPO, vgl. §§ 513 Abs. 2, 529 ff. ZPO), die weitere Beschwerde eröffnet wie die Revision der ZPO eine reine Rechtsinstanz (§ 27 FGG).

II. 1. **Im Regelfall** ist erste Instanz das AG (z. B. §§ 35, 72 FGG); Beschwerdeinstanz das LG (§ 19 Abs. 2 FGG); Instanz der weiteren Beschwerde das OLG (§ 28 Abs. 1 FGG; in Bayern das BayObLG; in Rheinland-Pfalz nur das OLG Zweibrükken; s. auch Nr. 8). Will ein OLG von der Rechtsansicht eines anderen OLG oder des BGH abweichen, muß es zur Wahrung der Rechtseinheit die weitere Beschwerde dem BGH vorlegen (§ 28 Abs. 2 FGG).

2. Hierzu gibt es zahlreiche **Ausnahmen** sowohl von dem Grundsatz, daß das AG die erste Instanz ist (s. dazu Nr. 20), als auch von dem Grundsatz, daß das Rechtsmittelgericht stets das nächsthöhere Gericht ist. Zu merken ist insbesondere, daß es gegen erstinstanzliche End-

entscheidungen des AG – FamG – die befristete Beschwerde zum OLG gibt (§§ 621e Abs. 1, 629a Abs. 2 ZPO, 64 Abs. 3 FGG; s. Nr. 129). Nur gegen einen Teil der Beschwerdeentscheidungen gibt es dann die befristete Rechtsbeschwerde zum BGH (§§ 621e Abs. 2 ZPO, 64 Abs. 3 FGG).

III. Nach § 19 Abs. 1 FGG ist die Beschwerde grundsätzlich unbefristet (**einfache** Beschwerde), sofern nicht durch Sonderbestimmungen (z.B. §§ 20a Abs. 2, 56g Abs. 5, 60 Abs. 1, 69g Abs. 4, 70m Abs. 1 FGG, 45 Abs. 1 WEG) eine Beschwerde als **sofortige** Beschwerde bezeichnet ist. Dann gilt eine Beschwerdefrist von zwei Wochen (§ 22 FGG). Gleiches gilt für die weitere Beschwerde (§ 29 Abs. 2 FGG).

Das wachsende Bedürfnis nach Rechtssicherheit führt zu immer mehr Sonderregeln mit sofortigen Beschwerden. In den Fällen der einfachen Beschwerden ist die Rechtsprechung gelegentlich versucht, Beschwerden, die noch sehr lange Zeit nach Erlaß einer Entscheidung eingelegt werden, unter dem Gesichtspunkt der **Verwirkung** (§ 242 BGB) zurückzuweisen (dazu BGHZ 43, 289, 292f.; BayObLGZ 1996, 69, 72). Das ist dogmatisch zweifelhaft, weil der Beschwerdeführer i.d.R. keinen Vertrauenstatbestand geschaffen hat, auf den ein anderer (wer eigentlich? das Beschwerdegericht?) vertraut hat.

IV. Notwendige Wirkung ist der **Devolutiveffekt** (hebt die Sache in die nächsthöhere Instanz). Mögliche, aber seltenere Wirkung ist der **Suspensiveffekt** (hemmt die Wirkung der Entscheidung bis zum

Eintritt der formellen Rechtskraft): nur in den Fällen der §§ 24, 26 FGG.

93. Die Rechtsbehelfe

I. Wie definieren Sie einen Rechtsbehelf?

II. Welche Rechtsbehelfe kennen Sie in der fG?

I. Ein Rechtsbehelf i. e. S. ist ein prozessuales Anfechtungsrecht gegen eine gerichtliche Entscheidung, das zur Überprüfung der Entscheidung in derselben Instanz führt. Es hat also im Gegensatz zum Rechtsmittel **keinen Devolutiveffekt.** Rechtsbehelfe i. w. S. sind Rechtsbehelfe i. e. S. und Rechtsmittel.

II. 1. Rechtsbehelfe i. e. S. sind:

a) die **Rechtspflegererinnerung** gem. § 11 Abs. 2 RPflG (s. Nrn. 108, 109);

b) die Erinnerung gegen eine Entscheidung des **UdG** analog § 573 Abs. 1 ZPO (s. Nr. 110);

c) der Einspruch, z. B. nach §§ 132 Abs. 1 S. 1 a. E., 140 Nr. 1, 159 Abs. 1 2. Fall FGG;

d) der Widerspruch, z. B. nach §§ 141, 142 Abs. 2, 144, 147, 155 Abs. 2, 159 Abs. 1 1. Fall, 161 Abs. 1 FGG;

e) der Antrag auf Wiedereinsetzung in den vorigen Stand bei unverschuldetem Fristversäumnis, z. B. nach §§ 22 Abs. 2, 29 Abs. 4, 92, 99, 137 FGG.

2. Jedenfalls rechtsbehelfsähnlich ist der **Antrag auf Wiederaufnahme** eines rechtskräftig abgeschlossenen Verfahrens durch dasselbe Gericht. Analog § 578 ff. ZPO ist er auch in der fG zulässig. Wenn nämlich die strengere ZPO bei schweren Verfahrensverstößen (§ 579), bei strafbarer Beeinflussung des Urteilsinhalts (§§ 580 Nr. 1–5) und bei sonstigen falschen Urteilsgrundlagen (§ 580 Nr. 6, 7) die Wiederaufnahme zuläßt, muß dies erst

recht in der stärker auf Einzelfallgerech-
tigkeit bedachten fG möglich sein (Bärmann § 34 II, S. 219; BGHZ 125, 288,
290).

3. **Kein** Rechtsbehelf ist die im Gesetz
geregelte **Dienstaufsichtsbeschwerde.** Sie
richtet sich nicht gegen den Inhalt einer
Entscheidung, sondern gegen das dienstli-
che Verhalten des Richters oder Rechtspflegers, und auch nicht an das Gericht,
sondern an den Dienstvorgesetzten des
Richters oder Rechtspflegers (z. B.: Ge-
richtspräsident; näher zur Dienstaufsichtsbeschwerde: Weirich § 70 I 6, S. 90; s.
Nr. 96).

II. Die Beschwerde und die weitere Beschwerde

94. Beschwerdefähige Entscheidungen

A beantragt beim NachlG einen Alleinerbschein und legt dazu ein Testament vor, in dem er als Alleiner-be eingesetzt ist. B wider-spricht und trägt vor, der Erblasser habe das Testa-ment wirksam widerrufen. Der zuständige Richter (§§ 72 f. FGG, 16 Nr. 6 RPflG; s. Nr. 27) teilt den Beteiligten mit, er beab-sichtige, die Erteilung des Alleinerbscheins abzuleh-nen. Er stelle dem A daher anheim, den Antrag aus Kostengründen binnen vier Wochen zurückzunehmen, so lange werde er mit der

I. Statthaft ist die Beschwerde nur ge-gen erstinstanzliche „Verfügungen" (§ 19 Abs. 1 FGG). Damit sind „Entscheidun-gen" gemeint, also alle Entschließungen, die in der Sache selbst ergehen, auf ei-nen sachlichen Erfolg gerichtet, für die Außenwelt bestimmt und den Beteilig-ten bekannt gemacht worden sind (KKW § 19 Rn. 2 ff.), sofern nicht im Einzel-fall ihre Anfechtbarkeit durch Sonderre-geln ausgeschlossen ist. Beschwerdefähig sind aber nicht nur Endentscheidungen, sondern auch Zwischenverfügungen (s. Nr. 80), wenn sie bereits in die Rechte Beteiligter eingreifen (KKW § 19 Rn. 9; s. Nr. 39 a)

II. Die Mitteilung des Richters stellt keine diese Anforderungen erfüllende Entschei-dung, sondern nur die Ankündigung einer

abschließenden Entschei-
dung warten. A legt Be-
schwerde ein. Ist diese
statthaft?

solchen, also nicht mehr als eine Meinungsäußerung dar. Dagegen ist eine Beschwerde nicht statthaft (zum Sonderfall
des Vorbescheides s. Nr. 143).

95. Untätigkeitsbeschwerde

Wie Nr. 94. Amtsrichter R,
der bislang nur Strafsachen
bearbeitet hat, erscheint die
Rechtslage „sehr undurch-
sichtig". Da er von der
Möglichkeit eines „Vorbe-
scheides" (s. dazu Nr. 143)
noch nie gehört hat, will er
aus Gründen „höchster
Vorsicht" zunächst abwar-
ten und betraut seinen
Referendar mit der Anferti-
gung eines Gutachtens. Als
R nach vier Monaten immer
noch keine Entscheidung
getroffen hat, legt A wegen
Untätigkeit des R Be-
schwerde ein. Zulässig?

Nein. Das Untätigbleiben des Gerichts ist
keine Entscheidung i.S.d. § 19 Abs. 1
FGG, weil es keine sachliche Entschließung mit Außenwirkung enthält. Eine
Untätigkeitsbeschwerde in Analogie zu
den §§ 75 VwGO, 27 EGGVG, 111 Abs. 2
BNotO, 11 Abs. 3, 21 Abs. 3 BRAO ist
gegen ein Verhalten eines Gerichts nicht
zulässig, weil die genannten Vorschriften
nur Schutz gegen die Untätigkeit von
Verwaltungsbehörden gewähren (KKW
§ 19 Rn. 8 m.w.N.).

96. Anderweitiger Rechtsschutz gegen Untätigkeit

Welche Möglichkeit ver-
bleibt dem A in Nr. 95, um
sich gegen das Untätigbleiben des R zu wehren?

Die Dienstaufsichtsbeschwerde (s. Nr. 93
unter II. 3.); ferner die Verfassungsbe-
schwerde (Art. 93 Abs. 1 Nr. 4a GG)
wegen Verletzung des Art. 19 Abs. 4
GG, soweit das Verhalten des Gerichts
einer Rechtsverweigerung gleichkommt
(Einzelheiten: M/D/H/Schmidt-Aßmann
Art. 19 Abs. 4 GG Rn. 262 f.).

97. Materielle Beschwer

Nachdem das FamG den
Eltern des minderjährigen

Für die angegriffene Entscheidung war
der Rechtspfleger (§§ 3 Nr. 2a, 14 RPflG)

K das Sorgerecht gem. §§ 1666, 1666a BGB entzogen hatte, ordnet es ferner durch den Rechtspfleger die Vormundschaft gem. § 1774 BGB an und wählt den V gem. § 1779 BGB als Vormund für K aus. Die Eltern sind zwar bereit, die Sorgerechtsentscheidung hinzunehmen, weil sie das Kind als Last empfinden. Mit der Auswahl des Vormunds sind sie jedoch nicht einverstanden, weil sie ihn für die Erziehung für ungeeignet halten. Sie legen daher gegen die Entscheidung des Rechtspflegers über die Auswahl des Vormunds Beschwerde ein. Ist die Beschwerde der Eltern zulässig?

am FamG (§ 1697 BGB; anderes gilt für die Bestellung des Vormunds, für die das VormG gem. § 1789 BGB ausschließlich zuständig ist) zuständig. Das dagegen gerichtete Rechtsmittel ist als befristete Beschwerde gem. §§ 621e Abs. 1 u. 3, 517, 621 Abs. 1 Nr. 1 ZPO, 11 Abs. 1 RPflG statthaft. Die Zulässigkeit der Beschwerde der E hängt davon ab, ob diese beschwerdebefugt sind.

I. Nach § 20 Abs. 1 FGG steht die Beschwerde nur demjenigen zu, „dessen Recht durch die Verfügung beeinträchtigt ist" (materielle Beschwer).

1. Sie liegt nicht schon dann vor, wenn der Beschwerdeführer in einem wirtschaftlichen oder ideellen Interesse betroffen ist. Vielmehr muß die Verfügung in ein materielles, subjektives Recht eingreifen. Ob dem Beschwerdeführer ein subjektives Recht zusteht, hängt davon ab, ob die den umstrittenen Lebenssachverhalt regelnden Vorschriften auch zum Schutz seiner Interessen bestimmt sind. Dabei reicht es nicht aus, wenn der Beschwerdeführer lediglich einen Verfahrensfehler geltend macht. Denn Verfahrensrecht ist kein Selbstzweck, sondern dient nur der Durchsetzung des materiellen Rechts. Soweit die Entscheidung materiell rechtmäßig ist, kommt es nicht mehr darauf an, wie dieses Ergebnis zustande gekommen ist (h.M.: BGH NJW 1999, 3718, 3720; KKW § 20 Rn. 10; zum Grundbuchverfahren s. Nr. 186; zu den Besonderheiten des Erbscheinsverfahrens s. Nr. 144).

2. Umstritten ist, ob § 20 Abs. 1 FGG die Feststellung einer Rechtsbeeinträchtigung voraussetzt oder ob es ausreicht,

wenn aufgrund des Vorbringens des Beschwerdeführers eine solche nur möglich erscheint.

a) Die wohl h.M. nimmt ersteres an (KKW § 20 Rn. 16 ff.; Jansen § 20 Rn. 7; Bärmann § 29 II 2 d, S. 189; Bumiller/ Winkler § 20 Rn. 5). Die Rechtsbeeinträchtigung soll danach im Rahmen der Zulässigkeitsprüfung festgestellt werden. Ob diese zu Unrecht erfolgt ist, soll dann Gegenstand der Begründetheitsprüfung sein. Eine Ausnahme wird lediglich für doppelrelevante Tatsachen (s. Nr. 22) gemacht. Gemeint sind damit Fallgestaltungen, in denen die Tatsachen, aus denen sich das betroffene subjektive Recht ergibt, identisch sind mit den Tatsachen, von denen die Begründetheit der Beschwerde abhängt (z.B. bei der Beschwerde des B gegen die Erbscheinserteilungsanordnung zugunsten des A mit der Begründung, B selbst sei Erbe, dazu Nr. 145). Hier soll auch die Feststellung der Rechtsbeeinträchtigung in die Begründetheitprüfung verlegt werden und im Rahmen der Zulässigkeit bereits die Möglichkeit der Rechtsbeeinträchtigung ausreichen (BGH NJW 2001, 3337, 3338).

b) Die h.M. schränkt den Kreis der Beschwerdebefugten unnötig ein. Ziel des § 20 Abs. 1 FGG ist es, Popularbeschwerden zu vermeiden. Diesem Ziel ist bereits dann Genüge getan, wenn die Zulässigkeit der Beschwerde davon abhängig gemacht wird, daß der Beschwerdeführer die Möglichkeit der Rechtsverletzung darlegt. Alles andere kann der Begründetheitprüfung überlassen bleiben (ähnlich: Habscheid § 32 II 1, S. 228 f.). Es gilt

Vergleichbares wie bei § 42 Abs. 2 VwGO (Möglichkeitstheorie).

3. Im vorliegenden Fall ist nach keiner Ansicht eine materielle Beschwer der Eltern gegeben, auch nicht nach der Möglichkeitstheorie. Als subjektives Recht der Eltern i. S. d. § 20 Abs. 1 FGG kommt nur das Sorgerecht (§ 1626 BGB) in Betracht. Dieses ist den Eltern aber bereits vor der Auswahl des Vormunds entzogen worden, die sie angreifen möchten.

II. 1. Ein Beschwerderecht der Eltern könnte sich aber aus §§ 57 Abs. 1 i. V. m. 64 Abs. 3 S. 2 FGG ergeben. Zum zusätzlichen Schutz des Mündels oder Kindes gibt diese Vorschrift in bestimmten Vormundschafts- und Familiensachen Dritten das Recht, ohne eigene materielle Beschwer i. S. d. § 20 Abs. 1 FGG Beschwerde einzulegen. Die Dritten werden dann als **Verfahrensstandschafter** für die Rechte des Kindes oder Mündels tätig. Daher setzt diese Beschwerde gedanklich voraus, daß in der Person des Kindes oder Mündels eine materielle Beschwer i. S. d. § 20 Abs. 1 FGG vorliegt (Brehm Rn. 513). Nach der Art der in § 57 Abs. 1 FGG genannten Entscheidungen ist sie aber stets gegeben.

2. Vorliegend kommt ein Beschwerderecht der Eltern aus § 57 Abs. 1 Nr. 9 FGG in Betracht.

a) Die Auswahl des Vormunds betrifft die Personensorge für K. Auch nach Entziehung des elterlichen Sorgerechts begründet das noch fortbestehende Verwandtschaftsverhältnis ein „**berechtigtes Interesse**" an den Sorgerechtsangelegenheiten des Mündels und damit eine Beschwerdeberechtigung i.S.d. § 57 Abs. 1 Nr. 9 FGG (KG NJW-RR 1986, 1331).

b) Da aber wie eingangs erwähnt die E befristete Beschwerde gem. §§ 621 e Abs. 3, 517, 621 a Abs. 1 Nr. 1 ZPO einlegen müssen, schließen §§ 57 Abs. 2, 64 Abs. 3 S. 3 FGG eine auf § 57 Abs. 1 Nr. 9 gestützte Beschwerdeberechtigung aus. Unbefriedigend ist an diesem Ergebnis vor allem, daß anderes gegolten hätte, wenn das FamG nicht nach § 1697 BGB den Vormund selbst ausgewählt, sondern die Sache an das VormG verwiesen und dieses nach § 1779 BGB den Vormund ausgewählt hätte. Gegen dessen Entscheidung wäre die einfache Beschwerde und damit die Beschwerdeberechtigung der Eltern gem. § 57 Abs. 1 Nr. 9 FGG gegeben gewesen (Palandt/Diedrichsen § 1779 Rn. 8). Der eindeutige Wortlaut des § 64 Abs. 3 S. 3 FGG steht aber einem anderen Ergebnis entgegen (vgl. BGH NJW 1999, 3718, 3720).

III. Die Beschwerde der Eltern ist also mangels Beschwerdeberechtigung unzulässig.

98. Formelle Beschwer

A und B haben beim NachlG die Erteilung eines gemeinschaftlichen Erbscheins beantragt, der sie und C als testamentarische Erben des E zu je ⅓ ausweist. Der zuständige Amtsrichter (§ 16 Abs. 1 Nr. 6 RPflG) hat den Antrag zurückgewiesen. Hier-

I. In reinen Antragsverfahren steht die Beschwerde gegen die Zurückweisung des Antrags gem. § 20 Abs. 2 FGG nur dem Antragsteller zu. § 20 Abs. 2 FGG setzt also eine **formelle Beschwer** voraus. C hatte hier in erster Instanz keinen Antrag gestellt.

II. Gleichwohl kann auch C Beschwerde einlegen. In erweiternder Anwendung des § 20 Abs. 2 FGG steht die Beschwerde

gegen wendet sich C mit der Beschwerde. Zulässig?

gegen eine Antragszurückweisung außer den Antragstellern auch allen Antragsbefugten zu, die denselben Antrag hätten stellen können (BGH NJW 1993, 662; KG NJW-RR 1990, 1292).

1. Das wird teils mit Zweckmäßigkeitsüberlegungen begründet. C könnte in erster Instanz selbst einen neuen Antrag stellen und – wenn dem (wahrscheinlich) nicht stattgegeben würde – dann gem. § 20 Abs. 2 FGG Beschwerde einlegen. Dieser überflüssige Umweg wird vermieden, wenn C gleich Beschwerde einlegen darf.

2. Richtigerweise folgt das Ergebnis aber schon aus der Auslegung des § 20 Abs. 2 FGG nach seinem Sinn und Zweck. Er ist Ausprägung des Dispositionsgrundsatzes. Nur die Antragsberechtigten, nicht Dritte, sollen über den Fortgang des Verfahrens entscheiden können. Demnach muß es jedem Antragsberechtigten möglich sein, sich dem Verfahren der anderen Antragsberechtigten noch nachträglich anzuschließen, auch durch Beschwerdeeinlegung.

III. Nach h. M. muß neben der formellen Beschwer des § 20 Abs. 2 FGG auch die materielle Beschwer des § 20 Abs. 1 FGG vorliegen (BGH NJW-RR 1991, 771 f.; KKW § 20 Rn. 49 m. w. N.). Nach dem Zweck des § 20 FGG, Popularbeschwerden auszuschließen, muß indessen genügen, daß eine formelle Beschwer vorliegt (Brehm Rn. 500). Im vorliegenden Fall kann der Meinungsstreit offen bleiben, weil C materiell beschwert ist. Denn die Zurückweisung des Antrags des A und B versagt den Erbschein auch für das Erbrecht des C.

99. Nachträglicher Wegfall der Beschwer

Die am 27. 3. 1980 geborene M, die eine Krankenpflegeschule besuchen wollte, beantragte im Januar 1998 beim FamG, die Zustimmung ihrer Eltern zu diesem Vorhaben zu ersetzen und ihr zu gestatten, im Schülerinnenheim des Krankenhauses zu wohnen. Anfang Februar entzog das VormG gem. §§ 1631a, 1666 BGB den Eltern das Recht, Berufsausbildung und Aufenthalt ihrer Tochter zu bestimmen. Auf die Mitte Februar eingelegte Beschwerde der Eltern setzte das überlastete LG Termin zur mündlichen Verhandlung auf den 1. April 1998 fest, in dem der Vorsitzende gegenüber den Eltern Bedenken gegen die Zulässigkeit der Beschwerde äußerte. Warum?

Es bestehen Zweifel an der Beschwerdebefugnis der Eltern, weil M inzwischen volljährig geworden ist. Solange M minderjährig war, konnten die Eltern eine mögliche Verletzung ihres Sorgerechts (§ 1626 BGB, Art. 6 Abs. 2 GG) geltend machen.

I. Die Beschwerdebefugnis gem. § 20 Abs. 1 FGG war also zwar im Zeitpunkt der Einlegung der Beschwerde, aber nicht mehr im Termin zur mündlichen Verhandlung gegeben. Als Verfahrensvoraussetzung muß die Beschwerdebefugnis aber bis zur Beschlußfassung fortbestehen (BGH NJW 1993, 126, 127).

II. Die Beschwerdebefugnis ergibt sich auch nicht aus § 57 Abs. 1 Nr. 9 FGG, da dort ebenfalls vorausgesetzt ist, daß das Kind noch unter elterlicher Sorge steht.

III. Die Beschwerde gegen die Entscheidung des VormG ist daher mit der Volljährigkeit der M wegen Wegfalls der Beschwerdeberechtigung unzulässig geworden.

100. Fortsetzungsfeststellungsantrag

Wie vor. Das Beschwerdegericht hat noch nicht entschieden. Die Eltern beantragen nun festzustellen, daß der Beschluß des FamG rechtswidrig gewesen sei. Sie meinen, diese Feststel-

Die Zulässigkeit eines solchen Antrages nach Erledigung der Beschwer könnte auf Art. 19 Abs. 4 GG beruhen.

I. Eine entsprechende Anwendung der §§ 113 Abs. 1 S. 4 VwGO, 131 Abs. 1 S. 1 SGG, 28 Abs. 1 S. 4 EGGVG, 100 Abs. 1 S. 4 FGO über die **Fortsetzungsfeststel-**

lung zur Rettung ihrer Ehre verlangen zu können. Zu Recht?

lungsklage scheidet aus. Die E wenden sich nicht gegen einen Verwaltungsakt, sondern die Entscheidung eines Gerichts. Dieser Unterschied schließt auch eine Analogie im Hinblick auf Art. 19 Abs. 4 GG aus, weil nach dieser Norm in erster Linie Rechtsschutz gegen Maßnahmen der öffentlichen Gewalt durch das Gericht garantiert wird.

II. Über die Zulässigkeit von Fortsetzungsfeststellungsanträgen gegen gerichtliche Entscheidungen ist daher nach eigenen Grundsätzen zu entscheiden: Da Art. 19 Abs. 4 GG keinen Instanzenzug garantiert, kann ein solcher Antrag nur zulässig sein, wenn das Prozeßrecht gegen die jeweilige Entscheidung überhaupt eine zweite Instanz eröffnet. In diesem Fall gewährleistet indes nach der Rechtsprechung des BVerfG das Erfordernis eines effektiven Rechtsschutzes (Art 19 Abs. 4 GG) dem Betroffenen das Recht, in Fällen tiefgreifender, tatsächlich jedoch nicht mehr fortwirkender Grundrechtseingriffe auch dann die Berechtigung des Eingriffs gerichtlich klären zu lassen, wenn die direkte Belastung durch den angegriffenen Hoheitsakt sich nach dem typischen Verfahrensablauf auf eine Zeitspanne beschränkt, in welcher der Betroffene die gerichtliche Entscheidung in der von der Prozessordnung gegebenen Instanz kaum erlangen kann (BVerfGE 96, 27, 39f.) Damit wird die Zulässigkeit des Fortsetzungsfeststellungsantrages keinesfalls zur Regel, sondern bleibt Ausnahme für die Fälle, in denen sich eine richterliche Verfügung wie bei Durchsuchungsanordnungen typischerweise bis zur Entscheidung über das Rechtsmittel erledigt (BGHZ

139, 254, 256 ff.; KKW § 19 Rn. 86 m. w. N.). Ein solcher Ausnahmefall liegt hier nicht vor, da Anordnungen nach § 1666 BGB keinesfalls typischerweise kurz vor der Volljährigkeit des Kindes ergehen mit der Folge, daß sie sich dann erledigen.

III. Das Beschwerdegericht wird daher die Beschwerde auch mit diesem Antrag als (nunmehr) unzulässig verwerfen (OLG Köln FamRZ 1971, 190 f.).

101. Einlegung der Beschwerde

Das Amt des Notars N aus Aachen war erloschen, weil er wegen Veruntreuung von Fremdgeldern zu einer mehrjährigen Haftstrafe verurteilt worden war (§ 47 BNotO). Daraufhin verlangte das zuständige AG seine Notariatsakten und Bücher heraus, um sie in Verwahrung zu nehmen (§ 51 Abs. 1 BNotO). Hiergegen richtet sich N mit der beim LG eingelegten Beschwerde, weil er sich „von der Staatsgewalt ungerecht behandelt fühlt". Muß das Beschwerdegericht die Beschwerde zunächst dem AG zur Abhilfe vorlegen oder kann es sofort selbst entscheiden?

I. Gegen das Herausgabeverlangen des AG zum Zwecke der Aktenverwahrung ist nicht der Antrag auf gerichtliche Entscheidung nach § 111 BNotO, sondern die einfache Beschwerde gem. § 19 FGG statthaft. Denn die Sicherstellung der Notarakten steht in engem Sachzusammenhang zu der dem AG gem. §§ 51 Abs. 1 S. 3, 45 Abs. 2, 4 BNotO zugewiesenen Beurkundungstätigkeit, die zu den klassischen fG-Angelegenheiten gehört (BGH DNotZ 1975, 423 f.; s. Nr. 3).

II. Nach § 21 Abs. 1 FGG hat der Rechtsmittelführer die Wahl, ob er die Beschwerde beim iudex a quo oder beim iudex ad quem einlegt. Da die Eingangsinstanz gem. § 18 Abs. 1 FGG berechtigt ist, ihre Entscheidung nachträglich zu ändern, sofern sie nicht der sofortigen Beschwerde unterliegt (§ 18 Abs. 2 FGG), kann es für ihn sinnvoll sein, die einfache Beschwerde beim iudex a quo einzulegen, soweit die begründete Aussicht besteht, daß dieser der Beschwerde abhilft. Ist sie hingegen direkt beim Beschwerdegericht eingelegt worden, so ist dieses zwar berechtigt, aber nicht verpflichtet (KKW § 21 Rn. 3), die Beschwerde zunächst der Eingangsinstanz vorzulegen, um eine Abhilfeentscheidung herbeizuführen.

III. Diese Regelungen entsprechen im wesentlichen den Regeln für die (sofortige) ZPO-Beschwerde (s. §§ 569, 572 ZPO). Allerdings wurde durch das ZPO-RG in § 572 Abs. 1 S. 1 1. Halbs. ZPO bestimmt, daß die Eingangsinstanz auch auf die sofortige Beschwerde hin abhelfen kann. Diese Regelung läßt sich in fG-Verfahren nicht analog anwenden. Denn auch die Regelung in § 572 Abs. 1 S. 1 ZPO steht unter dem Vorbehalt des S. 2, nach dem § 318 ZPO unberührt bleibt (dazu BT-Drucks. 14/4722, S. 115). Dementsprechend müßte bei einer analogen Anwendung auf fG-Verfahren auch die Parallelvorschrift zu § 318 ZPO, also § 18 Abs. 2 FGG unberührt bleiben, die gerade die Abänderung eines Beschlusses verbietet, gegen den die sofortige Beschwerde gegeben ist.

IV. Hier wird das LG zweckmäßig sofort entscheiden und die Beschwerde als unbegründet zurückweisen.

102. Entscheidung über die Beschwerde

Die Ehe des Österreichers M und der Deutschen F wird geschieden. Im Tenor des Scheidungsurteils stellt das AG – FamG – fest, ein Versorgungsausgleich finde nicht statt (Entscheidungsverbund gem. § 623 ZPO;

I. 1. Die Beschwerde ist bei Unzulässigkeit zu verwerfen, bei Unbegründetheit zurückzuweisen.

2. Ist die Beschwerde begründet, so entscheidet das Beschwerdegericht unter Abänderung der angegriffenen Entscheidung grundsätzlich selbst in der Sache. Die dafür erforderlichen Ermittlungen kann

dazu näher Nr. 127). In den Gründen heißt es hierzu, es sei österreichisches Recht anzuwenden, wonach es keinen Versorgungsausgleich gebe. Gegen die Entscheidung, soweit sie den Versorgungsausgleich betrifft, legt M gem. §§ 629a Abs. 2, 621e Abs. 1 ZPO Beschwerde beim OLG ein (§ 64 Abs. 3 S. 1 FGG).
I. Welche Möglichkeiten hat das Beschwerdegericht grundsätzlich, über die Beschwerde zu entscheiden?
II. Wie wird das OLG entscheiden, wenn es zu der Überzeugung kommt, daß deutsches Recht anwendbar und deshalb ein Versorgungsausgleich durchzuführen ist?

es selbst vornehmen, da die Beschwerdeinstanz zweite Tatsacheninstanz ist (s. Nr. 92). Ausnahmen gelten in zwei Fällen:
a) Ist die erste Instanz (i.d.R.: AG) für eine Rechtshandlung ausschließlich zuständig (z.B. zur Erteilung oder Einziehung eines Erbscheins, zur Grundbucheintragung; s. näher Nrn. 144, 171) und hat es einen entsprechenden Antrag zurückgewiesen, so hebt das Beschwerdegericht die angefochtene Entscheidung auf und weist das erstinstanzliche Gericht an, die beantragte Handlung vorzunehmen oder (vorsichtiger) bei seiner erneuten Entscheidung über den Antrag von seinen bisherigen Bedenken Abstand zu nehmen.
b) Eine zweite Ausnahme ist unter Bezugnahme auf § 539 ZPO a. F. entwickelt worden (BGH NJW 1982, 520; OLG Zweibrücken FamRZ 1993, 82 ff.): Leidet die angefochtene Entscheidung an schweren Verfahrensmängeln oder an völlig unzureichender Sachaufklärung, so kann das Beschwerdegericht sie aufheben und die Sache zu neuer Verhandlung und Entscheidung an die erste Instanz zurückverweisen. So darf das Beschwerdegericht allerdings nur verfahren, wenn seine eigene Entscheidung in der Sache für die Beteiligten dem Verlust einer Instanz gleichkäme. Selbst dann kann es aber trotzdem selbst in der Sache entscheiden, wenn eine Interessenabwägung ergibt, daß das Interesse der Beteiligten an einer zügigen Entscheidung ihr Interesse an der vollen Ausschöpfung aller Instanzen überwiegt (OLG Frankfurt NJW-RR 1989, 5f.). Diese Ausnahme gilt für das fG-Verfahren auch nach der Verschärfung

der Anforderungen an die Zurückverweisung für das ZPO-Verfahren durch das
ZPO-RG in § 538 Abs. 2 ZPO (vgl. BT-
Drucks. 14/4722, S. 102 f.) fort. Denn das
ZPO-RG wollte keine Regelungen für
das fG-Verfahren treffen (BTDrucks. 14/
4722, S. 69) und hat insbesondere den
Charakter des Beschwerdeverfahrens als
zweiter Tatsacheninstanz unverändert
bestehen lassen. Das so gefundene Ergebnis läßt sich durch eine Analogie zu § 572
Abs. 3 ZPO absichern, nach dem es im
Ermessen des Gerichts steht, wie es über
eine begründete sofortige Beschwerde
nach ZPO entscheidet.

3. Nach einer Zurückverweisung ist die
Vorinstanz an die Rechtsauffassung des
Beschwerdegerichts zu den behandelten
Fragen gebunden (§ 563 Abs. 2 ZPO analog), ebenso das Beschwerdegericht selbst,
wenn es nach der Neuverhandlung erneut
mit der Sache im Beschwerdeweg befaßt
wird (BGHZ 15, 122, 124; BayObLG,
NJW 1992, 322). Tauchen allerdings neue
Rechtsfragen auf, so sind diese wieder
selbständig zu entscheiden mit der Folge,
daß die erneute Entscheidung sich deswegen u. U. im Ergebnis mit der aufgehobe-
nen Entscheidung deckt.

II. Im vorliegenden Fall hat das AG
– FamG – den Sachverhalt nicht aufgeklärt, der für den Versorgungsausgleich
maßgebend ist, da es irrig die Vorschriften
über den Versorgungsausgleich für nicht
anwendbar hielt. Da nicht ersichtlich ist,
daß die Parteien ein besonderes Interesse
an einer schnellen Erledigung der Sache
haben, wird das OLG, soweit die erstinstanzliche Entscheidung den Versorgungsausgleich betrifft, diese aufheben

und die Sache an das FamG zurückverweisen (s. BGH NJW 1982, 520).

103. Weitere Beschwerde

A war vom VormG zum
Ergänzungspfleger (§ 1909
BGB) für den minderjähri-
gen K bestellt worden, um
als dessen Vertreter mit den
Eltern des K eine Familien-
gesellschaft zu gründen.
Für seine Tätigkeit bean-
tragte A die Festsetzung
einer Vergütung (§§ 1915,
1836 Abs. 1 BGB, 56g
Abs. 1 Nr. 2 FGG) i. H. v.
3000,– €. Das VormG setz-
te jedoch nur einen Betrag
i. H. v. 2500,– € fest. Mit
der hiergegen gerichteten
sofortigen Beschwerde
(§§ 11 Abs. 1 RPflG, 19, 22
Abs. 1, 56g Abs. 5 S. 1
FGG) verfolgte A seinen
ursprünglichen Antrag weiter. Das LG hielt auch eine
Vergütung i. H. v. 2500,– €
noch für überhöht und
setzte den Betrag um weitere 1000,– € auf jetzt 1500,– €
herab, lies aber die weitere
Beschwerde gem. § 56g
Abs. 5 S. 2 FGG wegen der
grundsätzlichen Bedeutung
der Frage zu, ob die Redu-
zierung zulässig sei. Daraufhin schreibt A an das
LG und erklärt, er halte

Zu prüfen ist, ob das Rechtsmittel des A
zulässig ist. Dafür ist dieses zunächst auszulegen und dann auf seine Zulässigkeit
zu überprüfen.

I. Eine einmal beschiedene Beschwerde
kann nicht wiederholt werden, denn durch
die Entscheidung des Beschwerdegerichts
ist das Anfechtungsrecht verbraucht. Das
erneute Begehren kann aber in eine – hier
gem. §§ 56g Abs. 5 S. 2 FGG, 1915 BGB
statthafte – sofortige weitere Beschwerde
(§§ 27 Abs. 1, 29 Abs. 2 FGG) umgedeutet werden (OLG Frankfurt, OLGZ 1979,
15). Das liegt im Interesse des A.

II. Die (sofortige) weitere Beschwerde
kann außer beim dafür zuständigen OLG
(§ 28 Abs. 1 FGG; Ausnahmen s. Nr. 92)
auch bei allen Vorinstanzen, also hier
auch beim Beschwerdegericht, eingelegt
werden (§ 29 Abs. 1 S. 1 FGG), aber
ohne Abhilfemöglichkeit (§ 29 Abs. 3
FGG). Grundsätzlich gelten für die weitere Beschwerde die Bestimmungen des
Beschwerdeverfahrens entsprechend (§ 29
Abs. 2 und 4 FGG). Es gilt also grundsätzlich auch hier kein Anwaltszwang.
Wird die Beschwerde jedoch – statt zu
Protokoll des UdG gem. § 11 FGG (s.
Nr. 26) – durch eine Beschwerdeschrift
eingelegt, muß diese von einem Rechtsanwalt wenn auch nicht abgefaßt, so doch
wenigstens unterschrieben sein (§ 29
Abs. 1 S. 2 FGG). Daran fehlt es bei der
im übrigen formfrei zulässigen sofortigen

das gesamte Vorgehen für unzulässig und wiederhole daher seine Beschwerde.

(s. Nr. 92) weiteren Beschwerde des A. Sie ist daher unzulässig.

104. Verbot der reformatio in peius

Angenommen, in Nr. 103 gelingt es A für seine im übrigen zulässige, sofortige weitere Beschwerde die Unterschrift eines Rechtsanwaltes beizubringen, und das Landgericht legt diese weitere Beschwerde anschließend dem OLG vor. Kann das OLG die weitere Beschwerde zurückweisen, wenn es die Beschwerdeentscheidung sachlich für angemessen hält?

I. Die weitere Beschwerde ist weitgehend der Revision im Zivilprozeß nachgebildet (s. die Verweisung in § 27 Abs. 1 S. 2 FGG). Sie eröffnet im Gegensatz zur Beschwerde (s. § 23 FGG) keine neue Tatsacheninstanz; es findet nur eine reine Rechtsprüfung statt (§§ 27 FGG, 559 ZPO). Begründet ist die weitere Beschwerde, wenn die angefochtene Entscheidung auf einer Verletzung formellen oder materiellen Rechts beruht (§§ 27 FGG, 546 f., 561 ZPO).

II. Vorliegend kann die Entscheidung des LG gegen das **Verbot der reformatio in peius** (Verschlechterungsverbot) verstoßen. Darunter versteht man das an das Rechtsmittelgericht gerichtete Verbot, die angefochtene Entscheidung zum Nachteil des Rechtsmittelführers zu ändern (s. § 528 ZPO). In der fG findet sich keine gesetzliche Regelung des Verbots. Seine Tragweite ist streitig.

1. Die überwiegende Ansicht will danach entscheiden, ob das Verfahren vornehmlich im öffentlichen Interesse durchgeführt wird (BGH NJW-RR 1998, 1473, 1474; KKW § 19 Rn. 117 ff.; Roth § 20 IX 6, S. 306 f.) Wenn überwiegend öffentliche Interessen berührt seien, rechtfertige dies auch eine Verschlechterung zu Lasten des Rechtsmittelführers.

2. Dagegen steht die Auffassung, daß das Verbot der reformatio in peius ein allge-

meiner Grundsatz des Verfahrensrechts
sei, der auch in der fG in allen Verfahren
zu beachten sei (Brehm Rn. 543; Bärmann
§ 31 II 5 b, S. 201).

3. Stellungnahme: Die gesetzliche Einführung von Rechtsmitteln erfüllt nur dann
ihren Sinn, wenn der Rechtsmittelführer
darauf vertrauen kann, daß er infolge der
Rechtsmitteleinlegung nicht schlechter
gestellt wird als ohne sie. Darum muß das
Verbot der reformatio in peius überall
dort gelten, wo die angegriffene Entscheidung ohne das Rechtsmittel nicht mehr
zum Nachteil des Rechtsmittelführers
verändert werden kann. Wo allerdings
die Entscheidung auch ohne Rechtsmittel
durch die erste Instanz nachträglich noch
zum Nachteil des Betroffenen geändert
werden kann, also insbesondere im Fall
des § 18 Abs. 1, 1. Halbs. FGG (s. dazu
Nr. 86), ist sein Vertrauen auf das Verbot
der Schlechterstellung vom Gesetz gerade
nicht geschützt (ähnlich: Habscheid § 34
III 3 c, S. 245 f.).

III. Für den hier zu entscheidenden Fall
der Festsetzung der Vergütung (§§ 1915,
1836 BGB, 56 g FGG) wird ganz überwiegend eine reformatio in peius für
unzulässig gehalten (BayObLG FamRZ
1997, 185, 186; KG FamRZ 1986, 1016 ff.
m. w. N.).

1. Dies wird mit der h. M. darauf gestützt,
daß die Festsetzung der Vergütung keinen fürsorgenden Charakter habe. Vielmehr werde eine Entscheidung zwischen
den widerstreitenden Vermögensinteressen des Pflegers und des Pfleglings getroffen. Also stünden private Interessen
im Vordergrund (KG FamRZ 1986,
1016 ff. m. w. N.). Diese Begründung über-

zeugt nicht. Auf dieser Grundlage ist nicht zu erklären, warum solche Entscheidungen von Amts wegen durchgeführt werden können. Es besteht auch ein überwiegendes öffentliches Interesse daran, daß die (privaten) Vermögensinteressen eines Mündels nicht durch überhöhte Vergütungen für den Pfleger geschmälert werden (s. MK/Schwab § 1836 Rn. 40).

2. Das Ergebnis ist gleichwohl richtig. Durch das Betreuungsrechtsänderungsgesetz vom 25. 6. 1998 (BGBl. I 1580) wurde § 56 g in das FGG eingefügt. Danach ist die Entscheidung über die Festsetzung der Vergütung nur noch mit der sofortigen Beschwerde anfechtbar. Also ist eine Änderung der Entscheidung gem. § 18 Abs. 2 FGG ausgeschlossen, wovon nach der hier vertretenen Ansicht die Entscheidung über die Zulässigkeit der reformatio in peius abhängt.

105. Anschlußbeschwerde

Der Wohnungseigentumsverwalter V begehrt vom Wohnungseigentümer W Ersatz von Instandhaltungskosten i. H. v. 2200,– €. W bestreitet einzelne Rechnungsposten. Das AG verurteilt W zur Zahlung von 1200,– € und weist den Antrag des V im übrigen ab. Mit der fristgerecht eingelegten sofortigen Beschwerde verfolgt V seinen ursprünglichen Antrag wei-

I. Aufgrund der Beschwerde **des V** nicht. Dem steht das Verbot der reformatio in peius entgegen (s. Nr. 104).

II. Aufgrund der Beschwerde **des W** ja, wenn sie noch zulässig ist. Es handelt sich um eine sog. **Anschlußbeschwerde.**

1. a) Ein Anschlußrechtsmittel ist entgegen seinem Namen nicht selbst Rechtsmittel, sondern gibt dem Rechtsmittelgegner die Möglichkeit, im Verfahren über das Hauptrechtsmittel Offensivanträge zu stellen, also insbesondere – unter Durchbrechung des Verschlechterungsverbotes – eine Veränderung der ange-

ter. Davon erfährt W erst drei Wochen nach Zustellung des AG-Beschlusses. Daraufhin legt er seinerseits ebenfalls Beschwerde ein und beantragt, unter Aufhebung der angefochtenen Entscheidung den Zahlungsantrag des V vollständig zurückzuweisen. Kann das LG unter Aufhebung der amtsgerichtlichen Entscheidung den Zahlungsantrag des V vollständig zurückweisen, wenn es dies in der Sache für berechtigt hält?

fochtenen Entscheidung zu seinen Gunsten zu erreichen (BGH NJW 1995, 198 f. m. w. N.). Für das Anschlußrechtsmittel bestehen nicht die Voraussetzungen wie für ein Hauptrechtsmittel. So kann es insbesondere nach Fristablauf und Rechtsmittelverzicht eingelegt werden (s. § 524 Abs. 2 S. 1 ZPO für die Anschlussberufung). Es ist in seiner Wirksamkeit allerdings vom Hauptrechtsmittel abhängig (s. Nr. 106).

b) Vom Anschlußrechtsmittel ist die Konstellation zu unterscheiden, daß mehrere Beteiligte Hauptrechtsmittel einlegen. Dann müssen die Voraussetzungen für jedes Hauptrechtsmittel vorliegen. Diese sind in ihrer Wirkung voneinander unabhängig. Regelmäßig wird freilich über sie – ähnlich wie über mehrere Anträge in erster Instanz – gemeinsam verhandelt.

c) Eine Mischform zwischen Anschluß- und Hauptrechtsmittel ist durch das ZPO-RG aufgegeben worden. Als sog. selbständiges Anschlußrechtsmittel wurde der Anschluß an das Hauptrechtsmittel während der Rechtsmittelfrist bezeichnet. Es wurde zunächst als Anschlußrechtsmittel behandelt, war aber nicht vom Hauptrechtsmittel abhängig, sondern erstarkte bei dessen Wegfall selbst zum Hauptrechtsmittel. Für diesen Zwitter sah der Gesetzgeber keinen Bedarf mehr (BT-Drucks. 14/4722, S. 98)

2. Anschlußrechtsmittel sind in der fG – außer in §§ 22 Abs. 2, 28 Abs. 1 LwVG – nicht gesetzlich vorgesehen. Fraglich ist, inwieweit sie analog §§ 524, 554, 567 Abs. 3, 574 Abs. 4 ZPO zugelassen werden können.

a) Die ZPO-Regelung beruht auf folgendem Gedanken: Wo eine Sache nicht vollständig zugunsten der einen oder anderen Partei entschieden worden ist, ist eine Partei häufig bereit, sich mit dem erreichten Teilerfolg zufriedenzugeben, aber nur unter der Bedingung, daß dies auch der Gegner tut. Legte nur der Gegner Rechtsmittel ein, so sicherte das Verbot der reformatio in peius ihm das bisher Erreichte (s. Nr. 104), das Rechtsmittel verschaffte ihm dazu die Chance, auch für den Rest noch zu obsiegen. Gäbe es in solchen Fällen kein Anschlußrechtsmittel, so würde eine Partei vor Ablauf ihrer Rechtsmittelfrist häufig nur deshalb ein Rechtsmittel einlegen, um sich die Fortsetzung des Verfahrens in vollem Umfang für den Fall offenzuhalten, daß der Gegner seinerseits Rechtsmittel einlegt (und umgekehrt vielleicht der andere auch). Die Möglichkeit des Anschlußrechtsmittels gibt demgegenüber der „friedfertigen" Partei Gelegenheit, in Ruhe abzuwarten. Es dient also der Verfahrensökonomie und der Waffengleichheit der Parteien (BGH NJW 1985, 986; BTDrucks. 14/4722, S. 98).

b) Dafür besteht auch in der fG ein Bedürfnis in Verfahren, in denen sich die Beteiligten in Gegnerstellung gegenüberstehen und das Verbot der reformatio in peius gilt (Brehm Rn. 558f.), also jedenfalls in echten Streitsachen (BGHZ 86, 51, 53f.; 71, 314, 316ff.).

3. Da das WEG-Verfahren ein echtes Streitverfahren ist, ist die unselbständige Anschlußbeschwerde des W zulässig. Das LG kann den Zahlungsantrag in vollem Umfang abweisen.

106. Entscheidung über die Anschlußbeschwerde
bei Rückname des Hauptrechtsmittels

Wie vor. V, der seine Felle davonschwimmen sieht, nimmt seine Beschwerde am Ende der mündlichen Verhandlung zurück, die gem. § 44 Abs. 1 WEG stattfindet. Wie wird das LG nun entscheiden?

Es ist zwischen der Beschwerde und der Anschlußbeschwerde zu unterscheiden.

I. Die Rücknahme der Beschwerde ist im FGG nicht geregelt. Aus dem Dispositionsgrundsatz folgt aber ihre Zulässigkeit (§ 516 ZPO analog). Die Rücknahme muß erfolgen, bevor über die Beschwerde entschieden ist, sie ist aber zu keinem Zeitpunkt – anders als die Antragsrücknahme (s. Nr. 74) – von der Zustimmung des Beschwerdegegners abhängig. Dieses gilt jedenfalls, seitdem der Gesetzgeber mit dem ZPO-RG auch für die Rücknahme der Berufung in § 516 ZPO das Einwilligungserfordernis aufgegeben hat (dazu BTDrucks. 14/4722, S. 94). Nach Rücknahme der Beschwerde darf das Gericht nicht mehr über die Hauptsache, sondern nur noch über die Kosten entscheiden.

II. Mit der Zurücknahme der Beschwerde wird die Anschlußbeschwerde analog §§ 524 Abs. 4 ZPO, 22 Abs. 2 S. 2, 28 Abs. 2 S. 3 LwVG wirkungslos. Sie muß dann nicht als unzulässig – weil verspätet – verworfen werden, sondern es wird über sie überhaupt nicht mehr entschieden. Das Gericht spricht lediglich aus, daß sie wirkungslos ist (s. BGH NJW 1990, 840, 841), und erkennt auch diesbezüglich über die Kosten.

107. Wirkung einer aufhebenden Beschwerdeentscheidung

Der 16jährige K, der unter der Vormundschaft des V steht, sucht seit einiger Zeit

I. 1. Gegen die Entscheidung, mit der eine Ermächtigung nach § 113 Abs. 3 BGB ersetzt wird, ist nach §§ 60 Abs. 1 Nr. 6,

vergebens einen Arbeits-
platz. Am 20. 8. bietet ihm
Bauunternehmer B einen
Arbeitsvertrag an, wenn K
ihn bis zum 30. 8. annimmt.
Danach will B andere Be-
werber vorziehen. V wei-
gert sich, den K zum Ein-
tritt in das Arbeitsverhältnis
zu ermächtigen. Daraufhin
beantragt K am 25. 8. beim
VormG, die Ermächtigung
zum Abschluß des Ver-
trages zu ersetzen (§ 113
Abs. 1 und 3 BGB). Das
Gericht gibt dem Antrag
statt und ordnet aufgrund
der Eilbedürftigkeit die
sofortige Wirksamkeit der
Verfügung an (§ 53 Abs. 2
FGG). Der Beschluß wird
K und V am 28. 8. förmlich
zugestellt. K schließt mit B
noch am selben Tag den
Arbeitsvertrag.
Am 29. 8. legt V im eigenen
Namen gegen den Beschluß
Beschwerde ein und trägt
zutreffend vor, K sei kräf-
temäßig nicht in der Lage,
auf dem Bau zu arbeiten.
Wie wird das Beschwerde-
gericht entscheiden?

53 Abs. 1 FGG die **sofortige** Beschwerde
statthaft, und zwar auch dann, wenn abweichend von § 53 Abs. 1 FGG die sofortige Wirksamkeit der Entscheidung angeordnet ist (vgl. BGHZ 42, 223, 225). V
hat fristgerecht Beschwerde eingelegt.

2. V ist auch **beschwerdeberechtigt** (§ 20
Abs. 1 FGG), weil die Ersetzung der Ermächtigung in seine Amtsbefugnisse eingegriffen hat (KKW § 20 Rn. 59).

3. Eine Beschwerde ist jedoch nicht mehr
statthaft, wenn die Wirkungen der angegriffenen Entscheidung so endgültig eingetreten sind, daß sie auch durch Aufhebung der Entscheidung **nicht mehr rück-
gängig** gemacht werden können (Bärmann § 28 I 4, S. 183; s. auch Nrn. 143,
145). Das ist hier deshalb zu prüfen, weil
§ 32 FGG bestimmt, daß auch im Fall
der Aufhebung der angefochtenen Ersetzungsverfügung (§ 113 Abs. 3 BGB) der
zwischen K und B geschlossene Arbeitsvertrag wirksam bleibt.

Indessen ist einerseits zu bedenken, daß
die Ermächtigung mit dem Abschluß des
Arbeitsvertrages nicht ausgeschöpft ist.
Sie setzt den K darüber hinaus in die
Lage, auch in Zukunft sämtliche Rechts-
geschäfte zu schließen, welche die Erfüllung und Aufhebung des Arbeitsverhält-
nisses mit sich bringen (Einzelheiten:
MK/Schmitt § 113 Rn. 18 ff.).

Zum anderen gibt die Aufhebung der
Ermächtigung dem V die Befugnis zurück, den wirksam abgeschlossenen Arbeitsvertrag jedenfalls mit Wirkung für
die Zukunft zu kündigen. Die sofortige
Beschwerde ist daher zulässig.

II. Sie ist auch **begründet.** Der Erset-
zungsbeschluß nach § 113 Abs. 3 S. 2

BGB durfte nur ergehen, wenn die Ermächtigung zum Vertragsschluß im Interesse des K lag. Das war hier nicht der
Fall, weil K den körperlichen Anstren-
gungen auf dem Bau nicht gewachsen
ist.

III. Rechtsschutz gegen Maßnahmen
von Rechtspfleger und UdG

108. Rechtsschutz gegen Entscheidungen des Rechtspflegers

Nach dem Tod des E schlu-
gen die testamentarischen
Erben die Erbschaft aus. Da
die gesetzlichen Erben zunächst unbekannt waren,
ordnete das NachlG Nach-
laßpflegschaft an und be-
stellte P zum Nachlaßpfleger mit dem Aufgabenkreis
der Sicherung und Verwal-
tung des Nachlasses sowie
der Ermittlung der Erben
(§§ 1960, 1962 BGB, 75
FGG), wobei es feststellte,
daß P die Nachlaßpfleg-
schaft berufsmäßig führt
(§§ 1836 Abs. 1 S. 2, 1915
BGB). Nach Ermittlung der
Erben und Annahme der
Erbschaft durch diese
wird die Nachlaßpfleg-
schaft aufgehoben (§ 1919
BGB). P beantragte gem.
§§ 1836, 1915 BGB, 56 g, 75
FGG eine Vergütung gegen
den Nachlaß in Höhe von

I. Rechtsbehelfe gegen Entscheidungen
des Rechtspflegers richten sich nach § 11
RPflG.
1. Den Grundsatz legt § 11 Abs. 1 RPflG
fest: Es ist das Rechtsmittel gegeben,
das nach den allgemeinen Vorschriften statthaft ist (s. Nr. 92), also für
die fG die Beschwerde (§ 19 FGG), die
sofortige Beschwerde (§ 22 FGG) oder
die befristete Beschwerde (§§ 64 FGG,
621 a, 621 e, 517 ZPO). Durch diese erst
durch das 3. RPfl-Änderungsgesetz v. 6. 8.
1998 (BGBl. I 2030) eingeführte Regelung
wird insbesondere der zuständige Richter
erster Instanz (§ 28 RPflG) entlastet und
der Stellung des Rechtspflegers als eigen-
ständiges Rechtspflegeorgan Rechnung
getragen (BTDrucks. 13/10244, S. 6 f.).
2. Der besondere Rechtsbehelf der Rechtspflegererinnerung ist nunmehr nur noch
gem. § 11 Abs. 2 RPflG ausnahmsweise
statthaft, wenn nach den allgemeinen
Vorschriften kein Rechtsmittel gegeben
ist. Dadurch wird der von der Verfassung in Art. 19 Abs. 4 GG garantierte
Rechtschutz gewährt (s. Nr. 9). Von die-

2000,– € festzusetzen. Wie kann P dagegen vorgehen, wenn der zuständige Rechtspfleger eine Vergütung in Höhe von
a) 1500,– €
b) 1900,– €
festsetzt?

ser Rechtsschutzmöglichkeit macht § 11 Abs. 3 RPflG für bestimmte Konstellationen eine Ausnahme. Das ist jedenfalls teilweise verfassungsrechtlich nicht unbedenklich (vgl. BVerfG 101, 397, 405 ff.).

II. Gegen die Festsetzung der Vergütung auf 1500,– € kann P sofortige Beschwerde gem. §§ 11 Abs. 1 RPflG, 56 g Abs. 5 S. 1, 19, 22 FGG einlegen. Über das Rechtsmittel entscheidet gem. § 19 Abs. 2 FGG das Landgericht. Der Rechtspfleger kann gem. § 18 Abs. 2 FGG seine Entscheidung nicht mehr ändern und daher dem Rechtsmittel nicht abhelfen (s. Nr. 101). Auch das RPflG räumt ihm keine besondere Abhilfemöglichkeit (mehr) ein (LG Lüneburg Rpfleger 1999, 491, 492; vgl. BT-Drucks. 14/4722, S. 114; a. A. LG München FamRZ 1999, 1593).

III. Gegen die Festsetzung der Vergütung auf 1900,– € ist nach den allgemeinen Vorschriften kein Rechtsmittel statthaft. Die sofortige Beschwerde gem. § 56 g Abs. 5 S. 1 FGG scheidet aus, weil die Beschwer des P 150,– € unterschreitet und der Rechtspfleger die Beschwerde nicht zugelassen hat. Schweigt eine Entscheidung insoweit, bedeutet dies Nichtzulassung (BayObLGZ 2000, 8, 11). Also ist gem. § 11 Abs. 2 RPflG die Rechtspflegererinnerung statthaft. Die Erinnerung ist binnen einer Frist von zwei Wochen zu erheben (§§ 22 Abs. 1 S. 1 FGG, 11 Abs. 2 S. 1 RPflG). Der Rechtspfleger kann der Erinnerung entweder gem. § 11 Abs. 2 S. 2 RPflG abhelfen oder sie gem. § 11 Abs. 2 S. 3 RPflG dem zuständigen Richter am NachlG (§ 28 FGG) zur Entscheidung vorlegen.

109. Entscheidungsmöglichkeiten des Richters

In Nr. 108 b) legt P gegen die Festsetzung auf 1900,– € Erinnerung ein, der Rechtspfleger hilft der Erinnerung nicht ab, weil er sie für unbegründet hält, und legt sie dem Richter vor. Welche Möglichkeiten zur Entscheidung hat dieser?

I. Da auf die Erinnerung die Vorschriften über die Beschwerde anzuwenden sind (§ 11 Abs. 2 S. 4 RPflG), entsprechen die Entscheidungsmöglichkeiten des Richters im Grundsatz denen des Beschwerdegerichts (s. Nr. 102). Besonderheiten können sich aber daraus ergeben, daß der Richter die Entscheidung in der gleichen Instanz trifft.

II. Im einzelnen sind folgende Konstellationen zu unterscheiden:

1. Hält der Richter die Erinnerung für unzulässig, hat er sie zurückzuweisen.

2. Soweit er sie für zulässig, aber unbegründet hält, hat er sie ebenfalls zurückzuweisen. Eine Besonderheit gilt insoweit, als der Richter erneut (wie bereits zuvor der Rechtspfleger) über die Zulassung der Beschwerde wegen grundsätzlicher Bedeutung nach § 56 g Abs. 5 S. 1 FGG zu entscheiden hat (OLG Hamm FGPrax 2000, 66; BayObLG NJW-RR 2001, 798, 799; a. A. LG Frankfurt FamRZ 2001, 376). Problematisch ist, wie der Richter zu verfahren hat, wenn er die Beschwerde zuläßt: Kann er die Erinnerung als (fiktive) Beschwerde behandeln und diese an das Beschwerdegericht, also das Landgericht, abgeben (so BayObLG NJW-RR 2001, 798, 799; LG Gera FamRZ 2000, 848, 849)? Das würde der sog. Durchgriffserinnerung nach altem Recht (§ 11 Abs. 2 S. 4 u. 5 RPflG a. F.) entsprechen. Die Lösung ist aber abzulehnen. Im heutigen Recht findet ein solcher Durchgriff keine Stütze. Auf die Erinnerung hat der Richter den Erinnerungsführer sachlich zu bescheiden. Es

liegt dann an diesem zu entscheiden, ob er sich mit der Entscheidung zufriedengibt oder sofortige Beschwerde einlegt, die anders als die gem. § 11 Abs. 4 RPflG gerichtskostenfreie Erinnerung Gerichtsgebühren auslöst (vgl. OLG Hamm FG-Prax 2000, 66).

3. Soweit der Richter die Erinnerung für begründet hält, ändert er die angefochtene Entscheidung. Eine Zurückverweisung kommt nicht in Betracht.

4. Eine reformatio in peius muß nach der in Nr. 104 vertretenen Ansicht ausscheiden, da der Rechtspfleger seine Entscheidung nicht hätte ändern können, wenn P nicht Beschwerde eingelegt hätte. Denn § 18 Abs. 2 FGG ist auf die (sofortige) Erinnerung nach § 11 Abs. 2 RPflG entsprechend anzuwenden.

110. Rechtsschutz gegen Verweigerung des Rechtskraftzeugnisses

Ehemann M möchte ein Hausgrundstück, das sein Vermögen im Ganzen i. S. v. § 1365 BGB darstellt, an D veräußern. Seine Ehefrau F ist nicht bereit, dem Vertrag zuzustimmen. Daher beantragt M beim VormG, die Zustimmung zu ersetzen (§ 1365 Abs. 2 BGB). Der zuständige Richter (§§ 14 Nr. 6 RPflG, 35, 45 FGG) erläßt die Ersetzungsverfügung. Daraufhin verzichten F, die das Eheglück nicht weiter belasten will, und M auf Rechtsmittel. M eilt nun zur Geschäftsstelle, um ein

Zu untersuchen ist, ob M in der Sache ein Rechtskraftzeugnis verlangen kann und ob er dies formell mit der Beschwerde erreichen kann.

I. 1. Das Rechtskraftzeugnis (§ 31 FGG) ist auf Antrag vom UdG des erstinstanzlichen Gerichts zu erteilen und dient dem Nachweis des Eintritts der formellen Rechtskraft. Diese tritt ein, wenn die Entscheidung mit Rechtsmitteln nicht mehr angefochten werden kann, sei es, daß ein Rechtsmittel überhaupt nicht gegeben ist, daß alle Rechtsmittelberechtigten einen Rechtsmittelverzicht erklärt haben oder daß die Rechtsmittelfrist verstrichen ist (KKW § 31 Rn. 1). In der fG sind alle Entscheidungen der formellen Rechtkraft fähig, auch bei unbefristeter Beschwer-

Rechtskraftzeugnis zu beantragen, das ihm mit der Begründung verweigert wird, die Entscheidung sei nicht rechtskräftig. M fragt, ob er dagegen Beschwerde zum LG einlegen soll.

de (durch Beschwerdeverzicht oder -verbrauch). Anders verhält es sich mit der materiellen Rechtskraft, die von der formellen Rechtskraft streng zu unterscheiden ist (hierzu Nr. 89).

2. Die Ersetzung der Zustimmung des anderen Ehegatten nach § 1365 Abs. 2 BGB unterliegt gem. §§ 60 Abs. 1 Nr. 6, 53 Abs. 1 FGG der sofortigen Beschwerde. Die Verfügung ist hier aber schon vor Ablauf der Beschwerdefrist formell rechtskräftig geworden, weil die Beteiligten auf ihr Recht zur sofortigen Beschwerde verzichtet haben. Das Rechtskraftzeugnis war daher zu erteilen.

II. Gleichwohl ist die Beschwerde unstatthaft und damit unzulässig, weil die Verweigerung des Rechtskraftzeugnisses durch den UdG keine Entscheidung des Gerichts i.S.d. § 19 Abs. 1 FGG ist. Gegen das Verhalten des UdG muß M die Erinnerung analog § 573 Abs. 1 ZPO einlegen, über die das Gericht der ersten Instanz durch den Richter (§ 4 Abs. 2 Nr. 3 RPflG) entscheidet (s. Nr. 93).

J. Vollstreckung

111. Herausgabe eines Kindes

Nach der Rückkehr aus den Ferien mit ihrem Enkel E weigert sich Großmutter G, E an die Eltern zurückzugeben. Sie meint, die Eltern, insbesondere die Schwiegertochter, erzögen das Kind viel zu streng. Auf Antrag der Eltern ordnet das FamG durch Beschluß an, daß G das Kind an die Eltern herauszugeben habe (§ 1632 Abs. 3 Fall 1 BGB i. V. m. Abs. 1). Wie wird die Entscheidung vollstreckt?

I. Die meisten fG-Entscheidungen sind nicht vollstreckungsbedürftig, weil sie Rechtsverhältnisse gestalten (z. B. Sorgerechtsentziehung gem. §§ 1666, 1666 a BGB) oder (selten) feststellen (z. B. die Feststellung gem. § 51 FGG) oder innerdienstliche Anweisungen enthalten (z. B. Erbscheinserteilungsanordnung s. Nr. 143). Vollstreckungsfähig sind nur Entscheidungen, die einem Verfahrensbeteiligten die Verpflichtung zu einem Tun, Dulden oder Unterlassen auferlegen (§ 33 Abs. 1 S. 1 FGG). Vor Anwendung des § 33 FGG ist stets zu prüfen, ob nicht Sondervorschriften vorgehen, wie z. B. im Registerrecht (§§ 132 ff. FGG) oder – vornehmlich in echten Streitsachen – durch Verweisungen auf das 8. Buch der ZPO (z. B. §§ 16 Abs. 3 HausratV, 45 Abs. 3 WEG).

II. Für die Vollstreckung des Leistungsbefehls im Beschluß des FamG gilt mangels Sonderbestimmung § 33 FGG. Die Vollstreckung erfolgt, anders als in der ZPO (s. z. B. § 753 ZPO), von Amts wegen, weil an der Durchsetzung des Leistungsbefehls ein öffentliches Interesse besteht. Im Regelfall wird das erkennende Gericht selbst nach vorheriger Androhung (§ 33 Abs. 3 FGG) zunächst ein Zwangsgeld festsetzen (§ 33 Abs. 1 FGG). In bestimmten Fällen, z. B. wenn eine Person herauszugeben ist (also auch im vorliegenden Fall), kann das erkennende

Gericht aber auch durch besondere Entscheidung die Anwendung von Gewalt anordnen (Einzelheiten s. § 33 Abs. 2 FGG). Nach dem Verhältnismäßigkeitsprinzip ist das nur zulässig, wenn mildere Maßnahmen, insbesondere Zwangsgeldverhängung, keinen Erfolg mehr versprechen oder sofortiges Einschreiten geboten ist (BGH NJW 1977, 150 f.; OLG Brandenburg NJW-RR 2001, 1089, 1090).

2. Kapitel: Besonderer Teil

A. Familienrechtliche Angelegenheiten der fG

112. Betreuung

Infolge einer psychischen Erkrankung glaubt die vermögende K aus Köln, daß sich ihre Hausbank in den Händen einer Mafiaorganisation befindet. Deshalb beginnt sie, ihr Geld von der Bank abzuheben und in öffentlichen Parks zu vergraben, weil sie es dort für sicherer hält. Die einzige Angehörige der K, ihre 80jährige Schwester S, überlegt, was sie tun kann. Was raten Sie ihr?

Zu denken ist an die Einleitung eines Betreuungsverfahrens.

I. Es handelt sich dabei um eine **familienrechtliche Angelegenheit der fG**. Dazu zählen die Verfahren in Betreuungs-, Unterbringungs- und Vormundschaftssachen (elterliche Sorge, Vormundschaft und Pflegschaft bei Minderjährigen), bestimmte Ehesachen bei Eingehung und im Rahmen der Ehe sowie Adoptionssachen, ferner die Verfahren nach § 621 a ZPO (Sorgerechtsstreitigkeiten nach § 621 Abs. 1 Nr. 1–3 ZPO, Versorgungsausgleich, Hausratverteilung, Verfahren nach §§ 1382, 1383 BGB) sowie **sonstige Verfahren** (z. B. Personenstands- oder Verschollenheitsfragen).

II. In den Fällen, in denen ein Volljähriger seine Angelegenheiten ganz oder teilweise nicht mehr selbst besorgen kann, erhält er – aber nur, soweit nötig (§ 1896 Abs. 2 BGB) – einen Betreuer (§ 1896 Abs. 1 S. 1 BGB) als gesetzlichen Vertreter (§ 1902 BGB). Der Betreute bleibt geschäftsfähig, es sei denn, es wird ein Einwilligungsvorbehalt angeordnet: Dann steht der Betreute auf den Gebieten, auf die sich der Einwilligungsvorbehalt erstreckt, im Wesentlichen einem beschränkt Geschäftsfähigen gleich (s. § 1903 BGB). Das Betreuungsverfahren ist fG-Verfahren (§§ 65 ff. FGG). Zustän-

dig ist grundsätzlich der Richter (§ 14
Nr. 4 RPflG) bei dem VormG, in dessen
Bezirk der Betroffene seinen gewöhnlichen Aufenthalt hat (§§ 35, 65 Abs. 1
FGG). Der Richter wird auf Antrag des
Betroffenen oder von Amts wegen tätig
(§ 1896 Abs. 1 S. 1 BGB). S muß also
entweder versuchen, K dazu zu bringen,
die Bestellung eines Betreuers selbst zu
beantragen, oder sie selbst muß die Bestellung von Amts wegen anregen (zur
„Anregung" schon oben Nr. 46).

113. Das Verfahren zur Bestellung eines Betreuers

In Nr. 112 leitet der Vormundschaftsrichter auf Anregung der S ein Betreu-
ungsverfahren ein. Er be-
stellt für K einen Verfahrenspfleger und holt ein
Sachverständigengutachten
über den Zustand der K ein,
nach dessen Lektüre er die
Sache für entscheidungsreif
hält. Nach Anhörung des
Verfahrenspflegers bestellt
das Gericht einen Mitar-
beiter des gem. § 1908 f
BGB anerkannten Vereins
„Wir für Sie" e. V. mit
dessen Einwilligung zum
Betreuer und ordnet einen
Einwilligungsvorbehalt für
alle Vermögensangelegen-
heiten der K an. Ist dieses
Vorgehen rechtmäßig?

I. **Materiell-rechtliche** Bedenken bestehen nicht. Die Voraussetzungen für die
Betreuung unter Anordnung eines Ein-
willigungsvorbehaltes für alle Vermögens-
angelegenheiten der K liegen vor (§§ 1896,
1903 BGB). Auch die Bestellung des Vereinsmitarbeiters (nicht: des Vereins selbst,
§ 1897 Abs. 1, 2 BGB; Ausn.: § 1900
BGB) als Betreuer ist zulässig, da die nach
§ 1897 Abs. 1, 5 f. BGB als Angehörige
vorrangig in Betracht zu ziehende S wegen ihres hohen Alters nicht herangezogen werden muß. Die Verpflichtung des
Vereinsmitarbeiters erfolgt formal nach
§ 69 b FGG, wobei im Falle eines Ver-
einsbetreuers gem. S. 3 der Vorschrift von
einer mündlichen Verpflichtung abgesehen wird. Ähnlich wie Vereins- und
Amtsvormünder (§§ 1791 a II, 1791 b II
BGB) erhält er lediglich eine schriftliche
Bescheinigung.

II. **Verfahrensrechtlich** ist folgendes zu
überlegen:

1. Die Bestellung eines **Verfahrenspflegers** (hierzu bereits oben Nr. 39 a) ist

nach § 67 FGG zulässig. Der Pfleger hat die Rechtsstellung eines nicht an Weisungen des Betroffenen gebundenen gesetzlichen Vertreters und soll dessen objektive Interessen wahrnehmen. Er wird also weder formell noch materiell Verfahrensbeteiligter. Umgekehrt verliert der Betroffene weder Verfahrensfähigkeit noch Verfahrensrechte (§ 66 FGG).

2. Das **Sachverständigengutachten** ist in § 68 b FGG zwingend vorgeschrieben. Es ist Teil der Beweisaufnahme nach § 15 FGG (Strengbeweis wegen der Bedeutung des Verfahrens) und soll zu einer sachgerechten und dem Erforderlichkeitsgrundsatz (§ 1896 Abs. 2 BGB) genügenden Entscheidung beitragen.

3. Fraglich ist jedoch, ob alle Beteiligten im erforderlichen Umfang **angehört** wurden (s. dazu Lübbesmeyer S. 141 ff., 206 ff.).

a) Nach § 68 Abs. 1 FGG war K als **Betroffene** persönlich anzuhören (s. auch § 69 d FGG; zur praktischen Durchführung lesenswert Coeppicus FamRZ 1991, 892). Eine solche Anhörung dient nicht nur der Sachverhaltsaufklärung (§ 12 FGG; s. OLG Karlsruhe FamRZ 1999, 670, 671), sondern auch der Gewährung rechtlichen Gehörs (BVerfG NJW 1995, 316, 317; 1988, 125; BGH NJW 1985, 1702, 1705; OLG Hamm FamRZ 1989, 203: s. Nr. 69). Sie ist deshalb auch dann erforderlich, wenn eine weitere Sachaufklärung unnötig ist. Das gilt im Betreuungsverfahren unabhängig vom Geisteszustand des Betroffenen, der nach § 66 FGG ohne Rücksicht auf seine Geschäftsfähigkeit verfahrensfähig und deshalb persönlich anzuhören ist. Eine Anhörung des Verfahrenspflegers genügt der Pflicht zur persönlichen Anhörung des Betroffenen nicht (dazu oben 1.). Etwas anderes gilt nur in den Ausnahmefällen des § 68 Abs. 2 FGG sowie bei der Bestellung eines vorläufigen Betreuers durch einstweilige Anordnung (§ 69f Abs. 1 S. 3 i.V.m. § 69d Abs. 1 S. 3 FGG).

b) Nach § 68 Abs. 5 FGG hat vor der Entscheidung zudem ein **Schlußgespräch** mit dem Betroffenen stattzufinden, das ebenfalls der Gewährung rechtlichen Gehörs dient (krit. dazu Lübbesmeyer S. 177ff., 278ff.). Dieses kann gem. S. 2 der Vorschrift mit der persönlichen Anhörung nach Abs. 1 S. 1 verbunden werden.

Vorliegend hat weder eine persönliche Anhörung stattgefunden, noch ein Schlußgespräch, so daß eine Verletzung des § 68 FGG zu konstatieren ist. Ein solcher Verfahrensmangel führt zwar nicht zur Nichtigkeit der Entscheidung, wohl aber zur Anfechtbarkeit mit dem Rechtsmittel der Beschwerde (§§ 19 Abs. 1, 20 Abs. 1, 69g FGG, vgl. KKW/Kayser § 12 Rn. 148).

c) Ob auch **Dritte** angehört werden müssen, richtet sich nach § 68a FGG. Da hier die Befragung von Behörden zur Sachaufklärung unnötig ist, Eltern, Kinder oder Ehegatten (die regelmäßig zu hören sind) nicht vorhanden sind und K die Anhörung sonstiger nahestehender Personen nicht verlangt hat, ist § 68a FGG nicht verletzt.

114. Rechtsmittel im Betreuungsverfahren

Für die einem psychiatrischen Gutachten zufolge geschäftsunfähige G wird

I. Die **Beschwerde** der S ist unzulässig. S ist zwar, obwohl nicht persönlich betroffen, nach § 69g Abs. 1 FGG **beschwerde-**

vom Vormundschaftsgericht ein Betreuer für einen großen Teil ihrer Angelegenheiten bestellt und ein weitreichender Einwilligungsvorbehalt angeordnet. Die Entscheidung wird nur dem Betreuer zugestellt. Die G und ihre Schwester S sind zwar mit der Bestellung des Betreuers einverstanden, nicht aber mit dem angeordneten Einwilligungsvorbehalt. Sie erheben deshalb gegen letzteren einen Monat später Beschwerde zum LG, obwohl der vom VormG bestellte Verfahrenspfleger einen Rechtsmittelverzicht erklärt hat. Sind die Beschwerden zulässig?

befugt. Ihre Beschwerde ist aber verspätet. Nach § 69 g Abs. 4 FGG findet gegen die Anordnung eines Einwilligungsvorbehalts die **sofortige Beschwerde** statt. Für die Wahrung der **Frist** wäre nach § 22 Abs. 1 S. 2 FGG die Bekanntmachung gegenüber S entscheidend. Diese Vorschrift paßt in Betreuungssachen aber nicht, weil die Entscheidungen hier gem. § 69 a Abs. 3 S. 1 FGG mit der Bekanntmachung an den Betreuer wirksam werden, während die nach § 69 a Abs. 1 FGG vorgeschriebene Bekanntmachung an den Betroffenen nicht Wirksamkeitsvoraussetzung ist. Folglich läuft auch die Beschwerdefrist ab Bekanntmachung an den Betreuer; nur wenn sich der Betroffene selbst gegen die Anordnung eines Einwilligungsvorbehalts wendet, ist für ihn die Bekanntmachung an ihn maßgeblich (§ 69 g Abs. 4 S. 3 FGG). Für S gilt das aber nicht.

II. Die **Beschwerde der G** ist hingegen zulässig. Sie ist als Betroffene schon nach § 20 Abs. 1 FGG **beschwerdebefugt.** Die Beschwerde war auch **fristgerecht** eingelegt, da die Entscheidung der G nicht bekannt gemacht worden ist und seit der Bekanntmachung an den Betreuer noch keine fünf Monate vergangen waren (§ 69 g Abs. 4 S. 3 FGG; s. o. I.). Die Zulässigkeit scheitert auch nicht an fehlender **Verfahrensfähigkeit** der G. Sie ist zwar nach § 104 Nr. 2 BGB geschäftsunfähig, dies wirkt sich jedoch gem. § 66 FGG nicht auf ihre Verfahrensfähigkeit aus. Schließlich schadet auch der **Rechtsmittelverzicht** des Verfahrenspflegers nicht, denn nach Sinn und Zweck der §§ 66, 67 FGG sind die Verfahrensrechte des Betroffenen unabhängig von denen des Pflegers, Rechtsmittel also als Rechtsmittel Einzelberechtigter zu behandeln (s. die Begr. zum RegE, BTDrucks. 11/4528, S. 170f.).

115. Aufhebung der Betreuung

Für P ist auf seinen Antrag hin Betreuung mit Einwilligungsvorbehalt angeordnet worden. Nach einem Jahr erklärt P, er ziehe seinen Antrag zurück. Wie wird das VormG entscheiden, wenn es nach Anhörung aller Beteiligten zu dem Ergebnis kommt, daß P weiterhin betreuungsbedürftig ist?

Die Erklärung des P, er ziehe seinen Antrag zurück, ist als **Antrag auf Aufhebung der Betreuung** auszulegen. Dieser Antrag ist wirksam (§ 66 FGG), aber unbegründet, wenn die Betreuung jetzt auch von Amts wegen angeordnet werden müßte (§ 1908 d Abs. 2 BGB). Das VormG wird den Antrag des P mithin ablehnen, so daß dessen bisheriger Betreuer im Amt bleibt. Das Betreuungsverhältnis beruht fortan auf einer Entscheidung von Amts wegen.

116. Vormundschaft über Minderjährige

Der 15jährige K hat außer seiner Mutter M keine weiteren Angehörigen. Als für M wegen einer paranoiden Psychose ein Betreuer bestellt wird, hält es das VormG für erforderlich, K unter Vormundschaft zu stellen. Zum Vormund wird das Jugendamt bestellt, nachdem dieses, nicht aber K und M angehört worden sind. Ist dieses Vorgehen rechtmäßig?

I. 1. **Materiell-rechtlich** kann die **Vormundschaft** für K nach §§ 1773, 1774 BGB von Amts wegen angeordnet werden, wenn er nicht unter elterlicher Sorge steht oder die Eltern nicht vertretungsberechtigt sind. Da für M Betreuung angeordnet wurde, kommt ein Ruhen der elterlichen Sorge nach §§ 1673, 1674 BGB in Betracht (dazu U. Walter FamRZ 1991, 765 ff.). Die Betreuung als solche läßt die Geschäftsfähigkeit unberührt, so daß § 1673 Abs. 1 BGB ausscheidet. Mangels Einwilligungsvorbehalts greift auch § 1673 Abs. 2 S. 1 BGB nicht ein. Zu erwägen ist aber, ob nicht die elterliche Sorge der M aus tatsächlichen Gründen ruht (§§ 1674, 1675 BGB). Das setzt allerdings gem. § 1674 Abs. 1 BGB eine ausdrückliche Feststellung des VormG voraus, die hier erst wirksam wird, wenn für K ein Vormund bestellt ist (§ 51 Abs. 1, 3. Fall FGG). Beide Entscheidungen können aber miteinander verbunden werden, d. h. in der Bestellung des Vormundes kann zugleich die Feststellung nach § 1674 BGB gesehen werden (KKW/Engelhardt § 51 Rn. 4; BayObLG FamRZ 1962, 741).

2. Auch gegen die Bestellung des Jugendamtes bestehen keine Bedenken, da das Jugendamt als Amtsvormund bestellt werden kann, wenn andere geeignete Personen nicht vorhanden sind (§§ 1791 b BGB, 55 SGB VIII; zur gesetzlichen Amtsvormundschaft s. §§ 1791 c Abs. 1 S. 1, 1751 Abs. 1 BGB). Grundsätzlich wäre auch eine Vereinsvormundschaft in Erwägung zu ziehen (§§ 1791 a BGB, 54 SGB VIII), die jedoch gegenüber der bestellten Amtsvormundschaft keinen Vorrang genießt. Bei der Auswahl ist das Vorschlagsrecht der Eltern (§§ 1776 ff. BGB; hier aber § 1791 b Abs. 1 S. 2 BGB) und des Jugendamtes (§§ 1779 BGB, 53 SGB VIII) zu berücksichtigen.

II. **Verfahrensrechtlich** kann die Entscheidung jedoch keinen Bestand haben.

1. **Zuständig** für die Vormundschaft über Minderjährige ist der Rechtspfleger §§ 3 Nr. 2 a, 14 RPflG) beim AG – VormG –, in dessen Bezirk der Mündel seinen Wohnsitz hat (§§ 35, 36 FGG). Der Richter hätte daher nicht entscheiden dürfen (arg. e contrario § 14 Nr. 4, 15 RPflG). Dieser Verfahrensfehler ist allerdings nach § 8 Abs. 1 RPflG unbeachtlich.

2. Daß kein **Antrag** vorliegt, schadet ebenfalls nicht, da die Vormundschaft von Amts wegen angeordnet wird (§ 1774 S. 1 BGB).

3. Da das VormG nur gem. § 1779 Abs. 1 BGB das Jugendamt angehört hat, kommt aber in Betracht, daß M und K in ihrem **Recht auf Gehör** verletzt worden sind.

a) **K** hätte das Gericht nach § 50b Abs. 2 FGG sowohl zur Sachverhaltsaufklärung als auch zur Gewährleistung des rechtlichen Gehörs persönlich anhören müssen (BVerfG NJW 1988, 125; BayObLG NJW 2001, 722, 723; OLG Hamm FamRZ 1989, 203). Vergleichbar § 66 FGG behandelt das Gesetz also den Minderjährigen abweichend von § 52 ZPO als verfahrensfähig.

b) **M** hätte das Gericht nach § 50a Abs. 1 S. 1 FGG anhören müssen. Es handelt sich nicht nur (wie bei der Anhörung eines nicht sorgeberechtigten Elternteils nach § 50a Abs. 2 FGG) um einen Fall der Sachverhaltsaufklärung, sondern schon wegen der gleichzeitigen Feststellung, daß die Sorge der M ruht (§ 1674 Abs. 1 BGB), um die Gewährleistung rechtlichen Gehörs für M als Betroffene (s. auch OLG Oldenburg FamRZ 1999, 36). Davon konnte nach § 50a Abs. 3 FGG nur aus schwerwiegenden Gründen abgesehen werden, etwa wenn mit M eine Verständigung nicht möglich war.

117. Entlassung des Vormundes

V, Vormund der 17jährigen K, gerät in den Verdacht, Mündelgeld unterschlagen

I. **Materiell-rechtlich** kann die Entscheidung auf § 1886 BGB gestützt werden. Das VormG hat den Vormund bei seiner

zu haben. Das zuständige VormG in Köln will V entlassen, ihn dazu aber vorher hören. Da V inzwischen in Wiesbaden wegen weiterer Vermögensdelikte gem. § 112a Abs. 1 Nr. 2 StPO in Untersuchungshaft sitzt, ersucht das Gericht den Rechtspfleger in Wiesbaden, V anzuhören. Außerdem wird der Rechtspfleger in Paderborn ersucht, K zu befragen, der sich dort in einem Internat aufhält. Gegen den Entlassungsbeschluß legt V Beschwerde ein. Mit Erfolg?

Tätigkeit zu beaufsichtigen (§ 1837 BGB), der seinerseits gegenüber dem Gericht auskunfts- und rechnungslegungspflichtig ist (§§ 1839, 1840 BGB). Die Kontrolle wird durch Anordnungsermächtigungen und Genehmigungsvorbehalte abgesichert (§§ 1837, 1821 ff. BGB; vgl. für Betreuungssachen §§ 1904 ff., 1908 i BGB). Die schärfste Sanktion für pflichtwidriges Verhalten des Vormundes ist seine Entlassung (§§ 1886 ff. BGB, 56 Abs. 4 SGB VIII; vgl. für Betreuer § 1908 b BGB). Sie kommt deshalb nur als äußerste Maßregel in Betracht (BayObLG FamRZ 1989, 1342 sowie BT-Drucks. 7/2060 S. 41). Der Grund für die Untersuchungshaft des V (Wiederholungsgefahr) kann auch die Entlassung rechtfertigen; das Gericht hat die Möglichkeit weiterer Pflichtverletzungen zu Lasten des K allerdings selbständig zu prüfen. Da V außerdem zur Zeit gehindert ist, die Sorge für K ordentlich wahrzunehmen, ist seine Entlassung gerechtfertigt.

II. **Verfahrensrechtlich** bestehen keine Bedenken. Das zuständige VormG in Köln entscheidet grundsätzlich durch den Rechtspfleger (§§ 3 Nr. 2a, 14 RPflG), wobei allerdings eine Entscheidung durch der Richter unschädlich ist (§ 8 Abs. 1 RPflG). Das rechtliche Gehör konnte V im Wege der Rechtshilfe nach §§ 2 FGG, 157 ff. GVG durch einen ersuchten Richter (Rechtspfleger) gewährt werden, da eine Anhörung durch den ersuchten Richter nicht ausdrücklich ausgeschlossen ist (anders im Grundsatz §§ 68, 70c FGG in Betreuungs- und Unterbringungsverfahren; s. auch KKW/Kahl § 2 Rn. 24 f.). Die nach §§ 20 Abs. 1, 60 Abs. 1 Nr. 3 FGG

zulässige sofortige Beschwerde des V
wird daher keinen Erfolg haben.

118. Rechtsmittel

In Nr. 117 Fall legen neben V auch K und deren Onkel O Beschwerde ein. Mit Erfolg?

I. Die **Beschwerde der K** ist zulässig. K ist nach § 59 Abs. 1 S. 1 FGG selbständig neben ihrem Vormund beschwerdeberechtigt, wenn dieser entlassen wird (KKW/Engelhardt § 59 Rn. 13; KG JFG 15, 198, 201). § 59 FGG erweitert für die zweite Instanz die Verfahrensfähigkeit derjenigen minderjährigen Beteiligten über 14 Jahre, die in der 1. Instanz nicht selbst antragsberechtigt sind, sondern bei Anträgen durch ihren gesetzlichen Vertreter vertreten werden müssen oder bei Amtsverfahren (wie hier) nur Anregungen geben können. Die Vorschrift regelt allerdings nur die Verfahrensfähigkeit, nicht die Beschwerdebefugnis, die sich hier aus § 20 Abs. 1 FGG ergibt. Gleichwohl kann die Beschwerde in der Sache keinen Erfolg haben, da die Entlassung des Vormundes sachlich gerechtfertigt und K in ihren Rechten nicht verletzt ist. Zwar ist K nach § 50b Abs. 2 S. 1, Abs. 4 FGG persönlich anzuhören, so daß die Anhörung im Wege der Rechtshilfe wegen der Bedeutung des persönlichen Eindrucks für das erkennende Gericht nur ausnahmsweise in Betracht kommt (BGH FamRZ 1985, 169, 172; OLG Karlsruhe FamRZ 1994, 915, 916). Da die Entlassung des V hier aber auf dessen fehlende persönliche Eignung gestützt wird, nicht auf Defizite in seinem Verhältnis zu K oder deren persönliche Umstände, wird man die Anhörung der K durch einen ersuchten Richter/Rechtspfleger billigen können.

II. Die **Beschwerde des O** ist hingegen mangels Beschwerdebefugnis unzulässig. Zwar erweitert § 57 Abs. 1 Nr. 9 FGG die Beschwerdebefugnis in Vormundschaftssachen über § 20 FGG hinaus. Da aber nach § 60 Abs. 1 Nr. 3 FGG gegen die Entlassung des Vormundes die sofortige Beschwerde gegeben ist, kann sich O nach § 57 Abs. 2 FGG nicht auf § 57 Abs. 1 Nr. 9 FGG berufen (OLG Karlsruhe FamRZ 1998, 568, 569; OLG Hamm FamRZ 1987, 1196, 1197).

119. Unterbringung

Die in Braunschweig lebenden Eltern der 16 jährigen T schreiben an das FamG in Braunschweig, T sei drogensüchtig. Sie, die Eltern, beabsichtigten, T zu einer Entziehungskur in eine geeignete geschlossene Anstalt zu bringen, und beantragten dafür die Genehmigung des Gerichts. Was wird das FamG tun?

I. Das Gericht wird zuerst seine **Zuständigkeit** prüfen. Beantragt ist eine Unterbringungsgenehmigung nach §§ 1631 b BGB, 70 Abs. 1 S. 2 Nr. 1 a FGG. Für die Genehmigung privatrechtlicher (und bundeseinheitlich seit dem 1. 1. 1992 auch öffentlich-rechtlicher, § 70 Abs. 1 S. 2 Nr. 3 FGG) Unterbringungsmaßnahmen ist sachlich das FamG (§ 1631 b S. 1 BGB) zuständig.

1. Die **Familiengerichte** sind vom Gesetzgeber durch das EheRG von 1976 bei den Amtsgerichten (§ 23 b Abs. 1 S. 1 GVG) eingerichtet, ihre Zuständigkeiten durch das KindRG von 1997 erheblich erweitert worden. Bei diesen Abteilungen für Familiensachen handelt es sich weder um eine Regelung der sachlichen noch der funktionellen Zuständigkeit (so aber wohl BGH NJW-RR 1990, 707), sondern um eine der Geschäftsverteilung vergleichbare gerichtsinterne Zuständigkeit (BGHZ 71, 264, 266 ff.). Familiengerichte entscheiden in den sog. **Familiensachen** (§ 23 b Abs. 1 S. 2 GVG), die sich aufteilen in Ehesachen

(§§ 23 b Abs. 1 S. 2 Nr. 1 GVG; 606 ff.
ZPO) und sonstige Familiensachen
(§§ 23 b Abs. 1 S. 2 Nr. 2–14 GVG; 621 ff.
ZPO). Verfahrensrechtlich sind einige
Familiensachen dem ZPO-Verfahren
zugewiesen (§§ 606, 621 a Abs. 1 S. 1, 621
Abs. 1 Nr. 4, 5, 8 ZPO), andere dem fG-
Verfahren (§§ 621 a Abs. 1 S. 1, 621 Nr. 1–
3, 6, 7, 9 ZPO). Die örtliche Zuständigkeit regeln etwa die Vorschriften der
§§ 621 a Abs. 1 S. 1 ZPO, 36, 43, 45 FGG,
11 Abs. 2 HausratV.

2. Bei der vorliegend beantragten Unterbringungsgenehmigung handelt es sich
um eine sonstige Familiensache im obigen
Sinne, über die gem. §§ 1631b S. 1 BGB,
23 b Abs. 1 S. 2 Nr. 2 GVG, 621 Abs. 1
Nr. 1 ZPO das AG – FamG – in Braunschweig, wo die T ihren gewöhnlichen
Aufenthalt hat (§§ 70 Abs. 2 S. 2, 65
Abs. 1 FGG), im Verfahren der fG
(§ 621 a Abs. 1 S. 1 ZPO) entscheidet.
Funktionell zuständig ist der Richter.
Dies ergibt sich nicht aus § 14 RpflG,
sondern einem Umkehrschluß aus § 3
Nr. 2 a RPflG. Da hier Unterbringungssachen nicht erwähnt sind, hat der Gesetzgeber diese von vorn herein nicht dem
Rechtspfleger übertragen. Eines Richter-
vorbehaltes bedarf es mithin gar nicht
(Erman/Michalski § 1631b Rn. 11; vgl.
auch Art. 104 Abs. 2 S. 1 GG).

II. Das Gericht wird sich sodann über den
weiteren **Gang des Verfahrens** Gedanken
machen. Materiell-rechtlich hängt die Genehmigung davon ab, ob die Unterbringung zum Wohl der T erforderlich ist
(arg. § 1631b S. 3 BGB; s. für Mündel
§ 1800 BGB, für Betreute § 1906 BGB).
Ob das so ist, kann der Richter nicht

(nur) aus der Akte ersehen. Das Gesetz schreibt deshalb (und wegen der Schwere des Eingriffes) zwingend vor, daß ein Sachverständigengutachten einzuholen ist (§§ 70 e, 68 b Abs. 3, 4 FGG). Vor allem aber ist der Unterzubringende aus Gründen sachgerechter Sachverhaltsermittlung und der Gewährleistung rechtlichen Gehörs persönlich anzuhören (§§ 70 c, 68 FGG; dazu schon oben Nr. 113). Insoweit ist der Betroffene, soweit er mindestens 14 Jahre alt ist, ohne Rücksicht auf seine Geschäftsfähigkeit verfahrensfähig (§ 70 a FGG; dazu oben Nrn. 114, 116, 118); gegebenenfalls ist zur Unterstützung der T ein Verfahrenspfleger (hierzu oben Nr. 39 a) nach § 70 b FGG zu bestellen. Außerdem ist dem in § 70 d FGG näher bestimmten Personenkreis Gelegenheit zur Äußerung zu geben, wobei die Eltern der T gem. § 70 d Abs. 2 FGG persönlich gehört werden müssen. Anzuhören ist auch das Jugendamt (§§ 70 d Abs. 1 Nr. 6, 49 a Abs. 1 Nr. 5 FGG, 50 SGB VIII). Der Familienrichter wird also einen Sachverständigen mit dem Gutachten beauftragen und einen „Termin zur mündlichen Verhandlung" (dazu oben Nr. 67) anberaumen, zu dem er T, deren Eltern, das Jugendamt und den Sachverständigen laden wird.

120. Einstweilige Unterbringungsanordnung

In Nr. 119 verzögert sich die Entscheidung wegen des noch fehlenden Sachverständigengutachtens. Die Eltern der T teilen dem Familienrichter in Braun-

I. Auch hier wird der Richter zunächst seine **Zuständigkeit** prüfen. Das Begehren der Eltern ist als Antrag auf Erlaß einer einstweiligen Unterbringungsanordnung nach § 70 h FGG zu verstehen. Es handelt sich dabei nicht um ein neues

schweig mit, sie seien inzwischen mit ihrer Tochter nach Celle umgezogen. Der Zustand der T habe sich verschlechtert. Ausweislich des beigefügten ärztlichen Attestes sei wegen akuter Suizidgefahr eine sofortige Unterbringung erforderlich. Wie wird der Richter entscheiden?

Verfahren, für das wegen des Aufenthaltswechsels der T nur das Gericht in Celle zuständig wäre, sondern um eine Zwischenentscheidung innerhalb des einheitlichen Unterbringungsverfahrens. Der Richter in Braunschweig bleibt daher zuständig; die für die vorläufige Unterbringung konkurrierende Zuständigkeit des nicht angerufenen Gerichts in Celle (§§ 70 Abs. 2 S. 3, 65 Abs. 5 FGG) hindert ihn an einer eigenen Entscheidung nicht. Er kann aber gleichwohl das gesamte Verfahren an das Gericht in Celle abgeben (§§ 70 Abs. 2 S. 2, 65a Abs. 1 S. 1, 46 FGG), wenn dieses sich zur Übernahme bereit erklärt (§ 46 Abs. 1 S. 1 FGG) und die Eltern zustimmen (§ 46 Abs. 1 S. 1, 2. Hs. FGG entsprechend; KKW/Engelhardt § 46 Rn. 52; OLG Bremen FamRZ 1980, 928, 929); dazu ist T vorher zu hören (§§ 70 Abs. 2 S. 2, 65a Abs. 2 S. 1 FGG; ein Widerspruchsrecht hat T nicht, denn auf § 65a Abs. 2 S. 2 FGG ist in § 70 Abs. 2 S. 2 FGG gerade nicht verwiesen).

II. Wenn der Richter selbst entscheiden will, kann er die vorläufige Unterbringung, die nach § 70h Abs. 2 S. 1 FGG eine Dauer von 6 Wochen nicht überschreiten darf, durch **einstweilige Anordnung** verfügen, wenn dringende Gründe für die Annahme bestehen, daß auch die endgültige Unterbringung genehmigt wird, ein ärztliches Zeugnis vorliegt und mit dem Aufschub der Unterbringung Gefahr verbunden sein würde (§§ 70h Abs. 1 S. 2, 69f Abs. 1 S. 1 Nr. 1–3 FGG). Da diese Voraussetzungen erfüllt sind, kann der Richter die beantragte Anordnung erlassen, aber erst, wenn er zuvor die T und gegebenenfalls ihren Verfahrenspfleger persönlich angehört hat (§§ 70 h Abs. 1 S. 2, 69 f Abs. 1 S. 1 Nr. 4 FGG mit Einschränkungen in § 69 f Abs. 1 S. 2–4 FGG; allein die Tatsache, daß der eigentliche Anwendungsbereich von § 69 f Abs. 1 S. 1 Nr. 4 FGG nur Volljährige betrifft, entbindet den Richter wegen der Verweisung in § 70 h Abs. 1 S. 2 FGG nicht von der persönlichen Anhörung der minderjährigen T. Insoweit zu Unrecht zweifelnd Erman/Michalski § 1631 b Rn. 21). Auch der in § 70 d FGG genannte Personenkreis, insbesondere das Jugendamt, ist zu befragen, sofern nicht Gefahr in Verzug ist (§ 70 h Abs. 1 S. 3 FGG).

121. Rechtsmittel gegen die vorläufige Unterbringung

In Nr. 120 wird die vorläufige Unterbringung der T angeordnet. T legt Beschwerde ein. Kann sie bereits vor der Beschwerdeentscheidung untergebracht werden?

I. Die vorläufige Unterbringung setzt eine **wirksame** Anordnung des FamG voraus. Nach §§ 70 h Abs. 1 S. 2, 70 g Abs. 3 S. 1 FGG wird die Entscheidung abweichend von § 16 Abs. 1 FGG erst mit formeller Rechtskraft wirksam. Das setzt eine förmliche Bekanntmachung (§§ 16 Abs. 2 S. 1 FGG, 208–213 a ZPO) an den Unterzubringenden (§§ 70 h Abs. 1 S. 2, 70 g Abs. 1 FGG; .) und die weiteren Adressaten des §§ 70 g Abs. 2, 70 d FGG voraus, da gegen diese Entscheidung das fristgebundene Rechtsmittel der sofortigen Beschwerde gegeben ist (§§ 70 m Abs. 1, 22 FGG). Beschwerdebefugt ist der Unterzubringende (§§ 20 Abs. 1, 70 a FGG) und der in § 70 d FGG genannte Personenkreis (§ 70 m Abs. 2 FGG). Für das Beschwerdeverfahren gelten im Übrigen die für Betreuungssachen aufgestellten Verfahrensgrundsätze entsprechend (§§ 70 m Abs. 3, 69 g Abs. 5 FGG). Im Ergebnis kann T also erst untergebracht werden, wenn über ihre Beschwerde rechtskräftig entschieden wurde.

II. Etwas anderes gilt nur dann, wenn das Gericht die **sofortige Wirksamkeit** anordnet (§ 70 g Abs. 3 S. 2 FGG); in diesem Fall wird die Entscheidung bereits mit Bekanntmachung an den Betroffenen, den Pfleger oder Betreuer, mit Übergabe an die Geschäftsstelle zur Bekanntmachung oder mit Mitteilung gegenüber einem Dritten (z. B. dem Leiter einer Unterbringungseinrichtung) zum Zweck des Vollzugs wirksam (§ 70 g Abs. 3 S. 3 FGG; krit. KKW/Kayser § 70 g Rn. 12). Gleichwohl bleibt die sofortige Beschwerde das statthafte Rechtsmittel (s. BGHZ 42, 223, 225; BayObLG FamRZ 1989, 319).

122. Entziehung elterlicher Vertretungsmacht

A stirbt und hinterläßt ein beträchtliches Vermögen. Zur Alleinerbin hat er seine Ehefrau M eingesetzt; das einzige Kind der Eheleute, der 16 jährige S, ist nicht bedacht worden. M beginnt ein aufwendiges Leben. S, der in einem Internat erzogen wird und sich mit M nicht sehr gut versteht, sieht seinen Pflichtteilsanspruch gefährdet. Was kann er tun?

I. S kann M auffordern, seinen Pflichtteilsanspruch (§§ 2303 Abs. 1, 2317 BGB) zu erfüllen. Eine solche Aufforderung ist jedoch ohne rechtliche Wirkung, da S minderjährig ist und über die Frage, ob er sein Pflichtteilsrecht geltend machen soll, sein **gesetzlicher Vertreter**, also die allein sorgeberechtigte M (§§ 1629 Abs. 1 S. 1 und 3, 1680 Abs. 1 BGB), im Rahmen der Vermögenssorge entscheidet. Nach §§ 1629 Abs. 2 S. 1, 1795 Abs. 2, 181 BGB ist M zwar von Rechtsgeschäften mit sich selbst ausgeschlossen. Diese Vorschriften greifen hier jedoch nicht ein, da die Entscheidung über die Geltendmachung von Pflichtteilsansprüchen kein Rechtsgeschäft ist.

II. Fraglich ist indessen, ob S nicht mit Hilfe des FamG zu seinem Recht kommen kann. Das könnte in zwei Etappen geschehen: Auf einer ersten Stufe müßte M gem. §§ 1629 Abs. 2 S. 3, 1796 BGB in dieser Angelegenheit die **Vertretung entzogen** werden. Zuständig für solche Entscheidungen ist der Rechtspfleger (§ 3 Nr. 2a, 14 RPflG) beim FamG (§§ 1629 Abs. 2 S. 3 BGB, 64 Abs. 1 FGG), das von Amts wegen tätig wird. S würde dadurch aber nicht selbst entscheidungsbefugt, sondern müßte auf einer zweiten Stufe nach § 1909 BGB einen Ergänzungspfleger erhalten. Auch eine solche Entscheidung fällt der Rechtspfleger (§§ 3 Nr. 2a, 14 RPflG) beim FamG (§§ 1697, 1693 BGB) von Amts wegen (§§ 1915 Abs. 1, 1774 S. 1 BGB).

Das Gericht kann indessen so nur verfahren, wenn das dem **Wohl des Kindes** dient. Dabei ist zweierlei zu erwägen. Zum einen sind nicht nur die Vermögensaspekte zu beachten, sondern auch und vor allem die Auswirkungen auf den Familienfrieden im Eltern-Kind-Verhältnis, aus dem dem Kind ideelle und wirtschaftliche Vorteile erwachsen können, die nicht selten bedeutender sind als einzelne finanzielle Ansprüche und die nicht unnötig gefährdet werden sollen. Zum anderen ist zu bedenken, daß der Pflichtteilsanspruch nicht in seiner Existenz gefährdet ist – er kann wegen § 204 S. 2 BGB vorläufig nicht nach § 2332 BGB verjähren, und M kann darauf auch nicht für S verzichten (§§ 1629 Abs. 2 S. 1, 1795 Abs. 2, 181 BGB) –, sondern nur in seinem wirtschaftlichen Wert. Wenn man es daher hier wegen des ohnehin beeinträchtigten Vertrauensverhältnisses zwischen M und S, der nicht bei M lebt, für angemessen hält, M in dieser Angelegenheit die Vertretung zu entziehen, dann muß sich der für S zu bestellende Pfleger darauf beschränken, den Anspruch des S zu sichern, während die Entscheidung darüber, ob der Anspruch geltend gemacht werden soll, bis zur Volljährigkeit des S zurückgestellt werden kann (BayObLGZ 1988, 385, 389).

123. Entziehung der elterlichen Sorge

Die 14jährige A erscheint beim Familienrichter R und berichtet: Sie sei das Kind der unverheirateten M; ihren Vater V kenne sie nicht. Sie lebe praktisch seit ihrer Geburt bei der Familie F. M sei seit vielen Jahren drogensüchtig und sitze zur Zeit in einer Haftanstalt. M habe sich ihrer Sucht wegen um A nicht mehr gekümmert; das vom Staat gezahlte Kindergeld sei regelmäßig in Rauschgift umgesetzt worden. Sie, A, beantrage deshalb, der M die gesamte elterliche Sorge zu entziehen. Was wird R tun?

Die Entziehung der **gesamten** elterlichen Sorge kennt das BGB nicht. Vielmehr ist zwischen Eingriffen in die Personen- und die Vermögenssorge zu unterscheiden, wobei allerdings die Eingriffsgrundlage durch das KindRG nunmehr einheitlich in § 1666 zu sehen ist.

I. Zu Eingriffen in die **Personensorge** ermächtigen demnach §§ 1666, 1666 a BGB. Diese Vorschriften konkretisieren das in Art. 6 Abs. 2 GG vorbehaltene staatliche Wächteramt. Zum Wohle des Kindes muß der Staat bei (auch unverschuldetem) Erziehungsunvermögen das Personensorgerecht der Eltern einschränken, hat dabei aber – insbesondere beim Entzug der gesamten Personensorge nach § 1666 a Abs. 2 BGB – den **Grundsatz der Verhältnismäßigkeit** zu beachten (BVerfG FamRZ 1982, 567; BayObLG NJW 1999, 293, 294). Der vollständige Entzug der Personensorge kann hier möglicherweise das einzige Mittel sein, Gefahren von A abzuwenden, wenn M als Drogensüchtige derart in die Probleme ihrer eigenen Person verstrickt ist, daß sie für eine Sorge um ihr Kind ausfällt (s. OLG Frankfurt FamRZ 1983, 530).

II. Eingriffe in die **Vermögenssorge** erlauben §§ 1666, 1667 BGB. Auch hier ist der vollständige Entzug das letztmögliche Mittel, das nur zulässig ist, wenn die in § 1667 BGB genannten minderschweren Maßnahmen nicht ausreichen (BayObLG FamRZ 1989, 652, 653). Diese – ursprünglich in § 1667 Abs. 5 a. F. BGB vorgesehene Rechtsfolge – ergibt sich seit Aufhebung der Vorschrift jetzt aus der Grundnorm des § 1666 Abs. 1 BGB (Palandt/Diederichsen § 1667 Rn. 7). Wegen § 1603 BGB ist dieser Weg allerdings von zweifelhafter Erfolgsaussicht.

III. **Verfahrensrechtlich** wird R zunächst seine Zuständigkeit prüfen, die sich (nun ebenfalls einheitlich) aus §§ 1666 Abs. 1 BGB; 621 Abs. 1 Nr. 1, Abs. 2 S. 2 ZPO; 64 Abs. 1 FGG; 14 Nr. 8 RPflG ergibt. Daß A als 14 jährige nicht verfahrensfähig ist – die in § 59 FGG vorgesehene Ausnahme gilt für die 1. Instanz nicht (OLG Köln FamRZ 1973, 265, 266; Bassenge/Herbst § 59 Rn. 4) – schadet nicht, da das Verfahren nach §§ 1666, 1666a, 1667 BGB von Amts wegen einzuleiten ist, wenn Anlaß dazu besteht. R kann also mit den Ermittlungen beginnen und der A gem. § 50 Abs. 2 S. 1 Nr. 2 FGG einen Verfahrenspfleger (s. oben Nr. 39a) bestellen, der ihre Rechte wahrnimmt. Im Zuge der Ermittlungen hat er M (§ 50a Abs. 1 S. 3 FGG), A (§ 50b Abs. 2 S. 2 FGG) und das Jugendamt (§§ 49a Abs. 1 Nr. 8 FGG; 50 SGB VIII) anzuhören. Außerdem empfiehlt sich die Anhörung der Familie F (§ 12 FGG).

Von einer Anhörung des V kann gem. § 50a Abs. 2 FGG abgesehen werden, da ihm die Sorge nicht zusteht (§ 1626a BGB) und eine weitere Sachverhaltsaufklärung hierdurch nicht zu erwarten ist. Außerdem wird R die Strafakten anfordern und versuchen, darüber hinaus Ermittlungen über die Verhältnisse der M anzustellen. Zur Vorbereitung dieser Maßnahmen wird R also zunächst die erforderlichen Verfügungen erlassen.

124. Annahme als Kind

Das FamG hat in Nr. 123 der M rechtskräftig die gesamte Personen- und Vermögenssorge entzogen und das Jugendamt zum Vormund bestellt. Daraufhin beantragt Familie F, unterstützt durch A und das Jugendamt, die Adoption der A. Alle Erklärungen sind notariell beurkundet. Wie wird das Gericht entscheiden?

Über einen **Adoptionsantrag** entscheidet gem. §§ 1752 BGB; 35, 43b FGG; 14 Nr. 3f RPflG der Richter beim VormG in einem Antragsverfahren (§ 1752 BGB) nach Anhörung des Kindes (§§ 50b Abs. 2 S. 1, 55c FGG) und auf der Grundlage eines Gutachtens der Adoptionsvermittlungsstelle bzw. des Jugendamtes (§§ 56d; 49 Abs. 1 Nr. 1 FGG; 50 Abs. 1 SGB VIII). Die Adoption erfolgt durch Beschluß (§§ 1752 BGB, 56e FGG; sog. „hoheitliches Dekretsystem": die Adoption erfolgt nicht durch Vertrag). Der Beschluß ist weder anfechtbar noch abänderbar (§ 56e S. 3 FGG) und hat das Erlöschen aller familienrechtlichen Beziehungen zu den bisherigen Verwandten (§ 1755 BGB) sowie die volle Eingliederung in die adoptierende Familie zur Folge (§ 1754 BGB).

Die Annahme als Kind ist aber nach § 1741 Abs. 1 BGB nur zulässig, wenn sie dem **Wohl des Kindes** dient und zu erwarten ist, daß zwischen dem Annehmenden und dem Kind ein Eltern-Kind-Verhältnis entsteht. Die Adoption setzt deshalb eine Probezeit voraus (§ 1744 BGB) sowie die notariell beurkundete Einwilligung des Kindes (§§ 1746, 1750 Abs. 1 S. 2 BGB), der das Jugendamt als gesetzlicher Vertreter zustimmen muß (§§ 1746 Abs. 1 S. 3, 1793 Abs. 1 S. 1 BGB). Des weiteren ist gem. § 1747 Abs. 1 S. 1 BGB die ebenfalls notariell beurkundete (§ 1750 Abs. 1 S. 2 BGB) **Einwilligung beider Eltern** erforderlich. Dabei kommt es seit der Neufassung der Vorschrift durch das KindRG nicht mehr darauf an, ob die Eltern verheiratet sind oder nicht. Ebenfalls unbedeutend ist, ob den Eltern bzw. der Mutter die elterliche Sorge bereits entzogen ist (OLG Frankfurt FamRZ 1983, 531). Da bisher weder M noch V gefragt worden sind, kann das Gericht in der Sache nicht entscheiden, sondern muß zunächst grundsätzlich beide nach ihrer Zustimmung fragen. Die Einwilligung des V könnte jedoch gem. § 1747 Abs. 4 BGB entbehrlich sein, wenn R dessen Aufenthaltsort trotz angemessener Nachforschungen bei den Ordnungsbehörden nicht ermitteln kann (s. OLG Köln DAV 1998, 936).

125. Ersetzung der Einwilligung

In Nr. 124 hält R die Einwilligung des V für entbehrlich. Es verweigert aber M die Zustimmung zur Adoption. Daraufhin beantragt A, vertreten durch das Jugendamt, die Zustimmung der M durch gerichtlichen Beschluß zu erset-

Wird die nach § 1747 BGB erforderliche Zustimmung verweigert, so ist eine Adoption grundsätzlich nicht möglich. Nur unter besonders engen Voraussetzungen kann das VormG die **Einwilligung** nach § 1748 BGB **ersetzen.**
I. Zuständig dafür ist der Richter (§ 14 Nr. 3f RPflG) beim VormG (§§ 1748 BGB; 35, 43b FGG). Es handelt sich um

zen. Kann das Gericht diesem Antrag entsprechen?

ein **Zwischenverfahren,** das nur auf Antrag des Kindes durchgeführt werden kann (§ 1748 Abs. 1 S. 1 BGB) und vor Erlaß des Adoptionsbeschlusses rechtskräftig entschieden sein muß, da die Adoption eine wirksame Einwilligung voraussetzt und der die Einwilligung ersetzende Beschluß erst mit Rechtskraft wirksam wird (§§ 53, 60 Abs. 1 Nr. 6 FGG; zur Beschwerde s. BayObLG NJW-RR 1991, 71).

II. Die Einwilligung kann nur ersetzt werden, wenn der verweigernde Elternteil seine Pflichten gegenüber dem Kind anhaltend gröblich verletzt oder durch sein Verhalten gezeigt hat, daß ihm das Kind gleichgültig ist, und wenn das Unterbleiben der Adoption dem Kind zu unverhältnismäßigem Nachteil gereichen würde (§ 1748 Abs. 1 S. 1 BGB). Den Tatbestand **„anhaltend gröbliche Pflichtverletzung"** wird man nicht als erfüllt ansehen können. Zwar hat M Straftaten begangen und sich nie, auch nicht durch Unterhaltszahlungen, um A gekümmert. Das hatte aber keine konkreten Nachteile für A, da diese bei der Familie F gut untergebracht und versorgt war und die Straftaten nicht zu Lasten der A gingen. In solchen Fällen läßt sich eine anhaltend gröbliche Pflichtverletzung gegenüber dem Kind nicht ohne weiteres bejahen (BayObLG NJW-RR 1991, 71, 72; OLG Frankfurt FamRZ 1983, 531). Nach § 1748 Abs. 1 S. 2 BGB reicht allerdings ausnahmsweise auch eine **einmalige besonders schwere Pflichtverletzung.** Dieser Sonderfall erfaßt z. B. Sittlichkeitsdelikte und schwere Körperverletzungen, nicht aber krankheitsähnliche Vernachlässigungsgründe wie etwa eine Drogensucht (OLG Frankfurt a.a.O.). In Betracht kommt daher nur, die Einwilligung wegen **Gleichgültigkeit** zu ersetzen (OLG Köln FamRZ 1987, 203, 204). Das setzt aber eine Beratung und Belehrung durch das Jugendamt und das Verstreichen einer Karenzzeit von 3 Monaten voraus (§§ 1748 Abs. 2 BGB; 51 SGB VIII). Das Gericht wird daher zunächst das Jugendamt auffordern, die M zumindest über die Möglichkeit der Ersetzung ihrer Einwilligung zu belehren (§ 51 Abs. 1 SGB VIII; die Belehrung ist zwingend, BayObLG FamRZ 1997, 514, 516) und sie über Erziehungshilfen etc. zu beraten (§ 51 Abs. 2 SGB VIII; wobei die Beratung ggf. entbehrlich ist, BayObLG a.a.O.) Erst danach kann R über die Einwilligungsersetzung entscheiden.

126. Ausschluß der „Schlüsselgewalt"

A erklärt eines Tages seiner Ehefrau B, er schließe ihr in § 1357 Abs. 1 BGB verbrieftes Recht, Geschäfte mit Wirkung für ihn zu besorgen, fortan aus, da sie häufig unnötige und unangemessene Luxusgüter anschaffe, die er nicht mehr bezahlen könne und wolle. Es erfolgt eine entsprechende Eintragung in das Güterrechtsregister. Nach einigen Jahren erhebt B vor dem Familiengericht Klage gegen A auf Herstellung der ehelichen Lebensgemeinschaft mit dem Antrag,

I. Die in § 1357 Abs. 1 BGB eingeräumte Verpflichtungsbefugnis („Schlüsselgewalt") kann jeder Ehegatte dem anderen durch einseitige formlose Erklärung ganz oder teilweise entziehen (§ 1357 Abs. 2 S. 1 BGB). Gegenüber Dritten wirkt die Beschränkung oder Ausschließung nur, wenn sie im Güterrechtsregister eingetragen ist (§§ 1357 Abs. 2 S. 2, 1412 BGB). Den Eintragungsantrag kann nur der Entziehende stellen (§ 1561 Abs. 2 Nr. 4 BGB). Besteht für die Beschränkung oder Ausschließung kein ausreichender Grund, kann der andere Ehegatte ihre **gerichtliche Aufhebung beantragen** (§ 1357 Abs. 2 S. 1, 2. Halbs. BGB). Ob ein ausreichender Grund besteht, ist allein nach dem Zeitpunkt der gerichtlichen Ent-

die Ausschließung aufzuheben. A beantragt Klageabweisung, da B inzwischen zwar sparsam geworden sei, ihn aber in letzter Zeit häufig betrüge. Wie wird das Gericht entscheiden?

scheidung zu beurteilen (OLG Hamm FamRZ 1958, 465, 466; BayObLG FamRZ 1959, 505). Da Untreue gegenüber dem Ehegatten kein ausreichender Grund für die Ausschließung ist, hat B grundsätzlich einen Anspruch auf Aufhebung.

II. Dennoch wird das FamG die Klage, nicht als unbegründet, sondern als unzulässig abweisen. Zuständig für das Verfahren nach § 1357 Abs. 2 S. 1 2. Halbs. BGB ist nämlich der Richter beim AG – VormG – (§§ 14 Nr. 1 RPflG; 35, 45 FGG). Für eine mit demselben Ziel erhobene, auf § 1353 BGB gestützte Herstellungsklage vor dem FamG fehlt neben dem einfacheren und billigeren fG-Verfahren das Rechtsschutzbedürfnis (a. A. Erman/Heckelmann § 1357 Rn. 21).

127. Scheidungsverbund

Die Ehe von M und F soll geschieden werden. Kann das Gericht bei dieser Gelegenheit auch über das Sorgerecht für das gemeinsame Kind K entscheiden?

Das Scheidungsverfahren gehört als Ehesache gem. §§ 23 b Abs. 1 S. 2 Nr. 1 GVG; 606, 622 ff. ZPO zu den Familiensachen, über die nach den Verfahrensgrundsätzen der ZPO entschieden wird (zur differenzierten Zuständigkeit des FamG bereits oben Nr. 119).

Soweit die in § 23 b Abs. 1 S. 2 GVG genannten Familiensachen allein verhandelt werden, spricht man von „isolierten Familiensachen". Den Grundsatz der Eigenständigkeit der einzelnen Familiensache hat der Gesetzgeber für den Fall der Scheidung durchbrochen; hier soll mit einer Entscheidung „reiner Tisch gemacht" werden. Deshalb wird das eigentliche Scheidungsverfahren, das mit den anderen Familiensachen, deren Regelung infolge der Scheidung nötig wird, verbun-

den, gleich, ob es sich um ZPO- oder
fG-Familiensachen handelt (§ 623 ZPO).
Man spricht von einem **Verbund von
Scheidung und Folgesachen,** da diese
Familiensachen einheitlich verhandelt
und entschieden werden sollen (§§ 623 ff.
ZPO; Ausnahmen in §§ 627, 628 ZPO).
Verhandelt wird nach **beiden** Verfahrensordnungen mit Modifikationen z. B. in
§§ 621 a Abs. 1 S. 2, 624 ZPO. Entschieden wird einheitlich durch (Verbund-)
Urteil (§ 629 ZPO). Da über das Sorgerecht (§ 1671 BGB) im Scheidungsverfahren von Amts wegen entschieden werden
muß (§ 623 Abs. 3 ZPO), muß das Gericht hier im Verbundurteil nach § 629
ZPO darüber entscheiden, wenn es einem
übereinstimmenden Vorschlag der Eltern
(§§ 1671 Abs. 2 Nr. 1 BGB, 623 Abs. 2
Nr. 1 ZPO) folgen will, sonst in einem
eigenen Beschluß vor dem Verbundurteil
(§§ 1671 Abs. 3, 627 ZPO).

128. Änderung einer familiengerichtlichen Sorgerechtsentscheidung

Das FamG hat die Ehe von
M und F durch rechtskräf-
tiges Verbundurteil ge-
schieden. Da M Alkoholi-
ker ist, hat es die elterliche
Sorge für das gemeinsame
Kind K auf F übertragen.
Als auch F dem Alkoholis-
mus verfällt, ändert das
FamG seine Sorgerechts-
entscheidung und bestellt
das Jugendamt zum Vor-
mund für K, obwohl K
einen Onkel hat, der sich
gut als Vormund geeignet

Abweichend von § 318 ZPO darf das
FamG seine **Sorgerechtsentscheidung**
gem. § 1696 BGB **ändern,** wenn dies
durch Gründe veranlaßt ist, die das Wohl
des Kindes berühren (vgl. BGH NJW-RR
1986, 1130, 1131; OLG Hamm FamRZ
1988, 1313, 1314). Nach der Aufhebung
des § 1671 Abs. 5 BGB durch das
KindRG ist die Rechtsgrundlage für eine
Übertragung der elterlichen Sorge auf
einen Vormund nunmehr in §§ 1696
Abs. 1, 1697 BGB zu sehen.
Bedenken bestehen aber hinsichtlich der
Bestellung des Jugendamtes, und zwar
nicht nur, weil vor dem Jugendamt der

hätte. Wie ist diese Ent-
scheidung zu beurteilen?

Onkel des K als Vormund auszuwählen
gewesen wäre (dazu schon oben Nr. 116).
Vielmehr ist die **Bestellung der Person
des Vormundes** gegenüber der Anordnung der Vormundschaft und der Auswahl des Vormundes ein eigener Verfahrensgegenstand, der nicht mehr in die
Zuständigkeit des FamG nach §§ 1696
Abs. 1, 1697 BGB fällt, sondern in die des
VormG nach §§ 1779, 1789 BGB (BT-
Drucks. 13/4899 S. 110). Durch die Neufassung des § 1697 hat der Gesetzgeber
den gegen die Vorschrift des § 1671
Abs. 5 a. F. zu Recht erhobenen Bedenken Rechnung getragen, dessen Wortlaut
(„übertragen") hinsichtlich der Zuständigkeiten indifferent war und daher
unterschiedlich interpretiert wurde. Während eine Ansicht die umfängliche Zuständigkeit des FamG aus Praktikabilitätsgründen bejahte, (OLG Koblenz
FamRZ 1981, 1004; OLG Stuttgart Fam-
RZ 1978, 830, 831; AG Celle DAVorm.
1982, 294, 296 f.), verwies die Gegenan-
sicht zutreffend (so auch die Vorauflage)
auf die vom Gesetzgeber vorgeschriebene
Aufgabenverteilung, die die Auswahl und
Bestellung des Vormundes (§§ 1774 ff.
BGB) ausschließlich dem VormG zuwies
(BayObLG FamRZ 1977, 822).
Mit der Neuordnung der Zuständigkeiten
erreicht der Gesetzgeber eine interessen-
gerechte Lösung: Da das Familiengericht
aus dem vorangegangenen Scheidungsverfahren häufig die besseren Kenntnisse
darüber hat, welche Person als Vormund
geeignet ist, bleibt ihm die **Anordnung**
der Vormundschaft sowie die **Auswahl**
des Vormundes (letztere allerdings neben
der nach § 1779 Abs. 1 BGB bestehenden

Auswahlkompetenz des VormG; OLG Stuttgart FamRZ 1999, 1601) überlassen. Auf der anderen Seite obliegt die **Bestellung** des vom FamG ausgewählten Vormundes sinnvoller Weise **allein** dem VormG, da hiermit die Kontaktbasis für die künftige Beaufsichtigung und Beratung durch dieses Gericht (§§ 1837 ff. BGB) gelegt wird (BT-Drucks. a.a.O.; OLG Stuttgart FamRZ 1999, 1601).

129. Rechtsmittel

Welches Rechtsmittel kann das Jugendamt in Nr. 128 gegen seine Bestellung als Vormund durch das FamG im Hinblick auf dessen Unzuständigkeit einlegen? Wie, wenn es zusätzlich Bedenken gegen seine Bestellung an Stelle von K's Onkel geltend macht?

I. Die **Rechtsmittelzüge** in Familiensachen sind ebenso unübersichtlich wie die Zuständigkeiten geregelt. Grundsätzlich gilt folgendes:

1. Gegen das **Verbundurteil** als ganzes ist die Berufung zum OLG statthaft (§§ 511 ZPO, 119 Abs. 1 Nr. 1a GVG). Insoweit gibt es keine weiteren Besonderheiten.

2. **Isolierte ZPO-Familiensachen** werden stets durch Urteil entschieden. Hier ist wie beim Verbundurteil die Berufung zum OLG eröffnet (§§ 511 ZPO, 119 Abs. 1 Nr. 1a GVG).

3. **Isolierte fG-Familiensachen** werden durch Beschluß entschieden, gegen den nach §§ 621e, 517 ZPO die befristete Beschwerde statthaft ist. Auch sie ist an das OLG zu richten (§§ 621e Abs. 3 S. 1 ZPO, 64 Abs. 3 S. 1 FGG). Im Übrigen gelten nach Maßgabe der §§ 621a, 621e ZPO die Vorschriften des FGG.

4. **Folgesachen aus dem fG-Bereich**, die durch Verbundurteil entschieden wurden, können außerdem isoliert angefochten werden. Da § 629a Abs. 2 S. 1 ZPO auf § 621e ZPO verweist, gilt das zu 3. Gesagte.

II. Die Schwierigkeit des vorliegenden Falles besteht scheinbar darin, daß das FamG entschieden hat, aber **nicht in einer Familiensache**. Hätte das für die Bestellung zuständige VormG entschieden, wäre für das Jugendamt die einfache Beschwerde zum LG das richtige Rechtsmittel gewesen (§§ 19, 20, 57 Abs. 1 Nr. 9 FGG; kein Fall von § 60 Abs. 1 Nr. 1, 2 FGG!). Für den Ausgangsfall erhebt sich also zunächst die Frage, für welches Gericht die Rechtsmittelzuständigkeit im Falle gerichtsinterner Unzuständigkeit begründet ist.

1. Das GVG stellt in § 119 Abs. 1 Nr. 1 a für die Rechtsmittelzuständigkeit in Familiensachen auf einen **formellen Anknüpfungspunkt** ab. Gleiches gilt, trotz ihres zweifelhaften Wortlautes („gehören"), für die Vorschrift des § 64 Abs. 3 S. 1 FFG. Daher ist das OLG für Berufungen und Beschwerden gegen **alle** Entscheidungen des FamG zuständig ohne Rücksicht darauf, ob eine Familiensache vorliegt oder nicht. Die formelle Anknüpfung bestimmt des weiteren, ob gerichtsintern der Familiensenat (bei Ent-scheidungen der FamG, auch wenn sie Nichtfamiliensachen betreffen) oder der allgemeine Zivilsenat (bei Entscheidungen der Prozeßgerichte, auch wenn sie Familiensachen betreffen) zuständig ist (§§ 119 Abs. 2, 23 b Abs. 1 GVG; BGH FamRZ 1991, 682; 1989, 165, 166; anders noch BGH NJW-RR 1988, 1221, 1222). Demnach wäre vorliegend grundsätzlich an eine Beschwerde zum OLG – FamS – zu denken.

2. Bis zur Änderung der ZPO durch das ZPO-RG vom 27. 6. 2001 war eine solche Beschwerde zum OLG gem. §§ 621 e

Abs. 4 S. 1, 529 Abs. 3 S. 2 ZPO a. F.
grundsätzlich dann statthaft, wenn die
Unzuständigkeit des AG – FamG – bereits in erster Instanz gerügt, oder aber
eine verspätete Rüge genügend entschul-
digt wurde. Umstritten war sodann jedoch die Frage, welcher Senat beim OLG
zur Entscheidung berufen war. Während
ein Teil der Lit. in konsequenter Fortfüh-
rung des Gedankens der formellen Anknüpfung die Zuständigkeit des FamS
annahm und somit ggf. zu einer Aufhebung der Entscheidung mit anschließen-
der (Zurück-)Verweisung an das eigentlich zuständige AG – VormG – eintrat (so
Jauernig FamRZ 1989, 1 ff.; 1988, 1260;
Thomas/Putzo § 119 Rn. 5), ging der
BGH i. S. e. hier ausnahmsweise zulässigen materiellen Anknüpfung von der
Zuständigkeit des allgemeinen Zivilsena-
tes aus, der bei Entscheidungsreife in der
Sache selbst entscheiden sollte (vgl. BGH
FamRZ 1994, 25, 26; 1989, 165, 166;
NJW-RR 1988, 1221, 1222).

3. Dieses Problem ist jedoch mit Inkrafttreten des § 621 e Abs. 4 S. 1 ZPO n. F.
sowie dem Fortfall des § 529 Abs. 3 S. 1
ZPO obsolet geworden, wonach in Anlehnung an § 513 Abs. 2 ZPO auch die
Beschwerde nicht mehr darauf gestützt
werden kann, daß das Gericht des ersten
Rechtszuges seine Zuständigkeit zu Unrecht angenommen hat. Die Regelungen
dienen den mit der ZPO-Reform in erster
Linie verfolgten Zwecken der Verfahrens-
beschleunigung sowie der Entlastung der
Beschwerdegerichte. Außerdem vermeiden sie, daß die vom erstinstanzlichen Gericht geleistete Sacharbeit allein wegen
fehlender Zuständigkeit hinfällig wird

(BT-Drucks. 14/3750, S. 66; 73) Ein statthaftes Rechtsmittel des Jugendamtes, welches sich allein gegen die Unzuständigkeit des AG – FamG – richtet, existiert demnach nicht (mehr).

4. Statthaft ist die Beschwerde zum OLG – FamS – hingegen dann, wenn das Jugendamt materielle Fehler – hier die fehlerhafte Auswahl des Jugendamtes an Stelle des Onkels – rügt. In diesem Falle ist der FamS einerseits schon deshalb zuständig, weil die Auswahl des Vormundes in den Kompetenzbereich des AG – FamG – fällt, andererseits aber auch deshalb, weil die nach bisheriger Ansicht des BGH eine ausnahmsweise materielle Anknüpfung rechtfertigenden Normen der §§ 621e Abs. 4 Satz 1, 529 Abs. 3 S. 2 ZPO a. F. in dieser Form nicht mehr existieren.

130. Hausratstreitigkeiten

In einer an das AG –FamG – adressierten Klage begehrt M die Verurteilung seiner Ehefrau F zur Herausgabe des bisher von beiden gemeinsam benutzten (näher bezeichneten) PKW. F erwidert schriftsätzlich, der PKW gehöre zum gemeinsamen Hausrat. Über diesen werde jedoch, ebenfalls auf Betreiben des M, in einem anderen Verfahren, allerdings bei demselben Richter, bereits verhandelt. Daraufhin beantragt M die Verweisung des zweiten Rechtsstreits. Kann das

I. Mit der zunächst erhobenen Klage macht M **Ansprüche aus ehelichem Gü-terrecht** geltend. Es handelt sich nach §§ 23 b Abs. 1 S. 2 Nr. 9 GVG, 621 Abs. 1 Nr. 8 ZPO um eine ZPO-Familiensache. Das parallel laufende **Hausratverteilungs-verfahren** hingegen ist eine fG-Famili-ensache (§§ 23 b Abs. 1 S. 2 Nr. 8 GVG, 621 Abs. 1 Nr. 7, 621a Abs. 1 S. 1 ZPO, 13 Abs. 1 HausratV; dazu oben Nrn. 55, 59). Es stellt eine in der Praxis bedeutsame Scheidungsfolge-sache dar, kann aber auch isoliert durch-geführt werden (s. § 11 HausratV).

II. Über Gegenstände, die zum Hausrat gehören, kann allerdings ausschließlich im Hausratverfahren und nicht in anderen Verfahren isoliert verhandelt werden (OLG Zweibrücken FamRZ 1991, 848).

Gericht diesem Antrag folgen?

Deshalb schreibt § 18 Abs. 1 HausratV die Abgabe vor, wenn Ansprüche über Hausratsgegenstände vor dem Prozeßgericht anhängig gemacht werden. Die Vorschrift ist hier aber direkt nicht anwendbar. Zwar gehört ein gemeinsam genutzter PKW zum Hausrat (BGH FamRZ 1991, 43, 49; OLG Oldenburg FamRZ 1997, 942); den Rechtsstreit hat M jedoch nicht vor dem allgemeinen Prozeßgericht anhängig gemacht, sondern schon vor dem FamG, nur im falschen Verfahren. Dennoch ist eine Verweisung nötig und möglich.

1. **Nötig** ist die Verweisung wegen der unterschiedlichen Verfahrensarten, vor allem aber wegen der unterschiedlichen Entscheidungswirkungen: Während der ZPO-Richter nur anordnet, regelt der fG-Richter im Hausratverteilungsverfahren rechtsgestaltend die Eigentumsverhältnisse (§§ 2, 8 ff. HausratV). Wegen dieses rechtsgestaltenden Richterakts enthält die HausratV nicht nur Verfahrens-, sondern auch materielles Recht, so daß es geboten ist, im weiterreichenden, effektiveren Rechtsschutz bietenden fG-Verfahren zu entscheiden.

2. Die Verweisung ist auch **möglich.** Bei fehlender Verfahrenszuständigkeit sind Abgabe in Amts- und Verweisung in Antragsverfahren zulässig (ausf. oben Nrn. 17, 18). Dementsprechend kann eine Verweisung an denselben Richter, wie sie hier erforderlich ist, als abteilungsinterne In-sich-Verweisung entweder auf eine Analogie zu § 17 a Abs. 2 Satz 1 GVG (so zu § 17 Abs. 3 GVG a. F.; Walter S. 94) oder zu § 18 HausratV gestützt werden. Im konkreten Fall liegt die Analogie zu § 18 HausratV näher (Staudinger/Wein-

reich § 18 HausratV Rn. 7; OLG Düsseldorf FamRZ 1979, 836), so daß auch eine Abgabe von Amts wegen möglich ist. In jedem Fall kann der Familienrichter den Rechtsstreit an (sich selbst als) den zuständigen Hausratverteilungsrichter verweisen.

B. Nachlaßsachen

I. Aufgaben des Nachlaßgerichts; Zuständigkeiten

131. Die Aufgaben des Nachlaßgerichts

Was sind die wichtigsten Aufgaben des NachlG?

Mit dem Tode einer natürlichen Person entsteht die Notwendigkeit, ihren Nachlaß zu regeln. Vornehmlich ist dies Angelegenheit der Erben. Das NachlG soll die Beteiligten hierbei lediglich unterstützen. Es geht dabei um Rechtsfürsorge (s. Nr. 3) für den Nachlaß, um sicherzustellen, daß dieser den Erben ungeschmälert erhalten bleibt und der Bestimmung zugeführt wird, die der Erblasser gewollt hat.

I. Da das NachlG nur ausnahmsweise eingreifen soll, wird es auch nur in einigen Fällen **von Amts wegen** tätig, so z.B. bei der Sicherung des Nachlasses (§ 1960 BGB; dazu Nr. 148), bei der Feststellung des Erbrechts des Fiskus (§§ 1964 f. BGB; dazu Nrn. 157–159), im Einzelfall bei der Ernennung eines Testamentsvollstreckers (§ 2200 BGB), bei der Veranlassung der Ablieferung eines Testament (§§ 2259 BGB, 83 FGG; dazu Nr. 153) und dessen Eröffnung (§§ 2260 ff. BGB) und bei der Einziehung und Kraftloserklärung von Erbscheinen und Testamentsvollstreckerzeugnissen (§§ 2361, 2368 BGB; dazu Nr. 144).

II. Auf **Antrag** nimmt das NachlG z.B. folgende Verrichtungen vor: die Erteilung eines Erbscheins (dazu die folgenden Nrn. 133–145) oder eines Testamentsvollstreckerzeugnisses (§ 2368 BGB), die Bestellung eines Nachlaßpflegers (§ 1961 BGB; dazu Nr. 148), die Anordnung der Nachlaßverwaltung (§§ 1981, 1984 BGB; dazu Nr. 150) und die Entlassung eines Testamentsvollstreckers (§ 2227 BGB; dazu Nr. 156; zu weiteren Aufgaben s. KKW Vorb §§ 72–99 Rn. 4).

III. In einigen Fällen hat das NachlG nur die Aufgabe, als Informationssammelzentrale **Erklärungen entgegenzunehmen und** sie anderen **mitzuteilen,** z. B. Erklärungen über die Ausschlagung einer Erbschaft (§§ 1945, 1953 Abs. 3, 1957 BGB) und die Anfechtung eines Testamentes (§ 2081 BGB) oder Erbvertrages (§ 2281 Abs. 2 BGB; dazu Nrn. 151, 152).

132. Zuständigkeiten

Welche Stellen sind für die Nachlaßsachen zuständig? (Allgemein zu den Zuständigkeiten s. Nrn. 15 ff.)

I. Sachlich zuständig ist grundsätzlich das AG, Abteilung NachlG (§ 72 FGG). Nach Art. 147 EGBGB können durch Landesrecht auch andere als gerichtliche Behörden mit Verrichtungen in Nachlaßsachen betraut werden. Von dieser Ermächtigung hat insbesondere Baden-Württemberg Gebrauch gemacht. Nachlaßgericht ist hier das Notariat (§§ 1, 38 ff. LFGG/BW).

II. Örtlich zuständig ist das AG, in dessen Bezirk der Erblasser zur Zeit des Erbfalls seinen Wohnsitz, in Ermangelung eines Wohnsitzes seinen Aufenthalt hatte (§ 73 FGG).

III. Für die funktionelle Zuständigkeit gilt das Prinzip der „Vorbehaltsübertragung" (s. Nr. 27). Gem. § 3 Nr. 2c RPflG ist grundsätzlich der Rechtspfleger für die Erledigung der Nachlaßsachen zuständig. Besonders schwierige Angelegenhei-

ten bleiben jedoch dem Richter vorbehalten und sind im Katalog des § 16 Abs. 1
RPflG einzeln aufgeführt. So obliegt dem
Richter die Erteilung von gegenständlich
beschränkten Erbscheinen (§ 2369 BGB)
und von Erbscheinen, sofern eine Verfügung von Todes wegen vorliegt (§§ 16
Abs. 1 Nr. 6 RPflG). Dies gilt auch (und
gerade) dann, wenn Streit über die Wirksamkeit der Verfügung von Todes wegen
besteht (s. Nr. 135). Des weiteren ist
der Richter z. B. für die Entlassung des
Testamentsvollstreckers (§§ 2227 BGB,
16 Abs. 1 Nr. 5 RPflG; s. Nr. 156) und
die Einziehung von Erbscheinen (§§ 2361
BGB, 16 Abs. 1 Nr. 7 RPflG; s. Nr. 144)
funktionell zuständig.

II. Das Erbscheinsverfahren

133. Begriff und Bedeutung des Erbscheins

Was ist und wozu dient ein
Erbschein?

I. Ein Erbschein ist nach der Legaldefini-
tion des § 2353 BGB ein Zeugnis über das
Erbrecht. Er bezeugt, wer in welchem
Umfang (ganz oder zu Bruchteilen) und
unter welchen Beschränkungen (s. hierzu
Nr. 140) Erbe geworden ist (vgl. § 2365
BGB), nicht hingegen, welche Gegenstände zum Nachlaß gehören und welchen Wert sie haben (OLG Hamm NJW
1968, 1682).
II. Der Erbschein dient der Legitimation
des Erben und dem Schutz des Rechts-
verkehrs. Da die Erbschaft mit dem Tode
des Erblassers kraft Gesetzes (§ 1922
BGB) auf den gesetzlichen oder durch
letztwillige Verfügung bestimmten Erben
übergeht, kann der Erbe häufig sein

Erbrecht nicht ohne weiteres nachweisen und ein Außenstehender nicht ohne weiteres erkennen, wer Erbe ist. Es bedarf daher eines mit öffentlichem Glauben ausgestatteten Zeugnisses über die Erbenstellung. Ein solches Zeugnis kann bereits (aufgrund der höheres Vertrauen genießenden Errichtungsform) das öffentliche Testament (§ 2232 BGB) oder der Erbvertrag (§§ 2274, 2276 BGB) sein (so etwa für das Grundbuchverfahren, § 35 Abs. 1 S. 2 GBO). Beim privatschriftlichen Testament, u. U. auch bei den anderen letztwilligen Verfügungen (s. Palandt/Edenhofer Überbl. vor § 2353 Rn. 8) sowie bei gesetzlicher Erbfolge ist hingegen ein Erbschein zur Legitimation erforderlich (s. für das Grundbuchverfahren § 35 Abs. 1 S. 1 GBO). Er begründet gem. § 2365 BGB für und gegen den in ihm bezeichneten Erben die Rechtsvermutung, daß diesem das ausgewiesene Erbrecht zusteht und er nur den angegebenen Beschränkungen unterliegt. Darüber hinaus ist gem. §§ 2366 f. BGB das Vertrauen gutgläubiger Dritter auf die Richtigkeit des Erbscheins geschützt.

134. Die Erbscheinsarten

Welche Erbscheinsarten sind zu unterscheiden?

I. Die häufigsten sind:

1. Alleinerbschein für einen Alleinerben (§ 2353, 1. Fall BGB).

2. Teilerbschein für einen Miterben über den Erbteil (§ 2353, 2. Fall BGB).

3. Gemeinschaftlicher Erbschein über das Erbrecht aller Miterben (§ 2357 BGB).

II. Weitere Erscheinungsformen sind:

1. Gegenständlich beschränkter Erbschein (insb. gem. §§ 2369 BGB; 18 HöfeO;

ausnahmsweise auch gem. § 2353 BGB, s.
Nr. 136; MK/Promberger § 2353 Rn. 48 ff.
m. w. N.).

2. Gemeinschaftlicher Teilerbschein
(Kombination von I 2 und I 3 analog
§ 2357 Abs. 1 S. 2 BGB) über das Erbrecht einiger, aber nicht aller Miterben auf
Antrag schon **eines** Miterben (MK/Prom-
berger § 2343 Rn. 45).

3. Sammelerbschein (MK/Promberger
§ 2353 Rn. 47) als rein äußerliche Vereinigung mehrerer Einzelerbscheine (nach I 1
und I 2) bei mehrfachem Erbgang in einer
Urkunde.

4. Mindestteilerbschein (MK/Promberger
§ 2353 Rn. 43), wenn über den restlichen
Erbteil eine derzeit nicht behebbare Un-
gewißheit besteht.

5. Nascituruserbschein (MK/Promberger
§ 2353 Rn. 43), der i. d. R. als gemeinschaftlicher Teilerbschein oder Mindestteilerbschein das mögliche Erbrecht eines
gezeugten, aber noch nicht geborenen po-
tentiellen Miterben (s. § 1923 Abs. 2 BGB)
berücksichtigt.

135. Die funktionelle Zuständigkeit

Erblasser E hinterläßt allein seinen Sohn A. Dieser beantragt unter Hinweis auf sein gesetzliches Erbrecht
einen Alleinerbschein. Des weiteren meldet sich B,
ein Bekannter des E, beim NachlG. Unter Vorlage eines ihn als Alleinerben bezeichnenden, maschinen-
schriftlichen Testaments des E vertritt B die Ansicht,

I. Das hängt zunächst davon ab, ob R befugt ist, über die Erbscheinserteilung zu
entscheiden, ob er also funktionell zuständig ist. Dies ist hier nach § 16 Abs. 1 Nr. 6
RPflG der Fall (s. Nr. 132). Zwar ist
die Verfügung von Todes wegen gem.
§§ 2247 Abs. 1, 125 BGB nichtig, weil E
das Testament nicht eigenhändig geschrieben hat. Gleichwohl berührt dies die Zuständigkeit des Richters nicht. § 16 Abs. 1
Nr. 6 RPflG beruht auf dem Gedanken,
daß die Feststellung der Erbfolge bei Vor-

der Nachlaß stehe ihm zu. Als Richter R die Akte erhält, fragt er seinen Referendar, was er denn nun tun könne.

liegen einer Verfügung von Todes wegen besonders schwierig ist und deshalb dem Richter vorbehalten bleiben soll. Dies erfordert, daß er nicht nur über Auslegungs-, sondern auch über Wirksamkeitsfragen entscheidet (Brehm Rn. 635; Roth § 9 I).

R kann also vorliegend über die Erbscheinserteilung selbst entscheiden, muß dies aber nicht. Denn gem. § 16 Abs. 2 S. 1 RPflG kann er trotz Vorliegens des (nichtigen) Testaments den Rechtspfleger anweisen, den Alleinerbschein für A auszustellen, weil gesetzliche Erbfolge eingetreten ist. An diese Rechtsauffassung des Richters ist der Rechtspfleger gebunden (§ 16 Abs. 2 S. 2 RPflG).

II. Je nachdem, ob R die Sache gem. § 16 Abs. 2 RPflG überträgt, wird er oder der Rechtspfleger die Erteilung des Erbscheins anordnen (s. Nrn. 83, 143). Diese Anordnung ist zu begründen, weil ein Verfahrensbeteiligter – B – dem Antrag des A widersprochen hat (MK/Promberger § 2353 Rn. 96). In Vollzug der Anordnung wird der Erbschein dann ausgefertigt und dem A ausgehändigt (Einzelheiten MK-Promberger, § 2353 Rn. 97). Erst in diesem Augenblick treten die Wirkungen des Erbscheins ein. Die Erbschaftsteuerstelle des Finanzamtes bekommt eine beglaubigte Abschrift (§ 12 ErbStDV) und das Grundbuchamt nach Maßgabe des § 83 GBO eine Mitteilung.

136. Die internationale Zuständigkeit

Dem US-Amerikaner B, der seinen Wohnsitz in Dallas, Texas, hat, gehörte

Die Zuständigkeit des AG Köln richtet sich – unabhängig davon, welches materielle Erbrecht nach Art. 25 f. EGBGB

Grundbesitz in München. Auf einer Gruppenreise „Europa in fünf Tagen" stirbt er am vierten Tag in Köln an Herz-Kreislaufversagen. Sein Sohn S beantragt beim AG – NachlG – Köln einen Erbschein für den Grundbesitz in München. Ist das AG – NachlG – Köln örtlich und international zuständig, wenn die Erbfolge in den inländischen Grundbesitz sich nach deutschem Recht richtet?

anwendbar ist – allein nach deutschem Verfahrensrecht (lex fori; Zöller/Geimer IZPrR Rn. 1ff.). Da über die internationale Zuständigkeit nur das örtlich zuständige Gericht entscheiden darf, ist die örtliche Zuständigkeit zuerst zu prüfen (OLG Hamm NJW 1969, 385; a. A. seit 13. Aufl.: KKW § 73 Rn. 21).

I. Nach § 73 Abs. 1 FGG ist grundsätzlich das AG (als NachlG, § 72 FGG; zu den landesrechtlichen Besonderheiten s. Nr. 132) zuständig, in dessen Bezirk der Erblasser zur Zeit des Erbfalls seinen Wohnsitz oder, in Ermangelung eines solchen, seinen Aufenthalt hatte. Fehlt es auch an einem inländischen Aufenthalt, so ist für Deutsche subsidiär das AG Schöneberg in Berlin (§ 73 Abs. 2 FGG), für Ausländer jedes Gericht örtlich zuständig, in dessen Bezirk sich Nachlaßgegenstände befinden (§ 73 Abs. 3 FGG). B hatte zur Zeit des Erbfalls seinen Aufenthalt in Köln. Der Aufenthalt i.S.v. § 73 Abs. 1 FGG ist an jedem Ort gegeben, an dem sich eine Person befindet, gleichgültig, ob dies nur vorübergehend, z.B. auf der Durchreise, oder für länger, gewollt oder ungewollt, bewußt oder unbewußt der Fall ist (BayObLG RPfleger 1978, 180, 181). Das AG Köln ist örtlich zuständig.

II. 1. Die Regeln über die internationale Zuständigkeit entscheiden darüber, die Gerichte welchen Staates zuständig sind. Häufig folgt die internationale Zuständigkeit der örtlichen (KKW Einl Rn. 84f.). Während die Rechtsprechung zunächst die internationale Zuständigkeit deutscher Nachlaßgerichte (mit Ausnahme des § 2369 BGB, dazu unten 3.) **nur** dann bejahte, wenn deutsches Erbrecht anzuwenden war (Grundsatz des **Gleichlaufs** zwischen materiellem und Verfahrensrecht), plädierten große Teile der Literatur für eine Ausdehnung der internationalen Zuständigkeit deutscher NachlG. Dieser Durchbrechung des Gleichlaufsgrundsatzes nähert sich mittlerweile zunehmend auch die Rechtsprechung an (Einzelheiten bei Palandt/Heldrich Art. 25 EGBGB Rn. 18).

2. Nach Art. 25 Abs. 1 EGBGB richtet sich die Erbfolge nach B nach US-amerikanischem Recht. Da es kein bundesstaatliches Kollisionsrecht der USA gibt, ist das Recht des Staates Texas maßgeblich. Dieses erklärt für unbewegliche Sachen das Recht des Belegenheitsstaates (lex rei sitae) für anwendbar (sog. **Nachlaßspaltung**), hier also das deutsche Recht. Diese Rückverweisung wird vom deutschen IPR gem. Art. 4 Abs. 1 S. 2 EGBGB angenommen; es gilt für die Erbfolge in den Grundbesitz also das materielle deutsche Erbrecht (OLG Karlsruhe NJW 1990, 1420). Nach dem Gleichlaufgrundsatz ist daher für die Erteilung des Erbscheins **für den inländischen Grundbesitz** das AG Köln international zuständig.

3. Diese Zuständigkeit ist zu unterscheiden von derjenigen nach § 2369 Abs. 1 BGB. Diese Vorschrift begründet ausnahmsweise die internationale Zuständigkeit eines inländischen Gerichts für den Fall, daß es nach den allgemeinen Regeln an einem international zuständigen Gericht fehlt. Da hier das NachlG bereits nach allgemeinen Regeln international zuständig ist, wird es keinen Erbschein nach § 2369 Abs. 1 BGB („Fremdrechts-

erbschein"), sondern für den dem deutschen Recht unterliegenden Nachlaßteil einen Erbschein nach § 2353 BGB („Eigenrechtserbschein") ausstellen (Palandt/Heldrich Art. 25 EGBGB Rn. 20). Obwohl nach dem Wortlaut des § 2353 BGB ein gegenständlich beschränkter Erbschein nicht erteilt werden kann, läßt man ihn für den Fall zu, daß die internationale Zuständigkeit des deutschen NachlG auf den inländischen Nachlaß begrenzt ist (BayObLG FamRZ 1997, 318, 319).

137. Antrag auf Erteilung des Erbscheins

Erblasser E, Inhaber einer kleineren Kfz-Werkstatt, verstarb, ohne ein Testament errichtet zu haben. Er hinterließ seine zwei Söhne, die Jurastudenten A (17. Semester) und B (1. Semester), sowie seine Ehefrau F, mit der er im Güterstand der Zugewinngemeinschaft gelebt hatte. Auf ihre Anträge erteilte das NachlG A und B je einen Teilerbschein über ihr gesetzliches Erbrecht nach E. F unternahm zunächst nichts, weil sie die Regelung des Nachlasses „ihren Jungs" überlassen wollte. Noch bevor dies geschehen und die Erbengemeinschaft ABF auseinandergesetzt war, verstarb auch F. Testamentarischer Alleinerbe war B, dem

Nach § 2353 BGB kann ein Erbe einen Erbschein über sein Erbrecht, nach § 2357 Abs. 1 BGB können alle Erben (S. 1) oder auch nur ein Miterbe (S. 2) einen gemeinschaftlichen Erbschein über das gemeinsame Erbrecht beantragen. Gleichwohl können hier A und B auch einen Teilerbschein über das Teilerbrecht der F nach E beantragen (zur Zuständigkeit: Nr. 132).

1. Die **Antragsbefugnis des A** ergibt sich aus sinngemäßer Anwendung des § 2357 Abs. 1 S. 2 BGB. Da A, B und F Miterben nach E sind, könnte A einen gemeinschaftlichen Erbschein beantragen. Da über sein Erbrecht und das Erbrecht des B aber schon Teilerbscheine vorliegen, besteht nur noch das Bedürfnis nach einem Teilerbschein über das Erbrecht der Miterbin F. Die Antragsbefugnis dafür ist in der weitergehenden Antragsbefugnis für den gemeinschaftlichen Erbschein enthalten (OLG München JFG 23, 334 f.).

2. Die **Antragsbefugnis des B** ergibt sich ebenfalls aus seiner Stellung als Miterbe

antragsgemäß auch darüber ein Erbschein erteilt wurde. Zum Nachlaß des E gehört auch eine Werklohnforderung; der Schuldner ist nur zur Zahlung bereit, wenn ihm die Legitimation aller Erben durch Erbschein nachgewiesen wird. Deshalb beantragen A und B nunmehr beim zuständigen AG – NachlG – einen Teilerbschein, der die verstorbene F als Miterbin zu 1½ nach E ausweisen soll. Sind A und B antragsbefugt?

des E. Sie ergibt sich zum anderen aber auch noch aus seiner Stellung als Erbeserbe der F. Nach § 1922 BGB ist er voll in die Rechtsstellung der F eingerückt und damit auch in ihr Recht, einen Erbschein über ihr Erbrecht nach § 2353 BGB zu beantragen (RGZ 64, 173, 175 ff.; weitere Fälle zur Antragsbefugnis Nrn. 138, 141; generell MK/Promberger § 2353 Rn. 120 ff.; keine Antragsbefugnis hat etwa der rechtsgeschäftliche Erwerber eines Nachlasses für das Erbrecht des Veräußerers, OLG Düsseldorf NJW-RR 1991, 332).

138. Erbschein über fremdes Erbrecht

Die Schwestern A und B waren Miteigentümerinnen eines Grundstücks. Als A starb, hinterließ sie ihren einzigen Sohn S. Noch bevor S als Rechtsnachfolger der A im Grundbuch eingetragen ist, möchte B gegen den Widerstand des S die Miteigentumsgemeinschaft am Grundstück beenden und deshalb die Teilungsversteigerung des Grundstücks beantragen. Um gegenüber dem Zwangsversteigerungsgericht die Eigentumsverhältnisse nachweisen zu können, beantragt sie beim NachlG, ihr

I. Der nach § 3 Nr. 2c RPflG zuständige Rechtspfleger wird zunächst die **Antragsbefugnis** der B prüfen, da B einen Erbschein über ein fremdes Erbrecht beantragt, ohne selbst (Mit-)Erbin zu sein. Obwohl der Erbschein immer auf den Namen des Erben lauten und sein Erbrecht ausweisen muß (OLG Düsseldorf NJW-RR 1991, 332, Nr. 142), kann er unter bestimmten Voraussetzungen auch für Nichterben beantragt werden (s. schon Nr. 137), gem. § 792 ZPO auch vom Gläubiger des Erblassers, wenn er aus einem Vollstreckungstitel gegen den Erblasser die Zwangsvollstreckung gegen den Erben betreiben will, der für die Nachlaßschulden haftet (§ 1967 BGB). Der Gläubiger bedarf hier des Erbscheins. Um die („titelumschreibende") Vollstreckungsklausel (§ 727 ZPO) gegen den

einen Erbschein zu erteilen, der S als Alleinerben der A ausweist. Wird das NachlG den Erbschein erteilen?

Erben zu erreichen, muß er nämlich im Klauselerteilungsverfahren dessen Erbenstellung durch eine öffentliche Urkunde nachweisen (weiterer Fall: § 896 ZPO).

II. § 792 ZPO ist hier zugunsten der B analog anwendbar. Sie will zwar nicht gegen S die Zwangsversteigerung des Grundstücks aus einem Vollstreckungstitel gegen A betreiben, wohl aber die „freiwillige" Teilungsversteigerung des Grundstücks zur Aufhebung der Bruchteilsmiteigentumsgemeinschaft zwischen ihr und S als Erben der A. Darauf hat B einen Anspruch gem. §§ 749 Abs. 1, 753 Abs. 1 S. 1 BGB. Auf die Teilungsversteigerung finden nach § 180 Abs. 1 ZVG die Vorschriften über die Zwangsversteigerung entsprechende Anwendung, soweit in den §§ 181–185 ZVG nichts Abweichendes gesagt ist. Für die entsprechende Anwendung der Zwangsversteigerungsvorschriften hat der Antragsteller gewissermaßen die Stellung eines Gläubigers, der Antragsgegner gewissermaßen die Stellung des Schuldners (Daßler/Schiffhauer/Gerhardt/Muth § 180 Rn. 35). Nach § 181 Abs. 1 ZVG ist zwar ein Vollstreckungstitel nicht erforderlich. Wohl aber setzt auch die Teilungsversteigerung wieder voraus, daß die Stellung des Antragsgegners (S) als Erbe des im Grundbuch eingetragenen Miteigentümers (A) vom Antragsteller durch öffentliche Urkunden glaubhaft gemacht wird (§§ 180 Abs. 1, 17 Abs. 1, Abs. 3, 16 Abs. 2 ZVG). Das rechtfertigt die analoge Anwendung des § 792 ZPO. Das NachlG wird den beantragten Erbschein daher erteilen, wenn die übrigen Voraussetzungen ordnungsgemäß

(§§ 2354, 2356 BGB, s. Nr. 139) dargetan sind (zum ganzen: OLG Hamm MDR 1960, 1018 f.; LG Essen RPfleger 1986, 387).

139. Die Sachverhaltsfeststellung

Erblasser E hinterläßt seine Söhne A und B sowie seine Ehefrau F. A beantragt einen Teilerbschein über sein gesetzliches Erbrecht.

I. Welche Anforderungen sind an den Antrag zu stellen?

II. A hat in seinem Antrag keine Angaben zum Güterstand gemacht, in dem E und F gelebt hatten. Wie wird das NachlG entscheiden?

I. Da das NachlG keinen anderen Erbschein erteilen darf als beantragt ist (s. Nr. 53), muß der Antrag genügend bestimmt sein. Er muß außerdem bei gesetzlichem Erbrecht die in §§ 2354, 2357 BGB geforderten Angaben enthalten; bei gewillkürter Erbfolge die in §§ 2355, 2357 BGB geforderten Angaben. Im Übrigen bestehen keine besonderen Formvorschriften. Wohl aber muß der Antragsteller die Richtigkeit seiner Angaben nach Maßgabe des § 2356 BGB i. d. R. durch öffentliche Urkunden (Abs. 1) oder durch Versicherung an Eides Statt (Abs. 2) nachweisen. Insoweit obliegt den Antragstellern im Erbscheinsverfahren eine formelle Beweisführungslast, die allerdings durch die Amtsermittlungspflicht des NachlG gem. § 2358 BGB ergänzt wird (dazu Nr. 60 und sogleich II.).

II. 1. Gem. § 2354 Abs. 1 Nr. 2 BGB hätte A auch den Güterstand angeben und die Richtigkeit der Angabe gem. § 2356 Abs. 2 BGB nachweisen müssen. Denn vom Güterstand hängt ab, ob F Erbin zu ½ (§§ 1931 Abs. 1 S. 1 und Abs. 3, 1371 Abs. 1 BGB bei Zugewinngemeinschaft), zu ⅓ (§ 1931 Abs. 4 BGB bei Gütertrennung) oder zu ¼ (§§ 1482, 1931 Abs. 1 BGB bei Gütergemeinschaft) geworden ist.

2. Kommt ein Antragsteller seinen Mitwirkungslasten (§§ 2354 ff. BGB) nicht

nach, so muß ihm das NachlG aufgrund seiner verfahrensrechtlichen Fürsorgepflicht im Wege der Zwischenverfügung analog § 139 ZPO i. d. R. Gelegenheit geben, binnen einer bestimmten Frist die erforderlichen Angaben nachzuholen. Verstreicht die Frist ungenutzt, so wird der Antrag grundsätzlich als unzulässig verworfen (Brehm Rn. 629). Dem steht auch nicht die Amtsermittlungspflicht des NachlG aus § 2358 Abs. 1 BGB entgegen. § 2358 Abs. 1 BGB berechtigt das NachlG ausdrücklich, darauf zu bestehen, daß der Antragsteller die ihm in den §§ 2354 ff. BGB auferlegten Angaben macht und die nach §§ 2356 f. BGB erforderlichen Beweise erbringt. Ist der Antragsteller jedoch schuldlos zu bestimmten Angaben oder Beweisen nicht in der Lage, so muß das Gericht in jedem Fall durch eigene Ermittlungen versuchen, den Sachverhalt festzustellen, bevor es im Fall fehlender Aufklärungsmöglichkeiten den Antrag verwirft. Das gleiche gilt, soweit das NachlG aufgrund des Vorbringens des Antragstellers noch nicht zu der nach § 2359 BGB erforderlichen vollen Überzeugung gelangt ist (MK/Promberger § 2358 Rn. 6).

3. Vorliegend wird das NachlG dem A daher analog § 139 ZPO aufgeben, binnen einer bestimmten Frist den Güterstand anzugeben und die Richtigkeit der Angabe nachzuweisen.

140. Beschränkungen im Erbschein

E hat bei seinem Tode einen Sohn N und eine Tochter T hinterlassen. T hat einen

I. 1. Ein Vorerbe ist Erbe (§ 2100 BGB). Deshalb ist der T gem. § 2353 BGB ein Alleinerbschein auszustellen.

volljährigen Sohn S. In einem Testament hat E die T als Vorerbin eingesetzt mit der Maßgabe, daß mit dem Tode der T S Nacherbe werden soll. Nach Eintritt des Erbfalles beantragt T, ihr einen Erbschein als Alleinerbin auszustellen. Dagegen wenden sich N und S. N meint, der Erbschein müsse auch über seine Rechte gegenüber dem Nachlaß Auskunft geben. S weist auf seine Stellung als Nacherbe hin. Wie ist die Rechtslage?

2. Ein Erbschein begründet aber gem. § 2365 BGB die Vermutung, daß der bezeichnete Erbe durch keine anderen als die im Erbschein angegebenen Anordnungen in seiner Verfügungsmacht über den Nachlaß beschränkt ist. Deshalb sind im Erbschein alle Umstände aufzuführen, die die Verfügungsmacht des Erben beschränken. Nach dem BGB sind dies nur die Testamentsvollstreckung (§ 2364 BGB, dazu Nrn. 154–156) und die Anordnung der Nacherbfolge (§ 2363 BGB). Deshalb sind nach näherer Maßgabe des § 2363 BGB die Einzelheiten der zugunsten des S angeordneten Nacherbfolge anzugeben, einschließlich etwaiger Befreiungen des Vorerben gem. § 2137 BGB (s. das Muster bei Firsching/Graf Rn. 4.316). Gem. § 2355 BGB muß T in ihrem Antrag entsprechende Angaben machen und sie gem. § 2356 BGB nachweisen.

II. Keine Beschränkung der Verfügungsmacht und deshalb nicht im Erbschein auszuweisen sind hingegen schuldrechtliche Ansprüche gegen den Nachlaß wie die des Vermächtnisnehmers (§ 2174 BGB) oder die des Pflichtteilsberechtigten (§ 2303 BGB). Der Pflichtteilsanspruch des N braucht daher nicht im Erbschein erwähnt zu werden.

141. Erbschein über die Stellung des Nacherben?

Wie vor. Nicht die Vorerbin T stellt einen Erbscheinsantrag, sondern S beantragt einen Erbschein über seine Stellung als

Nein. Der Nacherbe kann keinen Erbschein über seine Rechtsstellung erhalten (BGH RPfleger 1980, 1982). Denn er ist bis zum Eintritt des Nacherbfalls nicht Erbe, sondern nur Anwart-

Nacherbe. Wird der Erbschein erteilt werden? schaftsberechtigter (BGH NJW 1972, 436).

Auch die Erteilung eines Erbscheins für den Vorerben kann der Nacherbe nicht verlangen. Ein solcher Erbschein wäre zum Nachweis seiner eigenen Rechtsstellung nicht geeignet, da die Vermutung des § 2365 BGB und die Gutglaubensvorschriften der §§ 2366 f. BGB sich auf diese nicht erstrecken. Die den Nacherben betreffenden Angaben im Erbschein für den Vorerben sind nur als Beschränkungen des Erbrechts des Vorerben von Bedeutung (BGH NJW 1982, 2499).

142. Der Vergleich über das Erbrecht

Erblasser E hinterließ seine beiden Kinder A und B. Darüber hinaus liegen zwei formgültige Testamente des E vor. In dem einen ist A, in dem anderen B als Alleinerbe eingesetzt. In welcher zeitlichen Reihenfolge die Testamente errichtet worden sind, ist zunächst unklar (s. § 2258 BGB). A und B beantragen daher jeweils unter Berufung auf das sie begünstigende Testament einen Alleinerbschein. Als beide im Laufe des Erbscheinsverfahrens angesichts der bislang ungeklärten Sachlage das Risiko erkennen, bei einer für sie ungünstig verlaufenden Beweisaufnahme ganz leer auszuge-

Nein.

I. Zwar können auch in fG-Angelegenheiten wirksame gerichtliche wie außergerichtliche Vergleiche geschlossen werden, aber nur, soweit die Beteiligten über den Gegenstand verfügen können (Einzelheiten: Nr. 77). Für den Bereich der Nachlaßsachen bedeutet dies, daß die Beteiligten über die Erbenstellung selbst keine Vergleiche schließen können. Denn die Erbenstellung kann nur durch Gesetz oder Verfügung von Todes wegen erlangt werden und steht nicht zur Disposition der Hinterbliebenen (BayObLG NJW-RR 1997, 1368, 1369). Möglich ist aber, daß sich die Beteiligten vergleichsweise darauf einigen, daß der Nachlaß unter ihnen in bestimmter Weise aufgeteilt wird (OLG Stuttgart OLGZ 1984, 131). Auch können sie nach dem Erbfall durch einen Vertrag, der gem. §§ 2385, 2371 BGB der notariellen Beurkundung bedarf, für sich verbindlich festlegen, wie eine Verfügung

hen, schließen sie einen notariell beurkundeten außergerichtlichen Vergleich. Nach dessen Inhalt sollen A und B Erben des E zu je $1/2$ sein. Dementsprechend beantragen sie nunmehr einen gemeinschaftlichen Erbschein, der sie als Erben zu je $1/2$ ausweist. Kann das NachlG mit Rücksicht auf die Einigung der Beteiligten deren geänderten Anträgen stattgeben?

von Todes wegen auszulegen ist (BGH NJW 1986, 1812 f.). Der Sache nach sind derartige Vereinbarungen aber nur darauf gerichtet, daß die Beteiligten einander **schuldrechtlich** so zu stellen haben, wie es die Aufteilungsvereinbarung vorsieht oder als sei die vereinbarte Auslegung zutreffend. Auf die Erbenstellung selbst hat ein solcher Vertrag keinen Einfluß. Der Erbschein ist ein Zeugnis über die wirkliche Erbenstellung (§ 2353 BGB), und das NachlG darf ihn nur erteilen, wenn es von dieser Erbenstellung überzeugt ist (§ 2359 BGB).

II. Daher wird das NachlG aufgrund der gestellten Anträge gem. § 2358 BGB aufzuklären versuchen, in welcher zeitlichen Reihenfolge die Testamente errichtet sind, um den tatsächlichen Alleinerben zu ermitteln. Nur wenn dies zu keinem Erfolg führt, heben sich die beiden Testamente gegenseitig mit der Folge auf, daß A und B – jetzt aber als gesetzlichen Erben – ein gemeinschaftlicher Erbschein mit einer Quote von je $1/2$ zu erteilen ist (s. MK/ Burkart § 2258 Rn. 8). Läßt sich hingegen ermitteln, daß einer Alleinerbe ist, sind beide Anträge zurückzuweisen, sofern nicht nach entsprechendem Hinweis des Gerichts (§ 139 ZPO analog, s. Nrn. 54, 60, 80) die Anträge zurückgenommen werden und der richtige Antrag gestellt wird (s. Nr. 53).

III. Aber auch im letzteren Fall ist der Vergleich von A und B nicht ohne Bedeutung. Dieser war zwar auf etwas rechtlich Unmögliches gerichtet und daher nichtig, kann aber gleichwohl entsprechend dem hypothetischen Parteiwillen gem. § 140 BGB in einen wirksamen Vertrag mit dem Inhalt umgedeutet werden, daß A und B sich schuldrechtlich verpflichtet haben, sich den Nachlaß zu teilen, wie auch immer die Erbenermittlung durch das NachlG ausgehen mag. Wahrscheinlich bedarf es aber nicht einmal solcher Umdeutung, weil dasselbe Ergebnis sich – je nach den näheren Umständen der Vereinbarung – schon durch einfache Auslegung (§§ 133, 157 BGB) erreichen läßt. Die für derartige Verträge von §§ 2385, 2371 geforderte Form (vgl. dazu BGH NJW 1986, 1812 f.) haben A und B eingehalten.

143. Der Vorbescheid

E stirbt und hinterläßt zwei zutiefst untereinander verfeindete Söhne (A und B). A beantragt beim AG – NachlG – einen Alleinerbschein und legt dazu ein Testament des E vor, in dem er als Alleinerbe eingesetzt ist. B widerspricht unter Vorlage eines weiteren Testaments, in dem E das erste Testament widerrufen hat, und beantragt einen gemeinschaftlichen Erbschein für sich und A als gesetzliche Erben zu je ½. Der zuständige Richter (s. Nr. 132) kommt nach eingehender Prüfung zu dem Ergebnis, daß der Widerruf des ersten Testaments nicht wirksam ist und daß A Alleinerbe geworden ist. Da

I. Nach § 19 Abs. 1 FGG sind Beschwerden statthaft gegen Verfügungen. Das sind alle Entschließungen des Gerichts, die in der Sache selbst ergehen, auf einen sachlichen Erfolg gerichtet, für die Außenwelt bestimmt und den Beteiligten bekannt gemacht worden sind (s. auch Nr. 94). Der „Vorbescheid" enthält keine solche Entscheidung, sondern erst die Ankündigung einer solchen (also nicht mehr als eine Meinungsäußerung). Trotzdem lässt die Rechtsprechung (BGHZ 20, 256; OLG Brandenburg FamRZ 1999, 188; OLG Frankfurt RPfleger 1997, 262) im Wege der Rechtsfortbildung die Beschwerde gegen sie zu, aber nur gegen die Ankündigung der Erteilung eines Erbscheins oder Testamentsvollstreckerzeugnisses, nicht gegen die Ankündigung der Ablehnung eines entsprechenden Antrages (s. Nr. 94).

II. Der Grund dafür ist die Besorgnis, daß ohne solche Beschwerdemöglichkeit B

die Sach- und Rechtslage aber sehr schwierig ist, möchte er vor der Erteilung eines Alleinerbscheins für A dem B Gelegenheit geben, die Erbrechtsfrage im Beschwerdeweg endgültig klären zu lassen. Er erläßt deshalb einen „Vorbescheid", in dem er den Beteiligten mitteilt, er beabsichtige, „die Erteilung eines Alleinerbscheins für A anzuordnen, sofern nicht binnen zwei Wochen gegen diesen Vorbescheid Beschwerde eingelegt wird". B legt sofort Beschwerde ein. Ist sie statthaft?

keinen ausreichenden Rechtsschutz hätte. Nach der herkömmlichen Gesetzessystematik muß nämlich der Richter (Rechtspfleger) die Erteilung des Erbscheins anordnen, sobald die Sache entscheidungsreif ist (§ 300 ZPO analog). Die Erbscheinserteilungsanordnung ist eine innerdienstliche Anweisung an den UdG, den Erbschein auszustellen, und wird den Beteiligten nicht bekannt gemacht. Deshalb können diese sie zunächst nicht mit der Beschwerde angreifen. Die Erteilung des Erbscheins durch den UdG ist für sich ebenfalls nicht mit der Beschwerde angreifbar, weil sie keine sachliche Entschließung, sondern bloße Ausführungshandlung (Vollzug) der richterlichen Anweisung ist. Mit dem Vollzug erlangt dann die gerichtliche Entscheidung (Erbscheinserteilungsanordnung) zwar Außenwirkung und wird den Beteiligten bekannt (s. auch Nr. 83). Aber nun ist die Beschwerde durch eine Sonderregel zu § 19 Abs. 1 FGG ausgeschlossen. Die Beschwerde ist nämlich nicht mehr statthaft, wenn die Wirkungen einer Entscheidung so endgültig eingetreten sind, daß sie durch Aufhebung der Entscheidung nicht mehr beseitigt werden können (Nr. 107). Das ist hier der Fall. Der einmal erteilte Erbschein entfaltet Gutglaubensschutzwirkung für den Rechtsverkehr (§ 2366 BGB). Sie kann durch bloße Aufhebung der Erbscheinserteilungsanordnung weder für die Vergangenheit noch für die Zukunft beseitigt werden. Deshalb ist als Abhilfe nur die Einziehung des Erbscheins durch das (erstinstanzliche) NachlG möglich und zulässig (§ 2361 BGB; s. dazu Pawlowski/Smid Rn. 580 ff.).

Bis zur Einziehung eines unrichtigen Erbscheins ist der wahre Erbe aber der Gefahr ausgesetzt, daß der Scheinerbe unter Ausnutzung der Gutglaubensschutzwirkung des Erbscheins Nachlaßvermögen verschleudert. Dieser Gefahr soll dadurch vorgebeugt werden, daß der Vorbescheid vor Erbscheinserteilung die Möglichkeit eröffnet, die Erbrechtsfrage in den Rechtsmittelinstanzen überprüfen zu lassen.

III. **Kritik:** Das Ziel der Rechtsprechung ist schützenswert. Aber es gibt einen gesetzeskonformeren Weg der Rechtsfortbildung dahin, wenn man sich zu folgender Lösung entschließt: Sobald der Richter die Sache für entscheidungsreif hält, erläßt er eine Erbscheinserteilungsanordnung, die den Beteiligten auch bekannt gemacht wird. Damit liegt eine mit Außenwirkung versehene, beschwerdefähige Entscheidung vor. Dies entspricht bereits heute h. M., die ebenfalls von der Anfechtbarkeit der Erteilungsanordnung ausgeht (Brehm Rn. 407; KKW § 19 Rn. 15). Die Erteilungsanordnung wird mit einer Frist für etwaige Beschwerden verbunden. Zugleich setzt der Richter ihre Vollziehung analog § 24 Abs. 2 FGG bis zum Ablauf der Beschwerdefrist aus. Wird rechtzeitig Beschwerde eingelegt, kann das Beschwerdegericht gem. § 24 Abs. 3 FGG die Vollziehung der Erbscheinserteilungsanordnung bis zu seiner Entscheidung weiter aussetzen.

144. Der fehlerhafte Erbschein

George L. Armbruster, Mitinhaber der renommierten

I. 1. Bei reinen Schreibfehlern und ähnlichen unerheblichen Falschbezeichnungen

Anwaltskanzlei Armbruster, Armbruster & Sons in Virginia/USA, beantragt beim zuständigen NachlG in Köln einen Alleinerbschein, der ihn als testamentarischen Erben des verstorbenen Heinrich L. Armbruster aus Köln-Nippes (Deutscher und Begründer der „Armbruster-Dynastie") ausweist. Hiergegen machen Geoffrey L. Armbruster, Gordon L. Armbruster, Gerald L. Armbruster und Virginia L. Armbruster, alle wohnhaft in Georgia/USA, Vorbehalte geltend. Das NachlG ermittelt George L. Armbruster als den alleinigen Erben und ordnet die Erteilung eines Alleinerbscheins für ihn an. Als UdG Udo am späten Vormittag des Faschingsdienstags angewiesen wird, den Erbschein auszustellen, weil er als erfolgreicher Teilnehmer eines Englischkurses an der VHS Köln für diese Aufgabe bestens geeignet erscheint, ist er unter dem Eindruck der „karnevalistischen Ereignisse" überfordert. Als Erben trägt er versehentlich „Geoffrey L. Armbruster, Virginia" ein. I. Als Richter R am Aschermittwoch darauf aufmerk-

muß das NachlG den Erbschein entsprechend § 319 ZPO von Amts wegen berichtigen. Dies gilt aber nur für solche fehlerhaften Angaben, die nicht am öffentlichen Glauben des Erbscheins teilnehmen (Brehm Rn. 664 f.). Enthält dieser Unrichtigkeiten, auf die sich der öffentliche Glaube erstreckt, so ist der Erbschein gem. § 2361 BGB einzuziehen, um den wahren Erben zu schützen. Die falsche Schreibweise des Namens des richtigen Erben ist daher analog § 319 ZPO korrekturfähig, die Benennung eines falschen Erben – vorliegend „Geoffrey" statt „George" – hingegen nicht.

2. a) In Betracht kommt daher nur eine Einziehung des Erbscheins nach § 2361 BGB von Amts wegen (zur funktionellen Zuständigkeit, Nr. 132). Wie im Erteilungsverfahren ist auch hier die Anordnung der Einziehung von der Einziehung selbst zu unterscheiden. Erst mit der Rückgabe der Urschrift und aller Ausfertigungen ist der Erbschein eingezogen (MK/Promberger § 2361 Rn. 32). Zuständig ist das NachlG, das den unrichtigen Erbschein erteilt hat, unabhängig davon, ob es für die Erteilung zuständig war oder nicht.

b) Die Unrichtigkeit des Erbscheins kann zunächst auf materiellen Gründen beruhen. Sie liegt vor, wenn der Erbschein die Erbfolge nicht zutreffend wiedergibt, entweder weil das NachlG den Sachverhalt nicht richtig ermittelt hat oder weil ihm bei der Rechtsanwendung Fehler unterlaufen sind. Daneben können auch bestimmte, gravierende Verfahrensfehler zur Einziehung des Erbscheins zwingen, so z. B. Erbscheinserteilung ohne Antrag,

sam gemacht wird, daß der fehlerhaft erstellte Erbschein an Geoffrey L. Armbruster ausgehändigt worden ist, fragt er, was er nun tun müsse.

II. Welche Möglichkeiten zur Wahrung seiner Rechte hat George L. Armbruster?

durch ein unzuständiges Gericht oder mit unzulässigem Inhalt. Verfahrensfehler, die nur die Durchführung des Erbscheinsverfahrens betreffen (z. B. Nichtgewährung rechtlichen Gehörs), führen allein nicht zur Einziehung nach § 2361 BGB (BGH NJW 1965, 1292; BayObLGZ 1981, 145, 148).

c) Die Einziehung des Erbscheins ist nicht erst dann geboten, wenn die materielle oder formelle Unrichtigkeit erwiesen ist. Ausreichend ist es vielmehr, wenn die Überzeugung des NachlG, die gem. § 2359 BGB für die Erteilung des Erbscheins erforderlich ist, im Einziehungsverfahren erschüttert wird, d. h. wenn der Erbschein heute nicht mehr erteilt werden würde (BGHZ 40, 54, 56; 47, 58). Doch genügt nicht der erste Anschein, sondern das NachlG muß zuvor alle in Betracht kommenden Erkenntnismittel ausgeschöpft haben (§ 2358 BGB).

d) Das NachlG wird hier den auf Geoffrey L. Armbruster lautenden Erbschein einziehen, weil er die Erbfolge nicht richtig wiedergibt (materieller Fehler) und Geoffrey einen Erbscheinsantrag auch nicht gestellt hat (formeller Fehler).

II. Ungeachtet der Tatsache, daß ein falscher Erbschein von Amts wegen einzuziehen ist, muß das NachlG auch einen Antrag auf Einziehung bescheiden (zum Antragsrecht in Amtsverfahren s. Nrn. 45, 46). Außerdem kann der wahre Erbe gegen den Scheinerben durch negative Feststellungsklage gem. § 256 ZPO oder durch Klage auf Herausgabe des unrichtigen Erbscheins **an das NachlG** gem. § 2362 BGB vorgehen (soweit die deutschen Gerichte hier zuständig sind).

145. Rechtsschutz im Erbscheinsverfahren

A und B, die beiden Söhne der verstorbenen E, beantragen beim AG – NachlG – einen gemeinschaftlichen Erbschein als gesetzliche Erben der E zu je ½. C, eine Schwester der E, beantragt unter Vorlage eines gemeinschaftlichen Testamentes der E und deren vorverstorbenen Ehemannes, das C als Alleinerbin ausweist, die Erteilung eines Alleinerbscheines an sich. Der Richter, der das gemeinschaftliche Testament für wirksam widerrufen hält, ordnet die Erteilung des von A und B beantragten Erbscheins an und weist den Antrag der C zurück. A und B erhalten eine Ausfertigung des Erbscheins. C legt Beschwerde beim LG ein und beantragt, unter Erteilung eines Alleinerbscheins an sie den für A und B erteilten Erbschein einzuziehen. Wie wird das LG entscheiden, wenn es das Testament für wirksam hält?

I. Die Beschwerde der C **gegen die Zurückweisung** ihres Erbscheinsantrages ist gem. § 20 Abs. 2 FGG zulässig und nach Sachlage auch begründet. Da für Erbscheinserteilungen allerdings ausschließlich das AG – NachlG – zuständig ist (§ 2353 BGB), kann das LG den beantragten Erbschein nicht selbst erteilen. Es wird daher unter Aufhebung der angefochtenen Entscheidung das AG anweisen, den beantragten Erbschein der C zu erteilen.

II. 1. Die Beschwerde **gegen die Erteilung** des Erbscheins an A und B müßte statthaft sein. Eine Beschwerde ist nach allgemeinen Grundsätzen statthaft, wenn sie sich gegen Entscheidungen des Gerichts erster Instanz richtet (§ 19 Abs. 1 FGG), die ihrer Art nach vom Beschwerdegericht noch aufgehoben oder abgeändert werden können (Nrn. 143, 107). Daran fehlt es hier. Die Anordnung des NachlG, den Erbschein für A und B zu erteilen, ist zwar eine Entscheidung, aber nach Vollzug durch Erbscheinserteilung nicht mehr abänderbar. Die Erteilung des Erbscheins ihrerseits ist keine Entscheidung, sondern der Vollzug einer solchen (Nr. 143).

2. Streng genommen bliebe C daher nur der Weg, zunächst beim NachlG die Einziehung des Erbscheins zu beantragen (zur Einziehung s. Nr. 144). Regelmäßig würde das NachlG die bereits von ihm entschiedene Rechtsfrage jedoch nicht anders beurteilen und einen sog. „Beharrungsbeschluß" (Brehm Rn. 677) erlassen, gegen den dann die Beschwerde zulässig wäre.

3. Die Verfahrensökonomie spricht dafür, diesen Umweg zu vermeiden. Deshalb ist nach einhelliger Auffassung in einem solchen Fall die Beschwerde mit dem Ziel zulässig, die Einziehung des Erbscheins zu erreichen (BayObLG NJW-RR 1996, 1094; umgekehrt ist auch die Beschwerde gegen die vollzogene Einziehung eines Erbscheins mit dem Antrag zulässig, daß ein neuer Erbschein desselben Inhalts ausgestellt wird; s. BGH WM 1972, 804).

4. Allerdings gehört auch die Einziehung von Erbscheinen zur ausschließlichen Zuständigkeit des AG – NachlG – (§ 2361 Abs. 1 BGB). Daher kann auch insoweit das LG auf die (nach dem Sachverhalt auch begründete) Beschwerde nicht selbst den Erbschein einziehen, sondern nur das AG anweisen, dies zu tun.

III. Mit der Aushändigung des Erbscheins an C muß das AG aber bis zur Ablieferung aller Ausfertigungen des falschen Erbscheins warten, weil erst dann die Wirkung des § 2361 Abs. 1 S. 2 BGB eintritt und die Gefahr des Umlaufs widersprüchlicher Erbscheine gebannt ist (BayOLGZ 1980, 72f.; zum Ganzen auch OLG Hamm OLGZ 1968, 80, 83).

III. Die sonstigen Nachlaßverfahren

146. Das Auseinandersetzungsverfahren nach §§ 86ff. FGG

Erblasser E hinterließ seine Kinder A, B und C. G, ein Gläubiger des C, pfändet aufgrund eines vollstreckbaren Titels gegen C dessen Anteil am ungeteilten

Die nach §§ 732, 795 S. 1 ZPO, § 98 S. 2 FGG zulässige Erinnerung ist begründet, wenn die formellen Voraussetzungen für die Erteilung der Vollstreckungsklausel nicht vorliegen (zu diesen s. Zöller/Stöber § 732 Rn. 5ff.).

Nachlaß (§ 859 Abs. 2 ZPO) und läßt ihn sich zur Einziehung überweisen. Auf Antrag des G wird daraufhin vor dem NachlG ein Auseinandersetzungverfahren gem. §§ 86 ff. FGG durchgeführt. Dem Auseinandersetzungstermin, in dem A, C und G auf Vorschlag des Gerichtes eine Einigung über die Auseinandersetzung beurkunden lassen, bleibt B trotz ordnungsgemäßer Ladung (§§ 89 f. FGG) fern. B wird die Einigung vom Gericht mit dem Hinweis bekannt gemacht, daß sein Einverständnis mit dem Auseinandersetzungsplan angenommen werde, wenn er nicht innerhalb von zwei Wochen einen neuen Termin beantrage (§ 91 Abs. 3 FGG i.V.m. § 93 Abs. 2 FGG). Diese Aufforderung läßt B ebenso unbeachtet wie den nach Ablauf der Frist erlassenen und ihm zugestellten Beschluß, mit dem der Auseinandersetzungsplan bestätigt wird. G beantragt vier Wochen später beim UdG gem. § 98 S. 2 FGG i.V.m. §§ 795 S. 1, 724 ZPO eine vollstreckbare Ausfertigung der bestätigten Auseinandersetzung. B hält die daraufhin

I. Die Klauselerteilung setzt einen rechtskräftigen oder für vorläufig vollstreckbar erklärten Titel voraus (§§ 704, 724 ZPO). Dies könnte hier gem. § 98 S. 1 FGG die beurkundete und bestätigte Auseinandersetzungsvereinbarung sein.

1. Miterben können die Auseinandersetzung des Nachlasses durch Einigung oder im Klagewege vornehmen (§ 2042 BGB), sie können aber auch das NachlG anrufen, das auf Antrag als Vermittler – also nur im Einverständnis mit allen Miterben, nicht aber mit Zwangsgewalt – bei der Auseinandersetzung tätig wird (§§ 86–98 FGG). Funktionell zuständig ist der Rechtspfleger (§ 3 Nr. 2c RPflG; s. aber § 193 FGG zu landesrechtlichen Abweichungen). Antragsberechtigt sind gem. § 86 Abs. 2 FGG jeder Miterbe, der Erwerber eines Erbteils, Nießbrauchsberechtigte an einem Erbteil und diejenigen, die durch Vertrag oder Pfändung ein Pfandrecht an dem Erbteil erworben haben (s. Bumiller/Winkler § 86 Rn. 4), also auch G. Gem. § 89 FGG hat das Gericht den Antragsteller und die übrigen Beteiligten zu einem Verhandlungstermin zu laden (zum Grundsatz der Mündlichkeit in der fG s. Nr. 67).

2. Das Verfahren kann dann in zwei Abschnitte zerfallen, nämlich in die Verhandlung über vorbereitende Maßregeln gem. § 91 FGG (Art der Teilung einzelner Nachlaßgegenstände, Wertschätzung etc., s. KKW § 91 Rn. 3) und in die Verhandlung über die Auseinandersetzung selbst gem. § 93 FGG. Beide Verfahrensabschnitte können aber auch in einem Termin erledigt werden (KKW § 91 Rn. 1).

dem G erteilte **Vollstrek-kungsklausel** für unzulässig und legt gegen sie gem. § 732 ZPO i. V. m. § 795 S. 1 ZPO, § 98 S. 2 FGG Erinnerung ein. B meint, G könne aus der Auseinandersetzungsvereinbarung nicht die Zwangsvollstreckung betreiben, da er nicht Miterbe sei. Auch sei der Bestätigungsbeschluß noch nicht rechtskräftig geworden. Ist die Erinnerung begründet?

3. Vorliegend hat bereits der Auseinandersetzungstermin stattgefunden. Die erschienenen Beteiligten können sich in einem solchen Termin mit dem Inhalt eines vom Gericht vorgeschlagenen Planes einverstanden erklären und diese einvernehmliche Auseinandersetzung beurkunden lassen (§ 93 Abs. 1 S. 2 FGG). Das Einverständnis eines säumigen Beteiligten wird unterstellt, wenn er in der ihm gesetzten Frist keinen neuen Termin beantragt (§ 91 Abs. 3 S. 2 FGG i. V. m. § 93 Abs. 2 S. 1 FGG). Das ist vorliegend der Fall, da B die ihm gesetzte 2-Wochen-Frist ungenutzt hat verstreichen lassen. Das NachlG durfte daher den Plan gem. § 93 Abs. 2 S. 1 FGG i. V. m. § 91 Abs. 3 S. 4 FGG bestätigen. Außer dem Antrag auf Wiedereinsetzung in den vorigen Stand (§ 92 FGG i. V. m. § 93 Abs. 2 S. 2 FGG) ist gegen diesen Bestätigungsbeschluß des Rechtspflegers grundsätzlich die Beschwerde (§ 11 Abs. 1 RPflG i. V. m. § 96 S. 1 FGG; a.A. zu Unrecht KKW § 96 Rn. 14: befristete Erinnerung) statthaft. Nach Ablauf der Beschwerdefrist (§ 22 FGG) wird die Auseinandersetzung formell (nicht: materiell) rechtskräftig (§ 97 Abs. 1 FGG). Sie bindet alle Beteiligten wie ein Vertrag, ist also durch vertragsmäßige Vereinbarung abänderbar (§§ 97 FGG; 305 BGB). Da hier die Beschwerdefrist abgelaufen ist, liegt ein rechtskräftiger Titel vor.
II. Entgegen der Ansicht des B kann auch G aus der bestätigten Auseinandersetzung die Zwangsvollstreckung betreiben. Dieses Recht steht jedem der Beteiligten zu (KKW § 98 Rn. 3). Daher durfte dem G eine vollstreckbare Ausfertigung erteilt

werden. Die Klauselerinnerung nach § 732
ZPO ist mithin unbegründet.

147. Die Stundung des Anspruchs nach § 1934 d BGB

Auf die Klage des 22 jäh-
rigen S, nichteheliches Kind
des selbständigen Unter-
nehmers V, ist V im Februar 1998 rechtskräftig verurteilt worden, an S
480 000,– € als vorzeiti-
gen Erbausgleich (§ 1934 d
BGB) zu zahlen. Bereits
während des Verfahrens
erlitt der V jedoch einen
schweren Autounfall, der
ein mehrmonatiges Koma
sowie langfristige Reha-
Maßnahmen nach sich zog.
Infolgedessen wurde das
Unternehmen des V notlei-
dend, so daß dieser ge-
zwungen war, Insolvenzan-
trag zu stellen. Auf seinen
Antrag billigte ihm das
Prozeßgericht daher eine
Stundung des Betrages
unter Verzinsung gem.
§§ 1934 Abs. 5 S. 2 und 3,
1382 Abs. 2 BGB zu.
Nach vollständiger Gene-
sung gelang es dem V so-
dann, das Unternehmen mit
Hilfe des Insolvenzverwal-
ters zu sanieren, so daß sich
seine finanzielle Lage bis
Dezember 2001 wieder nor-
malisiert hatte. Nunmehr

I. Die Vorschrift des § 1934 d ist ebenso
wie die §§ 1934 a, b und e durch das Erb-
rechtsgleichstellungsgesetz vom 16. 12.
1997 mit Wirkung zum 1. 4. 1998 ersatzlos gestrichen worden. Eine Anwendung
kommt jedoch gem. Art. 227 Abs. 1 Nr. 2
EGBGB dann in Betracht, wenn – wie
hier – der Erbausgleich bereits vor diesem
Zeitpunkt durch rechtskräftiges Urteil zuerkannt worden ist. Demnach hatte der
Vater einen Anspruch auf Stundung des
Erbausgleichs aus § 1934 d Abs. 1 und 2
BGB, soweit ihm Zahlungen nach Maßgabe des Abs. 5 S. 1 oder 2 BGB unzu-
mutbar waren. Nach §§ 1934 d Abs. 5 S. 3
i. V. m. § 1382 Abs. 2–4 BGB hatte er lediglich die gestundete Forderung zu ver-
zinsen, und das Gericht konnte auf Antrag Sicherheitsleistung nach billigem Ermessen anordnen.
II. Sofern über die Ausgleichsforderung
ein Zivilprozeß anhängig war, konnte der
Vater den Stundungsantrag nur in diesem
Verfahren stellen (§ 1382 Abs. 5 BGB).
War die Ausgleichsforderung hingegen
unstreitig (§ 1382 Abs. 1 BGB) oder bereits rechtskräftig ausgeurteilt (§ 1382
Abs. 2 BGB), so mußte der Antrag vor
dem FamG gestellt werden. Spätestens
seit der Erweiterung des Kataloges der
Familiensachen in §§ 23 b Abs. 1 GVG,
621 Abs. 1 a ZPO auf die Beziehungen
des Vaters zum nichtehelichen Kind
durch das Kindschaftsrechtsreformgesetz

beantragt der S im Januar 2002 beim Familiengericht die Abänderung der rechtskräftigen Entscheidung des Prozeßgerichtes in Bezug auf die Stundungsfrage wegen wesentlicher Veränderung der Verhältnisse. Wie wird das Familiengericht entscheiden?

von 1998 dürfte diese Zuständigkeit des FamG außer Frage stehen (Erman/Schlüter § 1934a Rn. 25; a.A. noch MK/Leipold § 1934d Rn. 42)

III. Vorliegend hatte der V den Antrag auf Stundung noch vor dem Prozeßgericht gestellt. Gleichwohl ist für eine mögliche Abänderung dieser Entscheidung auf Antrag des S das Familiengericht sachlich zuständig (§§ 1934d Abs. 5 S. 3, 1382 Abs. 6 BGB), wobei sich das Verfahren nach den Vorschriften des FGG bestimmt (§ 53a FGG; örtl. Zust. § 45 FGG). Lagen seinerzeit die Voraussetzungen für die nach § 1934d Abs. 5 S. 2 BGB begründenden Umstände i.F.d. Krankheit des V sowie der Insolvenz seines Unternehmens noch vor, so sind diese durch seine vollständige Genesung sowie die Sanierung nunmehr entfallen. Mithin liegen die Voraussetzungen einer nach §§ 1934d Abs. 5 S. 3, 1382 Abs. 6 BGB zulässigen Urteilsänderung vor und das Familiengericht wird dem Antrag des S stattgeben.

148. Nachlaßpflegschaft

Witwer E, Vater von zwei Söhnen (A und B), verstarb, ohne ein Testament hinterlassen zu haben. A hatte seinen Vater bereits vor längerer Zeit im Streit verlassen und war als Goldgräber ins Amazonasgebiet ausgewandert. Gerüchten zufolge soll er dort bei einer Auseinandersetzung ums Leben gekommen sein. Ob dies

Die §§ 1960ff. BGB kennen zwei Arten der Nachlaßpflegschaft.

I. Die Nachlaßpflegschaft nach § 1961 BGB ordnet das NachlG auf Antrag an, um einem Gläubiger die gerichtliche Geltendmachung eines Anspruchs gegen den Nachlaß zu ermöglichen. Vor Annahme der Erbschaft ist der Erbe nämlich nicht passiv prozeßführungsbefugt (§ 1958 BGB). In dieser Situation soll § 1961 BGB den Nachlaßgläubigern die Rechtsverfolgung ermöglichen. Denn gem. §§ 1961,

zutrifft und ob der mögliche Tod des A vor dem des E eingetreten ist, ist bislang nicht bekannt. B, der gern über ein zum Nachlaß des E gehörendes Postsparguthaben verfügen möchte, stellt beim NachlG den Antrag, für A einen Teilnachlaßpfleger zu bestellen, da er, B, zur Ermittlung des A nicht imstande sei. Wie wird das NachlG entscheiden?

1960 Abs. 3 BGB kann die Klage gegen den Nachlaßpfleger erhoben werden.

Vorliegend kommt eine Pflegschaft nach § 1961 BGB jedoch nicht in Betracht. Mit seinem Begehren – Aufteilung des Sparguthabens – verfolgt B die Auseinandersetzung der – möglichen – Miterbengemeinschaft AB. Bei Auseinandersetzungsansprüchen handelt es sich aber – anders als bei Nachlaßverbindlichkeiten, Vermächtnisansprüchen usw. – nicht um Ansprüche gegen den **Nachlaß,** sondern um solche gegen die **Miterben persönlich** (§ 1961 BGB; KG OLGZ 1971, 210, 211). Auch eine analoge Anwendung der Vorschrift scheidet aus, weil sie nur den Nachlaßgläubigern, nicht aber den Miterben die Rechtsverfolgung erleichtern will (KG a. a. O.).

II. Anders als die Nachlaßpflegschaft nach § 1961 BGB dient die nach **§ 1960 Abs. 2 BGB** nicht dem Interesse der Nachlaßgläubiger, sondern ist amtswegige Fürsorgemaßnahme zugunsten des endgültigen Erben und des Nachlasses. Die Anordnung der Nachlaßpflegschaft nach § 1960 Abs. 2 BGB hängt daher davon ab, daß ein Bedürfnis zur Sicherung und Erhaltung des Nachlasses besteht (§ 1960 Abs. 1 BGB). Da der Fürsorgezweck auch darauf gerichtet ist, den gesicherten Nachlaß dem endgültigen Erben zuzuordnen (Personalpflegschaft), kommt die Nachlaßpflegschaft auch zur Ermittlung unbekannter Erben in Betracht (MK/Leipold, § 1960 Rn. 30).

Die Nachlaßpflegschaft nach § 1960 Abs. 2 BGB ist als Personalpflegschaft für den unbekannten, endgültigen Erben ein Sonderfall gegenüber der Pflegschaft für

unbekannte Beteiligte nach § 1913 BGB
(Staudinger/Marotzke § 1960 Rn. 25).
Von der Abwesenheitspflegschaft nach
§ 1911 BGB unterscheidet sie sich dadurch, daß bei ersterer der durch den
Pfleger vertretene Abwesende der Person
nach bekannt ist (MK/Leipold § 1960
Rn. 34 m. w. N.), der Pfleger also notfalls
(auch im Hinblick auf § 1923 Abs. 1
BGB!) den vollen Beweis dafür erbringen
kann, daß der Abwesende tatsächlich
Erbe geworden ist (Staudinger/Marotzke
§ 1960 Rn. 26).
Allerdings ist die die Nachlaßpflegschaft
nach § 1960 Abs. 2 BGB nur eine – wenn
auch die praktisch wichtigste – von vielen
möglichen Fürsorgemaßnahmen, die das
NachlG nach § 1960 BGB von Amts wegen anordnen kann, um dem noch unge-
wissen, endgültigen Erben den Nachlaß in
seinem ursprünglichen Zustand zu erhalten. Soweit aus der Sicht des Erben ein
Fürsorgebedürfnis (§ 1960 Abs. 1 BGB)
besteht, muß das NachlG nach pflichtgemäßem Ermessen ein geeignetes Siche-
rungsmittel auswählen (Auswahlermes-
sen). Neben der Nachlaßpflegschaft zählt
§ 1960 Abs. 2 BGB z. B. die Versiegelung,
die Hinterlegung und die Aufnahme eines Nachlaßverzeichnisses auf. Daneben
kommen als weitere Maßnahmen z. B. die
Sperrung von Konten oder die Anordnung des Verkaufs verderblicher Waren in
Betracht.
III. Vorliegend kann die Nachlaßpflegschaft nach § 1960 Abs. 2 BGB nicht
schon deswegen angeordnet werden, weil
B über das Postsparguthaben verfügen
möchte. Denn allein das Interesse an der
Nachlaßteilung und der Ausführung des

letzten Willens des Erblassers begründet kein Sicherungsbedürfnis i.S.d. § 1960 BGB (MK/Leipold § 1960 Rn. 30 u. 32). Ein solches ergibt sich aber aus dem Umstand, daß der – mögliche – Erbe A unbekannt ist. Unbekanntheit liegt vor, wenn über die Person des Erben Unklarheit besteht oder er zur Zeit noch nicht feststeht (MK/Leipold § 1960 Rn. 11). Das ist insbesondere der Fall, wenn noch nicht feststeht, ob ein Berufener den Erblasser überlebt hat (Staudinger/Marotzke § 1960 Rn. 8).

Das NachlG wird also die Teilnachlaßpflegschaft anordnen. Der einmal eingesetzte Teilnachlaßpfleger kann dann auch an der Auseinandersetzung des Nachlaßes wirksam mitwirken (KG OLGZ 1971, 210, 212ff. m.w.N.).

149. Rechtsschutz bei Ablehnung der Nachlaßpflegschaft

Angenommen, in Nr. 148 ordnet der Rechtspfleger beim NachlG die Teil-Nachlaßpflegschaft nicht an, sondern weist den Antrag des B zurück. Wäre eine gegen den zurückweisenden Beschluß eingelegte Beschwerde des B zulässig?

Gegen die Zurückweisung des Antrages findet die Beschwerde statt (§§ 11 Abs. 1 RPflG, 19 FGG). Fraglich erscheint allein die Beschwerdebefugnis des B. Sie ergibt sich hier aus §§ 75, 57 Abs. 1 Nr. 3 FGG. Danach kann gegen die Ablehnung der Anordnung der Pflegschaft durch das NachlG jeder Beschwerde einlegen, der ein rechtliches Interesse an der Änderung dieser Entscheidung hat. Ein solches Interesse kann B geltend machen, weil ihm erst durch die Einrichtung der Teil-Nachlaßpflegschaft für A (§ 1960 Abs. 2 BGB) die umfassende Wahrnehmung seiner Rechte an dem – möglicherweise – gesamthänderisch gebundenen Nachlaß gemeinsam mit dem Pfleger ermöglicht wird (KG OLGZ 1971, 210f.).

150. Die Nachlaßverwaltung

Student A hat als einziger Erbe des E Anfang 2001 die Erbschaft angenommen. Sie kam für A, der ein engagiertes Mitglied des „Vereins zur Rettung der Rheinschnaken e. V." ist, wie gerufen. Bisher hatte ihn nämlich nur seine angespannte Finanzlage daran gehindert, größere Summen für diesen Verein zu spenden. Jetzt überweist er an ihn in regelmäßigen Abständen größere Summen von den ererbten Sparkonten. Die nun leerstehende Eigentumswohnung des E, die nach Ansicht des A in einem nicht akzeptablen „Kapitalistenviertel" liegt, läßt er samt Inventar ebenso verwahrlosen wie den – in seinen Augen hochgradig umweltschädlichen – beinahe neuwertigen BMW Z 8 des E mit Büffelledervollausstattung. Auf verschiedene Schreiben, in denen Nachlaßgläubiger ihre Forderungen geltend machen, reagiert A nicht. Auf Antrag des Nachlaßgläubigers G setzt das NachlG dem A eine Inventarfrist von drei Monaten. Nach deren fruchtlosem Ablauf beantragen Ende 2001 sowohl

I. Die Nachlaßverwaltung ist nicht sehr übersichtlich geregelt. Wie sich dem § 1975 BGB entnehmen läßt, handelt es sich neben den in §§ 1960 f. BGB geregelten Fällen (dazu Nrn. 148, 149) bei ihr um einen weiteren Fall einer Nachlaßpflegschaft, die auf Antrag (§ 1981 BGB) zum Zwecke der Befriedigung der Nachlaßgläubiger angeordnet wird und in vieler Hinsicht der Insolvenzverwaltung ähnelt. Sie bewirkt eine rechtliche Trennung des Eigenvermögens des Erben und des Nachlaßvermögens, wobei die Verwaltungs- und Verfügungsbefugnis für das Nachlaßvermögen auf den Nachlaßpfleger übergehen (§§ 1984 ff. BGB, 81 f. InsO). Zum Ausgleich für diese dem Gläubigerinteresse dienende Wirkung beschränkt sich zugunsten des Erben seine Haftung für die Nachlaßverbindlichkeiten auf das Nachlaßvermögen (§ 1975 BGB), wenn er noch nicht unbeschränkbar haftet (§ 2013 Abs. 1 S. 1 BGB).

II. Die Nachlaßverwaltung kann gem. § 1981 Abs. 1 BGB grundsätzlich auch **vom Erben** beantragt werden. Wenn er jedoch die Möglichkeit verliert, seine Haftung auf die Nachlaßverbindlichkeiten zu beschränken, verliert er auch das schutzwerte Interesse an der Vermögenstrennung durch Nachlaßverwaltung und damit sein Antragsrecht (§ 2013 Abs. 1 S. 1 BGB).

Hier hatte das NachlG dem A eine Inventarfrist (§ 1994 BGB) gesetzt, d.h. ihn aufgefordert, innerhalb einer Frist von drei Monaten (§ 1995 BGB) ein Verzeichnis der beim Erbfall vorhandenen

A als auch G die Anordnung der Nachlaßverwaltung. Mit Erfolg?

Nachlaßgegenstände und -verbindlichkeiten (§ 2001 BGB) unter Zuziehung einer Amtsperson (§§ 2002 ff. BGB) anzufertigen. Da A diese Frist versäumt hat, haftet er unbeschränkt (§ 1994 Abs. 1 S. 2 BGB) und hat sein Antragsrecht aus § 1981 Abs. 1 BGB verloren (§ 2013 Abs. 1 S. 1 BGB). Das NachlG wird den Antrag des A daher zurückweisen.

III. Gem. § 1981 Abs. 2 BGB kann ein **Nachlaßgläubiger** die Nachlaßverwaltung beantragen, wenn Grund zu der Annahme besteht, daß die Befriedigung der Nachlaßgläubiger aus dem Nachlaß durch das Verhalten oder die Vermögenslage des Erben gefährdet wird (S. 1) und seit Annahme der Erbschaft noch keine zwei Jahre verstrichen sind (S. 2). Diese Voraussetzungen liegen hier vor, da A Nachlaßgegenstände verwahrlosen läßt, das Barvermögen durch seine Spenden vermindert und die Annahme der Erbschaft noch keine zwei Jahre zurückliegt. Weitere Voraussetzung ist dann lediglich noch, daß wenigstens eine die Kosten der Nachlaßverwaltung deckende Masse im Nachlaßvermögen vorhanden ist (§ 1982 BGB) oder wenigstens ein zur Kostendeckung ausreichender Betrag vorgeschossen wird (§ 26 Abs. 1 S. 2 InsO analog). Da noch genügend Nachlaßvermögen in diesem Sinne vorhanden ist, wird das NachlG dem Antrag des G stattgeben.

151. Die Anfechtung letztwilliger Verfügungen

Witwer E errichtete ein öffentliches Testament, das in amtliche Verwahrung gegeben wurde. In diesem

I. Die Anfechtung letztwilliger Verfügungen ist in den §§ 2078 ff. BGB geregelt. Soweit hier Sonderregelungen getroffen sind, gehen diese den allgemeinen Vor-

Testament hatte E seine Schwester S als Alleinerbin eingesetzt. Auf massive Drohungen des enterbten Sohnes K nahm E das Testament aus der amtlichen Verwahrung zurück. Kurz darauf verstarb er. Kann S die Rücknahme des Testamentes anfechten?

schriften der §§ 119 ff. BGB vor (allgemein zum Verhältnis §§ 119 ff. zu 2078 ff. BGB: Brox Rn. 226). Die unterschiedliche Ausgestaltung des Anfechtungsrechts im Erbrecht und im AT ist auf die unterschiedliche Interessenlage zurückzuführen. Das ist besonders augenscheinlich, wenn der Verfasser eines Testamentes gestorben ist. Einerseits kann er seine fehlerhafte Erklärung nicht mehr durch eine neue ersetzen, andererseits ist (wegen der Testierfreiheit) das Vertrauen der Bedachten auf einen bestimmten Inhalt des nicht empfangsbedürftigen Testaments i. d. R. nicht schutzwürdig. Demgegenüber erscheint das Vertrauen des Empfängers einer Willenserklärung unter Lebenden auf deren Bestand schutzwürdiger. Daher gehen die Anfechtungsgründe des Erbrechts weiter als die der §§ 119 ff. BGB und erfassen insbesondere auch Motivirrtümer (§§ 2078 Abs. 2, 2079 BGB). Nach dem Tode des Erblassers erfolgt die Anfechtung durch potentiell Begünstigte (§ 2080 BGB) und – mangels Erklärungsempfängers – i. d. R. gegenüber dem NachlG (§ 2081 BGB). Mangels Erklärungsempfängers gibt es auch keinen Vertrauensschaden (§ 2078 Abs. 3 BGB; s. zur Anfechtung auch Nr. 152).
Ob vorliegend eine Anfechtung durch S nach § 2078 Abs. 2 BGB möglich ist, hängt davon ab, ob der Rücknahme des Testaments aus amtlicher Verwahrung der Charakter einer letztwilligen Verfügung zukommt.
II. Das BGB sieht die amtliche Verwahrung als Schutz vor Verlust oder Verfälschung letztwilliger Verfügungen vor. Bei eigenhändigen Testamenten (§ 2247 BGB)

wird die amtliche Verwahrung als Service des Staates angeboten (§ 2248 BGB), öffentliche Testamente (§ 2232 BGB) sollen in amtliche Verwahrung gegeben werden (s. § 34 BeurkG). Die notarielle Fürsorge für richtige Errichtung ist gewissermaßen nur als „Paket" zusammen mit der staatlichen Fürsorge gegen spätere Verfälschung und Verlust erhältlich. Zuständig ist das NachlG (§§ 2258 a, b BGB; 72 FGG; 3 Nr. 2 c RPflG).

III. Während die Rücknahme eines eigenhändigen Testamentes aus der amtlichen Verwahrung keine Gültigkeitswirkungen hat (§ 2256 Abs. 3 BGB), **gilt** die Rücknahme eines öffentlichen Testamentes (in Fortsetzung des „Paket"-Gedankens) **als Widerruf** (§ 2256 Abs. 1 S. 1 BGB). Die Rücknahme wird also – unabhängig vom Widerrufswillen des Erblassers – vom Gesetz einer Willenserklärung gleichgesetzt (Fiktion) und stellt daher eine Verfügung von Todes wegen dar (BGHZ 23, 207, 211; BayObLGZ 1960, 490, 494). Die h. M. läßt deshalb ausnahmsweise die Anfechtung einer Fiktion nach § 2078 BGB durch die nach § 2080 BGB Berechtigten zu (BayObLGZ 1960, 490, 494; FamRZ 1990, 1404). S kann daher, da ihr die Aufhebung der letztwilligen Verfügung (d. h. des Widerrufs durch Rücknahme) zugute käme, die Rücknahme wegen widerrechtlicher Drohung (§ 2078 Abs. 2 BGB) anfechten.

152. Der Adressat der Anfechtungserklärung

E errichtete 1992 ein privatschriftliches Testament, in dem er seinen Sohn S als

Die von T und N abgegebenen Anfechtungserklärungen haben Erfolg, wenn ein Anfechtungsgrund vorliegt, T und N an-

Alleinerben einsetzte und für seine Nichte N ein Vermächtnis bestimmte. 1995 wurde dem E hinterbracht, N sei Mitglied der „Scientology Church" geworden. Daraufhin strich E, selbst strenggläubiger Protestant, die Vermächtnisanordnung durch und vermerkte am Rand, er widerrufe das Vermächtnis für N. Tatsächlich war die Nachricht von dem Sektenbeitritt der N nur ein falsches Gerücht; N hatte sich nach dem Abitur vielmehr für das Studium der evangelischen Theologie entschieden.
1998 wurde T, eine Tochter des E, geboren. Kurz danach starb E. T, vertreten durch ihre Mutter, erklärt fristgerecht (§ 2082 BGB) gegenüber dem NachlG die Anfechtung der Erbeinsetzung des S, N erklärt die Anfechtung des Vermächtniswiderrufs. Mit Erfolg?

fechtungsberechtigt sind und die Anfechtung gegenüber dem richtigen Adressaten erklärt haben (s. auch schon Nr. 151).

I. **Anfechtung der T**
1. Anfechtungsgrund ist gem. § 2079 S. 1 BGB das Übergehen der bei Errichtung des Testamentes unbekannten Pflichtteilsberechtigten T (§ 2303 Abs. 1 S. 1 BGB). Daß E auch bei Kenntnis der späteren Geburt der T den S als (Allein-)Erben eingesetzt hätte (§ 2079 S. 2 BGB), ist nicht ersichtlich. T war auch anfechtungsberechtigt (§ 2080 Abs. 3 BGB) und das NachlG auch der richtige Erklärungsempfänger (§ 2081 Abs. 1 BGB). Die angefochtene Erbeinsetzung ist somit von Anfang an nichtig (§ 142 Abs. 1 BGB). Nach der nunmehr geltenden gesetzlichen Erbfolge sind S und T Miterben zu je ½ (§ 1924 BGB).
2. Die Zuständigkeit des NachlG beschränkt sich bei § 2081 BGB auf die Entgegennahme und Bekanntmachung der Anfechtung. Ein Streit über die Wirksamkeit der Anfechtung ist durch Feststellungsklage gem. § 256 ZPO oder durch Antrag auf Erteilung eines Erbscheins (§ 2353 BGB) zu klären.

II. **Anfechtung der N**
1. N kann gem. § 2078 Abs. 2 BGB einen Irrtum des E bei der Willensbildung („Motivirrtum") als Anfechtungsgrund geltend machen. Sie ist gem. § 2080 Abs. 1 BGB anfechtungsberechtigt, da ihr die Aufhebung des Vermächtniswiderrufs unmittelbar zustatten kommen würde. N hat aber die Anfechtung nicht gegenüber dem richtigen Adressaten erklärt.
2. Die Anfechtung ist zwar in den Fällen des § 2081 Abs. 1 und 3 BGB gegenüber

dem NachlG zu erklären, in den dort nicht genannten Fällen (Vermächtnisse, Teilungsanordnungen, soweit sie Rechte begründen, und deren Aufhebung) aber gem. § 143 Abs. 1 und Abs. 4 S. 1 BGB gegenüber jedem, der aufgrund des Rechtsgeschäfts unmittelbar einen rechtlichen Vorteil erlangt hat. Durch den Widerruf eines Vermächtnisses erlangen einen unmittelbaren Vorteil die Erben. Das ist hier zunächst S, nach Anfechtung seiner Vollerbeneinsetzung ist es aufgrund der Rückwirkungsfiktion des § 142 Abs. 1 BGB auch T. Ihnen gegenüber hat N keine Erklärung abgegeben.

3. Eine Anfechtungserklärung kann zwar noch dadurch wirksam werden, daß das NachlG sie gem. § 2081 Abs. 2 BGB an den richtigen Empfänger weiterleitet (BayObLGZ 1960, 490, 495 f). Hierzu ist es vorliegend jedoch nicht verpflichtet, da die Anfechtungserklärung der N keine solche i. S. v. § 2081 Abs. 1 BGB ist. Das NachlG wird jedoch N darauf hinweisen, daß es zur Entgegennahme der Anfechtungserklärung nicht zuständig ist.

4. Die Anfechtung der N hat somit keinen Erfolg, wenn N sie nicht noch fristgerecht (§ 2082 BGB) gegenüber S und T erklärt.

153. Die Testamentseröffnung

Der in Unna wohnende E verstarb 2001. Durch eine Mitteilung des Standesbeamten in Unna erfuhr das AG – NachlG – in Hamburg vom Tode des E. E hatte dort früher gewohnt und 1985 ein Testament in

I. 1. Jedes Testament ist – unabhängig von der Errichtungsform – von Amts wegen zu eröffnen. Hierdurch sollen der Bestand der letztwilligen Verfügung und das Recht auf Einsichtnahme und Erteilung einer Abschrift (§ 2264 BGB) gewährleistet werden. Nach § 2260 Abs. 1 S. 1 BGB setzt die Eröffnung voraus, daß sich

öffentliche Verwahrung gegeben. Das AG – NachlG – in Hamburg beraumte einen Termin zur Eröffnung des Testamentes an. Auf die Ladung hin teilte A, eine Tochter des E, mit, E habe 1989 handschriftlich ein zweites Testament errichtet, das sich im Besitz ihres Bruders B befinde.
I. Darf das AG Hamburg das bei ihm verwahrte Testament eröffnen?
II. Dürfen das AG Hamburg und/oder das AG Unna Ablieferung des bei B befindlichen Testamentes verlangen? Auch, wenn E die Eröffnung verboten hat und wenn B einwendet, das Testament sei formnichtig?

das Testament in der Verwahrung des NachlG befindet und das NachlG vom Todesfall Kenntnis erlangt hat.
2. Zuständig für die Eröffnung gem. § 2260 BGB ist grundsätzlich (zu landesrechtlichen Besonderheiten s. Nr. 132) das AG – NachlG – am Wohnsitz (hilfsweise: Aufenthaltsort) des Erblassers zur Zeit des Erbfalls (§§ 72, 73 FGG). Danach ist das AG Hamburg nicht zuständig. § 2261 S. 1 BGB begründet daneben die Eröffnungszuständigkeit jedes AG – NachlG – für Testamente, die es in Verwahrung hat. Nach der Eröffnung ist das Testament jedoch gem. § 2261 S. 2 BGB unter Zurückbehaltung einer beglaubigten Abschrift an das NachlG (§§ 72, 73 FGG) zu übersenden, da alle Informationen beim NachlG gesammelt werden, um möglichst vollständige Gewißheit über die vom Erblasser getroffenen Regelungen zu schaffen. Durch die vorherige Eröffnung gem. § 2261 BGB soll vorsorglich verhindert werden, daß der Inhalt eines auf dem Versendungswege verlorengegangenen Testamentes unbekannt bleibt (MK/Burkart § 2261 Rn. 1). Hier ist das AG – NachlG – Hamburg also gem. § 2261 S. 1 BGB zur Eröffnung des in seiner Verwahrung befindlichen Testamentes befugt.
II. 1. Da nicht alle Testamente sich in amtlicher Verwahrung befinden, ist in § 2259 BGB eine Ablieferungspflicht des Besitzers gegenüber dem NachlG statuiert, damit dieses die Eröffnung gem. § 2260 Abs. 1 S. 1 BGB vornehmen kann. Demnach kann das AG Unna von B Ablieferung des privatschriftlichen Testamentes verlangen und notfalls nach Maß-

gabe der §§ 33, 83 FGG erzwingen. Dem steht weder das Verbot des E (s. § 2263 BGB) noch eine evtl. Nichtigkeit des Testamentes entgegen: Abzuliefern ist alles, was auch nur den Anschein eines Testamentes erweckt. Ob die Urkunde gültig, widerrufen oder gegenstandslos ist, hat nicht der Ablieferungspflichtige, sondern das NachlG zu entscheiden (KG RPfleger 1977, 256; BayObLG RPfleger 1984, 18, 19).

2. Das Verwahrungsgericht eines Testamentes i.S.v. § 2261 BGB, hier das AG Hamburg, ist hingegen nicht befugt, Ablieferung eines weiteren Testamentes zu verlangen, sondern ist selbst ablieferungspflichtig gem. § 2261 S. 2 BGB.

154. Die Testamentsvollstreckung

Geben Sie einen kurzen Überblick über die Regelung der Testamentsvollstreckung.

Testamentsvollstreckung (§§ 2197 ff. BGB) kann durch letztwillige Verfügung angeordnet werden. Das Gesetz ermöglicht dem Erblasser, eine Person zu bestimmen, die seine letztwilligen Anordnungen durchführt. Von der Anordnung der Testamentsvollstreckung ist die Ernennung des Testamentsvollstreckers zu unterscheiden. Letztere geschieht i.d.R. ebenfalls durch letztwillige Verfügung (§ 2197 BGB), in Ausnahmefällen durch Dritte (§ 2198 BGB), durch einen anderen Testamentsvollstrecker (§ 2199 BGB) oder durch das NachlG (§ 2200 BGB). Während die Testamentsvollstreckung – vorbehaltlich abweichender Bestimmungen durch den Erblasser – mit dem Erbfall bereits gewisse Wirkungen entfaltet (z.B. Verfügungsbeschränkungen für den Erben gem. § 2211 BGB), beginnt das Amt des Testamentsvollstreckers erst mit der Annahmeerklärung nach dem Erbfall (§ 2202 BGB). Der Testamentsvollstrekker hat den Nachlaß nach Maßgabe der Anordnungen des Erblassers zu verwalten (§ 2203 BGB). In den meisten Fällen wird seine Tätigkeit auf die Auseinandersetzung der Miterbengemeinschaft gerichtet sein (§ 2204 BGB). Um seinen Aufgaben nachkommen zu können, kann er den Nachlaß in Besitz nehmen, über Nachlaßgegenstände verfügen (§ 2205 BGB) und im Rahmen der §§ 2212f. BGB in eigenem Namen Gerichtsverfahren führen. Er ist – ähnlich wie der Insolvenzverwalter – Partei (Beteiligter) kraft Amtes (s. Nr. 36). Damit der Wirkungskreis des Testamentsvollstreckers nicht durch die Erben gestört werden kann, ist ihnen die Verfügungsbefugnis über Gegenstände entzogen, die der Testamentsvollstreckung unterliegen (§ 2211 BGB). Die Testamentsvollstreckung endet regelmäßig mit der Erledigung aller dem Testamentsvollstrecker zugewiesenen Aufgaben. Abweichend davon kann das Amt des einzelnen Testamentsvollstreckers bereits vorher unter den Voraussetzungen der §§ 2225ff. BGB sein Ende finden. Ggf. muß in diesen Fällen ein Ersatztestamentsvollstrecker ernannt werden (z.B. §§ 2197 Abs. 2, 2199 Abs. 2 BGB).

155. Aufgaben des Nachlaßgerichts bei der Testamentsvollstreckung

Welche Aufgaben hat das NachlG im Recht der Testamentsvollstreckung?

Da Testamentsvollstreckung nicht aus rechtsfürsorgerischen Gründen vom Gesetz, sondern aus eigenen Interessen vom Erblasser angeordnet wird, besteht nur wenig Anlaß, dabei die fG-Gerichte einzuschalten. Der Testamentsvollstrecker ist grundsätzlich nur den Erben verantwortlich und unterliegt keiner gerichtlichen Überwachung (s. §§ 2215, 2218 BGB). Das NachlG ist als Informationssammelzentrale (s. Nr. 131 und § 2228 BGB) im Wesentlichen für die Entgegennahme von Erklärungen zuständig, die die Ernennung sowie Beginn und Ende des Testamentsvollstreckeramtes betreffen (z. B. §§ 2198 Abs. 1 S. 2; 2199 Abs. 3; 2202 Abs. 2; 2226 S. 2 BGB). Es ist weiter zuständig für die Beschleunigung der Ernennung durch Fristsetzung (§§ 2198 Abs. 2; 2202 Abs. 3 BGB), aber nur ausnahmsweise für die Ernennung selbst (§§ 2200 BGB; 16 Abs. 1 Nr. 2 RPflG). Sicherungscharakter hat die Befugnis des Richters, Anordnungen des Erblassers, die den Nachlaß erheblich gefährden, auf Antrag außer Kraft zu setzen (§§ 2216 Abs. 2 S. 2 BGB; 16 Abs. 1 Nr. 3 RPflG). Zur Legitimation stellt das NachlG dem Testamentsvollstecker auf Antrag ein Testamentsvollstreckerzeugnis aus, das in seinen Wirkungen einem Erbschein entspricht (§ 2368 BGB). Auf Antrag schlichtet das NachlG schließlich den Streit zwischen mehreren Testamentsvollstreckern (§§ 2224 BGB; 16 Abs. 1 Nr. 4 RPflG; 82 FGG) und entläßt einen Testamentsvollstrecker aus wichtigem Grund (§§ 2227 BGB; 16 Abs. 1 Nr. 5 RPflG; 81 FGG).

156. Entlassung des Testamentsvollstreckers

E hatte in seinem Testament bestimmt, daß T, ersatzweise V, als Testa-

I. Den Antrag des A wird das NachlG zurückweisen. Denn zum Schutz des Nachlasses bei Testamentsvollstreckung

mentsvollstrecker die Auseinandersetzung zwischen seinen Erben A und B herbeiführen solle. Zum Nachlaß gehören insbesondere eine Vielzahl von Immobilien, die laufend vermietet werden. T nimmt die Verwaltung auf, erstellt aber trotz mehrfacher Mahnung der Erben weder eine jährliche Abrechnung über die Mieteinnahmen, noch gibt er Auskunft über die von ihm vorgenommenen Neuvermietungen. Daraufhin beantragt A beim NachlG die Aufhebung der Testamentsvollstreckung. B begehrt nur die Entlassung des T. Auch der Nachlaßgläubiger G verlangt die Entlassung, weil er die Erfüllung seiner Ansprüche durch die nachlässige Verwaltung des T gefährdet sieht. Wie wird das NachlG über die Anträge von A, B und G entscheiden?

gibt das Gesetz dem NachlG nur wenige Befugnisse (s. Nr. 155). Die Aufhebung der Testamentsvollstreckung als solcher zählt nicht dazu, sondern nur die Entlassung jeweils des einzelnen Testamentsvollstreckers aus wichtigem Grund (§ 2227 Abs. 1 BGB).

II. 1. Es fragt sich, ob B und G für ihren dahingehenden Antrag antragsbefugt sind. Antragsberechtigt nach § 2227 BGB ist nicht jeder, sondern nur ein „Beteiligter". Zum Kreis der Beteiligten gehören nur solche Personen, die ein unmittelbares rechtliches Interesse daran haben, von wem und wie die Testamentsvollstreckung geführt wird (BGHZ 35, 296, 301; materiell Beteiligter; s. Nr. 35). Antragsberechtigt sind daher insbesondere Erben, Nacherben, Vermächtnisnehmer und Pflichtteilsberechtigte, nicht aber gewöhnliche Nachlaßgläubiger (letztere können im Fall einer Gläubigergefährdung u. U. Nachlaßverwaltung gem. § 1981 Abs. 2 BGB beantragen). Vorliegend ist daher nur B antragsberechtigt, der Antrag des G wird als unzulässig verworfen.

2. Ein wichtiger Entlassungsgrund i. S. d. § 2227 BGB liegt vor, wenn Tatsachen die Gefahr begründen, daß das weitere Verbleiben des Testamentsvollstreckers im Amt zu einer Schädigung der von der Verwaltung betroffenen Interessen führt (MK/Brandner § 2227 Rn. 7 ff. m. w. N.). Beispielhaft nennt das Gesetz die grobe Pflichtverletzung und die Unfähigkeit des Testamentsvollstreckers zur ordnungsgemäßen Geschäftsführung.

3. Testamentsvollstrecker T ist seiner Verpflichtung zur Auskunftserteilung (§§ 2218 Abs. 1, 666 BGB) und jährlichen

Rechnungslegung (§ 2218 Abs. 2 BGB) trotz mehrfacher Aufforderung grundlos nicht nachgekommen. Dies rechtfertigt seine Entlassung, weil die Interessen der Erben an der ordnungsgemäßen Verwaltung gefährdet werden (BayObLG NJW-RR 1988, 645, 646). Bevor das NachlG dem Antrag des B stattgibt, ist T allerdings noch zu hören (§ 2227 Abs. 2 BGB). T kann gegen die Entlassungsverfügung sofortige Beschwerde einlegen (§ 81 Abs. 2 FGG). Nach Entlassung des T rückt V als Testamentsvollstrecker nach (§ 2197 Abs. 2 BGB).

157. Das Erbrecht des Fiskus

Der in München lebende, reiche Immobilienspekulant R lädt zur Feier seines 60. Geburtstages seine **gesamte**, weitverzweigte Familie zu einem Rundflug über die deutschen Alpen ein. Infolge eines Triebwerkschadens stürzt die Maschine ab. Keiner der Passagiere überlebt. Was wird aus dem Nachlaß des R?

Gem. § 1936 Abs. 1 S. 1 BGB ist der Fiskus gesetzlicher Erbe, wenn weder Verwandte noch Ehegatte des Erblassers vorhanden sind. Erbe wird das Bundesland, in dem der Erblasser zuletzt wohnte. Es kann die Erbschaft auch dann nicht ausschlagen (§ 1942 Abs. 2 BGB) und nicht auf sie verzichten (é contrario § 2346 BGB), wenn der Nachlaß überschuldet ist. Dafür kann er aber ohne Urteilsvorbehalt stets seine Haftung auf den Nachlaß beschränken (§ 780 Abs. 2 ZPO). Das Zwangserbrecht des Fiskus soll herrenlose Nachlässe vermeiden, die Nachlaßabwicklung sichern und freie Nachlaßwerte der Allgemeinheit zukommen lassen (MK/Leipold § 1936 Rn. 1).

158. Das Verfahren zur Feststellung des Fiskuserbrechts

Was muß in Nr. 157 das NachlG unternehmen?

Die Feststellung des Fiskuserbrechts erfolgt in dem Verfahren nach §§ 1964 ff. BGB. Das NachlG ist zunächst verpflich-

tet zu ermitteln, ob andere gesetzliche
Erben existieren. Die Ermittlung kann
durch einen eigens dazu bestellten Nachlaßpfleger (s. oben Nr. 148) oder andere
geeignete Maßnahmen (Anfrage bei Ordnungsbehörden, Suchanzeigen in Tages-
zeitungen etc.) erfolgen. Führen sie nicht
zum Erfolg, ist eine öffentliche Aufforderung zur Anmeldung des Erbrechts
durchzuführen. Die Art ihrer Bekanntmachung und Dauer der Anmeldefrist
bestimmen sich nach den Vorschriften
der ZPO über das Aufgebotsverfahren
(§ 1965 Abs. 1 S. 1 BGB i.V.m. §§ 948–
950 ZPO); im übrigen gilt das FGG.
Zuständig ist das NachlG, das bei Erfolg-
losigkeit der Ermittlungen durch zu begründenden Beschluß das Erbrecht des
Fiskus feststellt.

159. Die irrtümliche Feststellung des Fiskuserbrechts

Wie vor. Zwei Jahre nach
Feststellung des Fiskuserbrechts taucht der Sohn S des
R auf, von dessen Existenz
bisher niemand etwas wuß-
te. S hätte gern den Nachlaß, um in die Fußstapfen
seines Vaters treten zu
können. Was kann er tun?

Das Aufgebotsverfahren entfaltet keine
Ausschlußwirkung (anders §§ 946, 952
ZPO), der Feststellungsbeschluß keine
materielle Rechtskraft. Er begründet nur
die gesetzliche Vermutung, daß der Fiskus gesetzlicher Erbe ist (§ 1964 Abs. 2
BGB). Diese Vermutung kann ein später
auftretender Erbe widerlegen. Zur Vorbereitung dafür ist ihm Einsicht in die Er-
mittlungsakten zu gewähren (§ 78 Abs. 1
S. 1 FGG). Den Beweis des Gegenteils
kann der Erbe auf verschiedenen Wegen
erbringen: durch Feststellungsurteil gem.
§ 256 ZPO gegen den Fiskus (s. § 1965
Abs. 2 BGB) oder durch Beibringung eines Erbscheins gem. § 2353 BGB (Bay-
ObLGZ 1983, 204). Daneben steht einem
Erbprätendenten gegen den Feststellungs-

beschluß gem. § 1964 BGB dann die Beschwerde gem. § 19 FGG zu, wenn er seine Rechte im Verfahren nach § 1965 BGB angezeigt hat (MK/Leipold § 1964 Rn. 11) Dem S verbleiben vorliegend also lediglich die zwei zuerst genannten Möglichkeiten.

C. Grundbuchsachen

I. Grundlagen

160. Aufgabe und Funktion des Grundbuchs

Welche Aufgaben und Funktionen erfüllt das Grundbuch?

Das Grundbuch ist ein öffentliches Register, das dazu dient, die rechtlichen Verhältnisse an Grundstücken auszuweisen. Dadurch ist der sachenrechtliche Grundsatz der Publizität verwirklicht. Die Eintragung in das Grundbuch hat drei wesentliche Funktionen:

I. Die **Übertragungs- bzw. Konstitutivwirkung:** Jede rechtsgeschäftliche Rechtsänderung an Grundstücken bedarf neben einer Willenserklärung (meist einer Einigung) zusätzlich der Eintragung in das Grundbuch, die den Vorgang nach außen offenkundig macht (sog. Eintragungsgrundsatz, §§ 873, 875 BGB).

II. Die **Vermutungswirkung:** Die Grundbucheintragung begründet für jedermann im Streitfall die Vermutung, daß der Eingetragene auch der wahre Berechtigte ist (§ 891 Abs. 1 BGB). Umgekehrt wird hinsichtlich eines gelöschten Rechtes vermutet, daß es nicht besteht (§ 891 Abs. 2 BGB).

III. Die **Gutglaubenswirkung:** Die Grundbucheintragung gewährt Gutglaubensschutz für den rechtsgeschäftlichen Partner des im Grundbuch eingetragenen

Ausführlicher: Kollhosser JA 1984, 558 ff. und 714 ff. Parallele Durcharbeit wird empfohlen.

Nichtberechtigten (= sog. Buchbesitzer).
Zugunsten des Partners gilt der Grund-
buchinhalt als richtig, außer wenn er
positiv die Unrichtigkeit kennt oder wenn
ein Widerspruch eingetragen ist (§§ 892,
893 BGB). Grobe Fahrlässigkeit schadet
anders als bei § 932 BGB noch nicht.

161. Geschichte des Grundbuchs

Was wissen Sie über die
Geschichte des Grund-
buchs?

Das Grundbuch in seiner heutigen Gestalt
hat seine Ursprünge im mittelalterlichen
deutschen Recht und geht auf das sog.
germanische Gerichtszeugnis zurück.
Nachdem ursprünglich die Übereignung
von Grund und Boden durch Übergabe
(Investitur) und Einigung über den Eigentumsübergang (Sale) auf dem Grundstück selbst erfolgte, indem der Veräu-
ßerer dem Erwerber vor Zeugen das
Grundstück aufließ (dem Erwerber wurden symbolisch Tore und Türen geöff-
net = Auflassung), war das mittelalterliche
Recht beherrscht von der Form der Übereignung vor Gericht. Diese geschah formal zunächst noch in Gestalt eines (echten oder Schein-)Prozesses, bald aber
bereits dadurch, daß die Parteien vor Gericht die Übereignung des Grundstücks
(Auflassung) erklärten und auf Ersuchen
des Erwerbers der Eigentumsübergang
durch Rechtsspruch bestätigt wurde (An-
fänge der fG). Diese gerichtlichen Auflassungen wurden in Urkunden aufge-
nommen, denen allerdings lediglich Be-
weisfunktion zukam. In Städten wurden
diese Urkunden i.d.R. beim Stadtrat gesammelt und verwahrt. Seit dem 12. Jahrhundert wurden die Auflassungen in einigen Städten zusätzlich in besonderen

Büchern verzeichnet. Die bedeutendsten Urkundensammlungen dieser Art sind die sog. **Kölner Schreinskarten und Schreinsbücher** (seit 1135). Anfänglich waren die Eintragungen rein chronologisch geordnet, später wurden auch Bücher für einzelne Stadtteile, Gassen und Häuser eingerichtet, in denen nicht nur Eigentumsübertragungen, sondern auch die Begründung und Übertragung von Pfandrechten, Lehen und anderen Rechten vermerkt wurden. Die Eintragungen in den Büchern erfüllten bald die Funktion der Gerichtsurkunden und begründeten auf diese Weise den öffentlichen Glauben des Grundbuchs. Schließlich, zur Wende des 14. zum 15. Jahrhundert, wandelte sich die Eintragung in vielen Stadtrechten vom bloßen Beweismittel zum konstitutiven Teil des rechtsändernden Tatbestandes. Durch diese geniale **Verknüpfung** des materiellen Rechtsgeschäfts mit der formellen „Verbuchung" wurde ein hohes Maß an Rechtssicherheit erreicht.

Mit der im 13. Jahrhundert einsetzenden, im 15. Jahrhundert ihren Höhepunkt erreichenden **Rezeption des römischen Rechts** in Deutschland wurde diese Entwicklung gestört. Das römischrechtliche Prinzip, demzufolge die Übereignung von Immobilien ebenso erfolgt wie die von Mobilien, wurde zum „gemeinen Recht". Erst zum Ende des 30-jährigen Krieges führten die wirtschaftlichen Bedingungen zu einer Wiederbelebung des Grundbuchgedankens, und es entwickelten sich in verschiedenen **Partikularrechten** in Deutschland wieder Systeme der Eintragung von Grundeigentum oder jedenfalls

von Belastungen, wobei diese in aller
Regel nicht frei von Einflüssen des römischen Rechtes blieben, so daß eine
Vielfalt verschiedenster Mischsysteme für
jene Zeit kennzeichnend ist.

Das **BGB** und die erste reichseinheitliche
GBO bauten auf der Grundlage der preußischen Gesetze von 1872 auf, in denen –
mit erheblichen Unterschieden im einzelnen – bereits das Grundbuchsystem heu-
tiger Prägung verwirklicht war. Die erste
GBO wurde durch Reichsgesetz vom
24. 3. 1897 erlassen. Sie regelte das formelle Grundbuchrecht in seinen Grundzügen, überließ aber die Einzelheiten
noch sehr weitgehend dem Landesrecht.
Durch die Änderungsverordnung vom
5. 8. 1935 wurden die landesrechtlichen
Besonderheiten weitgehend beseitigt und
durch eine reichseinheitliche Regelung
ersetzt, die im wesentlichen dem bisherigen preußischen Recht nachgebildet war.
Seitdem gilt die GBO in der Neufassung
der Bekanntmachung vom 5. 8. 1935. Die
sie ergänzende Ausführungsverordnung
(AusfVO GBO) vom 8. 8. 1935 wurde
durch Art. 4 Abs. 1 Nr. 1 Registerverfah-
rensbeschleunigungsgesetz vom 20. 12.
1993 (BGBl I 1993, S. 2182, 2204) wieder
aufgehoben. Die allgemeine Verfügung
über die Einrichtung und Führung des
Grundbuchs vom 8. 8. 1935 wurde durch
Art. 3 Abs. 2 Nr. 1 Registerverfahrensbe-
schleunigungsgesetz in Verordnung zur
Durchführung der Grundbuchordnung
(Grundbuchverfügung – GBV) umbe-
nannt (Bekanntmachung der Neufassung
BGBl. I 1995, S. 114 ff.).

Wenn Grundbuchrecht oft als langweilig
empfunden wird, sollte man den Grund

kennen: Die GBO enthält ein so **perfekt organisiertes Rechtssystem,** daß relativ selten Unklarheiten entstehen.

162. Das Kataster

Was ist ein Kataster?

Ein Kataster (auch Liegenschaftskataster genannt; die Bezeichnung ist noch nicht in allen Bundesländern einheitlich) ist ein amtliches Verzeichnis von Grundstücken. Es bildet die Grundlage für die Darstellung des Grundstücks im Grundbuch und damit für alle an ein Grundstück geknüpften Rechtsbeziehungen. Es wird von den zuständigen Vermessungsbehörden geführt und besteht aus einem beschreibenden und einem darstellenden Teil. In dem beschreibenden Teil (sog. Flurbuch oder Liegenschaftsbuch) werden die einzelnen Vermessungseinheiten (Katasterparzellen oder Flurstücke) nach Lage, Wirtschaftsart und Größe beschrieben und mit Nummern oder Buchstaben bezeichnet. Eine Gruppe von Flurstücken wird wiederum zu größeren Einheiten, Bezirken zusammengefaßt (sog. Gemarkungen), die ihrerseits durchnummeriert werden. Der darstellende Teil besteht aus der sog. Flurkarte, einem Kartenwerk, auf dem alle Flurstücke nach tatsächlicher Lage und geometrischer Gestalt eingezeichnet und mit der jeweiligen Flurstücksnummer gekennzeichnet sind.

163. Das Grundstück

Was ist ein Grundstück im Rechtssinne?

Der Begriff des Grundstücks ist im Gesetz nicht definiert. Im täglichen Sprachgebrauch ist ein Grundstück ein äußerlich erkennbarer, abgegrenzter Teil der Erdoberfläche. Abweichend hiervon liegt der GBO, dem BGB u.a. gesetzlichen Bestimmungen ein **formaler Grundstücksbegriff** zugrunde, der an die buchungstechnische Einheit im Grundbuch anknüpft. Entscheidend für den rechtlichen Grundstücksbegriff ist, ob das Grundstück im Grundbuch auf einem besonderen Grundbuchblatt geführt wird oder bei gemeinschaftlichem Grundbuchblatt eine **selbstständige Nummer** erhält. Im Grundbuch werden die Grundstücke gem. § 2 Abs. 2 S. 1 GBO nach den Nummern des Katasters benannt. Dies soll es ermöglichen, die Lage der Grundstücke festzustellen.

Jedoch ist ein Grundstück im Rechtssinne nicht zwingend identisch mit einem im Kataster registrierten Flurstück. Vielmehr kann das Grundstück im Grundbuch sowohl aus einem einzelnen Flurstück (sog. Idealgrundstück) als auch aus mehreren Flurstücken bestehen (sog. zusammengesetztes Grundstück). Ein Grundstück kann indes niemals nur aus einem Teil eines Flurstücks bestehen (BayObLGZ 1954, 258, 265). Denn die Grenzen des Grundstücks wären dann nicht oder nur schwer feststellbar.

Festzuhalten ist damit: Ein Grundstück im Rechtssinne ist ein katastermäßig vermessener und verzeichneter Teil der Erdoberfläche, der im Bestandsverzeichnis des Grundbuchs unter einer eigenen Nummer als Grundstück geführt wird (RGZ 84, 265, 270; BayObLGZ 1954, 258, 262).

164. Der Begriff des Grundbuchs

I. Was ist eigentlich ein Grundbuch?

II. Gibt es spezielle Grundbucharten?

I. Man muß unterscheiden zwischen dem Grundbuch im verwaltungstechnischen Sinn und im Sinn des BGB.

1. Im **verwaltungstechnischen Sinn** ist das Grundbuch eines Bezirks (§ 2 Abs. 1 GBO) die äußere Zusammenfassung aller Grundbuchblätter dieses Bezirks in festen Bänden oder in Bänden/Einzelheften mit herausnehmbaren Einlegebogen (Loseblattgrundbuch, zur äußeren Gestaltung des Grundbuchs s. Schöner/Stöber Rn. 79 ff.). Im siebten Abschnitt der GBO (§§ 126 bis 134) werden die Länder ermächtigt, durch Verordnung zu bestimmen, daß und in welchem Umfang das Grundbuch in maschineller Form als automatisierte Datei geführt wird. Dort sind auch die Anforderungen an eine EDV und das Einführungsverfahren geregelt (dazu Schöner/Stöber Rn. 84 ff.). Die Einzelheiten werden in den „vorläufigen Vorschriften über das maschinell geführte Grundbuch" geregelt, §§ 61 bis 93 GBV. Heute werden alle Grundbücher auf die Loseblattform umgestellt. Nur in Bayern, Hamburg, Sachsen und Sachsen-Anhalt laufen bereits Pilotprojekte mit elektronischen Grundbüchern (Heitmann, BB 1999, 1720, 1725).

2. Davon zu unterscheiden ist das **Grundbuch i. S. d. BGB.** Nach § 3 Abs. 1 S. 1 GBO wird grundsätzlich für jedes einzelne Grundstück ein gesondertes Grundbuchblatt angelegt und geführt (**Realfolium,** weil nach der Sache [= res] ausgerichtet). Aus Vereinfachungsgründen können ausnahmsweise auch alle Grundstücke eines Eigentümers im Bereich eines

GBA in ein gemeinschaftliches Grundbuchblatt eingetragen werden (§ 4 Abs. 1 GBO; **Personalfolium**, weil nach der Person ausgerichtet). Das Grundbuchblatt, in dem ein Grundstück eingetragen ist, stellt für dieses das Grundbuch i. S. d. Vorschriften des BGB dar (§ 3 Abs. 1 S. 2 GBO). Allein der Inhalt dieses Blattes ist für den öffentlichen Glauben i. S. d. § 892 BGB und die Vermutung des § 891 BGB maßgebend. Auf dem Grundbuchblatt müssen die gem. §§ 873 ff. BGB erklärten Rechtsänderungen eingetragen werden.

II. Neben dem Grundbuch für das Grundeigentum gibt es **spezielle** Grundbücher für die **eigentumsgleichen** Rechte: Wohnungsgrundbuch (§§ 7 ff. WEG), Erbbaugrundbuch (§§ 14 ff. ErbbauV) und Gebäudegrundbuch für das isolierte Gebäudeeigentum in den neuen Bundesländern (GGV). Sie entsprechen im Aufbau dem Grundbuch für das Grundeigentum.

165. Der Buchungszwang

Müssen für alle Grundstücke Grundbuchblätter angelegt und geführt werden?

Grundsätzlich besteht für alle Grundstücke und grundstücksgleichen Rechte ein Buchungszwang, soweit nicht vom Gesetz ausdrücklich **Ausnahmen** zugelassen sind (§ 3 Abs. 1 S. 1 GBO). Buchungsfrei sind vor allem die Grundstücke der **öffentlichen Hand** (§ 3 Abs. 2 GBO). Auch ihre Eintragung kann allerdings jederzeit vom Eigentümer beantragt werden. Soll ein solches nicht eingetragenes buchungsfreies Grundstück veräußert oder belastet werden, so muß, da auch für dieses das Liegenschaftsrecht des BGB gilt, zuvor ein Grundbuchblatt angelegt werden (RGZ 164, 385 ff.).

Fehlt für ein Grundstück ein Grundbuchblatt – wie es in den neuen Bundesländern teilweise noch der Fall ist – so ist dieses gem. § 116 Abs. 1 GBO von Amts wegen anzulegen. Das Verfahren ist in den §§ 117 bis 125 GBO geregelt.

166. Das Grundbuchblatt

Wie ist ein Grundbuchblatt aufgeteilt? (Bitte vergleichen Sie das folgende anhand des bei Kollhosser JA 1984, 565 ff. abgedruckten Musters)

I. Jedes Grundbuchblatt ist in vier Teile gegliedert (§ 4 GBV):

1. Das **Bestandsverzeichnis (§§ 6, 7 GBV)**
Dort wird das Grundstück in den Spalten 1–4 unter Bezugnahme auf das Kataster näher bezeichnet. Es enthält dazu die Nummer des Grundstücks, die aus dem Kataster zu entnehmenden Angaben über die Gemarkung, die Parzellennummer, die Karte, in der die Parzelle verzeichnet ist, die Größe des Grundstücks, die Wirtschaftsart und die Lage sowie die mit dem Eigentum verbundenen Rechte. In den Spalten 5 und 6 finden sich Angaben über die Herkunft des Grundstücks; ferner werden hier Teilungen, Vereinigungen und Bestandteilszuschreibungen eingetragen. Die Spalten 7 und 8 schließlich weisen Abschreibungen vom Grundstücksbestand aus.

2. **Die erste Abteilung (§ 9 GBV)**
Dort werden die Eigentumsverhältnisse an dem betreffenden Grundstück dargestellt. Der Eigentümer ist in Spalte 2 bezeichnet, während die Spalten 3 und 4 für jedes im Bestandsverzeichnis genannte Grundstück den Erwerbsgrund für das Eigentum ausweisen (Auflassung, Erbgang, Ehevertrag). Bei Miteigentum oder Gesamthandseigentum sind die Anteile der Berechtigten und das Rechtsverhältnis

anzugeben, das für das gemeinschaftliche Eigentum maßgebend ist.

3. Die zweite Abteilung (§ 10 GBV)

Sie enthält in den Spalten 1–3 die Belastungen des Grundstücks (z.B. Miteigentumsregelungen gem. § 1010 BGB, Erbbaurechte, Grunddienstbarkeiten, Nießbrauch, beschränkte persönliche Dienstbarkeiten, dingliche Vorkaufsrechte und Reallasten) mit Ausnahme der Grundpfandrechte, die aus Gründen der Übersichtlichkeit in Abteilung 3 gesondert eingetragen werden, darüber hinaus alle Verfügungsbeschränkungen bezüglich des Grundeigentums sowie die sich auf diese Belastungen und das Eigentum beziehenden Vormerkungen und Widersprüche. In den Spalten 4 und 5 werden Änderungen, in den Spalten 5 und 6 Löschungen vermerkt.

4. Die dritte Abteilung (§ 11 GBV)

Dort sind die sog. Grundpfandrechte, also alle Hypotheken-, Grund- und Rentenschulden sowie alle sich auf diese Rechte beziehenden Eintragungen, Vormerkungen und Widersprüche eingetragen. Die Eintragung der Rechte erfolgt in den Spalten 1–4, wobei in Spalte 3 der Geldbetrag bezeichnet wird. Veränderungen und Löschungen werden in Spalte 5–10 vermerkt.

II. Veränderungen im Grundstücksbestand

167. Die Grundstückteilung

X ist Eigentümer eines Grundstücks (Flurstück

Nachdem der Antrag auf Eintragung der Übereignung gestellt worden ist (näheres

Nr. 5) von 4000 m² Größe. Er verkauft einen genau beschriebenen Teil von 1000 m² an Y (§§ 433, 313 S. 1 BGB) und einigt sich mit ihm über den Eigentumsübergang daran (Auflassung gem. §§ 873 Abs. 1, 925 BGB). Was muß jetzt noch geschehen, damit diese Übereignung wirksam wird?

dazu Nrn. 171–176), muß das Grundstück zunächst, und zwar von Amts wegen, geteilt werden (BayObLGZ 1956, 470, 475 ff.). Teilung bedeutet, daß der betreffende Teil des Grundstücks von diesem abzuschreiben und als selbständiges Grundstück einzutragen ist. Dies ergibt sich aus der analogen Anwendung des § 7 Abs. 1 GBO, der in seinem unmittelbaren Anwendungsbereich nur die Grundstücksteilung zum Zwecke der Belastung mit einem Recht regelt. Dazu wird im Kataster das Flurstück Nr. 5 in zwei Flurstücke zerlegt (Nr. 5 = 3000 m² und Nr. 5/1 = 1000 m²). Der Auszug aus dem Kataster ist neben den evtl. erforderlchen Teilungsgenehmigungen nach §§ 19 ff. **BauGB** Voraussetzung dafür, daß das GBA die Teilung im Bestandsverzeichnis bucht und das neu gebildete Grundstück „abschreibt". Anschließend muß für das veräußerte, neugebildete Grundstück ein neues Grundbuchblatt angelegt werden, da § 4 GBO ein gemeinschaftliches Grundbuchblatt nur für Grundstücke desselben Eigentümers zuläßt (s. Nr. 164). Auf diesem Grundbuchblatt erfolgt die nach § 873 BGB noch erforderliche Eintragung des Eigentumsübergangs.

168. Die Verbindung von Grundstücken

Y ist in Nr. 167 inzwischen als Eigentümer des neu gebildeten Grundstücks (Flurstück Nr. 5/1) in das Grundbuch eingetragen worden. Es grenzt unmittelbar an ein weiteres,

I. Will Y die geplante Wohnungseigentumsanlage auf beiden Grundstücken errichten, so geht dies nur, wenn vorher beide Grundstücke miteinander verbunden werden. Denn § 1 Abs. 4 **WEG** verbietet die Begründung von Wohnungseigentum in der Weise, daß das Sonderei-

bereits dem Y gehören-
des Grundstück (Flurstück
Nr. 6) an.
Zur Absicherung eines Darlehens der B-Bank hatte
Y dieser seinerzeit eine
Grundschuld an dem
Grundstück Flurstück
Nr. 6 bestellt (§ 873 Abs. 1
i.V.m. §§ 1192 Abs. 1,
1113 ff. BGB). Wegen des
dinglichen Anspruchs der
Grundschuldgläubigerin
auf Zahlung aus dem
Grundstück (§§ 1192, 1147
BGB) hatte sich Y in einer
notariellen Urkunde nach
§ 794 Abs. 1 Nr. 5 ZPO
der sofortigen Zwangsvollstreckung in der Weise
unterworfen, daß die
Zwangsvollstreckung aus
der Urkunde gegen den
jeweiligen Eigentümer des
Grundstücks zulässig sein
soll (§ 800 Abs. 1 ZPO). Da
der B-Bank die Grund-
schuld am Flurstück Nr. 6
nicht voll werthaltig er-
scheint, verlangt sie von Y
die Bestellung einer zusätzlichen Sicherheit.
Y seinerseits plant, auf seinem alten und dem neu
erworbenen Grundstück
über die Grundstücksgren-
zen hinweg eine Woh-
nungseigentumsanlage mit
15 Einheiten zu errichten.
Er bittet Notar N um Aus-

gentum (§ 1 Abs. 2 WEG) mit Miteigen-
tum an mehreren Grundstücken verbunden wird (Weitnauer § 3 WEG Rn. 7).
II. **Materiell-rechtlich** ist die Verbindung
von Grundstücken in § 890 BGB geregelt.
Zu unterscheiden sind Vereinigung (§ 890
Abs. 1 BGB) und Zuschreibung (§ 890
Abs. 2 BGB). In beiden Fällen wird dem
Eigentümer ein privatrechtliches **Gestal-
tungsrecht** verliehen, das durch einseitige
Willenserklärung gegenüber dem GBA
ausgeübt wird. Mit Ausübung dieses
Rechts und Eintragung ins Grundbuch
entsteht sowohl nach § 890 Abs. 1 BGB
als auch nach § 890 Abs. 2 BGB **ein** neues
Grundbuchgrundstück. Grundstücksver-
bindungen werden meist vorgenommen,
wenn mehrere Grundstücke gemeinsam
bebaut oder belastet werden sollen.
Bei ihrer **Vereinigung** (§§ 890 Abs. 1
BGB, 5 GBO) verlieren die Grundstücke
ihre Selbständigkeit und werden zu Be-
standteilen eines neuen. Bisherige Belastungen der Einzelgrundstücke bleiben an
diesen bestehen. Neubelastungen erfassen
immer das einheitliche Grundstück (MK/
Wacke § 890 Rn. 3).
Bei der **Zuschreibung** (§§ 890 Abs. 2
BGB, 6 GBO) wird das zugeschriebene
Grundstück zum Bestandteil des anderen.
Für Belastungen gilt im Grundsatz dasselbe wie bei der Vereinigung. Abweichend erstrecken sich jedoch bisherige
Grundpfandrechte am Stammgrundstück
auch auf das zugeschriebene Grundstück
(§§ 1131, 1192, 1199 BGB). Man spricht
daher auch von einer „verdeckten Nachverpfändung".
III. Die Verbindung muß ins **Grundbuch**
eingetragen werden (§§ 5, 6 GBO), um

kunft darüber, was mit den beiden Grundstücken im Hinblick auf die geplante Wohnungseigentumsanlage geschehen müsse. Ferner möchte er wissen, wie er kostengünstig den Interessen der B-Bank an einer Grundschuld an dem neuen Grundstück entgegenkommen kann. Was wird N dem Y raten?

wirksam zu werden (§ 890 BGB). Gem. § 29 GBO muß dafür die materiell-rechtlich formfreie Verbindungserklärung durch öffentliche oder öffentlich beglaubigte Urkunden (§§ 128 f. BGB) nachgewiesen werden (s. Nr. 175). Die Verbindung darf nicht erfolgen, soweit im Grundbuch „Verwirrung zu besorgen" ist. Das ist der Fall, wenn die Übersichtlichkeit des Grundbuchs – insbesondere – durch eine allzu unterschiedliche Belastung der zu verbindenden Grundstücke gefährdet wird. Neben Vereinigung (§ 5 GBO) und Zuschreibung (§ 6 GBO) kennt die GBO noch die rein buchtechnische Zusammenschreibung (§ 4 GBO beim Personalfolium; dazu Nr. 164). Hier werden mehrere Grundstücke desselben Eigentümers auf einem gemeinschaftlichen Grundbuchblatt zusammengefaßt, ohne daß die materiellen Wirkungen des § 890 BGB eintreten.

IV. Mit Rücksicht auf die geplante Wohnungseigentumsanlage wird N dem Y **empfehlen**, die Grundstücke entweder durch Vereinigung oder Zuschreibung zu verbinden. Im Hinblick auf die Sicherungsinteressen der B-Bank empfiehlt sich in erster Linie der Weg über § 890 Abs. 2 BGB (verdeckte Nachverpfändung; eingehend dazu: Beck NJW 1970, 1781 f.). Mit der Zuschreibung des Flurstücks Nr. 5/1 erstreckt sich die Grundschuld am Flurstück Nr. 6 auch auf die zugeschriebene Fläche (§§ 1131, 1192 BGB). Auch die dingliche Vollstreckungsunterwerfung (§§ 794 Abs. 1 Nr. 5, 800 Abs. 1 ZPO) wird mit der Bestandteilserklärung (§ 890 Abs. 2 BGB) kraft Gesetzes auf das zugeschriebene Grundstück ausgedehnt

(MK/Wacke § 890 Rn. 15). Würde Y sich dagegen für die Verbindung nach § 890 Abs. 1 BGB entscheiden, so müßte er – wollte er der B-Bank an dem bislang unbelasteten Grundstücksteil eine Grundschuld bestellen – diesen Grundstücksteil zur Bildung einer Gesamtgrundschuld (§§ 1132, 1192 BGB) nachverpfänden (Pfanderstreckung; dazu MK/Eickmann § 1132 Rn. 15) und eine weitere notarielle Unterwerfungserklärung (§§ 794 Abs. 1 Nr. 5, 800 Abs. 1 ZPO) abgeben. Diese Vorgehensweise würde jedoch höhere Notarkosten verursachen (s. §§ 36 Abs. 1, 38 Abs. 2 Nr. 5a KostO; dazu Beck NJW 1970, 1781 f.).

III. Die eintragungsfähigen Rechte und Rechtsverhältnisse

169. Numerus clausus im Sachen- und Grundbuchrecht

Die Brauerei „Glücks-Pils-AG" ist Eigentümerin eines Grundstücks, auf dem sie eine Gaststätte betreibt, die verpachtet wird und in der ausschließlich ihre „Glücks-Pils"-Biere vertrieben und ausgeschenkt werden. Sie ist nunmehr daran interessiert, daß in der näheren Umgebung möglichst kein Konkurrenzbetrieb seine Biere vertreibt oder in Gaststätten ausschenkt. Zu diesem Zweck schließt sie mit dem

I. Im Grundbuch werden im Bestandsverzeichnis bestimmte tatsächliche Angaben und in Abteilung I bis III Rechte und Rechtsverhältnisse am Grundstück eingetragen (s. Nr. 166). Eine allgemeine Regelung über die Eintragungsfähigkeit von Rechten und Rechtsverhältnissen gibt es nicht. Grundsätzlich dürfen nur solche Eintragungen vorgenommen werden, die durch eine Rechtsnorm vorgeschrieben oder zugelassen sind. Die Zulassung kann sich mittelbar auch daraus ergeben, daß das materielle Recht an die Eintragung eine rechtliche Wirkung knüpft (OLG Zweibrücken RPfleger 1982, 413; OLG München RPfleger 1966, 306).

S, dem Eigentümer des Nachbargrundstückes, einen Vertrag, in dem S sich verpflichtet, sein Grundstück nicht an eine Brauerei, einen Gastwirt oder einen Getränkehändler zu veräußern. S bewilligt und beantragt die Eintragung der Verpflichtung dieses Inhalts als Belastung seines Grundstücks zugunsten der G-AG. Der Rechtspfleger meint, das von S und der G-AG vereinbarte Recht sei nicht eintragungsfähig. Zu Recht?

1. Aus §§ 873 Abs. 1, 892 Abs. 1 S. 1 BGB ergibt sich, daß alle **dinglichen Rechte am Grundstück** sowie **dingliche Rechte an einem solchen Rechte** eintragungsfähig sind. Welche Rechte dies sind, ist durch den numerus clausus der Sachenrechte vorgegeben. Die Parteien sind in ihrer Vertragsfreiheit dahingehend eingeschränkt, daß sie nur die gesetzlich vorgesehenen Sachenrechte mit dem gesetzlich zugelassenen Inhalt vereinbaren können (Typenzwang und Typenfixierung). Neben dem Eigentum und den eigentumsgleichen Rechten (Wohnungseigentum, Erbbaurecht sowie dem isolierten Gebäudeeigentum in den neuen Bundesländern [Art. 231 § 5 Abs. 1 EGBGB]) sind dies die beschränkten dinglichen Rechte (s. Nr. 166 unter I. 3 und 4.).

2. Weiter sind gem. §§ 883, 899 BGB **Vormerkungen** und **Widersprüche** eintragbar. Hiervon zu unterscheiden sind die nach §§ 18 Abs. 2, 23 Abs. 1, 76 Abs. 1 GBO einzutragenden Vormerkungen und Widersprüche (dazu näher Nr. 179).

3. Aus § 892 Abs. 1 S. 2 BGB folgt schließlich die Eintragungsfähigkeit von **Verfügungsbeschränkungen** (dazu näher II). **Einreden gegen Grundpfandrechte** i.S.d. § 1157 S. 1 BGB sind, wie sich aus dem Verweis auf § 892 BGB ergibt (§ 1157 S. 2 BGB), ebenfalls eintragungsfähig.

4. Nicht eintragungsfähig sind gem. § 54 GBO **öffentliche Lasten,** da ein lastenfreier gutgläubiger Erwerb ausgeschlossen sein soll. Eintragungsfähig, aber nicht eintragungspflichtig sind Grundstücke im **öffentlichen Eigentum,** § 3 Abs. 2 GBO (dazu Nr. 165).

II. Es fragt sich, ob das zwischen S und G vereinbarte Veräußerungsverbot eine eintragungsfähige Verfügungsbeschränkung i. S. d. § 892 Abs. 1 S. 2 BGB ist.

1. Das Recht kennt verschiedene Arten von Verfügungsbeschränkungen, und § 892 Abs. 1 S. 2 BGB meint nur eine von ihnen.

a) **Absolute** Verfügungsbeschränkungen dienen dem Schutz überragender Gemeinschaftsgüter und werden durch Gesetz angeordnet. Jede gegen sie verstoßende Verfügung ist absolut nichtig (z. B. auch bei § 1365 Abs. 1 BGB, str.).

b) **Relative** Verfügungsbeschränkungen dienen nur dem Schutz bestimmter Personen und können durch Gesetz (§ 135 BGB, selten) oder durch Behörden und Gerichte (§ 136 BGB), nicht aber durch Rechtsgeschäft (§ 137 S. 1 BGB) angeordnet werden. Eine gegen sie verstoßende Verfügung ist i. d. R. nur den geschützten Personen gegenüber unwirksam (also: **persönlich** relativ, z. B.: §§ 135, 136 BGB i. V. m. §§ 19, 20 Abs. 1, 23, 146 Abs. 1 ZVG, 829, 938 Abs. 2 ZPO), manchmal aber auch jedermann gegenüber unwirksam, jedoch nur in sachlich beschränktem Umfang (also: **sachlich** relativ, z. B.: §§ 80, 81, 32 InsO; 1984 Abs. 1, 2211, 2112 ff. BGB).

c) **Rechtsgeschäftlich** kann man keine Verfügungsbeschränkungen begründen (§ 137 S. 1 BGB), sondern nur die schuldrechtliche Verpflichtung, eine Verfügung zu unterlassen (§ 137 S. 2 BGB). Pflichtwidrige Verfügungen machen schadensersatzpflichtig, sind aber voll wirksam.

2. Die Eintragung einer Verfügungsbeschränkung soll der **Gefahr gutgläubi-**

gen Erwerbs vom Verfügungsbeschränkten entgegenwirken. Diese Gefahr besteht weder bei absoluten Verfügungsbeschränkungen, weil sie eben absolut wirken (s. dazu BGHZ 40, 218 ff.), noch bei schuldrechtlichen Veräußerungsverboten, weil sie gar keine wirksame Verfügungsbeschränkung enthalten. Wohl aber besteht diese Gefahr bei relativen Verfügungsbeschränkungen (z. B. § 135 Abs. 2 BGB). Deswegen gilt § 892 Abs. 1 S. 2 BGB nach Wortlaut und Sinn nur für solche.

3. Das zwischen S und der G-AG vereinbarte Veräußerungsverbot begründet nur eine schuldrechtliche Unterlassungspflicht (§ 137 S. 2 BGB) und ist deshalb nicht eintragungsfähig.

170. Eintragungsfähigkeit eines Wettbewerbsverbots

Wie hätten die Parteien in Nr. 169 ihr wirtschaftliches Ziel erreichen können?

Sie hätten zugunsten der G-AG eine beschränkte persönliche Dienstbarkeit i. S. v. § 1090 BGB mit dem Inhalt bestellen können, daß auf dem Grundstück des S kein Gastwirtschafts- oder Flaschenbierhandelsgewerbe ausgeübt werden darf. Inhalt einer beschränkten persönlichen Dienstbarkeit kann jede Befugnis sein, die auch Inhalt einer Grunddienstbarkeit sein kann. Gem. § 1018 BGB kann ein Grundstück in der Weise belastet werden, daß auf ihm gewisse Handlungen nicht vorgenommen werden dürfen. Auf diese Weise können Wettbewerbsverbote mit dinglicher Wirkung vereinbart werden (ständige Rspr.: BGHZ 29, 244 ff.; BGH NJW 1985, 2474; 1988, 2364; BGH NJW-RR 1992, 593, 594).

IV. Das Eintragungsverfahren

171. Die Zuständigkeiten

Wer ist für die Führung des Grundbuchs zuständig?

I. Sachlich zuständig für die Führung der Grundbücher sind die bei den AGen gebildeten **Grundbuchämter** (§ 1 Abs. 1 GBO). Dabei ist das GBA nur eine Abteilung des AG. Örtlich zuständig ist gem. § 1 Abs. 1 S. 2 GBO grundsätzlich (Ausnahme: § 1 Abs. 2 GBO) jedes GBA für die in seinem Bezirk liegenden Grundstücke. Funktionell ist in den weitaus meisten Fällen der Rechtspfleger zuständig (§ 3 Nr. 1 h RPflG). Dem UdG obliegt insbesondere die Ausführung der Eintragungsverfügungen und die Mitunterzeichnung der Eintragungen im Grundbuch (Einzelheiten s. § 12 c GBO). Der Richter wird in Grundbuchsachen grundsätzlich nur im Erinnerungsverfahren (§ 11 RPflG) tätig (Einzelheiten zu den funktionellen Zuständigkeiten: Schöner/Stöber Rn. 44 ff.).

II. In **Baden-Württemberg** gelten abweichende Vorschriften, §§ 1 Abs. 1 S. 3, 143 GBO. Hier sind die Grundbuchämter nicht Gerichte, sondern staatliche Behörden, die bei den Gemeinden angesiedelt sind (§§ 1, 26 LFGG/BW). Grundbuchbeamte sind im Landesteil Württemberg die Bezirksnotare, in Baden die Notare (§ 29 LFGG/BW; zum Notar in BW s. Nr. 10) sowie jeweils die Notarvertreter (§§ 29, 17 Abs. 4 LFGG/BW). Im badischen Rechtsgebiet können auch die den Notariaten zugewiesenen Rechtspfleger zu Grundbuchbeamten bestellt werden

(§§ 29 Abs. 1 S. 2 LFGG/BW, 35 RPflG).
Notare, Notarvertreter und Rechtspfleger
sind Grundbuchbeamte als Einzelbeamte.
Ein UdG wirkt bei den Eintragungen
nicht mit (§ 6 GBVO/BW). Eine weitere Besonderheit ist die Einrichtung des
„Ratschreibers" (§ 31 LFGG/BW; hierzu
Schöner/Stöber Rn. 43), der für bestimmte einfache Tätigkeiten im Grundbuch-
verkehr zuständig ist (§ 32 LFGG/BW).

172. Der Eintragungsantrag

S hat als Eigentümer eines
Grundstücks dem G zur Si-
cherung eines Kredites von
50 000,– € eine Buchhypo-
thek bestellt. Nach voll-
ständiger Befriedigung des
G hat dieser dem S über die
Rückzahlung des Darlehens
eine schriftliche Quittung
ausgestellt. Die Hypothek
geht gem. §§ 362 Abs. 1,
1163 Abs. 1 S. 2 BGB auf S
über und wird damit zur
Eigentümergrundschuld
(§ 1177 Abs. 1 BGB). Eine
Änderung im Grundbuch
erfolgt nicht. Schon kurz
darauf ergibt sich für S die
Notwendigkeit, einen Kre-
dit bei X aufzunehmen. Zur
Sicherung soll X Inhaber
der ehemals für G bestellten
Hypothek werden. S und X
einigen sich in notarieller
Urkunde gem. § 1154 Abs. 3
BGB i. V. m. § 873 Abs. 1

I. Ja. Gem. § 873 Abs. 1 BGB i. V. m.
§§ 1154 Abs. 3, 1192 Abs. 1 BGB setzt die
Abtretung einer Eigentümerbuchgrund-
schuld die Eintragung der Rechtsänderung in das Grundbuch voraus (BGH
NJW 1968, 1674).
II. 1. Eine Eintragung soll, soweit nicht
das Gesetz ein anderes vorschreibt, nur
auf **Antrag** erfolgen (§ 13 Abs. 1 S. 1
GBO). Ausdrücklich im Gesetz vorgesehene **Ausnahmen** sind z. B. die Teilung
gem. § 7 GBO (s. Nr. 167), Widerspruch
und Vormerkung gem. § 18 Abs. 2 GBO
(s. Nr. 179), Rangvermerke gem. § 45
GBO und der Amtswiderspruch gem.
§ 53 GBO (dazu Nr. 186). In den Fällen
des § 38 GBO erfolgt die Eintragung
aufgrund des Ersuchens einer Behörde.
2. Aus § 13 Abs. 2 S. 1 GBO ergibt sich,
daß der Antrag **schriftlich** vorgelegt
werden muß. Enthält der Antrag über das
bloße Begehren einer Eintragung hinaus
noch weitere für die Eintragung erforderliche Erklärungen (etwa die Eintragungsbewilligung, dazu Nr. 174) (sog. „ge-
mischter" Antrag im Gegensatz zum „rei-

BGB über die Abtretung der Grundschuld.

I. Bedarf diese zu ihrer Wirksamkeit der Grundbucheintragung?

II. Muß ein Eintragungsantrag gestellt werden und in welcher Form?

III. Wo ist der Eintragungsantrag zu stellen und wann ist er dort eingegangen?

IV. Wer ist antragsberechtigt?

nen" Antrag), so bedarf er der Form des § 29 GBO (§ 30 GBO).

III. Der Antrag ist bei der für die Führung des Grundbuchs **zuständigen Stelle** zu stellen (s. Nr. 171). Gem. § 13 Abs. 2 S. 2 GBO ist er dort **eingegangen,** wenn er einem zur Entgegennahme zuständigen Beamten vorgelegt ist. Dieser Zeitpunkt soll gem. § 13 Abs. 2 S. 1 GBO auf dem Antrag genau vermerkt werden. Bedeutung hat dies gem. §§ 17, 45 GBO, 879 BGB für die Reihenfolge der Eintragungen im Grundbuch und damit für den Rang der Rechte sowie gem. § 878 BGB für die Unschädlichkeit von Verfügungsbeschränkungen.

IV. **Antragsberechtigt** ist gem. § 13 Abs. 1 S. 2 GBO jeder, dessen Recht von der Eintragung betroffen wird („**Betroffener**") oder zu dessen Gunsten die Eintragung erfolgen soll („**Begünstigter**"). Erforderlich ist, daß der Antragsteller unmittelbar betroffen oder begünstigt ist (dazu näher Eickmann, Grundbuchverfahrensrecht, Rn. 100 ff.; Roth S. 7); ein nur mittelbar Beteiligter ist nur ausnahmsweise gem. §§ 9 Abs. 1 S. 2, 14 GBO antragsberechtigt. Vorliegend wird durch die Eintragung S die Grundschuld verlieren und X sie erwerben. Deswegen sind sowohl S als Betroffener als auch X als Begünstigter antragsberechtigt.

173. Stellvertretung bei der Antragstellung

Wie vor. S möchte den Eintragungsantrag stellen, hat jedoch wenig Zeit.

I. Kann er sich vertreten lassen?

I. Aus § 30 GBO ergibt sich, daß Vertretung bei der Antragstellung grundsätzlich **zulässig** ist. Für den Notar, der die zu einer Eintragung erforderliche Erklärung beurkundet oder beglaubigt hat,

II. Wenn ja, welche Form ist für die Vollmacht erforderlich?

besteht gem. § 15 GBO sogar eine – widerlegbare – Vollmachtsvermutung (BayObLG NJW-RR 1989, 1495, 1496).

II. Die Vollmacht zur Stellung eines „reinen" Eintragungsantrags (dazu oben Nr. 172 II 2) kann formlos nachgewiesen werden, wogegen die Vollmacht zur Stellung eines „gemischten" Eintragungsantrags der Form des § 29 GBO genügen muß (§ 30 GBO). Also nur dann, wenn S sich nicht nur bei der reinen Antragstellung, sondern auch bei der Abgabe weiterer, für die Eintragung erforderlicher Erklärungen vertreten lassen will, muß die Vollmacht notariell beurkundet oder beglaubigt werden.

174. Formelles und materielles Konsensprinzip

Wie vor. S beantragt in notariell beglaubigter Form die Eintragung des X.
I. Erfordert diese Eintragung außer dem Antrag noch eine weitere verfahrensrechtliche Erklärung?
II. Wenn ja, von wem?

I. 1. Nach § 19 GBO erfolgt eine Eintragung nur, wenn derjenige sie bewilligt, dessen Recht von ihr betroffen wird. Die Vorschrift ist Ausdruck des für das Grundbuchrecht besonders bedeutsamen **formellen Konsensprinzips** oder **Bewilligungsgrundsatzes**.

Rechtspolitische Begründung: Eine Rechtsänderung im Immobiliarrecht setzt i.d.R. neben der Eintragung eine **materiell-rechtliche Einigung** des Betroffenen mit dem Begünstigten voraus (§ 873 Abs. 1 BGB; ausnahmsweise kann auch eine einseitige Erklärung eine Rechtsänderung herbeiführen, § 875 Abs. 1 BGB; s. auch § 27 GBO). Damit unrichtige Eintragungen möglichst vermieden werden, wäre an sich erwünscht, daß das GBA auch das Vorliegen einer wirksamen Einigung prüft, soweit sie materiell-rechtlich erforderlich ist. Das stößt jedoch auf

Schwierigkeiten. Zum einen würde das GBA zu sehr belastet, wenn es stets nachprüfen müßte, ob wirklich alle materiellrechtlichen Wirksamkeitsvoraussetzungen vorliegen. Zum anderen kann die Einigung der Eintragung i.d.R. (Ausnahme: die Auflassung, s. § 20 GBO, dazu unten 3.) auch nachfolgen. Andererseits lehrt die Erfahrung, daß der Betroffene i.d.R. eine Eintragung nur bewilligen wird, wenn nach seiner von seinem Eigeninteresse geleiteten Prüfung alle materiellen Wirksamkeitsvoraussetzungen vorliegen. Diese Erfahrung macht § 19 GBO sich zunutze und läßt eine einseitige Bewilligung des Betroffenen als Eintragungsvoraussetzung genügen.

2. In folgenden Fällen bedarf es **ausnahmsweise nicht** einmal einer Eintragungsbewilligung: zur Berichtigung des Grundbuchs, wenn seine Unrichtigkeit nachgewiesen wird (§ 22 Abs. 1 GBO; näher Nr. 185); zur Eintragung auf Ersuchen einer Behörde (§ 38 GBO); zur Eintragung von Vormerkungen oder Widersprüchen aufgrund einstweiliger Verfügung (§§ 885, 899 Abs. 2 BGB) sowie deren Löschung (§ 25 GBO); zur Eintragung einer Zwangs- oder Arresthypothek (§§ 867, 932 ZPO) sowie in den Fällen der §§ 26 GBO, 1139 BGB, 830 Abs. 1 S. 3, 857 Abs. 6 ZPO.

3. In anderer Richtung durchbricht § 20 GBO das formelle Konsensprinzip, indem er die Eintragung des Eigentumsübergangs und der Bestellung, Inhaltsänderung oder Übertragung eines Erbbaurechts vom Nachweis der dinglichen Einigung abhängig macht (**materielles Konsensprinzip**). Hier besteht wegen der

mit Grundeigentum und Erbbaurecht verbundenen öffentlich-rechtlichen Pflichten ein besonderes Interesse an der Richtigkeit des Grundbuchs.

II. Es fragt sich, wer im vorliegenden Fall
der **Betroffene** i. S. d. § 19 GBO ist. In-
haber des betroffenen Rechts ist S. Im
Grundbuch eingetragen und damit sog.
„Buchberechtigter" ist aber noch G als
Hypothekar, da das Recht gem. §§ 1163
Abs. 1 S. 2, 1177 Abs. 1 BGB durch
Rechtsveränderung außerhalb des Grund-
buchs auf S übergegangen ist.

1. Rechtsprechung und h. L. im Schrift-
tum **differenzieren** bei der Bestimmung
des Betroffenen i. S. d. § 19 GBO. Wird
die Berichtigung des Grundbuchs durch
Löschung eines nicht existierenden Rechts
oder durch Eintragung des wahren Inha-
bers eines (existierenden und eingetragenen) Rechts beantragt, kann „Betroffener" i. S. d. § 19 GBO überhaupt nur der
zu Unrecht Eingetragene, der **Buchbe-
rechtigte,** sein. Ansonsten aber soll Betroffener i. S. d. § 19 GBO der **materiell
Berechtigte** sein. Das ist einmal der Fall
bei allen anderen als den zuvor genannten
Grundbuchberichtigungen (wenn nämlich
die Berichtigung in der Beschränkung,
Belastung oder Richtigstellung eines eingetragenen dinglichen Rechts besteht).
Das ist zum anderen der Fall, wenn
die Eintragung zu einer Rechtsänderung
führen soll, also Teil eines dinglichen
Verfügungsgeschäftes ist (Demharter § 19
Rn. 46, 47; Pawlowski/Smid Rn. 424 ff.).

2. Da hier die Eintragung des X zu einer
Rechtsänderung führen soll – er soll Inhaber der Eigentümergrundschuld des S
werden – ist Betroffener S als wahrer

Rechtsinhaber. Er, nicht G, muß also der Eintragung des X zustimmen. Beantragt der Eigentümer, zu Lasten seines Grundstücks ein Recht im Grundbuch einzutragen, so liegt in dem Eintragungsantrag regelmäßig (§§ 133, 157 BGB) auch seine Bewilligung (Schöner/Stöber Rn. 103). Dasselbe muß gelten, wenn der Eigentümer als Inhaber einer Eigentümergrundschuld deren Umschreibung auf einen anderen beantragt. Auch der Eintragungsantrag des S kann daher als Bewilligung ausgelegt werden. Es handelt sich dann um einen sog. „gemischten Antrag", der eine weitere für die Eintragung erforderliche Erklärung enthält und insofern der Form des § 29 GBO genügen muß (s. Nr. 172 unter II 2 und zu § 29 GBO Nr. 175). Das ist vorliegend der Fall, da der Antrag notariell beglaubigt ist.

175. Der Nachweis der Eintragungsvoraussetzungen

Wird das GBA die beantragte Eintragung aufgrund der Eintragungsbewilligung des S vornehmen, wenn dieser die schriftliche Quittung des G zum Beweis dafür vorlegt, daß er, S, durch Befriedigung des G die Grundschuld erworben hat (s. Nr. 172)?

Das GBA wird die Eintragung aufgrund der Bewilligung des S nur dann vornehmen, wenn S formgerecht nachgewiesen hat, daß er der wahre Inhaber der Grundschuld ist.

I. Die Vermutung des § 891 BGB, die auch für das GBA gilt (BayObLG NJW-RR 1989, 718, 719), streitet für die materielle Rechtsinhaberschaft des noch eingetragenen G. S muß diese Vermutung in der **Form des § 29 GBO** widerlegen.

§ 29 GBO enthält für das Grundbuchverfahren eine Beschränkung der Beweismittel. Diese dient der Rechtssicherheit, indem sie dafür sorgt, daß Grundbucheintragungen mit ihren weitreichenden Folgen nur dann vorgenommen werden, wenn ihre Voraussetzungen dem GBA in der strengen Form des **Urkundenbeweises** nachgewiesen sind. Die §§ 29a ff. GBO enthalten z.T. Ausnahmen, z.T. Ergänzungen zu § 29 GBO.

II. Vorliegend kann S den Erwerb der Hypothek gem. §§ 1163 Abs. 1 S. 2, 362 Abs. 1 BGB aufgrund Erlöschens der gesicherten Forderung aber nicht formgerecht nachweisen, da die ihm von G erteilte Quittung weder notariell beurkundet noch notariell beglaubigt ist, sondern in einfacher Schriftform verfaßt ist. Deshalb liegt ein Eintragungshindernis vor.

176. Der Grundsatz der Voreintragung

Wie vor. Muß nicht ohnehin vor der Eintragung des X als Erwerber der Grundschuld (als Fremdgrundschuld) zunächst berichtigend eingetragen werden, daß S Inhaber der (Eigentümer-)Grundschuld ist?

I. Nach § 39 Abs. 1 GBO soll eine Eintragung **grundsätzlich** nur erfolgen, wenn die Person, deren Recht durch sie betroffen wird, als der Berechtigte eingetragen ist. Dieser **Voreintragungsgrundsatz** dient mehreren Zwecken. Zum einen soll – im Verkehrsinteresse – das Grundbuch den Rechtszustand nicht nur im Ergebnis, sondern auch in seiner Entwicklung klar und verständlich wiedergeben. Zum anderen soll dem GBA die Legitimationsprüfung des Verfügenden erleichtert werden.

II. Von diesem Grundsatz macht § 40 GBO **Ausnahmen** für Fallgruppen, in denen die Ziele des § 39 Abs. 1 GBO auch ohne Voreintragung typischerweise nicht ernsthaft gefährdet werden und der Zwang zur Voreintragung darum für den Verfügenden nur eine belastende „Förmelei" wäre. Die wichtigste Fallgruppe ist, daß der Erbe des eingetragenen Berechtigten sein Erbrecht in der Form des § 29 Abs. 1

GBO nachweisen kann und das ererbte Recht übertragen oder aufheben will. Nach dem Muster des § 40 GBO haben Rspr. und Lit. durch teleologische Reduktion des § 39 Abs. 1 GBO weitere Ausnahmen vom Voreintragungsgrundsatz zugelassen, wenn die Zielsetzung des § 39 GBO dadurch nicht gefährdet wird.

III. Eine solche Ausnahme wird anerkannt, wenn – wie im vorliegenden Fall – eine Buchhypothek sich gem. §§ 1163 Abs. 1, 1177 Abs. 1 BGB in eine Eigentümergrundschuld verwandelt hat und der Eigentümer die Grundschuld nun an einem Dritten abtreten möchte. Denn aufgrund der Regelung der §§ 1163, 1177 BGB ist der Eigentümer stets potentieller Inhaber der auf seinem Grundstück lastenden Hypotheken („Schattenfunktion" der Eigentümergrundschuld [Heck § 83 e 2./4.]) und damit „eigentlich" auch stets eingetragener Gläubiger. Wenn er die Voraussetzungen des § 1163 BGB in der Form des § 29 Abs. 1 GBO nachweisen kann, ist für das GBA seine Legitimation und für den Rechtsverkehr die Entwicklung des Rechts hinreichend deutlich (BGH NJW 1968, 1674; OLG Düsseldorf, RPfleger 1996, 194; OLG Köln NJW 1961, 368; Roth S. 29).

Demnach bedarf es im vorliegenden Fall der Voreintragung des S nicht, wenn er die Voraussetzungen des § 1163 Abs. 1 S. 2 BGB in der Form des § 29 Abs. 1 GBO nachweisen kann, um so die Vermutung des § 891 BGB zu entkräften. S kann hier nur die von G ausgestellte schriftliche Quittung über die Rückzahlung des Darlehens vorlegen (zur sog. „löschungsfähigen Quittung" s. Demharter § 27 Rn. 21). Da diese aber nicht der erforderlichen Form des § 29 Abs. 1 GBO entspricht, liegt ein Eintragungshindernis vor.

V. Insbesondere der fehlerhafte Eintragungsantrag

177. Zurückweisung oder Zwischenverfügung?

Wie kann das GBA in Nr. 176 reagieren?

I. In den Antragsverfahren der GBO obliegt es dem Antragsteller, alle für die Eintragung erforderlichen Tatsachen vorzutragen und zu beweisen (**Beibringungsgrundsatz**). Das GBA ist weder berechtigt noch verpflichtet, eigene Ermittlungen anzustellen oder Beweise zu erheben (BGHZ 30, 255, 258); der Untersuchungsgrundsatz des § 12 FGG (hierzu näher Nrn. 60–62) greift nicht ein. Etwas anderes gilt nur in den wenigen Amtsverfahren der GBO (s. Nr. 172 unter II).

II. Sind die zur Eintragung erforderlichen Tatsachen nicht vollständig vorgetragen oder nachgewiesen oder steht der Eintragung ein anderes **Hindernis** entgegen, so hat gem. § 18 Abs. 1 S. 1 GBO das GBA entweder den Antrag unter Angabe der Gründe zurückzuweisen oder dem Antragsteller eine angemessene Frist zur Beseitigung des Hindernisses zu bestimmen. Die **Zurückweisung** erledigt den Antrag und führt zum Verlust des gem. § 17 GBO bestehenden Ranges. Dagegen bleiben bei der **Zwischenverfügung** alle Wirkungen des Antrags erhalten, insbesondere der Rang.

1. Nach einhelliger Ansicht ist bei bestimmten Eintragungshindernissen der Antrag **zwingend zurückzuweisen**. Das

ist dann der Fall, wenn der Zweck der Zwischenverfügung, dem Antragsteller den Rang seines Antrags für den Fall der Beseitigung des Hindernisses zu sichern, offensichtlich nicht erreicht werden kann. Danach ist der Antrag z. B. zurückzuweisen, wenn der Antragsteller nicht antragsberechtigt, das beantragte Recht nicht eintragungsfähig oder der Mangel nicht rückwirkend behebbar ist (hierzu BGHZ 27, 310, 313 f.; zu weiteren Fällen zwingender Zurückweisung s. Meikel/Böttcher § 18 Rn. 33 ff.).

2. **Umstritten** ist, wie die verbleibenden Fälle vom GBA zu behandeln sind.

a) Nach der Rspr. und Teilen der Lit. kann das GBA nach pflichtgemäßem Ermessen zwischen Zurückweisung und Zwischenverfügung **wählen.** Hierbei habe es die Besonderheiten des Einzelfalles zu berücksichtigen und die sich gegenüberstehenden Interessen abzuwägen: Das sei einerseits das berechtigte Interesse des Antragstellers an der Rangwahrung des gestellten Antrages und den mit dem Antragseingang verbundenen materiellen Wirkungen, andererseits das Interesse der Allgemeinheit an der Zuverlässigkeit der Grundbucheinsicht und der Schaffung klarer Rechtsverhältnisse durch rasche Abwicklung des Grundbuchverkehrs. Eine Zwischenverfügung komme danach im allgemeinen nur bei leicht und schnell behebbaren Mängeln in Betracht (BayObLG NJW-RR 1997, 913, 914; RPfleger 1988, 408; OLG Düsseldorf RPfleger 1986, 297).

b) Dagegen ist nach der h. M. in der Lit. **stets** eine **Zwischenverfügung** zu erlassen. Ermessensentscheidungen gebe es nur in der Verwaltung, nicht in der Rechtsprechung. In die Rechtsposition des Antragstellers dürfe nur aufgrund dringlicher, höherrangiger Interessen eingegriffen werden. Das Interesse an der Zuverlässigkeit der Grundbucheinsicht und der Schaffung klarer Rechtsverhältnisse sei nicht höherrangig, da das Grundbuchverfahren primär der Durchsetzung privater Vermögensinteressen diene. Auch gelinge es der Rspr. nicht, die leichten Mängel von den schweren abzugrenzen (Meikel/Böttcher § 18 Rn. 32 m.w.N.).

III. Vorliegend müßte allerdings auch nach der Rspr. eine Zwischenverfügung ergehen, da sich der Formmangel ohne weiteres dadurch beheben läßt, daß die notarielle Beurkundung oder Beglaubigung nachgeholt wird. Demzufolge wird der Grundbuchrechtspfleger hier eine Zwischenverfügung erlassen, in der er S darauf hinweist, daß seinem Antrag erst dann entsprochen werden kann, wenn er eine formgerechte notariell beurkundete oder beglaubigte Quittung über die Rückzahlung vorlegt. Zugleich wird er ihm eine angemessene Frist hierfür setzen mit der Maßgabe, daß nach fruchtlosem Ablauf dieser Frist der Antrag kostenpflichtig zurückgewiesen wird.

178. Verfahren nach Beseitigung eines Eintragungshindernisses

Wie vor. Angenommen, S reicht die Quittungsurkunde in der erforderlichen Form fristgerecht ein, wie läuft jetzt das weitere Verfahren ab?

Reicht S die Quittungsurkunde auf die Zwischenverfügung hin frist- und formgerecht nach, so liegen damit alle notwendigen Eintragungsvoraussetzungen vor, und der Grundbuchrechtspfleger wird daraufhin die Eintragungsverfügung erlassen (§ 44 Abs. 1 S. 2 GBO). Die Eintragung selbst nimmt der UdG vor (§ 44 Abs. 1 S. 2 GBO, zu den Zuständigkeiten in Baden-Württemberg s. Nr. 171). Sie wird vom Rechtspfleger und vom UdG oder einem ermächtigten Angestellten unterschrieben (§ 44 Abs. 1 S. 2, 2. Halbs. GBO). Die Beteiligten, hier also S und X, werden über die Eintragung benachrichtigt (§ 55 GBO).

179. Weitere Eintragung vor Erledigung einer Zwischenverfügung

Wie Nrn. 172 ff. Kurz nachdem der Antrag auf Eintragung der Hypothek zugunsten des X gestellt und daraufhin die Zwischenverfügung wegen des Formmangels ergangen ist, beantragt Y, noch bevor S eine formgerechte Quittung vorlegen kann, die Eintragung einer Zwangshypothek (§ 867 ZPO). Wie wird das GBA verfahren?

I. Die Eintragung einer Zwangshypothek erfolgt auf Antrag des Gläubigers (§§ 867 ZPO, 13 GBO) als Zwangsvollstreckungsmaßnahme durch das GBA als Vollstreckungsorgan. Deshalb müssen neben den Voraussetzungen des allgemeinen Grundbuchverfahrens auch die der Zwangsvollstreckung – insbesondere Titel, Klausel, Zustellung, Mindestbetrag nach § 866 Abs. 3 ZPO – erfüllt sein. Die Zulässigkeit der Zwangsvollstreckung ersetzt die Bewilligung des Grundstückseigentümers i.S.d. § 19 GBO, der aber voreingetragen sein muß (§ 39 GBO). An diesen Zulässigkeitsvoraussetzungen bestehen nach dem Sachverhalt keine Zweifel.

II. An einer Eintragung der Zwangshypothek vor Erledigung der Zwischenverfügung könnte das GBA durch § 17 GBO gehindert sein. § 17 GBO regelt, ergänzt durch § 45 GBO, das Grundbuchverfahren zur Herstellung des einem Recht zukommenden Ranges. Der Rang richtet sich nach dem Zeitpunkt des Antragseingangs (zu Letzterem s. Nr. 172 unter III); gleichzeitig eingegangene Anträge führen zum Gleichrang der Rechte. Im Grundbuch wird der Rang der Rechte innerhalb einer Abteilung durch die Reihenfolge der Eintragungen kenntlich gemacht, das Rangverhältnis von Rechten in verschiedenen Abteilungen durch das Datum oder, bei identischen Daten, durch einen Rangvermerk (§ 45 Abs. 1 und 2 GBO; § 879 BGB).

Betreffen die beantragten Eintragungen dasselbe Recht, so muß daher gem. § 17 GBO der vorrangige Antrag zunächst erledigt werden. Bei strikter Anwendung des § 17 GBO müßte also der Antrag des S zunächst abschließend erledigt werden.

III. 1. Andererseits ist es aber dem zweiten Antragsteller (Y) nicht zuzumuten, auf die Erledigung der Zwischenverfügung zu warten, weil auf diese Weise eine nicht zu rechtfertigende Abhängigkeit vom ersten Antragsteller (S) entstünde. Das GBA hat deshalb den ersten Antrag durch Eintragung eines **Schutzvermerks** (Vormerkung oder Widerspruch) zu sichern, um dadurch die Eintragung des Zweitantrages zu ermöglichen (§ 18 Abs. 2 S. 1 GBO). Auf diese Weise wird der erste Antragsteller vorläufig dagegen geschützt, daß sein Antrag durch Vornahme einer später beantragten Eintragung beeinträchtigt oder vereitelt wird, ohne daß der später gestellte Antrag unnötig verzögert wird. Hervorzuheben ist dabei, daß es sich trotz der identischen Bezeichnungen nicht etwa um die Vormerkung oder den Widerspruch i. S. d. BGB handelt, denn § 18 Abs. 2 GBO setzt weder einen zu sichernden schuldrechtlichen Anspruch (anders § 883 BGB) noch die Unrichtigkeit des Grundbuchs (anders § 899 BGB) voraus.

Im Rahmen des § 18 Abs. 2 GBO kommt eine **Vormerkung** in Betracht, wenn der frühere Antrag eine rechtsändernde Eintragung zum Gegenstand hat, ein **Widerspruch** hingegen, wenn er auf eine Grundbuchberichtigung gerichtet ist (RGZ 55, 340, 342 f.).

2. Demnach muß das GBA hier also zugunsten des von S gestellten Antrags eine Vormerkung eintragen. Die Eintragung dieses Schutzvermerks gilt als Erledigung des früheren Antrags i. S. d. § 17 GBO (§ 18 Abs. 2 S. 1, 2. Halbs. GBO), so daß der Eintragung des späteren Antrags kein formelles Hindernis mehr im Wege steht. Die mit ihm beantragte Eintragung wird daher auch dann vorgenommen, wenn sie zu dem früheren Antrag im Widerspruch steht. Sie ist im vorliegenden Fall in derselben Abteilung (III) unter der nächstfolgenden Nummer einzutragen. Die Eintragung der Zwangshypothek des Y ist aber zunächst nur vorläufig. Sie erfolgt nur unter dem sich aus der Vormerkung ergebenden Vorbehalt. Denn materiellrechtlich sichert der Schutzvermerk den ersten Antrag gegen jede Beeinträchtigung durch die Eintragung aufgrund des späteren Antrags.

180. Wirkungen eines Schutzvermerks

Wie vor. Was geschieht, wenn S
I. innerhalb der Frist eine formgerechte Quittung vorlegt?
II. vor Erledigung der Zwischenverfügung seinen Antrag zurücknimmt?

In beiden Fällen wird **endgültig** über den früheren und den späteren Antrag entschieden.
I. Wenn das **Eintragungshindernis** für den früheren Antrag fristgerecht **behoben** wird, wird die beantragte Eintragung an der Rangstelle des Schutzvermerks vorgenommen. Der Schutzvermerk sichert also

die Rangstelle vor der (zwischenzeitlichen) Eintragung des späteren Antrags, wenn zwischen beiden Eintragungen ein Rangverhältnis möglich ist. Sofern zwischen beiden Eintragungen kein Rangverhältnis möglich ist, sondern die später beantragte Eintragung nicht mehr hätte bewirkt werden dürfen, wenn die früher beantragte im Zeitpunkt des Schutzvermerks vorgenommen worden wäre, muß die später beantragte Eintragung von Amts wegen gelöscht werden (wenn z. B. mit dem früheren Antrag die Eintragung des X als Eigentümer, mit dem späteren Antrag die Eintragung des Y als Eigentümer erstrebt wird; s. auch RGZ 110, 204, 207 f.). Sobald S auf die Zwischenverfügung des GBA hin frist- und formgerecht eine Quittungsurkunde vorlegt, wird die Vormerkung in die endgültige Eintragung der Grundschuld zugunsten des X „umgeschrieben". Die nunmehr gegenstandslose Vormerkung wird von Amts wegen (durch rote Unterstreichung = „Röten", § 19 Abs. 2 GBV) gelöscht. Die zugunsten des Y eingetragene Zwangshypothek bleibt bestehen, steht aber im Rang hinter der Grundschuld des X.

II. Wird der frühere Antrag **zurückgewiesen**, z. B. weil das Eintragungshindernis nicht fristgerecht behoben wird oder ein weiteres Eintragungshindernis hinzutritt, das zur zwingenden Zurückweisung des Antrags führt, ist der Schutzvermerk von Amts wegen zu löschen (§ 18 Abs. 2 S. 2 GBO), und die später beantragte Eintragung wird vorbehaltlos wirksam. Dasselbe gilt, wenn – wie hier – der frühere Eintragungsantrag zurückgenommen wird.

181. Grundbuchberichtigung

E bestellt dem G eine Grundschuld, stirbt kurz danach und wird von seinem Sohn S beerbt. Aufgrund der Schilderungen der Pflegerin P und des Hausarztes H, die E bis zu seinem Tode betreut haben, meint S, E sei infolge einer fortgeschrittenen Alterskrankheit schon geschäftsunfähig gewesen, als er sich mit G über die Bestellung der Grundschuld geeinigt habe. Angenommen, diese Vorstellung trifft zu: Was kann S tun, um eine Löschung der Grundschuld im Grundbuch zu erreichen?

I. Die Grundschuld ist nicht wirksam entstanden, weil die Einigung des E mit G über die Grundschuldbestellung (§ 873 Abs. 1 BGB) infolge der Geschäftsunfähigkeit des E nichtig war (§§ 104 Abs. 1 Nr. 2, 105 BGB). Das Grundbuch ist also unrichtig.

II. Das Grundbuch wird durch Löschung der Grundschuld berichtigt, wenn S dies beantragt (§ 13 Abs. 1 GBO) und die erforderlichen Nachweise oder Erklärungen beibringt.

1. Den Nachweis seiner Antragsbefugnis (§ 13 Abs. 1 S. 2 GBO) kann S durch einen Erbschein führen (§ 35 Abs. 1 S. 1 GBO). Die Voreintragung des Erben erscheint für die Löschung einer zu Unrecht eingetragenen Belastung seines Eigentums analog § 40 Abs. 1 GBO nicht erforderlich.

2. Nach §§ 22, 27 S. 2 GBO kann S die Berichtigung durch Löschung erreichen, wenn er die Unrichtigkeit des Grundbuchs nachweisen kann. Die ihm für die Geschäftsunfähigkeit des E zur Verfügung stehenden Beweismittel (Zeugnis der P und des H, ggf. Sachverständigengutachten) entsprechen aber nicht dem Urkundserfordernis des § 29 Abs. 1 S. 2 GBO, so daß S auf diesem Weg keinen Erfolg haben wird.

3. S kann aber versuchen, eine Löschungsbewilligung des G in der Form des § 29 Abs. 1 S. 1 GBO beizubringen (§ 19 GBO). E hat gegen G einen materiellrechtlichen Anspruch auf Zustimmung zur Grundbuchberichtigung (§ 894 BGB). Wenn G die Zustimmung nicht freiwillig

erklärt, kann S ihn auf Abgabe verklagen. In diesem Zivilprozeß hat S bessere Beweischancen als im Grundbuchverfahren, weil er die Vernehmung der P als Zeugin (§ 373 ZPO) und des H als sachverständigen Zeugen (§ 414 ZPO), ggf. auch noch ein Sachverständigengutachten (§ 402 ZPO) beantragen kann. Gelingt es ihm, das Gericht von der Geschäftsunfähigkeit des E zu überzeugen (§ 286 Abs. 1 ZPO), wird G antragsgemäß verurteilt. Mit Rechtskraft des Urteils gilt die Zustimmung als abgegeben (§ 894 ZPO). Sie ist zugleich die Bewilligung i.S.d. § 19 GBO (Palandt/Bassenge § 894 Rn. 8). Das Urteil ist eine öffentliche Urkunde und genügt damit dem Formerfordernis des § 29 GBO. S selbst muß dann noch seine Zustimmung zur Löschung in der Form des § 29 Abs. 1 S. 1 GBO erklären (§ 27 S. 1 GBO).

4. S kann schon vor dem Urteil gem. § 899 Abs. 1 BGB die Eintragung eines Widerspruchs gegen die nichtige Grundschuld erwirken, wenn er dafür gem. § 899 Abs. 2 BGB eine einstweilige Verfügung erwirkt oder die Bewilligung des G erhält.

182. Prüfungspflichten des GBA

Fall nach BayObLGZ 1979, 434 ff.: A bestellt zugunsten der K-Bank zur Sicherung eines Darlehens eine Grundschuld an seinem Grundstück und bewilligt und beantragt am 1. 6. formgerecht die Eintragung ins

I. Die formalen Voraussetzungen für die Eintragung der Grundschuld liegen vor.

II. Der Rechtspfleger hat mit der Kündigungsklausel eine Vereinbarung beanstandet, die Bestandteil der dinglichen Einigung über die Entstehung der Grundschuld ist, weil sie für die Grundschuld inhaltsbestimmend ist (s. § 1193 BGB).

Grundbuch. In der notariellen Urkunde wird auf beigefügte Anlagen Bezug genommen (§ 14 BeurkG), zu denen auch die vorgedruckten „Allgemeinen Darlehensbedingungen" gehören. Darin heißt es im Zusammenhang mit den Kündigungsbestimmungen u. a.: „Die Kündigung erfolgt schriftlich an die letzte der Bank bekannte Anschrift des Darlehensnehmers bzw. Grundstückseigentümers. Hat sich diese Anschrift zwischenzeitlich geändert, so bewirkt die Kündigung die sofortige Fälligkeit des gewünschten Darlehensbetrages und der Grundschuld in dem Zeitpunkt, in welchem sie ohne die Anschriftenänderung bei regelmäßiger Beförderung zugegangen wäre". Der Grundbuchrechtspfleger nimmt die beantragte Eintragung jedoch nicht vor, sondern erläßt eine Zwischenverfügung, in der er die genannte Bestimmung beanstandet: Die Klausel verstoße gegen § 308 Nr. 6 BGB und sei daher unzulässig. Wenn bis zum 1. 8. nicht die Aufhebung der Klausel in grundbuchgerechter Form nachgewiesen sei, werde der Antrag zurückgewiesen. Ist

Die Unwirksamkeit der Klausel (§ 306 BGB) zöge zunächst das Verbot nach sich, sie ins Grundbuch einzutragen. Denn das Grundbuch soll nicht unrichtig werden. Bei Unwirksamkeit einer Klausel darf das GBA auch nicht einfach auf deren Eintragung verzichten und statt dessen das im übrigen wirksam vereinbarte (§ 306 Abs. 1 BGB) dingliche Recht eintragen. Denn die Eintragung muß grundsätzlich dem gestellten Eintragungsantrag und der Eintragungsbewilligung entsprechen (BayObLGZ 1979, 434, 436).
III. Inwieweit der Rechtspfleger jedoch prüfen darf, ob ein dingliches Geschäft (Klausel) wegen eines Verstoßes gegen materielles Recht unwirksam ist, erscheint fraglich. Für die Prüfungspflichten und -rechte des GBA im materiell-rechtlichen Bereich ist zu unterscheiden:
1. Soweit die GBO die Vorlage einer materiell-rechtlichen Erklärung verlangt (in § 20 GBO **materielles Konsensprinzip,** dazu Nr. 174), geschieht dies gerade zu dem Zweck, eine Prüfung der Wirksamkeit dieser Erklärung durch das GBA herbeizuführen (Prüfungspflicht). Soweit die GBO auf die Vorlage einer materiell-rechtlichen Erklärung verzichtet und sich mit einer verfahrensrechtlichen Bewilligung begnügt (in § 19 GBO – **formelles Konsensprinzip** – dazu Nr. 174), geschieht dies gerade zu dem Zweck, das GBA von der Prüfung der Wirksamkeit der materiell-rechtlichen Erklärung zu entbinden (keine Prüfungspflicht).
2. Doch bleibt das GBA auch im Bereich des formellen Konsensprinzips an das **Legalitätsprinzip** gebunden. Dieses verbietet es jedenfalls dem GBA, „sehen-

die Zwischenverfügung zu
Recht ergangen?

den Auges" daran mitzuwirken, daß das
Grundbuch unrichtig wird (Einzelheiten:
Schöner/Stöber Rn. 206 ff., 209). Nur in
diesem Rahmen ist eine Prüfung der materiell-rechtlichen Erklärung (meist einer
dinglichen Einigung gem. § 873 BGB)
möglich und erforderlich (Einschränkung
des formellen Konsensprinzips durch das
Legalitätsprinzip). Das bedeutet im einzelnen:

a) Einen Eintragungsantrag darf das GBA
nur dann beanstanden, wenn es aufgrund
eines feststehenden Sachverhalts zu der
sicheren Überzeugung gelangt, daß das
dingliche Geschäft unwirksam ist und die
Eintragung zur Unrichtigkeit des Grundbuchs führt. Zweifel an der Wirksamkeit
reichen insoweit nicht. Auch berechtigt
eine nur vorübergehende Unrichtigkeit,
die nachträglich geheilt werden kann, im
Bereich des formellen Konsensprinzips
nicht zur Beanstandung. Das ist im Bereich des § 20 GBO anders.

b) Grundlage für diese durch das Legalitätsprinzip erweiterte Prüfung durch das
GBA sind sowohl die von den Beteiligten vorgelegten Eintragungsunterlagen als
auch Umstände, die dem GBA aus anderen Quellen bereits bekannt sind. Das
Legalitätsprinzip berechtigt das GBA indessen nicht zur Aufnahme eigener Ermittlungen (§ 12 FGG), um die materielle
Rechtslage zu klären.

c) Stellt das GBA unter den genannten
Voraussetzungen einen Verstoß gegen
materielles Recht fest, muß es die Eintragung ablehnen oder durch Zwischenverfügung auf die Beseitigung des Mangels hinwirken. Letzteres geht aber nur,
wenn der Mangel mit rückwirkender

Kraft geheilt werden kann (BayObLG DNotZ 1986, 237, 238 m. w. N.; dazu näher Nr. 177).

3. Nach heute überwiegender Meinung gelten die genannten Grundsätze auch für die Prüfung, ob eine AGB-Klausel, die für das einzutragende dingliche Geschäft inhaltsbestimmend ist, wegen Verstoßes gegen die Vorschriften über AGB unwirksam ist und damit die Unrichtigkeit des Grundbuchs nach sich ziehen kann (zum Meinungsstand: Schöner/Stöber Rn. 211 ff.). Denn die Einführung dieser Vorschriften hat am Umfang der Prüfungspflichten im Grundbucheintragungsverfahren nichts geändert. Auch bei deren Berücksichtigung hat das GBA die beantragte Eintragung einer bestimmten Klausel als Inhalt eines Grundpfandrechts im Grundbuch nur zu versagen, wenn aus den vorgelegten Eintragungsunterlagen zur Überzeugung des Gerichts hervorgeht, das Grundbuch werde durch die Eintragung unrichtig (BayObLGZ 1979, 434, 438 f.).

IV. Vorliegend geht es um die Eintragung einer Grundschuld aufgrund einer Eintragungsbewilligung gem. § 19 GBO. Die Prüfung der Wirksamkeit der materiellrechtlichen Erklärungen erfolgt also nur nach Maßgabe des Legalitätsprinzips. Das GBA muß danach jedenfalls die ihm mit vorgelegten „Allgemeinen Darlehensbedingungen" daraufhin überprüfen, ob sie aus sich heraus ihre Unwirksamkeit erkennen lassen.

Da es sich dabei um AGB-Klauseln handelt, hat der Rechtspfleger zu Recht § 308 Nr. 6 BGB zur Prüfung herangezogen. Danach ist eine AGB-Klausel unwirksam, die vorsieht, daß eine Erklärung des Verwenders von besonderer Bedeutung dem anderen Vertragsteil als zugegangen gilt. Da die Darlehensbedingungen für die Grundschuld unzweifelhaft eine derartige Zugangsfiktion enthalten, ist allein zu entscheiden, ob es sich bei der betroffenen Erklärung um eine „Erklärung von besonderer Bedeutung" handelt. Diese Rechtsfrage konnte der Rechtspfleger ohne weitere Ermittlungen (zutreffend) bejahen. Er hat die genannte Klausel zu Recht beanstandet. Die Zwischenverfügung ist rechtmäßig ergangen.

VI. Der Rechtsschutz im Grundbuchverfahren

183. Rechtspflegererinnerung und Beschwerde

Wie vor. Welche Rechtsbehelfe hat die K-Bank gegen die Zwischenverfügung?

I. Gem. § 71 Abs. 1 GBO findet gegen Entscheidungen des GBA die Beschwerde statt. Entscheidungen in diesem Sinne sind alle Entschließungen, die in der Sache selbst ergehen, auf einen sachlichen Erfolg gerichtet, für die Außenwelt bestimmt und den Beteiligten bekannt gemacht worden sind (Nr. 94). Hierzu zählt auch die im vorliegenden Fall ergangene Zwischenverfügung (zur Anfechtbarkeit von Zwischenverfügungen Demharter § 71 Rn. 35). Allerdings ist die Zwischenverfügung wie alle erstinstanzlichen Entscheidungen in den Grundbuchsachen vom Rechtspfleger erlassen worden. Nach § 11 Abs. 1 RPflG ist gegen dessen Entscheidung das Rechtsmittel gegeben, daß nach den allgemeinen verfahrensrechtlichen Vorschriften zulässig ist. Gibt es danach kein Rechtsmittel, ist nach § 11 Abs. 2 S. 1 RPflG die sofortige Erinnerung gegeben.

Überhaupt nicht mit der Erinnerung anfechtbar sind gem. § 11 Abs. 3 S. 1 RPflG solche Verfügungen, die nach den Vorschriften der GBO wirksam geworden sind und nicht mehr geändert werden können. Diese Regelung will sicherstellen, daß die Aufhebung einer Grundbucheintragung, gegen die die Beschwerde nach § 71 Abs. 2 S. 1 GBO unzulässig ist, bei Entscheidung durch den Rechtspfleger auch nicht mit der Rechtspflegererinnerung erreicht werden kann. Sie dient damit der Herstellung des Gleichlaufs zwischen Beschwerde (§ 71 GBO) und Rechtspflegererinnerung.

Hier findet nach § 11 Abs. 1 RPflG die Beschwerde nach § 71 GBO gegen die Entscheidung des Rechtspflegers statt. § 71 Abs. 2 S. 1 GBO und § 11 Abs. 3 S. 1 RPflG greifen nicht ein. Die K-Bank kann also Beschwerde einlegen. Beschwerdegericht ist gem. § 72 GBO das LG, in dessen Bezirk das GBA seinen Sitz hat.

II. Die K-Bank müßte beschwerdebefugt sein. Die GBO enthält keine ausdrückliche Bestimmung über die Beschwerdeberechtigung; andererseits regelt sie als Spezialvorschrift das Beschwerdeverfahren abschließend. Infolgedessen ist § 20 FGG weder unmittelbar noch analog anwendbar. Nach den von der Rechtsprechung entwickelten Grundsätzen ist in Grundbuchsachen regelmäßig jeder beschwerdeberechtigt, dessen Rechtsstellung durch die Entscheidung des GBA beeinträchtigt ist, wenn die angefochtene Entscheidung in dem vom Beschwerdeführer behaupteten Sinne unrichtig ist. Statt der Beeinträchtigung eines subjektiven Rechts wie bei § 20 Abs. 1 FGG genügt also das Vorliegen eines rechtlich geschützten Interesses an der Beseitigung der betreffenden Entscheidung (s. BayObLGZ 1957, 102, 106; 1979, 81, 84; Demharter § 71 Rn. 57 ff.). Der scheinbare Gegensatz zu § 20 Abs. 1 FGG (s. Nr. 97) löst sich freilich auf, wenn man – richtigerweise (s. Kollhosser, Verfahrensbeteiligte, § 9 III 3 i, k, S. 337 ff.) – erkennt, daß „subjektive Rechte" i. S. d. § 20 Abs. 1 FGG auch nichts anderes als normativ (= rechtlich) in diesem Sinne geschützte Interessen sind. Doch ist die fG-Dogmatik hier wie auch anderswo noch entwicklungsbedürftig.

III. Für die K-Bank sind diese Voraussetzungen erfüllt, da sie gem. § 13 Abs. 1 S. 2 GBO antragsberechtigt ist und sich im Eintragungsverfahren bei Erlaß einer Zwischenverfügung die Beschwerdeberechtigung mit dem Antragsrecht deckt (BGH NJW-RR 1999, 2369, 2370; NJW 1998, 3347, 3348). Die K-Bank ist also beschwerdebefugt. Die Beschwerde ist zulässig.

IV. Für das Verfahren der Beschwerde und der weiteren Beschwerde gelten im übrigen die oben schon dargestellten Grundsätze (dazu Nrn. 102–104). An die Stelle der §§ 20 ff. FGG treten jedoch die inhaltsgleichen §§ 72 ff. GBO (Sonderregel nur § 76 Abs. 2 GBO).

184. Beschwerde gegen Zwischenverfügung; Mängel des Grundgeschäftes

Durch notariell beurkundeten Vertrag verkauft die „G-Grundstücksverwaltungs- und Bauträgergesell-

Die zulässige Beschwerde ist begründet, wenn das in der Zwischenverfügung bezeichnete Eintragungshindernis tatsächlich nicht bestand.

schaft" an A ein Grund-
stück, auf dem gem. bereits
übergebener und in Bezug
genommener privatschrift-
licher Baubeschreibung und
Bauzeichnung von der G
ein Haus errichtet wer-
den soll. In derselben notariellen Urkunde wird
zugleich die Auflassung
erklärt. Wenig später wird
von A beim GBA der An-
trag auf Eigentumsum-
schreibung gestellt. Der
Rechtspfleger nimmt die
Eintragung jedoch nicht
vor, sondern erläßt eine
Zwischenverfügung, in der
(unter Hinweis auf BGHZ
74, 346) darauf hingewiesen
wird, der Kaufvertrag sei
gem. § 313 BGB unwirk-
sam, weil die dort erwähnte
und vereinbarte Baube-
schreibung nicht mitbeur-
kundet worden sei. A legt
daraufhin Beschwerde ein.
Wie wird das LG entschei-
den?

I. Bei der Übereignung eines Grundstücks
greift grundbuchrechtlich § 20 GBO ein
(materielles Konsensprinzip; s. Nrn. 174,
14). Danach darf die Eintragung des neu-
en Eigentümers nur erfolgen, wenn die
materiell-rechtlich erforderliche Einigung
i. S. d. §§ 873 Abs. 1, 925 Abs. 1 BGB (=
Auflassung) in der Form des § 29 GBO
nachgewiesen ist (zum Umfang der Prüfungspflicht des GBA s. Nr. 182). Ob
daneben zusätzlich noch eine Eintragungsbewilligung nach § 19 GBO (formelles Konsensprinzip; s. Nr. 180) erforderlich ist, ist umstritten, wird heute
aber weitgehend bejaht (Meikel/Lichten-
berger § 20 Rn. 4; Demharter § 20 Rn. 2
m. w. N.). Große Bedeutung kommt diesem Streit nicht zu. Denn regelmäßig wird
sich im Wege der Auslegung (§§ 133, 157
BGB) ergeben, daß die sachlich-rechtliche
Einigung auch die verfahrensrechtliche
Eintragungsbewilligung (§ 19 GBO) enthält.

Auch im vorliegenden Fall kann die Auflassung dahin verstanden werden, daß sie
die Eintragungsbewilligung der G mit
enthält. Da sie notariell beurkundet ist,
genügt sie auch den Anforderungen des
§ 29 GBO. (Beachte: Die Beurkundung
der Auflassung ist nur für den verfahrensrechtlichen Nachweis gegenüber dem
GBA gem. § 20 i. V. m. § 29 GBO notwendig. Ein Verstoß gegen dieses Formerfordernis hat nicht etwa die materiell-
rechtliche Unwirksamkeit der Auflassung
zur Folge. Materiell-rechtlich bestimmt
sich die Form der Auflassung allein nach
§ 925 Abs. 1 BGB, wonach **mündliche**
Erklärung vor dem Notar ausreicht;
BGHZ 22, 312, 314 ff.)

II. In die Prüfung des § 20 GBO hat das GBA auch die Frage der Wirksamkeit des zugleich mit der Auflassung (gem. § 313 S. 1 BGB) beurkundeten Kaufvertrages mit einbezogen. Dabei hat es jedoch verkannt, daß die Wirksamkeit des Grundgeschäfts grundsätzlich keine Voraussetzung der Eintragung ist. Das GBA hat bei Eintragung einer Eigentumsübertragung an einem Grundstück die Wirksamkeit der dinglichen Einigung (Auflassung) unabhängig vom Verpflichtungsgeschäft zu prüfen, denn der Eigentumserwerb ist nach dem der Regelung des BGB zugrundeliegenden Trennungs- und Abstraktionsprinzip von dem schuldrechtlichen Grundgeschäft getrennt und daher nicht von der Gültigkeit oder Unwirksamkeit des Verpflichtungsgeschäfts abhängig (s. Nr. 14). Das gilt auch dann, wenn Auflassung und Grundgeschäft in einer Urkunde zusammengefaßt sind.

Etwas anderes ergibt sich nur, wenn das GBA aufgrund der ihm vorliegenden Urkunden oder anderer ihm bekannter Umstände zu der sicheren Überzeugung gelangt, daß der Nichtigkeitsgrund des Grundgeschäfts auch das Erfüllungsgeschäft ergreift (wie etwa bei § 138 Abs. 2 BGB; OLG Frankfurt NJW 1981, 876, 877; zum Umfang des materiellen Prüfungsrechts s. Nr. 182).

III. Die hier vom Rechtspfleger beanstandeten Formmängel des Grundstückskaufvertrages greifen auf die zugleich mitbeurkundete Auflassung nicht durch (s. BGHZ 74, 346), so daß der beantragten Eintragung ein Hindernis nicht entgegensteht. Damit ist die Entscheidung des GBA unrichtig. Dementsprechend wird das LG der Beschwerde stattgeben und die Zwischenverfügung aufheben sowie zugleich das GBA anweisen, bei der Entscheidung über den Eintragungsantrag von seinen bisherigen Bedenken Abstand zu nehmen. Eine Entscheidung unmittelbar über den Eintragungsantrag kann das LG nicht treffen, weil nicht dieser, sondern nur die Zwischenverfügung Gegenstand der Beschwerde ist.

185. Rechtsschutz bei fehlerhaften Eintragungen

Wie Nr. 181, aber mit folgenden Abwandlungen: E hatte mit der G-Bank die Bestellung der Grundschuld zur Sicherung eines Darlehens vereinbart. Die Darlehenssumme sollte vereinbarungsgemäß erst nach Eintragung der Grundschuld in das Grundbuch ausgezahlt werden. Noch bevor E die erforderliche Eintragungsbewilligung erteilt hat, verstirbt er. Erbe S möchte das zugesagte Darlehen gern für sich in Anspruch nehmen und will daher die Eintragung möglichst rasch erreichen. Er bewilligt formgerecht die Eintragung und beantragt sodann beim GBA unter Vorlage des privatschriftlichen Testamentes seines Vaters E die umgehende Eintragung der Grundschuld zugunsten der

I. Als zulässiges Rechtsmittel kommt hier die Beschwerde (§ 71 GBO) in Betracht.
II. Fraglich erscheint die **Statthaftigkeit** der Beschwerde.
1. Dem Wortlaut nach steht § 71 Abs. 2 S. 1 GBO entgegen. Danach ist die Beschwerde gegen eine Eintragung unzulässig. Das ist für sich selbstverständlich. Denn Beschwerden sind nur gegen Entscheidungen statthaft (s. Nr. 94). Die Eintragung ist aber keine Entscheidung, sondern nur der tatsächliche Vollzug einer solchen (nämlich der Eintragungsverfügung; s. entspr. Nr. 143). § 71 Abs. 2 S. 1 GBO meint aber etwas anderes. Im Grundbuchverfahren muß die Eintragungsverfügung als innerdienstlicher Vorgang (Brehm Rn. 480 f., 792 f.) von der Eintragung als Vollzugshandlung unterschieden werden. Letztere verleiht der Eintragungsverfügung Außenwirkung und läßt sie von einem innerdienstlichen Vorgang zu einer Entscheidung i. S. d. Beschwerderechts werden (s. zu den Parallelen beim Erbschein Nr. 143). § 71 Abs. 2 S. 1 GBO bestimmt also in Wahrheit, daß

G-Bank, die auch erfolgt. Nachdem die Darlehensvaluta an S ausgezahlt worden ist, erfährt dieser von dem Hausarzt H und der Pflegerin P, daß E bei Bestellung der Grundschuld schon infolge Krankheit geschäftsunfähig gewesen sei. S überlegt, ob das nicht eine günstige Gelegenheit ist, sein Grundbuch von der Eintragung der Grundschuld für G zu befreien, damit er an der Rangstelle andere Gläubiger absichern kann. Deshalb wendet er sich an das GBA und beantragt die Löschung der Grundschuld im Wege der Grundbuchberichtigung (§ 22 GBO), hilfsweise regt er die Eintragung eines Amtswiderspruchs (§ 53 GBO) an. Das GBA weist seinen Antrag durch den Rechtspfleger zurück und kommt auch der Anregung nicht nach. S ist verärgert und fragt einen befreundeten pensionierten Rechtspfleger, welche Rechtsmittel ihm gegen die Eintragung der Grundschuld zustehen. Was wird der Rechtspfleger antworten?

die Beschwerde gegen eine durch Eintragung bereits vollzogene Eintragungsverfügung unzulässig ist. Der (verkürzte) Sprachgebrauch des Gesetzes hat sich so allgemein eingebürgert, daß er im folgenden übernommen wird.

2. Die Geltung des § 71 Abs. 2 S. 1 GBO ist jedoch entgegen seinem Wortlaut einzuschränken (teleologische Reduktion). Er setzt den Normalfall einer Eintragung voraus, an die sich die Möglichkeit des Gutglaubensschutzes gem. §§ 892 f. BGB knüpft. Er will verhindern, daß dem Gutglaubensschutz für ein Rechtsgeschäft mit einem im Grundbuch als berechtigt Eingetragenen dadurch nachträglich die Grundlage entzogen wird, daß die Eintragung auf Beschwerde hin rückwirkend gelöscht wird. Diese Deutung des § 71 Abs. 2 S. 1 GBO wird durch § 71 Abs. 2 S. 2, 2. Fall GBO mit § 53 GBO bestätigt. Danach kann nämlich mit der Beschwerde sehr wohl die Löschung einer Eintragung begehrt werden, wenn sie inhaltlich unzulässig ist. Dahinter steht der Gedanke, daß die inhaltliche Unzulässigkeit für jedermann erkennbar ist, so daß auf sie kein Gutglaubensschutz gem. §§ 892 f. BGB gestützt werden kann. Dieser Gedanke ist verallgemeinerungsfähig und führt ebenfalls zur teleologischen Reduktion des § 71 Abs. 2 S. 1 GBO (verbunden mit einer analogen Anwendung des § 71 Abs. 2 S. 2, 2. Fall GBO): Gegen Eintragungen, an die sich kein Gutglaubensschutz knüpfen kann, ist die Beschwerde mit dem Ziel der Löschung zulässig.

Gem. § 71 Abs. 1 GBO (oder analog § 71 Abs. 2 S. 2, 2. Fall GBO) sind demnach unbeschränkt mit der Beschwerde an

fechtbar insbesondere folgende vom öffentlichen Glauben nicht umfaßte Eintragungen: Widersprüche, auch solche gem. §§ 18 Abs. 2, 53 Abs. 1 GBO, grundsätzlich auch Vormerkungen, auch solche gem. § 18 Abs. 2 GBO, des weiteren Verfügungsbeschränkungen wie z. B. ein Verfügungsverbot (§§ 136 BGB, 938, 941 ZPO, 21 Abs. 2 Nr. 2, 1. Fall InsO) oder ein Testamentsvollstreckervermerk (§ 52 GBO), die Unterwerfungsklausel gem. § 800 ZPO, Rechte, die nicht übertragbar sind, sowie schließlich tatsächliche Angaben im Bestandsverzeichnis.

3. Die vorliegende Eintragung einer Grundschuld bietet indessen die Möglichkeit gutgläubigen Erwerbs gem. § 892 Abs. 1 S. 1 BGB. Daher greift § 71 Abs. 2 S. 1 GBO nach Wortlaut, Sinn und Zweck mit der Folge ein, daß eine unbeschränkte Beschwerde des S unzulässig ist.

III. Bei Eingreifen des § 71 Abs. 2 S. 1 GBO verbleibt jedoch noch die Möglichkeit, im Wege der **eingeschränkten Beschwerde** nach § 71 Abs. 2 S. 2, 1. Fall GBO die Eintragung eines Widerspruchs nach § 53 GBO zu verlangen. Einer nach § 71 Abs. 2 S. 1 GBO unzulässigen Beschwerde kann ein solches Verlangen regelmäßig im Wege der Auslegung als „Minus" entnommen werden.

IV. Beschwerdeberechtigt nach § 71 Abs. 2 S. 2 GBO ist derjenige, dem im Fall der Unrichtigkeit des Grundbuchs der Berichtigungsanspruch nach § 894 BGB zusteht (Demharter § 71 Rn. 69). Das trifft auf S als Erben des E zu.

V. S steht also vorliegend das Beschwerdeverfahren nach § 71 Abs. 2 S. 2 GBO offen.

186. Beschwerde nach § 71 Abs. 2 S. 2 GBO;
Amtswiderspruch nach § 53 GBO

Wie Nr. 185. Nunmehr legt S gegen die Eintragung der Grundschuld Beschwerde ein. Wie wird das LG entscheiden?

I. Die Beschwerde gegen die Entscheidung des Rechtspflegers ist als eingeschränkte Beschwerde (§ 71 Abs. 2 S. 2 GBO) mit dem Ziel zulässig, nach § 53 GBO die Eintragung eines Widerspruchs herbeizuführen (s. Nr. 185).

II. § 71 Abs. 2 S. 2 GBO enthält eine Tatbestandsverweisung auf § 53 GBO. Die Beschwerde ist daher nur begründet, wenn das GBA im Eintragungsverfahren gesetzliche Vorschriften verletzt hat und die Eintragung zur Unrichtigkeit des Grundbuchs geführt hat. Abweichend vom Beibringungsgrundsatz des Grundbuchverfahrens (s. oben Nr. 177) ist das von Amts wegen (§ 12 FGG) zu prüfen, dabei sind – abweichend von § 29 GBO – alle Beweismittel zulässig.

1. Verletzte gesetzliche Vorschriften i.S.d. § 53 GBO können materielle oder formelle, geschriebene oder ungeschriebene sein. Entscheidend ist nur, daß sie vom GBA beachtet werden müssen (Demharter § 53 Rn. 20ff.).

a) Unbeachtlich ist daher, daß das GBA vorliegend die Nichtigkeit der Einigung (§§ 873, 104 Abs. 1 Nr. 2, 105 BGB) nicht gesehen hat. Denn im Anwendungsbereich des § 19 GBO muß es die materielle Rechtslage grundsätzlich nicht prüfen; zu den Prüfungspflichten s. Nr. 182).

b) Das GBA könnte aber Vorschriften des Grundbuchverfahrensrechts verletzt haben.

aa) Einmal ist hier, bevor die G-Bank als Grundschuldgläubigerin eingetragen wur-

de, die gem. § 39 Abs. 1 GBO erforderliche **Voreintragung** des S als Eigentümer
des belasteten Grundstückes nicht erfolgt.
Einer der Fälle, in denen § 40 GBO für
Erben des eingetragenen Berechtigten
eine Ausnahme von der Voreintragung
gestattet (dazu Nr. 176), liegt nicht vor.
Insbesondere ist die Eintragungsbewilligung nicht vom Erblasser E, sondern von
S erteilt worden (s. § 40 Abs. 1 GBO).
[Für diese Voreintragung lag übrigens der
erforderliche Antrag des S, wenn auch
nicht ausdrücklich, so doch konkludent
vor, was für § 13 GBO ausgereicht hätte
(s. Nr. 172). Denn sein Antrag auf Eintragung der Grundschuld war dahin auszulegen (§§ 133, 157 BGB), daß er damit
zugleich die erforderliche Voreintragung
begehrte, s. auch BayObLG DNotZ 1979,
428, 429.]
bb) Das GBA durfte sich ferner zum
Nachweis der **Erbfolge** nicht mit der bloßen Vorlage des privatschriftlichen Testamentes durch den Erben S begnügen.
Wenn die Erbfolge beim GBA nicht offenkundig ist (§ 29 Abs. 1 S. 2 GBO),
kann sie nämlich nach § 35 Abs. 1 GBO
grundsätzlich nur durch einen Erbschein
nachgewiesen werden. Anhaltspunkte dafür, daß hier die Erbfolge beim GBA
bereits offenkundig und damit der formgerechte Nachweis der Erbfolge entbehrlich war, sind nicht ersichtlich. Ebenso
wenig greifen die Ausnahmeregelungen
des § 35 Abs. 1 S. 2 und Abs. 3 GBO ein.
Damit liegen zwei Verstöße gegen die
Vorschriften der GBO vor.
2. Schließlich ist das **Grundbuch** auch
unrichtig, weil die eingetragene Grundschuld mangels wirksamer Einigung

(§§ 873, 104 Abs. 1 Nr. 2, 105 BGB) nicht entstanden ist (s. Nr. 181). Zur Prüfung dieser Tatsache wird das LG die P als Zeugin und den H als sachverständigen Zeugen vernehmen, ggf. auch noch ein ergänzendes Sachverständigengutachten einholen (s. auch oben Nr. 181). III. Da die Voraussetzungen der §§ 71 Abs. 2 S. 2, 53 GBO vorliegen, wird das LG der Beschwerde stattgeben und das GBA anweisen, einen Widerspruch einzutragen.

VII. Die Grundbucheinsicht

187. Berechtigtes Interesse an der Einsichtnahme

J ist als Journalist bei einem bekannten Nachrichtenmagazin tätig. Auf der Suche nach einer neuen, skandalträchtigen Titelstory erfährt er, daß in den Jahren 1985–1989 mehrere Wohnungen des dem WoBindG unterliegenden Wohnhauses Goethestr. 20 in M-Stadt zweckwidrig an Personen (Angestellte im öffentlichen Dienst) vermietet worden sind, die keinen Wohnberechtigungsschein besaßen (§§ 4 Abs. 2, 5 WoBindG). Eigentümer des Grundstücks ist heute das bekannte, gemeinnützige Wohnungsbauunternehmen „Trautes Heim GmbH" (T), an dem mehrheitlich

Ja.
I. Anders als beim Handelsregister (§ 9 HGB) ist die Einsichtnahme in das Grundbuch nicht jedermann gestattet, sondern nur demjenigen, der ein berechtigtes Interesse darlegt, § 12 Abs. 1 S. 1 GBO. Das Einsichtsrecht ist als „formelles Publizitätsprinzip" die notwendige Voraussetzung für den öffentlichen Glauben des Grundbuchs („materielles Publizitätsprinzip").
Ein berechtigtes Interesse i. S. v. § 12 GBO liegt vor, wenn der Antragsteller ein verständiges, durch die Sachlage gerechtfertigtes Interesse verfolgt. Ob das der Fall ist, richtet sich nach dem Einzelfall; es ist abzuwägen zwischen dem Informationsinteresse des Antragstellers und dem Interesse des Betroffenen an der Geheimhaltung seiner Angelegenheiten (BVerfG NJW 2001, 503, 506; OLG Hamm NJW 1988, 2482).

die öffentliche Hand beteiligt ist.

J möchte klären, ob der T die Verstöße gegen das WoBindG zur Last gelegt werden können. Um festzustellen, ob das Unternehmen im fraglichen Zeitraum bereits Eigentümer des Grundstücks war, beantragt J beim GBA, ihm Einsicht in das Grundbuch für die Liegenschaft Goethestr. 20 zu gewähren. Gegenüber dem GBA beruft er sich dabei auf die demokratische Kontrollfunktion der Presse, deren verfassungsmäßiges Recht es sei, über solche Vorgänge zu berichten und hierfür entsprechende Recherchen anzustellen. Wird der UdG (§ 12c Abs. 1 Nr. 1 GBO) dem J die Einsicht gewähren?

1. Ein berechtigtes Interesse in diesem Sinne hat zum einen jeder, dem ein **Recht** an einem Grundstück oder Grundstücksrecht zusteht, auch wenn er nicht eingetragen ist (Beispiel: Inhaber einer Briefhypothek). Ebenso ist demjenigen, dem ein Anspruch auf Einräumung oder Übertragung eines solchen Rechtes zusteht, unabhängig von einer Sicherung durch eine Vormerkung ein berechtigtes Interesse an der Einsichtnahme zuzubilligen. Nicht anders ist das Interesse desjenigen zu beurteilen, demgegenüber der Eigentümer sich verpflichtet hat, bestimmte Verfügungen zu unterlassen und keine auf Vornahme solcher Verfügungen gerichtete Verbindlichkeiten einzugehen (KG WM 1981, 1289, 1290).

2. Aber auch ein **wirtschaftliches** Interesse am Grundstück kann genügen. Da das Grundeigentum einer der wichtigsten Umstände für die Beurteilung von Kreditwürdigkeit ist, kann derjenige i. d. R. Einsicht nehmen, der dem Grundstückseigentümer einen Kredit einräumen will oder bereits eingeräumt hat (BayObLG RPfleger 1975, 361). Desgleichen steht auch dem Gläubiger, der die Zwangsvollstreckung in das Grundeigentum seines Schuldners beabsichtigt, ein Einsichtsrecht zu.

3. J kann im vorliegenden Fall kein solches Interesse darlegen. Vielmehr kommt hier allein ein **öffentliches** Interesse an der Einsichtnahme in das Grundbuch in Betracht, da die Frage, ob die Verdachtsmomente gegen T begründet sind, die Allgemeinheit berührt. Es ist mittlerweile anerkannt, daß auch ein öffentliches Interesse ein berechtigtes Interesse i. S. v.

§ 12 Abs. 1 S. 1 GBO sein kann (BVerfG
NJW 2001, 503, 505; OLG Hamm NJW
1988, 2482; LG Frankfurt RPfleger 1978,
316).
II. Allerdings kann nicht jedermann sich
auf ein öffentliches Interesse an Grundbucheinsicht berufen. Der Antragsteller
muß vielmehr darlegen, daß er befugt
ist, das öffentliche Interesse wahrzunehmen. Denn dem einzelnen Bürger steht es
grundsätzlich nicht zu, die Interessen der
Allgemeinheit zu vertreten; insbesondere
kann ihm eine persönliche Kontrollfunktion nicht generell zuerkannt werden
(OLG Hamm NJW 1971, 899 f.).
J hat im vorliegenden Fall diesem Erfordernis genügt, indem er sich auf seine
Eigenschaft als Angehöriger der Presse
berufen hat. Es ist das verfassungsmäßige
Recht der Presse (Art. 5 Abs. 1 S. 2 GG),
in Wahrnehmung öffentlicher Interessen
hinsichtlich des Vorwurfs der Rechtsverletzung gegen ein im wesentlichen von
der öffentlichen Hand beherrschtes Unternehmen Recherchen anzustellen, insbesondere zu überprüfen, ob der Vorwurf
rechtswidrigen Handelns gerechtfertigt ist,
und hierüber zu berichten. J kann sich nur
durch Einsicht in das Grundbuch Klarheit
darüber verschaffen, ob die Vorwürfe
gegen T berechtigt sind oder nicht (s.
BVerfG NJW 2001, 503, 505 f.; LG
Frankfurt RPfleger 1978, 316 f.).
III. Dem Interesse an Grundbucheinsicht
steht das Interesse des Eingetragenen gegenüber, seine Angelegenheiten, insbesondere seine Vermögensverhältnisse, ge-
heimzuhalten. Dieses Interesse ist durch
Art. 1 Abs. 1, 2 Abs. 1 GG rechtlich geschützt. Das allgemeine Persönlichkeits-

recht umfaßt den Schutz des Einzelnen
gegen unbegrenzte Weitergabe seiner Daten (informationelles Selbstbestimmungsrecht, s. BVerfG NJW 2001, 503, 505;
1984, 419, 421 f.; zur Bedeutung der da-
tenschutzrechtlichen Bestimmungen für
das Grundbucheinsichtsrecht s. Böhringer
RPfleger 1987, 181, 182).

Dem Eingetragenen steht aber regelmäßig
kein Anhörungsrecht zu. Ein solches kann
nicht schon damit begründet werden, daß
das GBA das berechtigte Einsichtsinteres-
se und die Verhältnismäßigkeit prüfen
muß. Diese prüft es in eigener Verantwortung auf Grund der Darlegungen
des Einsichtsbegehrenden (BVerfG NJW
2001, 503, 506; BGH NJW 1981, 1563,
1564).

Auch die „Trautes Heim GmbH" als juristische Person genießt hinsichtlich einer
Eintragung im Grundbuch grundrechtli-
chen Schutz, ohne daß es darauf an-
kommt, ob das allgemeine Persönlichkeitsrecht bzw. das Recht auf informatio-
nelle Selbstbestimmung seinem Wesen
nach (Art. 19 Abs. 3 GG) auf juristische
Personen anwendbar ist. Angesprochen
ist nämlich bei einer gewährten Grundbucheinsicht betreffend juristische Personen die in Art. 2 Abs. 1 GG als Bestandteil der allgemeinen Handlungsfreiheit
geschützte Freiheit im wirtschaftlichen
Verkehr. Auch juristische Personen können insoweit eine Verletzung des Art. 2
Abs. 1 GG geltend machen, als ihr Recht
auf freie Entfaltung im Sinne der wirtschaftlichen Betätigung betroffen ist.
Auch im Übrigen ist ein das öffentliche
Informationsinteresse überwiegendes Geheimhaltungsinteresse des Unternehmens

nicht ersichtlich. J hat daher i.S.v. § 12
Abs. 1 S. 1 GBO ein berechtigtes Interesse an der Grundbucheinsicht.

IV. Die Einsicht des Grundbuchs kann
sich gem. § 12 Abs. 1 S. 2 GBO auch auf
die zur Ergänzung einer Eintragung in
Bezug genommenen Urkunden, die noch
nicht erledigten Eintragungsanträge sowie
gem. § 46 GBV i.V.m. § 142 GBO auch
auf den übrigen Inhalt der Grundakten
erstrecken. Das Recht auf Einsicht reicht
dabei im Einzelfall so weit, wie ein berechtigtes Interesse dargetan ist. Der UdG
wird dem J die Einsicht nur in das
Grundbuch selbst gewähren, da dies
zur Erlangung der begehrten Information
ausreicht (zur Frage, ob die Einsicht auf
bestimmte Abteilungen des Grundbuchs
beschränkt werden kann, s. Meikel/Bött-
cher § 12 Rn. 66).

D. Registersachen

I. Grundlagen

188. Begriff der Registersachen

Wie wird der Begriff der „Registersachen der fG" definiert?

„Registersachen der fG" sind alle diejenigen Angelegenheiten, die sich aus der Führung öffentlicher Register durch die (Amts-)Gerichte ergeben, mit Ausnahme der Grundbuchsachen, für die die GBO eine eigene abschließende Regelung enthält. Erfaßt werden die

– Handelsregister: §§ 125 ff. FGG;
– Genossenschaftsregister: §§ 147 ff. FGG;
– Vereinsregister: §§ 159 ff. FGG;
– Güterrechtsregister: §§ 161 f. FGG;
– Musterregister: §§ 7 ff. GeschmMG (allerdings wird dieses Register vom Deutschen Patentamt geführt);
– Register über Pfandrechte an Luftfahrzeugen: §§ 78 ff. LuftRG;
– Schiffs- und Schiffsbauregister: SchRegO.

Da für das Schiffsregister eine der GBO angenäherte abschließende gesetzliche Regelung getroffen wurde, die kraft Verweisung auch für das Register über Pfandrechte an Luftfahrzeugen (§ 86 LuftRG) und das Schiffsbauregister (§§ 65 ff. SchRegO) gilt, sollte man allerdings die Führung dieser Register – ebenso wie die Führung der Grundbücher – nicht zu den Registersachen der fG zählen. Eine Zuordnung zu den Grundbuchsachen ist sachdienlicher und ohne

prinzipielle Aufgabe der o. g. Definition
des Begriffs der „Registersachen der fG"
möglich.

189. Zweck der Register

Welcher Zweck wird mit
der Führung der Register
verfolgt?

Es sollen für den Rechtsverkehr besonders bedeutsame Tatsachen und Rechtsverhältnisse zuverlässig und vollständig
offengelegt werden.

190. Grundprinzipien des Registerrecht

Durch welche grundsätzli-
chen Regelungen hat der
Gesetzgeber erreicht, daß
die Register ihren Zweck
erreichen können?

I. Durch mittelbaren oder unmittelbaren
Eintragungszwang.
1. Als wirkungsvollste und zugleich radi-
kalste Lösung hat der Gesetzgeber der
Eintragung ins Register **konstitutive Wirkung** beigemessen, d. h. einem Rechtsverhältnis erst dann die rechtliche Wirksamkeit zugestanden, wenn es eingetragen
ist. So erlangen z. B. AG, KGaA, GmbH,
Genossenschaft und Verein die Rechtsfähigkeit erst mit der Eintragung ins Han-
dels-, Genossenschafts- oder Vereinsregister (§§ 41 Abs. 1 S. 1, 278 AktG; 11
Abs. 1 GmbHG, 13 GenG und 21 BGB;
weiter etwa in §§ 71 BGB, 2, 3 Abs. 2, 5,
25 Abs. 2; 28 Abs. 2; 123 Abs. 1, 172
Abs. 1, 176 Abs. 1 HGB; 54 Abs. 3
GmbHG; 181 Abs. 3, 278 Abs. 3 AktG;
16 Abs. 6 GenG).
2. Die Eintragung bestimmter Tatsachen
hat der Gesetzgeber ferner durch die Einführung des **Registerzwangsverfahrens**
zu erreichen gesucht. In den in §§ 132
Abs. 1, 140, 159 FGG; 78 BGB; 160
Abs. 1 GenG; 19 Abs. 1 SchRegO ab-

schließend aufgezählten Fällen kann das RegG durch Festsetzung eines Zwangsgeldes die Eintragung erzwingen (schwächere Lösung, weil es die Kenntnis des Gerichts von der Unterlassung der Eintragung voraussetzt).

3. Die dritte und zugleich schwächste Lösung, nämlich die Eintragung nur der **Initiative der Beteiligten** zu überlassen, hat der Gesetzgeber vor allem beim Güterrechts- und Musterregister gewählt. Das Unterbleiben der Eintragung hat – siehe z.B. §§ 1412 Abs. 1 BGB, 7 Abs. 1 GeschmMG – so schwerwiegende Nachteile für die Betroffenen, daß wegen dieses mittelbaren Zwangs auf Registerzwangsverfahren und konstitutive Eintragungswirkung verzichtet werden konnte.

II. Durch **allgemeine Zugänglichkeit der Register**. Die Einsichtnahme in die Register bzw. in die im Registereintrag in Bezug genommenen Schriftstücke steht jedermann während der Dienststunden frei (vgl. §§ 9 HGB, 156 GenG, 79, 1563 BGB; 11 GeschmMG; 85 LuftRG; 8 SchRegO). Teilweise muß ein berechtigtes Interesse glaubhaft gemacht werden (§§ 34 FGG; 85 Abs. 3 LuftRG; 8 Abs. 2, 65 Abs. 2 SchRegO; zum Verhältnis der registerrechtlichen Einsichtsrechte zum Datenschutzrecht s. OLG Köln WM 1991, 1613; Lüke NJW 1983, 1407).

III. Durch **Richtigkeitsvermutung** und **Publizitätsfunktion**.

1. Im Gegensatz zum Grundbuch (§ 891 BGB), zum Schiffsregister (§ 15 SchiffsG) und zum Register über Pfandrechte an Luftfahrzeugen (§ 15 LuftRG) gibt es für die übrigen Register keine Norm, aufgrund derer die Richtigkeit der rein tat-

sächlichen Eintragungen vermutet würde. Ob aufgrund einer Analogie zu §§ 891 BGB, 15 SchiffsG, 15 LuftRG auch für die übrigen Register eine Richtigkeitsvermutung gilt in dem Sinne, daß derjenige, der sich auf die Unrichtigkeit beruft, diese auch beweisen muß, ist umstritten (dafür u.a. BayObLGZ 1981, 270, 277; Bärmann § 48 II; Brox Handelsrecht Rn. 103; Heymann/Sonnenschein/Weitermeyer § 8 Rz. 31; Sauter/Schweyer Rz. 391; dagegen u.a. Baumbach/Hopt § 9 Rn. 4; Staub/Hüffer § 8 Rn. 83).

2. Daneben gibt es aber – bei den einzelnen Registern unterschiedlich ausgestaltete – Publizitätswirkungen, d.h. das Vertrauen auf den Registerinhalt wird in bestimmten Fällen geschützt (zu den Einzelheiten später).

II. Registerzwangsverfahren

191. Verfahrensvoraussetzungen

Jurastudent R, 17. Semester, stellt fest, daß Rechtsanwalt M, mit dem R vor über acht Jahren sein Studium begonnen hatte, zusammen mit seiner Ehefrau F die „M und F Gesellschaft bürgerlichen Rechts" betreibt. Diese Gesellschaft ist – wie R aus Zeitungsanzeigen erfährt – im Immobiliengeschäft tätig. R kann mit einer notariell beglaubigten Kopie eines Einkommens-

I. Denkbar ist ein **Registerzwangsverfahren** (§ 132 Abs. 1 FGG), für das der Rechtspfleger zuständig ist (§§ 3 Nr. 2d, 17 RPflG). Dann müßte das Gericht von einem sein Einschreiten (§ 14 HGB) rechtfertigenden Sachverhalt glaubhafte Kenntnis erhalten haben.

1. Als **Sachverhalt, der ein Einschreiten** nach § 14 HGB **rechtfertigen könnte,** kommt hier das Unterbleiben der Anmeldung der „M und F Gesellschaft bürgerlichen Rechts" zur Eintragung in das Handelsregister in Betracht. Unterstellt man das Ergebnis der Nachforschungen als

teuerbescheids des Finanzamtes belegen, daß M aus diesem Unternehmen Einnahmen in Höhe von 210 000,– € erzielt hat. Daraus schließt R, daß die „M und F Gesellschaft bürgerlichen Rechts" ins Handelsregister eingetragen werden müsse. Seine Nachforschungen und Überlegungen teilt R mit den Belegen versehen dem örtlich zuständigen Handelsregistergericht mit. Was wird das Gericht unternehmen?

richtig, so betreiben M und F ein Handelsgewerbe, da ihr Unternehmen mit Jahreseinnahmen in Höhe von 210 000,– € nach Art und Umfang einen in kaufmännischer Weise eingerichteten Geschäftsbetrieb erfordert. Sie sind damit Kaufleute i. S. d. § 1 HGB. Gem. §§ 106, 108 HGB waren somit sowohl M als auch F verpflichtet, die Gesellschaft zur Eintragung anzumelden. Da sie dieser Pflicht nicht nachgekommen sind, ist ein Eingreifen gem. § 14 HGB gerechtfertigt.

2. Das Gericht muß – gleichgültig, woher – **glaubhafte Kenntnis** von den Tatsachen erlangt haben. Glaubhafte Kenntnis bedeutet zunächst, daß eine volle Gewißheit nicht erforderlich ist; der volle Nachweis des jeweiligen Sachverhalts ist dem Einspruchsverfahren vorbehalten (BayObLGZ 1978, 319, 322; BayObLG DB 1978, 1832; Bassenge/Herbst § 132 Rn. 3; Bumiller/Winkler § 132 Anm. 4 a; KKW § 132 Rz. 13). Vielmehr genügt, daß für die Richtigkeit der Tatsachen Beweisanzeichen – auch Indizien – mit erheblichem Gewicht sprechen (Bassenge RPfleger 1974, 173, 174). Bei bloßen Anhaltspunkten müssen nach § 12 FGG weitere Ermittlungen angestellt werden, die aber nicht mehr als glaubhafte Kenntnis zu erbringen brauchen (BayObLGZ 1978, 319, 322; Bassenge RPfleger 1974, 173, 174). Im vorliegenden Fall reichen die von R beigebrachten Belege aus, um von einer glaubhaften Kenntnis des Gerichts auszugehen. Der Rechtspfleger **muß** deshalb tätig werden; ein Einschreitungsermessen steht ihm nicht zu (Bassenge RPfleger 1974, 173, 174 m. w. N.). Er wird, da sowohl M als auch F anmeldepflichtig

sind (§ 108 Abs. 1 HGB), an M und F eine Verfügung nach § 132 Abs. 1 FGG erlassen.

II. Es könnte ferner die Einleitung eines registerrechtlichen **Firmenmißbrauchs-verfahrens** nach §§ 140 FGG, 37 HGB geboten sein, das neben dem Verfahren nach § 132 FGG möglich ist (Bassenge/Herbst § 140 Rn. 1; Bumiller/Winkler § 140 Anm. 2 b). Nach § 37 Abs. 1 HGB wird derjenige, der eine ihm nicht zustehende Firma gebraucht, vom Registergericht zur Unterlassung durch Festsetzung von Ordnungsgeld angehalten.

Ein Verstoß gegen das Firmenrecht kann darin liegen, daß M und F unter der Bezeichnung „M und F Gesellschaft bürgerlichen Rechts" aufgetreten sind. Mit dieser Bezeichnung haben sie verdeutlicht, daß sie nicht eine Firma, d. h. den Namen eines Kaufmanns im Rechtsverkehr (§ 17 Abs. 1 HGB), sondern einen Namen für eine nicht kaufmännische Gesellschaft bürgerlichen Rechts wählen wollten. Die Gesellschaft der M und F ist jedoch nach §§ 1, 105 HGB eine OHG. Gem. § 19 Abs. 1 Nr. 2 HGB muß die Firma einer OHG die Bezeichnung „offene Handelsgesellschaft" oder eine entsprechende Abkürzung enthalten. M und F haben daher gegen das Firmenrecht verstoßen. Ein Einschreiten gem. § 140 FGG ist also geboten. Nach § 140 Abs. 1 FGG gelten im Firmenmißbrauchsverfahrens nach § 37 HGB die Vorschriften des o. g. Registerzwangsverfahrens (§§ 132 bis 139 FGG; Einzelheiten siehe dort). M und F wird daher unter Androhung eines Ordnungsgeldes aufgegeben, sich des Gebrauchs der Firma zu enthalten.

192. Rechtsbehelfe

Im vorigen Fall werden M und F die Registerzwangs-verfügungen nach § 132 FGG und – nach fruchtlosem Ablauf der darin gesetzten Fristen – Zwangsgeldfestsetzungen nach § 133 FGG zugestellt.

I. M und F erheben Beschwerde gegen den Zwangsgeldfestsetzungs-beschluß mit der Begründung, daß sie nicht anmeldepflichtig seien, unternehmen aber weiter nichts. Ist die Beschwerde begründet?

II. M und F melden, nachdem sie Rechtsrat eingeholt haben, ihre Gesellschaft als „M und F Immobilien OHG" zur Eintragung an und teilen dies dem Beschwerdegericht mit. Hebt das Beschwerdegericht den Zwangsgeldfestsetzungsbeschluß jetzt auf?

I. Nein, da § 139 Abs. 2 FGG ausschließt, daß die Beschwerde gegen die Festsetzungsverfügung darauf gestützt wird, daß die Androhungsverfügung **nicht gerechtfertigt** gewesen ist. Diese materielle Prüfung soll im Einspruchsverfahren gem. § 134 FGG geklärt werden und kann im Verfahren über die Festsetzung nicht mehr nachgeholt werden.

II. Ja, das Beschwerdegericht hat die **Erfüllung** der zwangsgeldbewehrten Verpflichtung bis zum Zeitpunkt der Entscheidung zu berücksichtigen (BayObLG Rpfleger 1979, 215; Bassenge/Herbst § 139 Rn. 4; Keidel/Schmatz/Stöber Rn. 1333). Zu begründen ist dies damit, daß das Zwangsgeld ein reines Zwangsmittel zur Erfüllung handelsrechtlicher Verpflichtungen und keine Strafe für Säumnis ist. Wird daher die Handlung, welche durch die angedrohte Festsetzung des Zwangsgeldes erzwungen werden soll, vorgenommen, so entfällt damit der Grund für die Durchführung von Zwangsmaßnahmen (BayObLG RPfleger 1979, 215; KKW § 133 Rz. 3).

III. Eintragung und Löschung von Amts wegen

193. Amtseintragung

Gem. § 31 Nr. 1 InsO teilt das Insolvenzgericht dem Handelsregistergericht mit, daß über das Vermögen der X-GmbH & Co. KG das Insolvenzverfahren eröffnet

Es wird prüfen, ob es Eintragungen von Amts wegen vorzunehmen oder Anträge abzuwarten hat. Im Eintragungsverfahren kommen beide Möglichkeiten in Betracht. In den meisten Fällen bedarf es eines Eintragungsantrages (dazu unten Nr. 205).

ist, während die Eröffnung des Insolvenzverfahrens über das Vermögen der Komplementär-GmbH gem. § 26 Abs. 1 InsO abgelehnt worden ist. Was wird das RegG tun?

Hier ergibt sich die Pflicht zur amtswegigen Eintragung hinsichtlich der Eröffnung des Insolvenzverfahrens über das Vermögen der KG aus §§ 32 Abs. 1 S. 1, 6 Abs. 1 HGB, hinsichtlich der (mit Rechtskraft des die Eröffnung eines Insolvenzverfahrens gem. § 26 Abs. 1 InsO ablehnenden Beschlusses fälligen) Auflösung der GmbH aus § 60 Abs. 1 Nr. 5 GmbHG (weitere Beispiele von Amtseintragungen auf Veranlassung von Behörden: Keidel/Schmatz/Stöber Rn. 78).

194. Amtslöschung

Der Metzgermeister F, der seinen im Handelsregister eingetragenen Gewerbebetrieb unter der Firma „Fleischerei F" betrieb, hat, der steuerlichen Belastungen und gewerberechtlichen Bevormundungen überdrüssig, seinen Betrieb aufgelöst und sich auf die Karibik-Insel „Sunshine" abgesetzt. Seine genaue Adresse ist nicht zu ermitteln. Kann das zuständige Handelsregistergericht die Firma von Amts wegen löschen?

Die Möglichkeit der Amtslöschung ergibt sich aus § 31 Abs. 2 S. 2 HGB. Dessen Voraussetzungen sind erfüllt, da die Firma durch die Aufgabe des Geschäftsbetriebs erloschen ist und die Löschung mangels bekannten Aufenthalts auch nicht gem. §§ 132 FGG, 14 HGB herbeigeführt werden kann. Das Gericht muß das Firmenlöschungsverfahren des § 141 FGG einleiten, hier durch Bekanntmachung nach § 141 Abs. 2 FGG. Die Löschung selbst kann erst unter den Voraussetzungen des § 141 Abs. 4 FGG erfolgen.

195. Einleitung des Amtslöschungsverfahrens

Der Taubenzüchterverein „Lahme Flügel e. V." ist in das Vereinsregister in S eingetragen worden. Die Satzung enthält den folgenden § 8:

I. Gem. § 3 Nr. 1 a RPflG ist in Vereinssachen der Rechtspfleger zuständig. Nach § 11 Abs. 1 RPflG ist gegen seine Entscheidung das Rechtsmittel gegeben, das nach den allgemeinen verfahrensrechtlichen Vorschriften zulässig ist. Gegen

„(1) Die Mitgliederver-
sammlung wählt den
‚Ehrenrat der Taubenzüch-
ter‘
(2) ...(Aufgaben des Ehrenrates)
(3) Gegen die Beschlüsse
des ‚Ehrenrates‘ bezüglich
eines Ausschlusses aus
dem Verein sind keinerlei
Rechtsmittel – auch nicht
vor den ordentlichen Ge-
richten – mehr gegeben."
Der Taubenzüchter T hält
§ 8 Abs. 3 für unwirksam.
Er möchte den Absatz aus
dem Satzungstext streichen
lassen, konnte sich jedoch
in den zuständigen Vereins-
gremien nicht durchsetzen.
Er erhebt deshalb Erinne-
rung beim AG – RegG – in
S gegen die Eintragung ins
Vereinsregister. Was unter-
nimmt das RegG?

Eintragungen in das Vereinsregister gibt
es jedoch kein Rechtsmittel. Nach § 11
Abs. 2 S. 1 RPflG findet daher die (sofortige) Erinnerung statt. Gerichtliche
Verfügungen, die nach den Vorschriften
des FGG wirksam geworden sind und
nicht mehr geändert werden können, sind
mit der Erinnerung jedoch nicht anfechtbar, § 11 Abs. 3 RPflG. Dazu gehört auch
die Eintragungsverfügung für das Vereinsregister (Arnold/Meyer-Stolte/Han-
sens § 11 Rn. 88; Bassenge/Herbst § 11
RPflG Rn. 15). Die Erinnerung ist daher
hier unzulässig.
II. Für die Löschung von Eintragungen
steht jedoch das besondere **Amtslöschungsverfahren** der §§ 142 ff. FGG
(ggf. i. V. m. §§ 147, 159, 161 FGG) zur
Verfügung. Fraglich ist, ob der Rechtspfleger hier ein solches Verfahren gem.
§§ 142, 159 FGG durchführen kann.
1. I. d. R. ist in einer unzulässigen Beschwerde gegen eine Registereintragung
die **Anregung zur Einleitung eines
Amtslöschungsverfahrens** zu sehen
(BayObLG DNotZ 1986, 48, 49; Ar-
nold/Meyer-Stolte/Hansens § 11 Rn. 88).
2. Nach § 142 Abs. 1 FGG ist eine **lö-
schungsfähige Eintragung** erforderlich.
a) Aus §§ 59, 64 BGB ergibt sich, daß die
Ursatzung zwar der Anmeldung beizufügen, aber nicht vollständig einzutragen ist.
Da § 8 Abs. 3 der Satzung nicht zu den
nach § 64 BGB einzutragenden Bestand-
teilen der Ursatzung gehört, ist dieser
Absatz auch nicht eingetragen worden.
Da nicht eingetragene Satzungsbestand-
teile nicht gelöscht werden können (Sau-
ter/Schweyer Rn. 410), kann auch § 8
Abs. 3 der Satzung nicht gelöscht werden.

b) Eingetragen ist der Verein als solcher. Dessen Löschung kommt indessen aus zwei Gründen nicht in Betracht:

aa) Zum einen führt die Nichtigkeit einer Satzungsbestimmung – entgegen § 139 BGB – nur dann zur Nichtigkeit der ganzen Satzung (und damit des Vereins), wenn der verbleibende Teil nicht den Zwecken und Belangen des Vereins gerecht wird und eine sinnvolle Regelung des Vereinslebens nicht mehr möglich ist (BGHZ 47, 172, 180; MK/Reuter § 25 Rn. 24; Sauter/Schweyer Rn. 36). Beides kann selbst bei unterstellter Nichtigkeit des § 8 Abs. 3 der Satzung nicht angenommen werden. Folglich kommt mangels Unwirksamkeit der Gesamtsatzung auch die Löschung der Eintragung des Vereins nicht in Betracht.

bb) Zum anderen könnte der Verein als **nichtig** nur nach § 144 Abs. 1 FGG gelöscht werden, auf den in § 159 FGG aber nicht verwiesen ist. Eine Amtslöschung wegen Nichtigkeit des Vereins kommt daher nicht in Betracht. Der Rechtspfleger wird also kein Amtslöschungsverfahren einleiten.

196. Löschungsvoraussetzungen

Ändert sich im vorigen Fall die rechtliche Beurteilung, wenn der § 8 Abs. 3 erst durch eine formell wirksame Satzungsänderung Bestandteil der Satzung geworden ist?

I. Die für ein Amtslöschungsverfahren erforderliche **Eintragung** des § 8 Abs. 3 der Satzung ist gegeben, da Satzungsänderungen zu ihrer (formellen) Wirksamkeit der Eintragung bedürfen (§ 71 Abs. 1 S. 1 BGB).

II. Fraglich ist, ob diese Eintragung von Amts wegen nach § 142 FGG **gelöscht** werden kann.

1. Dann müßte § 142 FGG überhaupt **anwendbar** sein. Bei Kapitalgesellschaften
können satzungsändernde Hauptversam-
mlungsbeschlüsse nur nach § 144 Abs. 2
FGG gelöscht werden. § 142 FGG ist
daneben nicht anwendbar (BayObLG DB
1991, 1976 f.; für § 144 a FGG ebenso KG
GmbH-Rdsch 1991, 319, 320). Vielmehr
soll über die Wirksamkeit der Satzungsänderung im Anfechtungs- oder Nichtig-
keitsverfahren (§§ 246, 249 AktG) entschieden werden. Da das Vereinsrecht
ein solches Beschlußanfechtungsverfahren
nicht kennt, verweist § 159 FGG nicht
auf die einschränkende Norm des § 144
Abs. 2 FGG, sondern allgemein auf § 142
FGG, der daher auch hier anwendbar ist.
2. Die Eintragung müßte „wegen Mangels
einer wesentlichen Voraussetzung" **unzulässig** sein (§ 142 Abs. 1 FGG). Ein solcher Mangel kann verfahrensrechtlicher
oder materiell-rechtlicher Art sein (Bay-
ObLGZ 1979, 351, 357). Im vorliegenden
Fall kommt nur ein materiell-rechtlicher
Mangel in Betracht. Ein solcher Mangel
ist wesentlich, wenn er gegen zwingende
gesetzliche Vorschriften verstößt (s. etwa
LG Essen RPfleger 1983, 158). Da Sat-
zungsbestimmungen, in denen die Überprüfung eines Ausschlusses durch ordent-
liche Gerichte gänzlich ausgeschlossen ist,
nichtig sind (Sauter/Schweyer Rn. 106 mit
umfangreichen Rechtsprechungsnachwei-
sen), ist im vorliegenden Fall ein wesentlicher materiell-rechtlicher Mangel gegeben.
III. Da die Voraussetzungen der §§ 142
Abs. 1, 159 FGG erfüllt sind, kann das
Gericht das Amtslöschungsverfahren einleiten. Es ist im Gegensatz zu § 132 FGG

jedoch dazu nicht gezwungen, das Einschreiten steht im **pflichtgemäßen Ermessen.** Zu berücksichtigen ist, ob das Fortbestehen der Eintragung Schädigungen Berechtigter zur Folge hätte oder dem öffentlichen Interesse widersprechen würde (Bumiller/Winkler § 142 Anm. 7; Sauter/Schweyer Rn. 410), oder ob es niemandem nützt, aber schwere wirtschaftliche Nachteile für den Betroffenen mit sich bringt (BayObLGZ 1978, 78, 93). Da schwere wirtschaftliche Nachteile für den Verein durch die Löschung der Satzungsänderungen nicht zu erwarten sind, die Löschung aber den rechtsunkundigen Mitgliedern nützt, erscheint es sachgerecht, ein Amtslöschungsverfahren einzuleiten. Der Rechtspfleger wird also eine Verfügung gem. §§ 159, 142 Abs. 2 FGG erlassen.

197. Rechtsbehelfe

Welche Rechtsbehelfe stehen den Beteiligten gegen die Verfügung gem. § 142 Abs. 2 FGG zu?

Nur der Widerspruch (§§ 141, 142 Abs. 2, 3 FGG), nicht die Beschwerde. Erst gegen die den Widerspruch zurückweisende Verfügung können die Beteiligten sofortige Beschwerde einlegen (§§ 141 Abs. 3 S. 2, 142 Abs. 3 FGG).

198. Löschungsvollziehung

Wann darf das Gericht die Löschung vornehmen?

Die Löschung, die durch Eintragung eines Vermerks vollzogen wird, darf nur erfolgen, wenn ein Widerspruch nicht erhoben wurde oder wenn die den Widerspruch zurückweisende Verfügung rechtskräftig geworden ist (§§ 141 Abs. 4, 142 Abs. 3 FGG).

199. Rechtsbehelfe nach vollzogener Löschung

Wie können sich die Beteiligten gegen eine erfolgte
Löschung wehren?

Nur durch Anregung eines neuen Amtslöschungsverfahrens, in dem der Lö-
schungsvermerk (§ 142 Abs. 1 S. 2 FGG)
selbst gelöscht wird. Eine Beschwerde gegen die vollzogene, nicht nur angekün-
digte (s. dazu BayObLGZ 1986, 540, 541)
Löschung ist ebenso wie gegen eine Eintragung unzulässig, ist aber in eine Anregung umzudeuten (BayObLGZ 1977,
320, 322).

IV. Das Handelsregister

200. Aufbau des Handelsregisters

Beschreiben Sie den organi-
satorischen Aufbau des
Handelsregisters.

Das Handelsregister ist gem. § 3 Abs. 1
HRV (abgedruckt bei BH als Anhang 3),
die aufgrund § 125 Abs. 3 FGG erlassen
wurde, in zwei Abteilungen gegliedert.
In **Abteilung A** werden gem. § 3 Abs. 2
HRV die Einzelkaufleute, die juristischen
Personen gem. § 33 HGB (rechtsfähige
Vereine; privatrechtliche Stiftungen; öf-
fentlich-rechtliche Körperschaften, Stif-
tungen und Anstalten) sowie die OHG
und die KG eingetragen. In **Abteilung B**
werden gem. § 3 Abs. 3 HRV die AG, die
KGaA, die GmbH und der VVaG einge-
tragen. Die Gliederung der Registerblätter
ergibt sich aus § 40 (Abteilung A) und
§ 43 (Abteilung B) HRV (Muster bei
Hübner Rn. 30; Keidel/Schmatz/Stöber
Rn. 1450 ff.). Daneben werden gem. §§ 8
HRV, 24 AktenO **Registerakten** geführt.
Es werden für jede Firma ein Sonderband,

der alle zum Register eingereichten, dem Einsichtsrecht gem. § 9 Abs. 1 HGB unterliegenden Schriftstücke (§ 8 Abs. 2 HRV) enthält, und ein Hauptband angelegt, in den alle übrigen Schriftstücke (z. B. Schriftwechsel zwischen Gericht und Beteiligten; Gutachten der IHK) eingelegt werden.

201. Zuständigkeit

Wer ist zur Führung des Handelsregisters zuständig?

I. Zuständig ist **grundsätzlich** der Rechtspfleger (§ 3 Nr. 2d RPflG) am Amtsgericht (§ 125 FGG) der Handelsniederlassung (§ 29 HGB für Einzelkaufleute), der Hauptniederlassung (§ 33 HGB für juristische Personen) oder des Sitzes (§§ 106 Abs. 1, 161 Abs. 2 HGB; 14, 36, 278 Abs. 3 AktG; 7 GmbHG; 30 VAG für die handelsrechtlichen Gesellschaften und den VVaG).

II. Für die Führung des **Handelsregister** B ist nach § 17 RPflG teilweise der Richter zuständig, und der Urkundsbeamte der Geschäftsstelle hat die in §§ 8 Abs. 3, 17 Abs. 2, 28–31 HRV bezeichneten Geschäfte zu erledigen.

III. Eine besondere Regelung ist für die örtliche Zuständigkeit des RegG für **Zweigniederlassungen** in §§ 13 ff. HGB getroffen.

202. Rechtsfolge bei Unzuständigkeit

Welche Folgen hat es, wenn ein RegG seine örtliche Unzuständigkeit verkennt?

Eintragungen eines örtlich unzuständigen RegG sind gem. § 7 FGG nicht unwirksam, können aber im Wege des Amtslöschungsverfahrens gem. §§ 142, 143 FGG

gelöscht werden (Bumiller/Winkler § 125
Rn. 11; KKW/Zimmermann § 7 Rn. 41).

203. Mitteilungspflicht

A und B haben durch nota-
riellen Gesellschaftsvertrag
eine oHG gegründet. Die
Gesellschaft betreibt eine
Baustoffgroßhandlung; eine
Eintragung in das Handelsregister ist unterblieben.
Der Notar, der den Ge-
sellschaftsvertrag beurkundet hat, fragt sich, ob er
die Nichtanmeldung dem
RegG mitteilen müsse. Da
er noch nicht zur Mit-
teilung aufgefordert wurde
und er sich gem. § 18
BNotO zur Verschwiegen-
heit verpflichtet glaubt,
bleibt er untätig. Zu Recht?

Nein. Ihn trifft eine Mitteilungspflicht aus
§ 125a Abs. 1 FGG. A und B sind gem.
§§ 108, 106, 105, 1 Abs. 2 HGB zur Anmeldung verpflichtet, und N gehört zu
dem nach § 125a FGG mitteilungspflich-
tigen Personenkreis. Er muß also selbst-
ständig tätig werden. Dieser Verpflichtung gegenüber können sich Notare weder auf die Verschwiegenheitspflicht gem.
§ 18 BNotO noch auf § 51 BeurkG (§ 51
Abs. 4 BeurkG) berufen (Bumiller/Wink-
ler § 125a Rn. 1; KKW/Winkler § 125a
Rn. 1, 3).

204. Beteiligung der IHK

Dem Rechtspfleger beim
RegG liegt ein ordnungs-
gemäßer Antrag einer
OHG zur Eintragung ins
Handelsregister vor. Er ist
sich unschlüssig, ob die
angemeldete Firma zulässig
ist. Was hat er zu tun?

Gem. § 23 HRV hat er ein Gutachten von
der – gem. § 126 FGG zur Unterstützung
des RegG bei der Verhütung unrichtiger
Eintragungen verpflichteten IHK – einzuholen. Aus dem Recht der IHK, sich
gem. § 126 FGG an dem Verfahren zu
beteiligen, folgt im übrigen stets eine
Mitteilungspflicht des Gerichts, die den
Industrie- und Handelskammern die Beteiligung ermöglicht. Die Beteiligungs-
möglichkeit ist nicht auf die Fälle beschränkt, von denen die IHK aufgrund
§ 23 HRV oder zufällig erfährt (OLG
Stuttgart RPfleger 1983, 116).

205. Anmeldung zur Eintragung

Die „K. Sprengstoff-Groß-handelsgesellschaftmbH" hat, vertreten durch ihren alleinigen Geschäftsführer K, ihrem Einkäufer D Prokura erteilt. Die dazu erforderliche Erklärung ist von dem Notar N notariell beurkundet worden. K ist von N darüber belehrt worden, daß die Erteilung der Prokura ins Handelsregister einzutragen ist. K möchte näher wissen, was er und D zu tun haben.

I. Zunächst muß K, der persönlich anmeldepflichtig ist, weil bei Handelsgesellschaften der gesetzliche Vertreter Inhaber i. S. d. § 53 Abs. 1 S. 1 HGB ist (Ebenroth/Boujong/Joost § 53 Rn. 5; BayObLG DB 1973, 1596), die Eintragung **anmelden,** da das RegG nur in Ausnahmefällen eine Eintragung von Amts wegen vornimmt (dazu oben Nr. 193). Die Anmeldung ist in öffentlich beglaubigter Form einzureichen (§§ 12 Abs. 1 HGB, 129 BGB, 40 BeurkG). Da die notarielle Beurkundung gem. § 129 Abs. 2 BGB die notarielle Beglaubigung ersetzt, reicht es aus, wenn K die Notarurkunde einreicht. Daneben kann auch N die Eintragung beantragen (§ 129 S. 1 FGG).

II. D muß gem. § 53 Abs. 2 HGB seinen Namen unter Angabe der Firma und eines die Prokura andeutenden Zusatzes zur Aufbewahrung bei Gericht zeichnen. Mit der Neufassung der Vorschrift durch das HRefG vom 22. 6. 1998 ist der Gesetzgeber den Bedürfnissen der Praxis gerecht geworden und verlangt nunmehr lediglich die handschriftliche Zeichnung des Familiennamens, während hinsichtlich der Firma und des die Prokura andeutenden Zusatzes Stempel, Vordrucke, Farbband, Tinten- oder Laserdrucke ausreichend sind (Ebenroth/Boujong/Joost § 53 Rn. 10; vgl. insoweit auch § 29 HS. 2 HGB). Letzteres wurde zwar teilweise bereits für § 53 Abs. 2 a. F. HGB vertreten (LG Frankfurt NJW 1973, 809), war jedoch bis zur Änderung des Gesetzes mit der h. M. (BayObLG 1987, 399, 403; OLG Frankfurt NJW 1974, 192; Keidel/

Schmatz/Stöber Rn. 75 a) zutreffend als
unvereinbar mit dem damaligen Wortlaut
der Vorschrift abzulehnen.

206. Eintragungsfähige Tatsachen

Die „T & J Käsegroßhand-
lungs-OHG" hat ihrem
Prokuristen P die Befugnis
zur Veräußerung und Bela-
stung von Firmengrund-
stücken erteilt. T und J
melden dies ordnungsge-
mäß beim zuständigen
Handelsregistergericht an.
Kann das Gericht diese
Befugnis des P eintragen?

Grundsätzlich sind nur Eintragungen zulässig, die das Gesetz ausdrücklich anordnet oder wenigstens zulässt (BayOb-
LG NJW 1971, 810; Keidel/Schmatz/Stö-
ber Rn. 17). Beides ist bei der hier beantragten Eintragung nicht gegeben (s. § 49
Abs. 2 HGB). Ausnahmen sind allerdings
im Interesse der Sicherheit des Rechtsver-
kehrs zulässig. Dazu zählt auch die hier
gegebene Grundstücksermächtigung für
Prokuristen (BayObLG NJW 1971, 810;
s. auch OLG Frankfurt WM 1983, 250;
a. A. OLG Hamburg RPfleger 1983, 8).

207. Prüfungspflichten des Registergerichts

Beschreiben Sie den Um-
fang der Prüfungspflicht
des RegG.

I. Zunächst steht dem RegG ein **formelles
Prüfungsrecht** zu. In dessen Rahmen hat
es seine Zuständigkeit, die Identität des
Anmeldenden (einschließlich Vertretungsmacht, Geschäftsfähigkeit etc.), die Wahrung der Form der Anmeldung (§ 12
HGB) sowie die Form der beigefügten
Schriftstücke, die Eintragungsfähigkeit der
angemeldeten Tatsachen und das Vorliegen etwa erforderlicher behördlicher Ge-
nehmigungen zu prüfen.
II. In **materieller** Hinsicht hat das Gericht die sachliche Richtigkeit des Angemeldeten zu kontrollieren (gesetzliche
Beispiele: §§ 38 Abs. 1 AktG; 9 c GmbH-
G; 11 a GenG; 15 GenRegVO).
1. Die früher vielfach anzutreffende Ansicht, die dieses Prüfungsrecht aus § 12

FGG ableiten wollte (zuletzt: Baumbach/ Hopt[28] § 8 Anm. 4 B) wird heute zu Recht nicht mehr vertreten. Sie verwechselte die Amtsermittlung als Instrument der Prüfung mit deren Rechtsgrundlage (so bereits: Staub/Hüffer § 8 Rn. 54), welche nunmehr einheitlich in der Pflicht des Gerichts, die Vorschriften und Grundsätze des materiellen Rechts zu beachten, gesehen wird (Staub/Hüffer § 8 Rn. 54; Baumbach/Hopt § 8 Rn. 8). Eine Prüfungspflicht besteht aber nur, wenn das Gesetz sie anordnet oder begründete Zweifel an der Richtigkeit der Angaben bestehen (OLG Hamm NJW-RR 1997, 417; Keidel/Schmatz/Stöber Rn. 29).

2. Unklar ist, wie weit diese Prüfungspflicht reicht. Während teilweise (OLG Köln NJW-RR 1994, 1547) der **Prüfungsrahmen** auf die zwingenden gesetzlichen Wirksamkeitsvoraussetzungen beschränkt wird, zieht die h. M. den Rahmen etwas weiter: Die angemeldete Tatsache, etwa die vorgelegte Satzung, darf nicht wegen Verstoßes gegen gesetzliche Bestimmungen nichtig sein, und sie muß, jedenfalls soweit sie Außenwirkung gegenüber Dritten entfaltet, inhaltlich klar und objektiv eindeutig sein (Staub/Hüffer § 8 Rn. 57; weitere Bsp. bei Baumbach/Hopt § 8 Rn. 8 f.). Reine Textkritik und Zweckmäßigkeitserwägungen sind jedoch nicht Sache des RegG (BayObLG NJW-RR 1993, 494, 495).

208. Aussetzung des Verfahrens

A ist als Inhaber der Firma H im Handelsregister ein-

Zu denken ist an eine Aussetzung nach § 127 FGG.

getragen. Am 9. 8. 2001 melden A und B beim RegG an, daß B das unter der Firma H betriebene Geschäft am 26. 7. 2001 von A erworben habe. Zugleich erreicht das Gericht ein Schreiben des C, worin dieser behauptet, daß B das unter der Firma H betriebene Geschäft von A gar nicht habe erwerben können, da er, C, das Geschäft von A bereits am 19. 7. 2001 erworben habe; er führe über die Wirksamkeit seines Erwerbs bereits einen Prozeß mit A und B. Der zuständige Rechtspfleger beim RegG fragt an, was er unternehmen solle.

I. Dann müßte die Eintragung ein **streitiges Rechtsverhältnis** betreffen. Das liegt vor, wenn – wie hier – mehrere Beteiligte (A und B durch Anmeldung, C durch seinen Widerspruch gegen die Eintragung des B) vorhanden sind und zwischen diesen Meinungsverschiedenheiten über ein Rechtsverhältnis (hier: die Wirksamkeit des Erwerbs des B) bestehen. Daß eine Klage zwischen den Beteiligten noch nicht erhoben worden sein muß, ergibt sich im Gegenschluß schon aus § 127 S. 2 FGG.

II. Demnach kann der Rechtspfleger das Verfahren gem. § 127 S. 1 FGG aussetzen, d. h. die Aussetzung steht in seinem **pflichtgemäßen Ermessen.** Dabei ist zu berücksichtigen, daß der Registerrichter (Rechtspfleger) grundsätzlich selbst zur Prüfung der Sach- und Rechtslage verpflichtet, die Aussetzung also die Ausnahme ist (Bassenge/Herbst § 127 Rn. 3; BayObLG RPfleger 1983, 74). Gegen die Aussetzung muß sich das Gericht insbesondere dann entscheiden, wenn die berechtigten Interessen der Beteiligten auf eine baldige Entscheidung drängen (KG WM 1967, 63). Eine solche Fallkonstellation ist im vorliegenden Fall grundsätzlich gegeben, da schnellstmöglich aus dem Handelsregister der richtige Inhaber hervorgehen muß. Allerdings ist auch bei Verfügungen, die keinen Aufschub dulden, ein generelles Aussetzungsverbot nicht anzuerkennen. Vielmehr darf der Registerrichter (Rechtspfleger) das Verfahren auch hier aussetzen, wenn eine Entscheidung entweder nicht ohne schwierige, zeitraubende und umfangreiche Ermittlungen getroffen werden kann oder sie von zweifelhaften, in Rechtsprechung und Rechtslehre unterschiedlich beantworteten Rechtsfragen abhängt (OLG Hamm NJW-RR 1999, 761). Letztendlich hängt also die Entscheidung des Rechtspflegers von seiner Würdigung der konkreten Einzelfallumstände ab.

209. Öffentliche Bekanntmachung

Der Rechtspfleger am AG in A möchte seine erste verfügte Handelsregistereintragung in der „Bild am Sonntag" öffentlich bekannt machen, in der bisher keinerlei öffentliche Bekanntmachungen des Amtsgerichts A abgedruckt wurden. Ist das möglich?

Gem. § 10 Abs. 1 S. 1 HGB geschieht die öffentliche Bekanntmachung durch Abdrucken im Bundesanzeiger und in mindestens einem weiteren Blatt. Dieses andere Blatt ist jährlich im Dezember für das folgende Jahr zu bezeichnen (§ 11 Abs. 1 HGB). Infolgedessen kann der Rechtspfleger in A die Veröffentlichung nicht in der „Bild am Sonntag" vornehmen.

210. Richtige Eintragung und Bekanntmachung

A war Komplementär der A-KG. Nach einiger Zeit wechselte er in die Position des Kommanditisten. Persönlich haftende Gesellschafterin der nunmehr als „A-GmbH & Co. KG" firmierenden KG wurde eine GmbH, deren alleiniger Geschäftsführer A war. Die Veränderungen sind ordnungsgemäß eingetragen und bekannt gemacht. Der

A könnte als Komplementär haften (§§ 161 Abs. 2, 128 S. 1 HGB; 433 Abs. 2 BGB).

I. Als **Komplementär** ist A aus der KG ausgeschieden. Diese eintragungspflichtige Tatsache (§§ 143 Abs. 2, 161 Abs. 2 HGB) ist eingetragen und bekannt gemacht. Nach § 15 Abs. 2 HGB muß sich L daher das Ausscheiden des A entgegenhalten lassen.

II. Etwas anderes könnte sich aus **Rechtsscheinsgrundsätzen** ergeben, denn durch die Weiterbenutzung der alten Firma

Lieferant L stand mit der A-KG in ständiger Geschäftsverbindung. L hatte, zumal A gegenüber L weiterhin als A-KG firmierte, von den Veränderungen innerhalb der KG keine Kenntnis. L, der an eine GmbH & Co. KG grundsätzlich nur gegen Sicherheit liefert, verlangt für vier Wochen nach der Bekanntmachung der Änderungen bestellte und prompt gelieferte Ware von A persönlich Bezahlung. Wird er Erfolg haben?

„A-KG" hat sich A gegenüber dem gutgläubigen L so verhalten, als habe sich nichts geändert, und damit einen Rechtsschein gesetzt. Die Rechtsscheinshaftung ist durch § 15 Abs. 2 HGB nicht generell ausgeschlossen. Es ist anerkannt, daß ein spezieller Vertrauenstatbestand gegenüber der Verlautbarung, also gegenüber § 15 Abs. 2 HGB, vorrangig sein kann (Baumbach/Hopt § 15 Rn. 15; Ebenroth/Boujong/Joost § 15 Rn. 22). Ein solcher spezieller Vertrauenstatbestand ist gegeben, wenn jemand im Verlauf einer ständigen Geschäftsbeziehung seine Haftung beschränkt und dennoch seinem Geschäftspartner gegenüber so auftritt, als habe sich nichts geändert. Er verhindert geradezu, daß sein Geschäftspartner auf den Gedanken kommt, daß es einer Registernachprüfung bedürfe (BGH WM 1981, 44, 45; Ebenroth/Boujong/Joost § 15 Rn. 23). Deshalb schließt im vorliegenden Fall § 15 Abs. 2 die Rechtsscheinshaftung des A nicht aus.

211. Fehlende Eintragung und Bekanntmachung

Kaufmann K hat P Prokura erteilt. Dies ist aber nicht eingetragen worden. P scheidet nach einem Streit mit K aus. Aus Rache tritt P gegenüber Dritten, die sein Ausscheiden nicht kennen, als Prokurist auf und schließt Geschäfte für K ab. Ist K aus diesen Geschäften verpflichtet?

K ist aus den Geschäften des P nur verpflichtet, wenn P noch Prokura besaß. Diese ist jedoch gem. § 52 Abs. 1 HGB widerrufen. Allerdings könnte K gem. § 15 Abs. 1 HGB gehindert sein, Dritten das Erlöschen der Prokura entgegenzuhalten.

I. Dazu ist eine in das Handelsregister einzutragende Tatsache erforderlich. Gem. § 53 Abs. 3 HGB ist das Erlöschen der Prokura eine eintragungspflichtige Tatsache. Bedenken gegen die Anwendbarkeit des § 15 Abs. 1 HGB ergeben sich daraus,

daß es an einer Voreintragung fehlt. Teilweise wird unter Hinweis darauf, daß
§ 15 HGB die gesetzliche Haftung für einen gesetzten Rechtsschein anordne, vertreten, daß dieser die Haftung rechtfertigende Rechtsschein mangels Voreintragung fehle, § 15 Abs. 1 HGB also nicht
anwendbar sein könne (Staub/Hüffer § 15
Rn. 19, 20 m. w. N.). Anders entscheidet im Grundsatz die h. M. (Baum-
bach/Hopt § 15 Rn. 11; Ebenroth/Bou-
jong/Joost § 15 Rn. 8; BGHZ 116, 37,
44 f.; Brox Handelsrecht Rn. 110). Zur
Begründung ist anzuführen, daß § 15
Abs. 1 HGB von einer einzutragenden
und nicht von einer einzutragenden und
bereits voreingetragenen Tatsache ausgeht
(Ebenroth/Boujong/Joost a. a. O.). Zudem
kann der Dritte auf andere Weise vom
Bestehen der Prokura Kenntnis erlangt
haben und deshalb schutzwürdig sein.
§ 15 Abs. 1 HGB schützt nicht (positiv)
das Vertrauen auf die Richtigkeit des
Registers, sondern nur (negativ) darauf,
daß Änderungen nicht eingetreten sind,
solange sie nicht eingetragen sind (Brox
Handelsrecht Rn. 110). Demnach ist eine
einzutragende Tatsache i. S. d. § 15 Abs. 1
HGB gegeben.
II. Das Erlöschen der Prokura ist **weder
eingetragen noch bekannt gemacht.**
III. Die Dritten haben – wie von § 15
Abs. 1 HGB gefordert – von dem Erlöschen der Prokura **keine Kenntnis.** Daß
der Dritte sein Verhalten nach dem (fehlenden) Registerinhalt eingerichtet hat,
verlangt § 15 Abs. 1 HGB nicht (Hofmann JA 1980, 264, 268; K. Schmidt
Handelsrecht § 14 II 2 d; Staub/Hüffer
§ 15 Rn. 24). Somit kann K sich nicht

auf den Widerruf der Prokura des P berufen.

212. Unrichtige Eintragung und Bekanntmachung

A, B und C wollen den fi-
nanzkräftigen Kaufmann F
als „Aushängeschild" für
die von ihnen zu gründende
OHG benutzen. Da sie mit
seinem Einverständnis nicht
rechnen können, legen sie
gefälschte, auf den Namen
des F lautende Eintragungsunterlagen vor und ver-
zichten zugleich auf Ein-
tragungsnachricht (§ 130
Abs. 2 S. 2 FGG). F wird
als Gesellschafter eingetragen und bekannt gemacht.
Haftet der ahnungslose F
den Gläubigern der in Kon-
kurs gegangenen OHG?
(gebildet nach: v. Olshausen
BB 1970, 137, 140).

Die Haftung des F kann sich nur aus § 15
Abs. 3 HGB ergeben.
I. Person, Stand und Wohnort eines
OHG-Gesellschafters sind eintragungs-
pflichtige Tatsachen (§ 106 Abs. 2 Nr. 1
HGB). Dabei reicht es für § 15 Abs. 3
HGB aus, daß die bekannt gemachte Tat-
sache eintragungspflichtig wäre, wenn die
Bekanntmachung richtig wäre (Brox Han-
delsrecht Rn. 128; Hofmann JA 1980,
264, 269; K. Schmidt Handelsrecht § 14
III 2 d).
II. Allerdings ist § 15 Abs. 3 HGB nach
h.M. **restriktiv auszulegen.** Die Vor-
schrift wirkt demnach nur zu Lasten
desjenigen, der eine Rechtstatsache zur
Eintragung angemeldet hat oder sich eine
Anmeldung zurechnen lassen muß; diese
Begrenzung ist wegen des hohen Risikos
der positiven Publizität des Handelsregisters in § 15 Abs. 3 HGB notwendig
(Baumbach/Hopt § 15 Rn. 19; Hübner
Rn. 41; Ebenroth/Boujong/Joost § 15
Rn. 33; a.A. Brox Handelsrecht Rn. 132;
Hofmann JA 1980, 264, 270 unter Berufung auf die Abschaffung des Veranlas-
sungsprinzips durch den Gesetzgeber; ver-
mittelnd: K. Schmidt Handelsrecht § 14
III 2 d, der die Wirkung des § 15 III HGB
in diesen Fällen auf Kaufleute beschränken will. Überzeugend ist die h.M., da
kein ausreichender Grund für die unbeschränkte Haftung völlig Unbeteiligter
– gleichgültig, ob Kaufmann oder nicht –
ersichtlich ist.). F haftet somit nicht.

V. Das Genossenschaftsregister

213. Aufbau des Genossenschaftsregisters

Wie wird das Genossenschaftsregister geführt?

Das Genossenschaftsregister wird nach §§ 1–24 GenRegVO und den dazu ergangenen landesrechtlichen Ausführungsbestimmungen geführt (Nachweis der Ausführungsbestimmungen bei Keidel/Schmatz/Stöber Rn. 894). Eintragungen erfolgen in das von den einzelnen Ländern vorgeschriebene Formular (§ 12 Abs. 1 GenRegVO), wobei jede Genossenschaft ein eigenes **Registerblatt** erhält (§ 12 Abs. 2 GenRegVO). Der Inhalt der Eintragung bestimmt sich nach §§ 15 ff. GenRegVO.

214. Zuständigkeit

Wer ist zur Eintragung einer Genossenschaft zuständig?

I. **Sachlich** zuständig ist gem. §§ 10 Abs. 2 GenG, 125 FGG das Handelsregistergericht.

II. **Örtlich** zuständig ist das Amtsgericht, an dem die Genossenschaft ihren Sitz hat (§ 10 Abs. 1 GenG), der sich aus dem Statut ergeben muß (§ 6 Nr. 1 GenG).

III. **Funktionell** ist nach §§ 1 GenRegVO, 28–31 HRV der Urkundsbeamte der Geschäftsstelle zuständig, hauptsächlich aber der Rechtspfleger (§ 3 Nr. 2 d RPflG). Die Zuständigkeit des Richters beschränkt sich auf Verfügungen gem. §§ 28 Abs. 2, 38 Abs. 2 S. 2 KWG (§ 17 Nr. 2 a/b RPflG).

215. Einleitung eines Eintragungsverfahrens

Der Vorstand der A-e.G. möchte eine wirksam be-

I. Eine **Statutänderung** ist gem. §§ 16 Abs. 5, 11 Abs. 1, 157 GenG, 6 Abs. 2

schlossene Statutänderung in das Genossenschaftsregister eintragen lassen. Wie wird das Eintragungsverfahren eingeleitet?

Nr. 2 GenRegVO in öffentlich beglaubigter Form (§ 129 BGB) von allen Vorstandsmitgliedern anzumelden (s. Abdruck der Formblätter bei Keidel/Schmatz/Stöber Rn. 1006 ff., 1016). II. Für **sonstige Anzeigen und Erklärungen** bedarf es gem. §§ 7 Abs. 1, 6 Abs. 1 GenRegVO weder der Mitwirkung sämtlicher Vorstandsmitglieder noch der notariellen Form. Allerdings muß bei Anzeigen und Erklärungen mit rechtlicher Wirkung für die Genossenschaft die für die Willenserklärung der Genossenschaft vorgeschriebene Form beachtet werden, und es muß die gem. § 25 GenG zur Vertretung erforderliche Zahl der Vorstandsmitglieder mitwirken.

216. Eintragung von Amts wegen

V ist vom Gericht als Vorstandsmitglied der D-e.G. bestellt worden. Muß er seine Bestellung dem Genossenschaftsregistergericht anmelden?

Nein. Eine gerichtliche Bestellung des V kann nur aufgrund einer analogen Anwendung des § 29 BGB (BGHZ 18, 334, 337; zustimmend: MK/Reuter § 29 Rn. 1) erfolgt sein. Dann muß auch § 67 Abs. 2 BGB, der eine Eintragung von Amts wegen vorsieht, entsprechend anwendbar sein (ebenso Keidel/Schmatz/Stöber Rn. 932).

217. Bekanntmachung der Eintragung

Müssen Eintragungen ins Genossenschaftsregister genauso wie die Eintragungen ins Handelsregister öffentlich bekannt gemacht werden?

Nein, die für das Handelsregister zwingend vorgeschriebene zusätzliche Veröffentlichung in einem Blatt (§ 10 Abs. 1 S. 1 HGB) entfällt (§ 156 Abs. 1 S. 2 GenG). Sie ist nur auf Antrag des Vorstandes erforderlich (§ 156 Abs. 1 S. 3 GenG).

218. Amtslöschung

Finden die Vorschriften über die Amtslöschungsverfahren nach §§ 141, 144, 144 a FGG für das Genossenschaftsregister entsprechende Anwendung?

Nein. Ein Amtslöschungsverfahren wie bei § 141 FGG ist überflüssig, da die Firma einer Genossenschaft nicht von selbst erlischt; vielmehr ist das Erlöschen nach Beendigung der Liquidation anzumelden (Bumiller/Winkler § 147 Anm. 3 g; Keidel/Schmatz/Stöber Rn. 953 f.). Eine § 144 FGG entsprechende Regelung ist in § 147 Abs. 3 und 4 FGG getroffen, der i. V.m. §§ 94, 95 GenG auch den Anwendungsbereich des § 144 a FGG abgedeckt.

VI. Das Vereinsregister

219. Zuständigkeit

Der A-e. V. hat in formell einwandfreier Weise eine Verlegung des Sitzes von Hamburg nach Stade beschlossen. Das RegG in Hamburg fragt an, ob es selbst die angemeldete Sitzverlegung einzutragen oder die Unterlagen zur Eintragung an das Amtsgericht in Stade weiterzuleiten habe.

Bei der Sitzverlegung handelt es sich um eine Satzungsänderung (arg. § 57 Abs. 1 BGB), die gem. § 71 Abs. 1 S. 1 BGB zu ihrer Wirksamkeit der Eintragung bedarf. Problematisch ist die **Zuständigkeit.**
I. **Grundsätzlich** ist für Vereinsregistersachen allein der Rechtspfleger (§ 3 Nr. 1 a RPflG) am AG (§ 21 BGB) des Vereinssitzes (§§ 55, 24 BGB) zuständig.
II. Für die **Sitzverlegung** wird z.T. vertreten (BayObLGZ 1987, 161, 163 ff.; KG NJW-RR 1992, 509; OLG Köln RPfleger 1991, 462), daß das RegG des bisherigen Sitzes die Eintragung vorzunehmen habe. Nach der Eintragung gebe das bisher zuständige Gericht die Akten an das nunmehr zuständige Gericht weiter, das seinerseits den Verein in sein Register eintrage. Gegen dieses Verfahren spricht jedoch, daß es zu Schwierigkeiten führt, wenn im Register des neuen Gerichts be-

reits Vereine mit gleichem Namen eingetragen sind (Sauter/Schweyer Rn. 68). Vorzugswürdig ist deshalb die analoge Anwendung der §§ 13h Abs. 1, 2 HGB, 45 Abs. 1, 2 AktG, denen zufolge das bisher zuständige Gericht die Akten dem Gericht am neuen Vereinssitz übersendet, das seinerseits die Eintragungsvoraussetzungen prüft und dann einträgt (OLG Stuttgart RPfleger 1989, 27; OLG Bremen RPfleger 1981, 67; Keidel/Schmatz/Stöber Rn. 1111; MK/Reuter § 24 Rn. 8; Sauter/Schweyer Rn. 68). Für diese Lösung spricht zusätzlich, daß damit ein einheitliches Verfahren im Handelsregister, Vereinsregister und im Genossenschaftsregister besteht, für das ebenfalls die analoge Anwendung der §§ 13h HGB, 45 AktG anerkannt ist (Keidel/Schmatz/Stöber Rn. 942).

220. Anmeldungsbefugnis

Der Vorstand des neugegründeten Vereins „Gesellschaft zur Rettung des Konjunktivs" will den Verein satzungsgemäß zur Eintragung in das Vereinsregister anmelden. Kann der alleinvertretungsberechtigte 1. Vorsitzende V die Anmeldung allein vornehmen oder bedarf er dazu der Mitwirkung der restlichen zwölf Vorstandsmitglieder?

Die noch h.M. verlangt für die Erstanmeldung des Vereins gem. § 59 BGB das Tätigwerden sämtlicher Mitglieder des Vorstandes (OLG Hamm RPfleger 1980, 384; LG Bonn NJW-RR 1995, 1515, 1516; KKW § 159 Rn. 18; MK/Reuter § 59 Rn. 3; Soergel/Hadding § 59 Rn. 3). Demgegenüber hat Stöber (RPfleger 1980, 369, 370 ff.) überzeugend nachgewiesen, daß nach der Ausdrucksweise des Gesetzgebers mit dem anmeldpflichtigen Organ stets das Organ in vertretungsberechtigter Zahl gemeint ist; sollten alle Organmitglieder tätig werden müssen, ist dies ausdrücklich angeordnet (z.B. § 33 Abs. 1 HGB; s. auch BayObLG RPfleger 1981, 487). Deshalb ist es gerechtfertigt, davon auszugehen, daß Vorstand i.S.d. §§ 59 Abs. 1, 67 Abs. 1, 71 Abs. 1, 74 Abs. 2 BGB der Vorstand in vertretungsberechtigter Zahl ist (so auch BayObLG RPfleger 1991, 207, 208; Keidel/Schmatz/Stöber Rn. 1081a; Kirberger ZIP 1986, 346, 349f.; Sauter/Schweyer Rn. 395; für die Satzungsänderung BGHZ 96, 245, 247).

221. Formvorschriften

In welcher Form sind Anmeldungen zum Vereinsregister und deren Widerruf vorzunehmen?

Gem. § 77 BGB ist die **Anmeldung** in öffentlich beglaubigter Form (§ 129 BGB) zu bewirken. Der **Widerruf** einer Anmeldung zum Vereinsregister bedarf ebenso wie der Widerruf einer Anmeldung zum Handels- oder Genossenschaftsregister mangels gesetzlicher Anordnung keiner besonderen Form (OLG Düsseldorf Rpfleger 1989, 201, 202; Keidel/Schmatz/Stöber Rn. 22). Zu beachten ist jedoch, daß der Widerruf eines Widerrufs eine Anmeldung darstellt und demzufolge formbedürftig ist (Keidel/Schmatz/Stöber Rn. 22; Sauter/Schweyer Rn. 393).

222. Eintragungsverfahren

Die Anmeldung des „Vereins zur Förderung des juristischen Nachwuchses" entspricht nach Ansicht des Rechtspflegers den Erfordernissen der §§ 56–59 BGB. Was muß dieser weiter veranlassen?

Da die Eintragungsvoraussetzungen vorliegen, muß der Rechtspfleger die Eintragungsverfügung erlassen. Diese wird durch den UdG mit der Eintragung vollzogen. Sie ist gem. §§ 130 Abs. 2 FGG, 66 Abs. 1 BGB öffentlich bekannt zu machen.
Wenn Anhaltspunkte dafür bestehen, daß es sich um einen Ausländerverein oder eine organisatorische Einrichtung eines ausländischen Vereins gem. §§ 14, 15 Vereinsgesetz handelt, dann hat das AG die

Eintragung der zuständigen Verwaltungsbehörde mitzuteilen, § 159 Abs. 2 FGG.

223. Negative Publizität

V schließt mit K einen Kaufvertrag, wobei K als eingetragener alleinvertretungsberechtigter Vorstandsvorsitzender eines eingetragenen Vereins tätig geworden ist. Später stellt sich heraus, daß die Wahl des K zum Vorstandsmitglied unwirksam war. V fragt an, ob er von dem Verein den Kaufpreis verlangen kann.

V kann den Kaufpreis von dem Verein nur verlangen, wenn K den Verein wirksam vertreten konnte. Da die Wahl des K unwirksam war, ist er nie Vorstandsmitglied geworden, konnte den Verein also auch nicht wirksam vertreten. Eine Heilung der unwirksamen Bestellung durch die Eintragung tritt nicht ein. Auch ein registerrechtlicher Vertrauensschutz findet nicht statt. § 68 BGB schützt nur das Vertrauen darauf, daß ein wirksam bestellter Vorstand noch im Amt ist, nicht jedoch darauf, daß ein eingetragener Vorstand wirksam bestellt ist (BayObLGZ 1986, 528, 537; Sauter/Schweyer Rn. 391; Soergel/Hadding § 68 Rn. 5). Nur das Vertrauen auf das Schweigen des Registers, nicht das auf die Richtigkeit der Eintragung, wird geschützt (negative Publizität). V kann sich also nicht auf die Eintragung berufen.

224. Amtslöschung

Der „Verein zur Förderung der freiheitlichen Wirtschaftsordnung e.V." fördert die freiheitliche Wirtschaft dadurch, daß er entgegen seiner Satzung als Hauptzweck einen wirtschaftlichen Geschäftsbetrieb betreibt. Das zuständige Vereinsregistergericht

I. Die Einleitung eines **Amtslöschungs-verfahrens** gem. §§ 159, 142 FGG scheidet beim Betreiben eines satzungswidrigen Zwecks aus (Bumiller/Winkler § 159 Anm. 6a; Keidel/Schmatz/Stöber Rn. 1132; Sauter/Schweyer Rn. 414). Das Betreiben eines satzungswidrigen Zwecks läßt den eingetragenen Satzungszweck unberührt. Dieser Zweck ist weiterhin zulässig und durfte eingetragen werden.

möchte wissen, ob es von Amts wegen einzuschreiten habe.

Der zur Amtslöschung verpflichtende Ausnahmefall, daß der Vereinsname nunmehr zur Täuschung der Öffentlichkeit über die Verhältnisse des Vereins geeignet ist (§ 18 Abs. 2 HGB entsprechend; Bumiller/Winkler § 159 Anm. 6 a; Keidel/Schmatz/Stöber Rn. 1129; Sauter/Schweyer Rn. 414, 59) liegt nicht vor.

II. Auch ein **Verfahren zur Entziehung der Rechtsfähigkeit** (§ 43 BGB) kommt nicht in Betracht, denn dafür ist gem. § 44 BGB eine nach Landesrecht bestimmte Verwaltungsbehörde (dazu Soergel/Hadding § 43 Rn. 2) zuständig; erst nach Entscheidung der Verwaltungsbehörde trägt das RegG von Amts wegen den Entzug der Rechtsfähigkeit ein. Folglich kann das RegG zur Zeit von Amts wegen keine Eintragung vornehmen.

VII. Das Güterrechtsregister

225. Zuständigkeit

Die Eheleute M und F haben ehevertraglich Gütertrennung vereinbart. Sie möchten den Ehevertrag ins Güterrechtsregister eintragen lassen. Wer ist zuständig, wenn M Wohnsitze in Aachen und Baden-Baden, F Wohnsitze in Aachen und Celle und M zusätzlich in Düsseldorf eine Handelsniederlassung hat?

I. Das **Güterrechtsregister** wird vom Rechtspfleger (§ 3 Nr. 1 e RPflG) am Amtsgericht (§ 1558 BGB) geführt. Örtlich ist gem. § 1558 Abs. 1 BGB das Amtsgericht zuständig, in dessen Bezirk auch nur einer der Ehegatten seinen gewöhnlichen Aufenthalt hat.

II. Haben die Ehegatten **keinen gemeinsamen gewöhnlichen Aufenthalt,** so müssen die Eintragungen bei allen Amtsgerichten bewirkt werden, in deren Bezirk ein gewöhnlicher Aufenthalt auch nur eines Ehegatten besteht (Keidel/Schmatz/Stöber Rn. 1204). Auch bei mehreren Wohnsitzen findet die Eintragung nur beim Amtsgericht des gewöhnlichen Aufenthaltes statt (Palandt/Brudermüller § 1558 Rn. 1; G. Schmidt Rn. 2114). Ein gewöhnlicher Aufenthalt kann jedoch auch an mehreren Orten bestehen (Soergel/Gaul § 1558 Rn. 2). Die Eintragung bei den Amtsgerichten Aachen, Baden-Baden und Celle hängt somit von den gewöhnlichen Aufenthaltsorten von M und F ab.

III. Befindet sich die **Hauptniederlassung eines Kaufmannes** nicht im Bezirk der nach § 1558 Abs. 1 BGB zuständigen Registergerichte, so muß gem. Art. 4 Abs. 1 EGHGB auch im Güterrechtsregister des für den Ort der Hauptniederlassung zuständigen Amtsgerichts eine Eintragung erfolgen.

226. Eintragungsfähige Tatsache

Die Eheleute C haben in einem notariellen Ehevertrag folgende Regelung getroffen: „Jeder Ehegatte kann über sein ganzes Vermögen ohne Zustimmung des anderen Ehegatten verfügen und sich zu einer solchen Verfügung verpflichten". Als sie die Eintragung dieses Vertrages ins Güterrechtsregister beantragen, will der zuständige Rechtspfleger die Eintragung ablehnen. Zu Recht?

Zweifel bestehen, ob der vereinbarte Ausschluß des § 1365 BGB **eintragungsfähig** ist. Welche Tatsachen eintragungsfähig sind, ist im Gesetz nicht geregelt. Die §§ 1558 ff. BGB betreffen lediglich das Eintragungsverfahren, und § 1412 BGB regelt nur die Wirkung der Eintragung, nicht deren Voraussetzungen. Seinem Wortlaut nach setzt § 1412 BGB aber eine **Änderung des gesetzlichen Güterstandes** voraus. Stellt man darauf ab, ist es möglich, den Ausschluß der Verfügungsbeschränkung des § 1365 BGB einzutragen. Anders wäre zu entscheiden, wenn aufgrund von Zweck und Funktion des Güterrechtsregisters nur solche Tatsachen als eintragungsfähig betrachtet werden könnten, bei denen ein Schutz gutgläubiger Dritter nach § 1412 BGB in Betracht kommt, denn dann wäre der vereinbarte

Ausschluß des § 1365 BGB nicht eintragungsfähig (BGHZ 41, 370, 377; dazu: Gernhuber/Coester-Waltjen § 33 I 2 Fn. 3 m.w.N.). Allerdings würde dies bedeuten, daß § 1412 BGB entgegen der Absicht des Gesetzgebers für einen Teil der vom Wortlaut erfaßten Fälle bedeutungslos wäre. Deshalb ist es gerechtfertigt, die Funktion des Güterrechtsregisters in der Offenlegung der güterrechtlichen Verhältnisse zwecks Erleichterung des Rechts- und Geschäftsverkehrs zu sehen und demzufolge alle Tatsachen, die die Rechtsstellung der Ehegatten zu Dritten beeinflussen können, für eintragungsfähig zu halten (BGHZ 66, 203, 207; Keidel/Schmatz/Stöber Rn. 1225; MK/Kanzleiter vor § 1558 Rn. 6; Soergel/Gaul vor § 1558 Rn. 4). Da der Ausschluß des § 1365 BGB die Rechtsstellung der Ehegatten zu Dritten beeinflussen kann und nicht nur „eheinterne" Wirkung hat, ist er auch eintragungsfähig. Die Auffassung des Rechtspflegers ist also unrichtig.

227. Bekanntmachung

Die Eheleute M und F haben wirksam Gütergemeinschaft vereinbart, ohne jedoch Regelungen für die Verwaltung des Gesamtguts zu treffen. Die Vereinbarung ist im Güterrechtsregister eingetragen. Nachdem M ein selbständiges Erwerbsgeschäft eröffnet hatte, hat F ihren dagegen erhobenen Einspruch ins Güterrechtsregister eintragen

Gem. §§ 1459, 1460 BGB haftet das Gesamtgut für die von M eingegangenen Verbindlichkeiten, wenn F den Rechtsgeschäften zugestimmt hat oder nicht zustimmen mußte. Zugestimmt hat F nicht, ihre Zustimmung könnte jedoch gem. § 1456 BGB entbehrlich sein. Dagegen spricht, daß F gegen den Betrieb des Geschäfts durch M Einspruch eingelegt hatte. Dieser Einspruch ist allerdings gegenüber dem gutgläubigen G nur gem. §§ 1456 Abs. 3, 1412 BGB wirksam. Da der Einspruch im Güterrechtsregister ein-

lassen. Die Eintragung wurde nur der F, nicht aber M bekannt gemacht und auch nicht in der vom Amtsgericht bestimmten Zeitung veröffentlicht. G, der M nach der Eintragung des Einspruchs Kredit für sein Geschäft gewährt hat, verlangt, nachdem M seinen Ratenverpflichtungen nicht nachkommt, Rückzahlung des Kredits aus dem Gesamtgut, was F verweigert, da sie den Geschäften nicht zugestimmt habe. G beruft sich auf guten Glauben. Haftet das Gesamtgut?

getragen ist, fragt sich, ob die Eintragung des Einspruchs, die unter Mißachtung der §§ 161 Abs. 2 FGG, 1562 Abs. 1 BGB nur F bekannt gemacht war, trotz des Verstoßes gegen diese Normen wirksam war. Dies ist zu bejahen, da § 1412 BGB nur auf die Eintragung und nicht wie § 15 HGB auch auf die Bekanntmachung abstellt (s. KKW § 161 Rn. 23; Keidel/Schmatz/Stöber Rn. 1240, 1241; MK/Kanzleiter § 1562 Rn. 3; Palandt/Brudermüller § 1412 Rn. 8). Die Zustimmung der F war daher nicht entbehrlich, so daß das Gesamtgut nicht haftet.

228. Amtslöschung

Gibt es im Güterrechtsregister Eintragungen von Amts wegen?

Ja, gem. §§ 161, 142, 143 FGG findet das Amtslöschungsverfahren auch im Güterrechtsregister statt. Zu beachten ist, daß die Eintragung eines Güterrechtsvertrages nicht wegen Anfechtung desselben nach § 142 FGG wegen anfänglicher Unzulässigkeit gelöscht werden kann (Bassenge/Herbst § 161 Rn. 9; KKW § 161 Rn. 13; Keidel/Schmatz/Stöber Rn. 1250). Andere Eintragungen von Amts wegen finden nicht statt.

229. Erteilung von Bescheinigungen

G, Gläubiger von M, beantragt beim zuständigen Güterrechtsregister eine Bescheinigung darüber, daß M mit seiner Frau F Güterge-

I. G wird die beantragte Bescheinigung nicht bekommen, da gem. § 162 FGG nur Negativbescheinigungen ausgestellt werden und eine anderes anordnende Norm nicht ersichtlich ist.

meinschaft vereinbart hat. Auch M selbst beantragt eine solche Bescheinigung, damit er den Nachweis über die Vereinbarung der Gütergemeinschaft beim Grundbuchamt führen kann. Können diese Bescheinigungen erteilt werden?

II. Anders ist für M zu entscheiden. Er wird die Bescheinigung bekommen, da § 33 GBO eine Positivbescheinigung für Grundbuchzwecke vorsieht.

VIII. Das Musterregister

230. Anmeldung eines Musters

U hat eine Parfumflasche in Gestalt einer Knoblauchzwiebel entworfen. Er fragt, was er unternehmen müsse, damit diese Idee vor Nachahmern geschützt wird.

U kann seine Parfumflasche als Geschmacksmuster (§ 1 Abs. 2 GeschmMG) vor Nachbildungen schützen lassen. Einen solchen Schutz kann er aber nur erreichen, indem er als berechtigter Musterurheber das Muster **beim Musterregister anmeldet,** also einen Eintragungsantrag stellt und eine photographische oder sonstige graphische Darstellung des Musters einreicht (§ 7 Abs. 1 und 3 GeschmMG); nur ausnahmsweise ist gem. § 7 Abs. 4 GeschmMG die Einreichung des Musters selbst vorgesehen.

I. Das **Musterregister** wird seit der Novelle von 1986 nicht mehr an den Amtsgerichten, sondern zentral beim Deutschen Patentamt geführt (§ 8 GeschmMG). Grundsätzlich zuständig ist die Berliner Dienststelle des DPA.

II. Der **Eintragungsantrag** bedarf gem. § 7 Abs. 3 Nr. 1 GeschmMG i.V.m. § 3 Abs. 1 Nr. 3 MusterAnmVO der Schriftform. Der Antrag muß die Angaben, die zur Identifizierung des Anmelders not-

wendig sind, und die Erklärung des Eintragungsantrages enthalten (§ 3 Abs. 1
Nr. 1 und 2 MusterAnmVO). Er soll eine
kurze und genaue Bezeichnung des Mu-
sters oder Modells enthalten (§ 3 Abs. 2
MusterAnmVO). Die Anmeldung muß
ferner eine photographische oder sonstige
graphische Darstellung des Musters ohne
Beiwerk enthalten (§ 7 Abs. 3 Nr. 2
GeschmMG i.V.m. § 5 MusterAnmVO).
Die Darstellung kann gem. § 7 Abs. 7
GeschmMG in einer Beschreibung erläu-
tert und gem. § 7 Abs. 8 GeschmMG ei-
ner Warenklasse zugeordnet werden; die
Warenklassen sind in der Anlage zu § 4
Abs. 2 MusterRegVO aufgezählt.
III. Die **Schutzdauer** beträgt nach § 9
Abs. 1 GeschmMG grundsätzlich fünf
Jahre. Eine Verlängerung ist gem. § 9
Abs. 2–6 GeschmMG möglich.

231. Eintragungsvoraussetzungen

U hat sein Muster in ord-
nungsgemäßer Weise zur
Eintragung angemeldet.
Der zuständige Rechtspfleger will das Muster, das er
für anstößig hält, nicht
eintragen. Zu Recht?

Nein. Grundsätzlich findet eine Registrierung gem. § 10 Abs. 2 S. 2 GeschmMG
ohne Prüfung der materiellen Schutz-
voraussetzungen, insbesondere der Ge-
schmacksmusterfähigkeit, statt. Diese
Frage soll erst vor den ordentlichen Gerichten in einem Verletzungsprozeß geklärt werden (Nirk/Kurtze § 7 Rn. 103).
Eine Ausnahme besteht jedoch nach § 10
Abs. 2 S. 3 GeschmMG für die vom Patentamt vorzunehmende Prüfung, ob die
Veröffentlichung des Musters oder die
Verbreitung seiner Nachbildung gegen
die öffentliche Ordnung oder gegen die
guten Sitten verstoßen würde (§ 7 Abs. 2
GeschmMG). Damit soll vermieden werden, daß das Patentamt bei der gem. § 8

Abs. 2 GeschmMG vorgeschriebenen Be-
kanntmachung an einer sittenwidrigen
Veröffentlichung mitwirken müßte (v.
Gamm § 7 Rn. 7). Diese Voraussetzungen
liegen hier aber nicht vor, so daß das
Muster eingetragen werden muß.

232. Eintragungswirkungen

Welche Wirkung hat die
Eintragung eines Musters
im Musterregister?

Vor der Anmeldung hat der Urheber
zunächst einmal nur ein Anwartschafts-
recht. Den vollen Nachbildungsschutz genießt er erst mit der Anmeldung (§ 7
Abs. 1 GeschmMG). Das gilt aber nur,
wenn er wirklich Urheber ist und es sich
um ein schutzfähiges Geschmacksmuster
handelt. Diese Voraussetzungen werden
durch die Eintragung weder konstituiert
noch positiv festgestellt (s. den vorigen
Fall). Vielmehr wirkt die Eintragung lediglich deklaratorisch. Sie bekundet das
Vorliegen derjenigen Tatsachen, die zur
Eintragung geführt haben, also die ordnungsgemäße Anmeldung des bezeichneten Musters zu der angegebenen Zeit
durch die angegebene Person (Nirk/Kurt-
ze § 8 Rn. 6). Die Anmeldung begründet
die Urheberschaftsvermutung gem. § 13
GeschmMG, die jedoch im Prozeß vor
den ordentlichen Gerichten widerlegt
werden kann.

233. Amtslöschung

Gibt es im Musterregister
auch Eintragungen von
Amts wegen?

Ja, gem. § 10c Abs. 1 Nr. 1 GeschmMG
ist ein Muster bei Beendigung der Schutzdauer von Amts wegen zu löschen (Nirk/
Kurtze § 10c Rn. 3; v. Gamm § 10c Rn. 6).
Ansonsten ist ein schriftlicher Löschungs-
antrag einzureichen (§ 6 MusterRegVO).

Stichwortverzeichnis

Die Zahlen bezeichnen die Nummern der Fälle

Verein als Betreuer 113
Verein, eingetragener 195, 219 ff.
Vereinsregister 188, 190, 195, 219 ff.
Vereinsvormundschaft 116
Verfahren
– Aussetzung 57
– Einstellung 46, 51
– Ruhen 59
– Stillstand 57, 58, 59
– Unterbrechung 58
– Verbindung 19
Verfahrensarten der fG s. fG, Gruppen
Verfahrensfähigkeit 113, 114, 116, 118, 119, 123
– im Beschwerdeverfahren 38
Verfahrensgegenstand 51, 128
– Änderung 51
– Identität 57, 88
Verfahrenshandlungen, Genehmigung von 40
Verfahrenspfleger 39 a, 81, 113, 114, 119
Verfahrensstandschaft 36, 97
Verfahrensvoraussetzungen, qualifizierte 22; s. auch Tatsachen, doppelrelevante
Verfahrenszuständigkeit 17–19
Verfügungen 94, 123
Verfügungsbeschränkung 226
– Eintragungsfähigkeit ins Grundbuch 169
Vergleich 77, 142
Verhandlung, mündliche s. Mündlichkeit
Verhandlungsgrundsatz 60
Verkündung von Entscheidungen 83
Vermögenssorge 122, 123
Versäumnisurteil s. Versäumnisverfahren
Versäumnisverfahren 41, 62, 146
Verschollenheitssachen 112
Verschwiegenheitspflicht 203
Versiegelung 148
Versorgungsausgleich 41, 82, 89, 102, 112

Vertretung
– gesetzliche 39, 39 a, 44, 113, 118, 122, 124, 205, 215, 220
– gewillkürte 44
– in Grundbuchsachen 173
Verwahrung, amtliche 151
Verweisung s. Abgabe
Verwirkung des Beschwerderechts 92
Verzicht 75
Vollstreckung 111
Vollstreckungsklausel 146
Vollstreckungsunterwerfung 168
Vollübertragung auf den Rechtspfleger 27
Vorbehaltsübertragung auf den Rechtspfleger 27, 132
Vorbescheid 94, 143
Voreintragung, Grundsatz der 176, 186, 211
Vorgriffszuständigkeit 23
Vormerkung 179, 180
Vormund 112, 116 ff., 128, 129
– Auswahl 97, 128
– Entlassung 117, 118
Vormundschaft 112, 116, 128
– Entziehung 87
Vormundschaftsgericht 112 ff., 116, 125, 126, 128
Vormundschaftsgerichtliche Verfahren 112, 125 f.
Vormundschaftssachen 112, 116 ff., 125

Wahrheit
– formelle 61, 62
– materielle 61, 62
Wettbewerbsverbote s. Grundbuch, eintragungsfähige Rechte und Rechtsverhältnisse
Widerruf einer Anmeldung 221
Widerspruch
– in Registersachen 93, 197, 198, 208
– gegen die Richtigkeit des Grundbuchs 179, 181, 185, 186
Wiederaufnahme des Verfahrens 93